세계사상의 고전

Rembrandt: Ein kunstphilosophischer Versuch
von Georg Simmel

세계사상의 고전

렘브란트

예술철학적 시론

게오르그 짐멜 지음 | 김덕영 옮김

도서출판

옮긴이 **김덕영**(金德榮)은 1958년 경기도 이천에서 태어나 연세대 사회학과를 졸업했다. 독일 괴팅겐 대학에서 사회학 마기스터 (Magister) 학위와 박사 학위를 취득했으며, 카셀 대학에서 게오르그 짐멜과 막스 베버에 대한 비교 연구 논문과 사회학 및 철학에 대한 강의를 바탕으로 '하빌리타치온'(교수 자격)을 취득했다. 현재 카셀 대학 사회학과에서 연구하면서 저술과 번역에 전념하고 있으며, '게오르그 짐멜 선집'(전10권) 기획을 담당하고 있다.

저서로 『현대의 현상학: 게오르그 짐멜 연구』(나남, 1999), 『주체·의미·문화: 문화의 철학과 사회학』(나남, 2001), 『논쟁의 역사를 통해 본 사회학』(한울, 2003), 『짐멜이냐 베버냐』(한울, 2004), 『위장된 학교』(인물과사상사, 2004), 『기술의 역사』(한경사, 2005), 『프로메테우스, 인간의 영혼을 훔치다』(인물과사상사, 2006), 『입시 공화국의 종말』(인물과사상사, 2007), 『게오르그 짐멜의 모더니티 풍경 11가지』(도서출판 길, 2007), 『막스 베버, 이 사람을 보라』(인물과사상사, 2008), 『프로이트, 영혼의 해방을 위하여』(인물과사상사, 2009), 『정신의 공화국, 하이델베르크』(신인문사, 2010), 『막스 베버: 통합과학적 인식의 패러다임을 찾아서』(도서출판 길, 2012), 『환원근대: 한국 근대화와 근대성의 사회학적 보편사를 위하여』(도서출판 길, 2014), 『사상의 고향을 찾아서: 독일 지성 기행』(도서출판 길, 2015), Der Weg zum sozialen Handeln, Georg Simmel und Max Weber 등이 있고, 역서로는 『짐멜의 모더니티 읽기』(공역, 새물결, 2005), 『게오르그 짐멜의 문화이론』(공역, 도서출판 길, 2007), 『근대 세계관의 역사: 칸트·괴테·니체』(도서출판 길, 2007), 『예술가들이 주조한 근대와 현대: 미켈란젤로·렘브란트·로댕』(도서출판 길, 2007), 『프로테스탄티즘의 윤리와 자본주의 정신』(도서출판 길, 2010), 『돈의 철학』(도서출판 길, 2013), 『돈이란 무엇인가』(도서출판 길, 2014), 『개인법칙: 새로운 윤리학 원리를 찾아서』(도서출판 길, 2014) 등이 있다.

논문으로는 "Max Weber, Georg Simmel und die Grundlagenproblematik der Soziologie", "Max Weber und die Grenznutzenschule um Carl Menger", "Nietzsche und die Soziologie", "Frauen zwischen Tradition und Moderne" 등이 있다.

세계사상의 고전

렘브란트 — 예술철학적 시론

2016년 3월 5일 제1판 제1쇄 인쇄
2016년 3월 15일 제1판 제1쇄 발행

지은이 | 게오르그 짐멜
옮긴이 | 김덕영
펴낸이 | 박우정

기획 | 이승우
편집 | 천정은
전산 | 한향림

펴낸곳 | 도서출판 길
주소 | 06032 서울 강남구 도산대로 25길 16 우리빌딩 201호
전화 | 02)595-3153 팩스 | 02)595-3165
등록 | 1997년 6월 17일 제113호

ISBN 978-89-6445-126-7 93300

벨사살 왕의 향연 | 1635년경, 캔버스에 유채, 167.6×209.2cm, 런던 내셔널갤러리
＊화보(5~20쪽)에 실린 그림들은 모두 렘브란트의 작품이다.

운동을 그것이 나타나는 순간의 전체적인 범위에서 최종적으로 묘사한다는 관점에서 바라보는 경우,
운동은 완전히 표현되기 위해 원칙적으로 완전하게 나타나야 한다. 그러나 렘브란트에게서는 이것이
마치 한 인간이 그를 완전히 뒤흔드는 아주 깊은 정서를 말로 나타내려 할 때와 같다: 그는 자신을 격동
시키는 내용을 논리적으로 진술하는 전체 문장을 말할 필요가 전혀 없다. 왜냐하면 이미 맨 처음 한 말
의 음색에서 모든 것이 명백하게 드러나기 때문이다. 〔그러나〕 젊은 시절의 렘브란트에게서는 표현운동
이 〔아직〕 순전히 외부적인 시각에서 출발했다. 「벨사살 왕의 향연」을 보면 인물들이 운동하는데, 그것
은 전적으로 어느 한 운동 순간이 고정된 현상이다. ▶본문 36~37쪽

세례 요한의 설교 | 1634~35년, 캔버스에 유채, 62.7×81.1cm, 베를린 국립미술관 회화관
「세례 요한의 설교」와 더불어 내부로부터 자극된, 즉 영혼의 마지막 지층에서 준비된 운동이 나타났는
데, 이 운동은 1640년대에도 아니 심지어 1650년대까지도 갖은 동요를 거듭하다 마침내 그의 그림들에
다른 어떤 것과도 비교할 수 없는 특징을 부여하기에 이르렀다. 그의 예술적 비전은 단순히 묘사하는
순간에 나타나는 제스처의 가시성만을 포괄하지 않는다. 다음이 삶의 보다 심오한 공식으로 보인다. 삶
의 총체성은 개별적인 순간들을 벗어나는 한 아무것도 아니며, 또한 삶은 개별적인 모든 순간에 전체적
으로 현존하는데, 그 이유는 이 모든 대립을 관류하는 운동에 전적으로 삶의 본질이 있기 때문이다—
이와 마찬가지로 렘브란트의 작품에서 운동하는 인물은, 말하자면 내적 운명이 전개되고 제시되는 것
에는 부분이 없다는 사실을, 그리고 오히려 직관성의 그 어떠한 관점에 입각해 분리된 모든 단편이 내
적이고 자기 자신을 표현하는 운명의 전체라는 사실을 드러낸다. ▶본문 37~38쪽

얀 식스 | 1654년, 캔버스에 유채, 112×102㎝, 암스테르담 식스 컬렉션

만약 어떤 어설픈 초상화, 특히 딜레탕트한 성격의 초상화를—이것은 그러한 성격에도 불구하고 모델
과 닮았다는 확신을 우리에게 심어준다—걸작 초상화, 예컨대 「얀 식스」나 「유대인 신부」와 비교해보
면, 우리는 전자로부터 화가가 그때그때 개별적으로 본 모델의 특징들을 그것과 똑같은 순서로 캔버스
위에 옮겨놓았다는 인상을 받는다. 그러나 렘브란트에게서는 그가 인간의 현상을 본질에 대한 완전히
통일적이고 초(超)현상적인 직관으로 소급하고는 이 본질을 그 안에 응집된 추동력들에게 내맡김으로써
이것들이 자유롭고 유기적으로 성장하여 외연적인 형식들이 전개된 것처럼 보인다. ▶본문 64, 82쪽

야경(프란스 반닝 코크 대위와 빌럼 반 루이텐부르크 중위의 민병대) | 1642년, 캔버스에 유채, 363×437cm, 암스테르담 국립박물관

「야경」은 가장 불가사의한 그림들 가운데 하나이다. 어떻게 뒤죽박죽이고 무계획적으로, 그리고 전통적인 개념들로 보면 아무런 형식도 없이 나란히 서 있고 뒤섞여서 움직이는 이 인물의 모습들이 전체의 통일성, 다시 말해 만약 그것이 없다면 이 전체가 주는 저 비범한 인상이 전혀 불가능할 통일성을 창출할 수 있는가—이는 전통적인 개념들로는 설명할 수 없는 문제이다. 그러나 「야경」은 그토록 많은 살아 있는 존재들을 그리고 오로지 그들만을 그림의 내용으로 삼고 그들의 순수하게 생명력 넘치는 상호작용의 비밀에 명백한 언어를 부여함으로써, 폐쇄된 형식을 갖고 자체적으로 표현될 수 있는 것이 아니라 오로지 그것을 떠받치는 개인들을 통해서만 실현될 수 있는 통일성에 대한 오랜 게르만적 열망을 예술의 역사에서 처음으로 순수하게 충족시켰다. ▶본문 108~9, 111, 114, 265쪽

100길더짜리 판화(환자들을 고치는 그리스도) | 1642~45년, 에칭, 28.2×39.5cm

대부분의 사람들에게 「100길더짜리 판화」를 평가할 수 있는 길은, 유럽의 예술감각이 자신들의 주요한 표시이자 자신들의 교육적 심급으로 삼아 적응한 고전적 형식에 이 작품이 근접해 있다는 사실에 의해 열린다. 오랫동안 이 판화의 이러한 특징에 충분한 주의를 환기하지 못해왔다. 우리는 여기에서 기하학적으로 명료한 구성을 보고, 여기에서 옷들의 "아름다운" 주름을 보고(무릎을 꿇은 부인에게서 특히 명료하게), 여기에서 언제나 "살아 있는 그림"을 약간 연상케 하는 인물들의 당당한 자세를 보고, 여기에서 모든 인물의 개념적으로 표현할 수 있는 삶의 이 명료한 한 순간을 보는데, 이 한 순간은 전체적인 삶의 어두운 물결을 그리로 환원한 대가로 얻어진 것이다. 자신과 고전적-라틴적인 것의 관계를 끊임없이 재창출하는 독일 정신의 비극은, 가장 높은 평가를 받은 렘브란트의 판화가 렘브란트의 정신이 가장 덜 순수하게 나타난 바로 이 작품이라는 사실에 일정 부분 그 원인이 있다. ▶본문 126쪽

사스키아와 함께 있는 자화상 | 1635년, 캔버스에 유채, 161×131cm, 드레스덴 고전회화관
「사스키아와 함께 있는 자화상」을 자세히 들여다보면, 그가 누리는 그늘지지 않은 삶의 쾌락이 조금은
인위적으로 보인다. 왜냐하면 마치 이 쾌락이 당장은 그의 존재의 표면에 나타난 것 같지만 이 존재의
심층에서는 먼 곳으로부터 미치는 보다 무거운 운명들과 피할 수 없이 서로 엉겨 붙어 있기 때문이다.
▶본문 164~65쪽

웃는 모습의 자화상(제우크시스의 모습을 한 자화상) | 1663년경, 캔버스에 유채, 82.5×65cm, 쾰른 발라프—
리하르츠 미술관

「사스키아와 함께 있는 자화상」을 「웃는 모습의 자화상」(전자보다 34년 후에 그린)과 비교해보면, 여기서는
웃음이 전적으로 순간적인 무엇인가이다. 그것은 말하자면 삶의 요소들이 우연적으로 결합된 결과인
데, 이 요소들의 각각은 서로 완전히 다른 색조를 띠고 있으며 전체는 죽음이 꿰뚫고 흐르며 죽음을 지
향하는 것처럼 보인다. 그리고 이 두 작품 사이에는 아주 큰 유사성이 존재한다: 후자에서의 노인이 히
죽히죽 웃는 모습은 오로지 전자에서의 젊은이다운 쾌활함이 지속적으로 발전한 것으로 보일 뿐이다.
그리고 마치 삶에 죽음의 요소가 현존하는 것처럼 보이는데, 이 요소가 전자의 작품에서는 보이지 않는
가장 깊은 지층들로 물러났다가 이제 후자의 작품에서 표면까지 솟구쳐 나왔다. ▶본문 165~66쪽

유대인 신부(이삭과 레베카) | 1666년경, 캔버스에 유채, 121.5×166.5cm, 암스테르담 국립박물관

「유대인 신부」에서는 남자와 여자의 제스처가, 비록 외적으로 보면 그저 일시적일지라도, 〔다른 그림들과〕 완전히 다른 특징을 갖는다. 남편이 부인에게 몸을 돌려 그녀를 포옹하는 모습, 그리고 그녀가 그의 용기를 북돋워주는 동시에 그의 마음을 진정시켜주려고 자신의 손을 그의 손에 갖다 대는 모습—이 모습은 일시적인 운동이 아니다. 동시에 그것은 고전예술에서처럼 이 개인들을 넘어서는 보편적인 것을 표현했을 전형적인 제스처가 아니다; 제스처는 전적으로 개인에게만 귀속된다. 그러나 그것은 개인의 삶이 개별적인 요소들에 의해 결정되는 모든 것을 해체하면서 마치 현상의 동질적인 영역처럼 발산되는 지층에서 비로소 구성된다. 요컨대 그 그림에서는 이 삶이 서로 결합된 두 인물을 에워싸고 있으며 자신이 심지어 렘브란트의 개체화의 이전 형식들보다 훨씬 더 높다는 것을 다음을 통해 더욱더 인상적으로 보여준다. 그 삶은 각각의 인물 안에 있는 자신의 근원점을 떠나지 않으면서 논리적으로 표현할 수 없는 방식으로 두 인물이 공유하는 하나의 삶으로 용해된다. ▶본문 82, 182, 220~21쪽

스탈메이스터르스(암스테르담 모직물 제조업자 길드의 대표자들) | 1662년, 캔버스에 유채, 191.5×279cm, 암
스테르담 국립박물관
「스탈메이스터르스」는 렘브란트의 인물들이 독특한 성격을 갖고 있음을 명백히 보여주는바, 그것은 물
론 완전히 렘브란트적인 것이다. 그러나 바로 그런 한에서 여전히 고전적인 원리를 상기시킨다; 여하튼
우리는 여전히 이 인물들에 대해 다음과 같이 말할 수 있다: 이 사람은 자부심이 강하고, 저 사람은 촌
스러우며, 제삼자는 뛰어나게 지적이다 등—비록 렘브란트에게 이와 같은 유형적 개념들이 원래 개인
의 묘사를 지배하는 제일원리가 아닐지라도 그렇게 말할 수 있다. ▶본문 175, 198, 221쪽

장갑 낀 남자의 초상(티투스의 초상) | 1668년경, 캔버스에 유채, 98×82cm, 워싱턴 국립미술관

「티투스의 초상」을 「스탈메이스터르스」와 비교해보면, 전자는 의심할 바 없이 후자와 같은 계통이지만 우리가 일반적으로 개체화라고 부르는 것을 넘어서는 단계에 도달했음을 볼 수 있다―그것은 어쩌면 렘브란트의 개체화가 갖는 특별함이 비로소 완성된 단계일 것이다; 우리는 자신의 방식에서 완전한 모든 것은 자신의 방식을 넘어선다는 괴테의 말을 생각할 수도 있다. (여기서는) 모든 것이 흐르고 진동하는 삶이며, 따라서 개념적으로 고정되고 진술될 수 있는 지점은 단 하나도 없다. ▶본문 43, 198쪽

호메로스(시를 구술하는 호메로스) | 1663년, 캔버스에 유채, 108×82.4cm, 헤이그 마우리츠하위스 미술관
예술에 표현된 어떤 제스처들은 그것을 넘어서 동시에 장소적으로도 개념적으로도 확정될 수 없는 것,
다시 말해 그 어떤 장소에도 국한될 수 없는 존재를 가리킨다. 또는 보다 정확히 말하자면 그것들은 일
절 가리키지 않고 그저 거기에 있을 따름이다. 제스처들은 공간적으로나 대상적으로나 고정되지 않은
것으로 이어질 뿐만 아니라 그것으로부터 연원한다. 그것들은 이런 또는 저런 목적이나 감정에 의해 유
발되는 것이 아니라 삶의 전체적인 운동성에 의해 지탱되는 것이다. 렘브란트의 「호메로스」에 묘사된
손짓도 바로 이 계열에 속한다. ▶본문 215쪽

사도 바울의 모습을 한 자화상 | 1661년, 캔버스에 유채, 91×77cm, 암스테르담 국립박물관
렘브란트가 노년에 그린 자화상에서는 뚱뚱해지고 탄력이 없지만 인상 깊은 대조를 이루는 이목구비
전체가 거의 불안에 사로잡힌 내적 긴장으로 차 있는 것이 눈에 띈다. 그는 다만 운명으로부터 대립의
형식을 박탈했을 뿐이며, 아주 통렬하고 냉혹한 방식으로 운명으로 하여금 실제로 살아온 개인적 존재
라는 형식의 안에서 생명력을 얻도록 했다. ▶본문 226쪽

(위) 토비트의 가족을 떠나는 대천
사 라파엘 | 1637년, 패널에 유채,
68×52cm, 파리 루브르박물관
(아래) 선한 사마리아인 | 1633년,
에칭, 25×20cm, 암스테르담 렘브란
트의 집
렘브란트가 묘사한 무수한 성서의
장면들은 모든 교의적이고 신앙적
인 요소를 결여하고 있으며, 따라
서 사람들은 아마 그것들을 종교예
술로 간주하지 않으려고 할 것이
다: 토비트의 체험들, 선한 사마리
아인, 돌아온 탕자, 완전히 소시민
적으로 파악된 예수의 유년기 등이
그것이다. 여기에서 종교적인 것은
영리함이나 우둔함, 활달함이나 게
으름처럼 이 인간들의 내부로부터
생겨나서 그들에게 체화된 그들의
특성이다. 그들은 자신이 원하는
대로 믿거나 행위할 수 있다—경
건함은 그들의 주관적 존재 일반을
규정하는 한 가지 요소로서 그들이
내용적으로 완전히 현세적인 태도
를 취하게 되면 그만큼 더욱더 그
들의 인격을 고유한 색채로 확실하
게 채색하게 된다. ▶본문 249~50쪽

(위) 율법학자들 사이에 있는 예수
| 1654년, 에칭, 9.5×14.4cm, 베를
린 국립미술관 동판화전시실
(아래) 그리스도와 사마리아 여인 |
1659년, 패널에 유채, 48×40.5cm,
베를린 국립미술관 회화관

여러 에칭에서 예수는 소년으로 나
타난다; 초라하고 자신을 둘러싼
사람들에 의해 거의 짓눌린 모습
이다. 또는 베를린 소재의 사마리
아 여인 그림에서는 말하자면 대지
에 견고하게 뿌리를 박고 있는 풍
채가 당당한 여인의 맞은편에 아무
런 실체도 없이 거의 그림자에 지
나지 않는 모습으로 서 있다. 그렇
지만 단 한 순간만 더 오래 들여다
보면, 이 나약하고 동요하는 존재
야말로 진정으로 견고한 유일한 존
재이며 다른 모든 강력하고 실체적
인 인물들은 그에 비하면 불확실하
며, 또한 마치 그들이 아니고 오로
지 그만이 두 발 아래 인간이 진정
으로 밟고 설 수 있는 지반을 갖고
있기라도 하듯이, 뿌리가 뽑힌 것
으로 보인다. ▶본문 272쪽

그리스도의 부활 | 1635~39년, 캔버스에 유채, 67×92cm, 뮌헨 고미술관

전면에서는 관 뚜껑이 들어 올려지면서 무덤을 지키던 병사들이 굴러떨어진다: 그것은 지상적인 것의 완전히 무의미한 혼돈을 표현하는 것으로서 부분적으로는 난폭하고 부분적으로는 우스꽝스러운 모습이다. 그 위에는 천사가 있다: 마치 그가 자신의 뒤로 열어둔 하늘 문으로부터 그에게 후광이 쏟아져 내리기라도 하듯이 비(非)지상적인 광채가 흘러넘치는 모습이다. 그리고 이제, 완전히 구석진 곳에서 예수의 얼굴이 올라오는데, 마치 멀리 보이는 듯 그림자 같고 그 표정을 식별하기 어려운 모습이다; 이리 되면 우리는 단번에 알 수 있다: 여기에 영혼이 있다는 것을, 그리고 창백하고 고통받으며 아직도 사후 경직에 의해 마비가 덜 풀린 이 영혼의 삶 앞에서 그 지상과 그 하늘은 빛이 바래고 아무것도 아닌 것이 된다는 것을. ▶본문 284~85쪽

렘브란트의 어머니 | 1628년, 에칭, 6.4×6.5cm, 암스테르담 국립박물관
자신의 어머니를 묘사하는 이 유명한 에칭에서 렘브란트는 모피 깃으로 모델을 장식하고 있는데, 이 깃
은 에칭 예술에서 하나의 진정한 기적이다: 외관상 무질서하게 앉혀진 고작해야 수십 개 정도밖에 안
되는 가는 선과 더불어 모피의 아주 독특한 소재성이 완전히 설득력 있게 구현되었다. ▶본문 306쪽

서문

예술작품을 해석하고 평가하려는 모든 과학적 시도는 두 방향의 길 사이의 선택에 근거해야 한다. 그것들이 분리되는 지점은 예술의 체험, 즉 작품이 여기에 존재하면서 자신을 수용하는 사람들에게 직접적인 영향을 미친다는 일차적이고 통일적인 사실에 있다. 이로부터 분석적 방향의 길이 말하자면 아래로 내려간다. 그것은 한편으로 작품을 예술 발전의 과정에 편입해서 이해할 수 있도록 하는 역사적 조건들을 탐구한다; 그것은 다른 한편으로 예술작품에서 그 작용 요소들을 추론한다: 형식의 엄격 또는 이완, 구성의 도식, 공간적 차원들의 이용, 채색, 소재 선택, 그리고 다른 많은 것들이 그 요소들이다.

그러나 이 두 길 가운데 그 어느 것을 통해서도 예술작품 자체나 그것이 영혼에 대해 갖는 진정한 의미를 이해할 수 없다는 것은 과학적 의식을 가진 사람이라면 누구나 명백히 알 수 있다. 그 첫 번째 이유는 다음과 같다: 우리가 일반적으로 사물의 역사에 관심을 갖는 것은 **그것의 내용들** 때문인데, 모든 역사적 발전은 이 내용들의 **가치**를 이미 전제한다. 우리가 어느 임의적인 서투른 화가의 예술이 아니라 바로 렘브란트의 예술을 위해 역사적 발전을 연구하는 이유는, 자명하게도 이 발전 자체로부터는 찾을 수 없고 예술의 생성 조건들과 완전히 무관하게 우리가 그 예술 자체에서 느끼는 가치에 근거한다. 그런데 이 예술에 이미 간략히 언급한 바 있는 미학적 분석이 가해지는바, 이 분석은 그 예술의 생성 또는 현존재에 관계된다.[1] 그러나 설령 이러한 분석이 그와 같은 그림의 구성요소들을 아주 충분하게 드러내 보였다 할지라도, 예술작품의 창조도 그것이 주는 인상도 완전히 파악될 수는 없다. 왜냐하면 완성된 예술현상은 두말할 나위 없이 다양한 형식적 또는 내용적 관점에서 고찰할 수 있으며, 또한 그럼으로써 예술현상을 그것의 전체적인 인상을 창출하는 순전히 개별적인 요소들로 분해할 수 있기 때문이다. 그렇지만 완성된 예술현상은 이 개별적인 요소들을 조합한다고 해서 복원되는 것이 아니며, 따라서 그러한 조합을 통해서 이해할 수 있는 것이 아니다. 이는 해부용 테이블에서 절단된 부분들을 조합한다고 해서 살아 있는 육체가 복원되는 것이 아니며, 따라서 살아 있는 육체는 그러한 조합을 통해서 이해할 수 있는 것이 아님과 마찬가지이다. 미학적 요소들을 나란히 늘어놓는 것은 역사적 요소들을 잇달아 늘어놓을 때도 그렇듯 완성된 예술현상의 등가물이 될 수 없다; 왜냐하면 완성된 예술현상에 결정적인 것은 그것과 완전히 다른 무엇이기 때문이다: 그것은 창조적 **통일성**인바, 이것은 물론 예의 그 개별적인 요소들을 수단으로 이용함으로써 이 요소들이 완성된 예술현상의 분석적으로 기술할 수 있는 구체적인 외면을 구성한다. 그러나 예술의 본질과 그 작품들의 등급을 그러한 범주들의 합계로 이해하려는 것은 아주 큰 착각이 아닐 수 없다.[2] 이와 마찬가지로 예술작품이 주는 **인상**은, 분석적 미학이 들추어내는바 그것의 모든 측면과 특성이 주는 인상들의 합계와 같은 것이 아니다. 오히려 여기에서도

---

1 이 문장에서 "이미 간략히 언급한 바 있는 미학적 분석"은 그 앞 문단의 마지막 부분에 나오는 구절 "형식의 엄격 또는 이완, 구성의 도식, 공간적 차원들의 이용, 채색, 소재 선택, 그리고 다른 많은 것들"에 대한 분석을 가리킨다.
2 이 문장에서 "그러한 범주들"은 미학적 범주들을 가리킨다.

결정적인 것은 그 개별적인 인상들로부터 뚜렷하게 구별되거나 그것들을 초월하는 완전히 통일적인 그 무엇이다; 그리고 모든 심리학적 분석, 그러니까 이 색채 또는 저 색채 그리고 이 색채 대조 또는 저 색채 대조가 어떤 효과가 있는가, 우리가 어떤 형식을 얼마나 쉽게 또는 어렵게 이해하는가, 어떤 주어진 사실에서 무엇을 연상하는가, 그리고 이와 유사한 모든 것은 예술적 체험 자체를 이루는 가장 본질적인 효과, 즉 예술작품이 영혼에 미치는 효과를 배제한다.

그러니 이러한 체험은 과학적 인식의 형식으로 절대로 흡수되지 않는다고 나는 믿는다. 직접적으로 느껴지는 것은 그 체험이 존재하는 유일한 방식이며, 우리는 이러한 방식에서 예술적 체험을 말하자면 건드리지 않은 채로 놔둬야 한다. 이 직접적으로 느껴지는 것이야말로 예술 인식의 두 가지 방향이 갈라지는 분수령이 된다. 다시 말해 예술작품의 개별적인 특징들과 예술작품이 수용되는 것에 대한 분석적 접근은 말하자면 창조와 수용이라는 통일적 체험 **앞에서** 멈추는 반면, 이 통일적 체험의 **뒤에서** 철학적 고찰이라 부를 수 있는 다른 고찰의 길이 시작된다. 이 길은 예술작품의 전체를 현존재와 체험으로 전제하고 이것을 영혼이 운동하는 전체 진폭, 추상성의 정점, 세계사적 모순들의 심층에 위치시켜 고찰하려고 한다. 그러므로 이와 같은 시도의 대상으로 렘브란트의 예술이 특히 적합해 보이는데, 그 이유는 바로 이 예술이, 그 객관적인 특성에 심층적인 근거를 가지면서, 방금 언급한 비합리적 체험을 음악에 버금갈 정도로 지극히 순수하게 이루어지게 하기 때문이다;[3] 다시 말해 한편으로 분석적 미학 그리고 다른 한편으로 개념적으로 그리고 형이상학적으로 더 끌고 나아가려는 사고는 결코 건드릴 수 없는 체험 자체의 고유한

---

3 이 문장에서 "방금 언급한 비합리적 체험"은 "영혼이 운동하는 전체 진폭, 추상성의 정점, 세계사적 모순들의 심층"을 가리킨다.

본질을 실현하면서 말이다. 그런데 바로 이를 통해 체험은, 더욱더 통일적이고 더욱더 균일하게 효력을 발생시키는 것으로서, 개별적인 문제들의 전제조건이 되는데, 위와 같은 사고도 이 개별적인 문제들 안에서 움직여야 한다.

바로 여기에 예술작품을 역사적으로, 기술적으로 또는 미학적으로 해명하지 않고 철학적으로 예술작품의 의미라고 부를 수 있는 것을 추구하는 연구의 한계가 존재한다: 그것은 예술작품의 가장 내적인 중심과 가장 외적인 주변 사이의 관계인바, 이 주변부에서는 세계와 삶이 우리의 개념들에 의해 표현된다. 그러한 한계가 존재하는 이유는, 예술작품을 철학적으로 더 끌고 나가는 사고는 예술작품의 예의 그 일차적 체험으로부터 자양분을 얻는데, 이 일차적 체험을 객관적이고 명확하게 규정할 수가 없기 때문이다.[4] 이 일차적 체험은 그로부터 그토록 많은 이론적 논의가 생겨남에도 사실의 형식으로 남고 이론으로는 접근할 수 없다―그것도 우연적인 자의에 의해서가 아니라 여하간 개인적인 지향성에 의해 결정되는바, 바로 이 지향성이 그 일차적 체험으로부터 철학적 노선이 다양한 방향으로 전개되도록 한다. 우리는 이와 같은 노선을 대변하는 모든 철학적 조류에 대해 그것들이 궁극적인 결정에 이른다고 주장할 수 있지만, 그 가운데 어느 조류도 자신이 **유일무이한** 결정에 이른다고 주장해서는 안 된다.

이전부터 나에게 철학의 본질적인 과제로 보인 것, 즉 직접적이고 개별적인 것, 단순하게 주어진 것에서 궁극적인 정신적 의미의 지층으로 측연을 던지는 것[5] ― 이것을 이제 렘브란트 현상을 가지고 시도할 것이

---

4 이 문장에서 "예술작품의 예의 그 일차적 체험"은 서두에 나오는 구절 "작품이 여기에 존재하면서 자신을 수용하는 사람들에게 직접적인 영향을 미친다"는 사실을 가리킨다.
5 이 문장에서 말하는 "이전부터"는 『돈의 철학』(*Philosophie des Geldes*)에서부터이다. 이에 대한 자세한 내용은 이 책의 뒷부분에 실린 해제를 참고할 것.

다. 철학적 개념들은 언제나 자신들의 고유한 영역에만 머물러서는 안 되고, 현존재의 외면에도 주어야 하는 것을 주어야 한다. 물론 그렇다고 해서, 헤겔이 그리한 것처럼, 이 현존재가 이미 직접적인 것으로서 철학적 귀족의 지위로 고양된다는 조건을 거기에 결부해서는 안 된다. 그것은 오히려 유유자적하게 자신의 순박한 사실성 안에 그리고 이 사실성의 직접적인 법칙들의 지배하에 머물러야 하며, 또한 그렇게 함으로써 자신을 이념의 영역과 결합하는 철학적 노선들의 네트워크에 포착되어야 한다. 이 단순한 사실성이 여기서는 예술작품의 체험인바, 나는 이 체험을 영원히 일차적인 것으로 받아들이고자 한다. ─ 이 영원히 일차적인 것에서 출발하는 철학적 원칙들은 전적으로 가장 외적인 **단 하나의** 지점에서 교차해야 한다고, 따라서 하나의 철학적 체계로 통합되어야 한다고 생각하는 것, 이것은 일원론적 선입견으로서 철학의 ─ 실체적이지 않고 기능적인 ─ 본질과 모순된다.

한편 이러한 방법론적 입장에서 그리고 다른 한편 현실로 전제된 체험이 개인적으로 규정된다는 사실에서 이 연구에 대한 기대의 이미 암시한 한계가 분명해진다:[6] 이 연구는 다만 다른 출발점들 및 다른 방향의 길들과 대등한 관계에 놓일 것과 심지어 이 다른 것들이 자신과 모순을 일으킬 때에도 그것들로 자신을 보완할 것을 요구할 수 있을 뿐이다. 이 책의 구체적인 내용들이 어떤 기대를 충족시키거나 충족시키지 못하는지는 어디까지나 그 내용들 자체를 보고 판단해야지 이 서문에 제시된 책의 프로그램을 보고 판단해서는 안 된다; 프로그램은 다만 논의의 한계를 설정함으로써 처음부터 실망하는 것을 방지하는 데에 그쳐야 한다.

---

6 이 문장에서 "이 연구에 대한 기대의 이미 암시한 한계"는 24쪽 두 번째 문단의 첫 문장에 나오는 구절 "예술작품을 역사적으로, 기술적으로 또는 미학적으로 해명하지 않고 철학적으로 예술작품의 의미라고 부를 수 있는 것을 추구하는 연구의 한계"를 가리킨다.

일러두기

• 본문의 각주 가운데 첫머리에 〔원주〕라고 따로 밝히지 않은 것은 모두 옮긴이가 이
 해를 위해 새롭게 넣은 옮긴이 주이다.

영혼적인 것의 표현

삶의 연속성과 표현운동

우리는 삶을 통일적이고 전체적으로 느끼는 경우가 드물고 오히려 그 것의 개별적인 내용들, 운명들, 극단들 — 전체를 구성하는 조각들과 부 분들을 느끼는데, 이는 실천적인 필요성에 의한 결과이자 사물을 받아 들이고 거기에 작용하는 우리의 정신적 능력들이 분화된 결과이다. 이 는 다음에서 기인한다. 우리의 삶은 변화하는 내용들과 더불어 진행되는 과정의 형식을 갖는데, 이 내용들은 삶의 계열에 위치할 뿐만 아니라 온 갖 다른 종류의 계열, 즉 논리적, 기술적, 이념적 계열에도 편입될 수 있 다. 예컨대 직관된 대상은 표상하는 행위일 뿐만 아니라 물리적 인식의 체계 내에 존재하기도 한다. 또한 의지의 결단은 내적인 행위일 뿐만 아 니라 객관적인 윤리적 가치의 계열에서 특정한 등급을 나타내기도 한다. 그리고 결혼은 두 주체의 체험일 뿐만 아니라 역사적-사회적 제도의 요 소이기도 하다. 그런데 강조된 개개의 내용성들은 다시금 "삶"으로 간주 되기 때문에, 삶은 이 내용성들이 나란히 늘어선 것처럼 보이고 마치 삶 의 특성과 역동성이 이 내용성들 사이에 비례적으로(pro rata) 배분된 것 이기나 하듯이 보인다. 그렇지만 이처럼 삶을 잇달아 나타나는 모든 순 간들의 **합계**로 파악하는 개념은 실재적인 삶의 연속적인 흐름에서는 전혀 실현될 수 없다. 이러한 개념은 오히려 그 연속적인 흐름을 **객관적인 개념**에 따라 표현할 수 있는 내용들의 합계로 대체하는바, 이 내용들은 그런 한에서 삶 그 자체가 아니라 어떻게든 굳어버린 이념적 또는 물적 구성물로 간주된다. 그런데 나는 삶에 대한 또 다른 하나의 가능한 고찰 방식이 있으리라 믿는다. 이것은 전체와 부분들을 그와 같이 서로 분리하지 않으며, 따라서 거기서는 전체와 부분의 범주를 삶에 결코 적용할 수 없다; 오히려 삶은 통일적인 진행 과정인바, 이 과정의 본질은 순전히 질적으로 또는 내용적으로 구별할 수 있는 순간들로 현존한다는 데에 있다. 이에 반해 방금 언급한 표상 방식은 "순수자아" 또는 "영혼"으로 이끌리는데, 이것들은 말하자면 스스로 존재하는 무엇으로서, 그 내부에서 나타나며 객관적인 개념에 따라 표현할 수 있는 내용들을 넘어선다. 그러나 내가 보기에 총체적 인간,[1] 즉 절대적인 영혼과 자아는 모든 그때그때의 체험에 포함되어 있다; 왜냐하면 모든 그때그때의 체험에서 변화하는 내용들이 생산되는 것이야말로 삶이 살아가는 방식이며, 삶은 그 어떤 분리 가능한 "순수함"도, 자신의 고동치는 맥박을 넘어서 자체적으로 존재하는 것도 지니지 않기 때문이다. 인간의 "특성"과 그의 개별적인 행위들에 대해 이와 유사하게 사유하면서 괴테는 언젠가 이렇게 말한 적이 있다. "샘물은 흘러야만 샘물이다."[2] 여기에서 문제가 되는

---

1 이것은 der ganze Mensch라는 독일어를 우리말로 옮긴 것이다. 짐멜의 저술에 자주 등장하는 개념이다. 여기서 채택한 '총체적 인간' 외에도 '전체적 인간', '전체 인간' 또는 '전인간'으로 해석할 수도 있다. 총체적 인간이란 육체적인 것과 정서적인 것 그리고 정신적인 것을 모두 갖춘 인간을 가리키는 개념이다. 그리하여 총체적 인간은 노동하고, 운동하고, 사랑하고, 휴식을 취하고, 느끼고, 생각하고, 표상하고, 의지하고, 환상을 느끼며 또한 체험하는 존재이다.

2 이것은 괴테의 『나의 삶: 시와 진실』 제2부 제6권에 나오는 표현이다(Die Quelle kann nur gedacht werden, insofern sie fliesst). Johann Wolfgang von Goethe, *Aus meinem Leben, Dichtung und Wahrheit: Sämtliche Werke nach Epochen seines*

것은 다수성과 통일성의 대립을 극복하는 것이다. 다시 말해 다음과 같은 양자택일, 즉 다양성의 통일성은 다양성 너머 보다 높고 추상적인 것으로서 존재하거나 — 아니면 다양성의 영역에 머물면서 이 다양성으로부터 하나씩 하나씩 조합되는 것이라는 양자택일을 극복하는 것이다. 이두 공식 가운데 그 어느 것에 의해서도 **삶**을 표현할 수 없다. 왜냐하면 삶은 조합할 조각들이나 부분들을 내포하지 않는 절대적인 연속성이기 때문이다. 이러한 연속성은 오히려 내적으로 통일성을 이루는데, 그것도 모든 순간에 전체로서 다른 형식에 표현되는 통일성을 이룬다. 이러한 논리는 더 이상 연역할 수 없는데, 그 이유는 이렇게 해서 어떻게든 공식화하려고 하는 그 삶이란 구성 불가능한 근본적인 사실이기 때문이다. 삶의 모든 순간이 삶 전체인데, 이 삶의 끊임없는 흐름 — 이것이야말로 삶의 비할 데 없는 형식이다 — 은 그것이 그때그때 도달하는 파고(波高)를 통해서만 현실성을 갖는다; 모든 현재의 순간은 그 이전에 경과된 삶 전체에 의해 규정되고 모든 선행하는 순간들의 결과이며, 따라서 이미 그러한 이유만으로도 모든 현재적 삶은 그 안에서 주체의 전체적 삶이 현실이 되는 형식이다.

크고 작은 범위의 운동 문제를 렘브란트 식으로 해결하는 것에 대한 이론적 표현을 찾는다면, 그것은 전적으로 삶에 대한 이러한 이해가 될 것이다. 고전적 예술과 좁은 의미에서 양식화하는 예술에서는 운동이 추상화(抽象化) 방식을 통해 묘사된다. 다시 말해 어느 특정한 순간의 모습은 거기에 이르기까지 그리고 그 아래에서 지속적으로 흐르는 삶을 벗어나서 자족적인 형식으로 결정화(結晶化)됨으로써 묘사된다 — 이에 반해 렘브란트에게서는 묘사된 순간이 거기에까지 생생하게 살아 있는 전체적인 삶의 충동을 포괄하고 있는 것으로 보인다. 그 순간은 이 삶의 흐

Schaffens. Münchner Ausgabe, Bd. 16, München: Carl Hanser 1985, 250쪽.

름의 역사를 이야기해준다. 그것은 물리적-정신적 운동이 시간적으로 고정된 부분이 아니다. 그 부분은 예술적 형상화를 위해 선별된 자존적 (自存的)인 것이지만, 그 너머에는 이 운동의 전체, 즉 내적으로 전개되는 이 사건의 전체가 존재할 수 없다; 그것은 운동의 묘사된 한 순간이 실상은 전체 운동이라는 사실을, 아니면 차라리 **운동** 자체이지 이러이러하게 화석화된 것이 아니라는 사실을 명백하게 보여준다. 이는 "열매를 맺는 순간"[3]을 거꾸로 뒤집은 것이다. 열매를 맺는 순간은 운동을 현재에서 상상력을 통해 미래로 이끄는 반면, 렘브란트의 순간은 운동의 과거를 현재로 집적한다: 그것은 열매를 맺는 순간이라기보다 수확하는 순간이다. 삶의 본질은 모든 순간에 **전체로서** 현존하는 것이다. 왜냐하면 그것의 전체성은 개별적인 순간들의 기계적인 합산이 아니라, 연속적인 그리고 연속적으로 형식을 바꾸는 흐름이기 때문이다 — 이와 마찬가지로 렘브란트의 표현운동은 그 운동의 순간들의 전체적인 연속을 개별적인 순간들이 지니는 유일무이성에서 느끼도록 만들고 운동이 분리된 순간들의 연속으로 분열되는 것을 극복하는 데 그 본질이 있다. 이 운동이 수많은 화가들에게서 어떻게 나타나는가를 한 번 살펴볼 것 같으면, 그들에게서

---

3 이 구절은 짐멜의 저술에 자주 등장한다. 이는 독일의 사상가, 극작가, 비평가인 고트홀트 에프라임 레싱(Gotthold Ephraim Lessing, 1729~81)이 처음 사용한 개념이다. 고대에는 운동의 본질이 다른 순간보다 두드러진 한 순간에 구현된다고 믿었는데, 레싱이 이러한 순간을 "열매를 맺는 순간" 또는 "풍요로운 순간"이라고 명명했다. 이 순간은 주로 운동이 지향하는 최종적인 목표 또는 정상을 의미한다. 고대인들은 운동의 나머지 순간에 대해서는 철학적으로나 예술적으로나 가치를 부여하지 않았다. 이는 운동에 대한 형이상학적 개념이다. 이에 반해 근대로 들어오면서 운동은 임의적인 순간의 연속으로 파악되기 시작했다. 모든 순간은 직선적인 배열을 따라 동등한 가치, 동등한 길이, 그리고 동등한 간격을 지닌 것으로 간주된다. 이는 운동에 대한 자연과학적 개념이다. 임의적인 순간은 규칙적으로 등장할 수도 있고 일회적으로 등장할 수도 있으며, 또한 평범할 수도 있고 눈에 띌 수도 있다. 그것은 동등한 가치를 지닌 순간들 가운데 한 순간이다.

는 마치 예술가가 상상력을 동원해 또는 모델에게서 이 특정한 운동이 어떠한가를 본 것처럼, 그리고 마치 완성된, 따라서 그 외면이 완벽한 현상에 따라, 그것이 현실적이든 아니든 간에, 작품을 제작한 것처럼 보인다. 그러나 렘브란트에게는 그 근원점에서부터 영혼의 의미로 충만한 또는 그것에 이끌리는 운동의 충동이 근저를 이루는 듯이 보이며, 또한 이 맹아로부터, 즉 전체와 그것의 의미가 잠재적으로 집적된 것에 기초하여 각 부분을 차례로 그려나가는데, 이는 현실에서 운동이 전개되는 논리에 상응하는 것이다. 그에게 묘사의 출발점이나 토대는, 운동이 그것을 묘사하고자 하는 정점에 도달한 순간, 즉 운동이 그것의 시간적 진행을 꿰뚫는 내적으로 완결된 횡단면에 도달한 순간을 말하자면 외부에서 바라다본 이미지가 아니다; 그것은 오히려 처음부터 전체 행위가 마치 통일적인 중심점에 집중된 것처럼 바로 그 순간에 집중된 역동성이다. 그러므로 운동이 가진 표현적 의미 전체는 이미 맨 처음 선(線)에 들어 있다; 이 맨 처음 선은 이미 운동의 외적인 것을 동일한 것으로 포괄하는 직관 또는 감정으로 가득 차 있다.[4] 이렇게 보면 단지 최소한의 선만이 존재하는, 아니 종이 위에 거의 아무것도 존재하지 않는다고 말할 수 있는 그의 데생과 스케치적-선상적(線狀的) 에칭에 — 회화작품들에서보다 여기에서 훨씬 더 뚜렷하게 드러난다 — 묘사된 인물들이 아주 명백한 자세와 운동을 그리고 바로 그와 더불어 이 자세와 운동의 지극히 깊은 영혼적 상태와 의도를 아주 설득력 있게 보여준다는 사실을 이해할 수 있

---

4 이 문장은 비문이다. 왜냐하면 "운동의 외적인 것"이 무엇과 동일한지가 나와 있지 않기 때문이다. 이 문제는 이 책의 예비연구들 가운데 하나에 속하는 「렘브란트 연구」(1914~15)를 보면 풀릴 것이다. 거기에 다음과 같은 문장이 나온다. "이 맨처음 선은 이미 운동의 영혼적인 것과 외적인 것을 동일한 것으로 포괄하는 직관 또는 감정으로 가득 차 있다." Georg Simmel, "Rembrandtstudie", in: *Georg Simmel Gesamtausgabe 13: Aufsätze und Abhandlungen 1908~1918, Bd. 2*, Frankfurt am Main: Suhrkamp 2000, 16~52쪽, 여기서는 16쪽.

다. 운동을 그것이 나타나는 순간의 전체적인 범위에서 최종적으로 묘사한다는 관점에서 바라보는 경우, 운동은 완전히 표현되기 위해 원칙적으로 완전하게 나타나야 한다. 그러나 렘브란트에게서는 이것이 마치 한 인간이 그를 완전히 뒤흔드는 아주 깊은 정서를 말로 나타내려 할 때와 같다: 그는 자신을 격동시키는 내용을 논리적으로 진술하는 전체 문장을 말할 필요가 전혀 없다. 왜냐하면 이미 맨 처음 한 말의 음색에서 모든 것이 명백하게 드러나기 때문이다.

물론 이것이 렘브란트와 다른 예술가들 사이의 중재할 수 없는 상이함을 뜻하지는 않는다. 다만 원칙들의 차이가 문제일 뿐인데, 이 원칙들은 당연히 원칙으로서는 양극적으로 대립되지만 그 사이에서 경험적 현상들은 많게 또는 적게 양자에 관여하는 일련의 단계를 구성한다. 이러한 사실은 젊은 시절의 렘브란트에게서도 표현운동이 순전히 외부적인 시각에서 출발했다는 점을 감안하면 더욱더 명백해진다. 예컨대 — 여기서는 그림에 대해서만 이야기하기로 한다 — 1632년의 「에우로페의 납치」[5] 또는 얼마 후의 「벨사살 왕의 향연」[6]에서, 또는 「도마의 의심」[7]에서

5 이것은 1632년에 패널에 그린 62.2×77cm 크기의 유화로서 그리스 신화를 소재로 한다. 지중해 동쪽 바닷가 페니키아라는 나라의 왕 아게노르에게는 에우로페라는 아름다운 딸이 있었다. 에우로페의 아름다움에 반한 제우스는 어느 날 바닷가에서 친구들과 놀고 있는 에우로페를 보고 황소로 변해 그녀를 납치, 크레타 섬으로 데려갔다. 오늘날 유럽이라는 명칭은 에우로페의 이름에서 유래한 것이다.

6 이것은 1635년에 캔버스에 그린 167.6×209.2cm 크기의 유화로서 성서의 내용을 소재로 한다. 구약성서 「다니엘서」 제5장에는 바빌론의 벨사살 왕이 수많은 귀인을 위해 향연을 베푸는 광경이 나온다.(개역개정판 번역 인용) "그때에 사람의 손가락들이 나타나서 왕궁 촛대 맞은편 석회벽에 글자를 쓰는데 왕이 그 글자 쓰는 손가락을 본지라(5: 5). 이에 왕의 즐기던 얼굴빛이 변하고 그 생각이 번민하여 넓적다리 마디가 녹는 듯하고 그 무릎이 서로 부딪친지라"(5: 6). 그러나 아무도 그 글자를 읽고 해석할 수 없었다. 이에 다니엘이 불려 나갔다. 그는 이렇게 말하였다. "기록된 글자는 이것이니 곧 메네 메네 데겔 우바르신이라(5: 25). 그 글을 해석하건대 메네는 하나님이 이미 왕의 나라의 시대를 세어서 그것을 끝나게 하셨

36

인물들이 운동하는데, 그것은 전적으로 어느 한 운동 순간이 고정된 현상이다. 그러고 나서 대략 베를린 소재의 「세례 요한의 설교」[8]와 더불어 내부로부터 자극된, 즉 영혼의 마지막 지층에서 준비된 운동이 나타났는데, 이 운동은 1640년대에도 아니 심지어 1650년대까지도 갖은 동요를 거듭하다 마침내 그의 그림들에 다른 어떤 것과도 비교할 수 없는 특징을 부여하기에 이르렀다.

그의 예술적 비전은 단순히 묘사하는 순간에 나타나는 제스처의 가시성만을 포괄하지 않는다. 말하자면 그것의 의미와 강도는 직관의 영역에서 비로소 형성되는 게 아니라, 이미 첫 번째 선을 이끌고 그것을 가득 채운다. 그리하여 이 첫 번째 선은 내적-외적 과정의 총체성을 (그의 특유한 예술적 비분리성 안에서) 확실하게 드러낸다. 다음이 삶의 보다 심오한 공식으로 보인다. 삶의 총체성은 삶의 개별적인 순간들을 벗어나는 한 아무것도 아니며, 또한 삶은 개별적인 모든 순간에 전체로서 현존하는데, 그 이유는 이 모든 대립을 관류하는 운동에 전적으로 삶의 본질이 있기 때문이다 ― 이와 마찬가지로 렘브란트의 작품에서 운동하는 인물은, 말하자면 내적 운명이 전개되고 제시되는 것에는 **부분**이 없다는 사실

다 함이요(5: 26), 데겔은 왕을 저울에 달아보니 부족함이 보였다 함이요(5: 27), 베레스는 왕의 나라가 나뉘어서 메대와 바사 사람에게 준 바 되었다 함이니이다"(5: 28).

7 이것은 1634년에 패널에 그린 53×50cm 크기의 유화로서 성서의 내용을 그 소재로 한다. 신약성서 「요한복음」 제20장에는 십자가에 못 박혀 죽은 예수가 부활한 후 제자들이 모인 곳에 나타난 광경이 나온다. 그런데 그들과 함께 있지 않았던 도마는 예수의 부활을 의심했다. "다른 제자들이 그에게 이르되 우리가 주를 보았노라 하니 도마가 이르되 내가 그 손의 못 자국을 보며 내 손가락을 그 못 자국에 넣으며 내 손을 그 옆구리에 넣어보지 않고는 믿지 아니하겠노라 하니라."(20: 25).

8 이것은 1634~35년에 캔버스에 그린 62.7×81.1cm 크기의 유화이다. 현재 이 작품은 베를린 국립미술관 회화관(Gemäldegalerie der Staatlichen Museen zu Berlin)에 소장되어 있다.

을, 그리고 오히려 직관성의 그 어떠한 관점에 입각해 분리된 모든 단편이 내적이고 자기 자신을 표현하는 운명의 전체라는 사실을 드러낸다. 그는 운동하는 인물의 모든 부분을 그것의 전체로 묘사할 수 있는데, 이러한 사실은 운동하는 삶의 연속적으로 결합된 모든 순간이 이 특정한 인물 안에서 인격화된 전체적인 삶이라는 사실을 직접적이고도 상징적으로 표현하는 것이다.

초상화에서의 존재와 생성

묘사된 운동 순간과 스스로를 표현하는 내면적 사건 전체 사이의 관계를 지배하는 공식과 동일한 공식이 렘브란트가 초상화를 창작하는 방식을 규정한다. 르네상스 시대 이탈리아 초상화의 궁극적이고 가장 보편적인 의도는 고전적 그리스의 가치 형이상학에 편입되어 있다: 사물의 의미와 가치는 **존재**, 즉 그것의 무시간적인 개념이 표현하는 것처럼 그것의 확고히 정의된 본질성에 있다; 도도히 흐르는 생성, 형식의 역사적 변화, 최종적인 완성점이 없는 발전 ─ 이 모든 것은 예술적 창작의 자족적 가치를 지향하는 그리스 조각의 성향과 모순되었다. 그리고 르네상스의 초상화도 그와 같이 내적으로 완결된 존재를, 무시간적인 특징을 가진 개인의 본질성을 지향한다. 인물의 본질적인 특징들은 확고한 형식 속에서 마치 나란히 선 것처럼 펼쳐진다; 또한 비록 제시된 예술적 현상으로 운명과 내적 발전이 자명하게 이어졌어도, 이 현상이 주는 인상에는 이러한 **생성**의 순간들이 배제되어 있다. 이는 단지 계산의 결과만을 묻는 경우 그 과정은 문제시되지 않는 것과 마찬가지이다. 고전적 초상화는 우리를 그 현재의 순간에 꽉 붙잡아둔다. 그러나 이 순간은 오고가는 계열 속의 특정한 지점이 아니라, 그와 같은 계열을 넘어서는 무시간적인 이념을, 영혼적-육체적 존재의 초역사적 형식을 가리킨다. 이는 한편으로 존재의 연속관계와 존재의 병렬관계를 초개별적이기는 하지만 그래도 실재적인 유일무이한 구성물 안으로 수렴시키는 개념 실재주의와 일치하며, 다른 한편으로 외적-자연적 현실에 대한 우리의 표상에 부합한다. 왜냐하면 외적-자연적 현실에서는 모든 현상이 선행하는 현상에 따라 엄격히 인과적으로 결정되지만, 과거의 것은 완전하고 말하자면 몰아적(沒我的)으로 자신이 가져오는 결과에 흡수되어버리기 때문이다. 과거의 것은 과거의 것으로서 사라져버리고 아무래도 상관없는 것이 되어버리는데, 이는 원인들이 다르게 조합되어도 원칙적으로 동일한 결과에 이를 수 있다는 이유만으로도 이미 그렇다. 르네상스의 초상화는 부분적으로 형이상학적 측면에서 그리고 부분적으로 물리적 측면에서 이와 유사한 상황에 처해 있다. 그러나 영혼 그 자체를 예술적으로 형상화하는 것은 사정이 다르다. 영혼의 진행 과정에서 그 원인은 결과로 해체되지 않으며, 그 특수성으로 인해 의미를 잃어버리지 않는다. 오히려 우리는 영혼의 전체적인 발전에서 모든 현재가 오로지 이 특정한 과거에 의해 가능하다고 느낀다(비록 인위적으로 고립된 개별적인 부분과정들이 물리적인 유사성을 보일 수 있을지라도 그렇다). 여기서는 지나간 것이 뒤에 오는 것의 원인이 될 뿐만 아니라 그것의 내용들이 기억으로서 또는 역동적인 실재로서 층층이 퇴적되기도 하는데, 이것들의 결과는 다른 어떠한 원인에 의해서도 결코 발생할 수 **없을 것이다.** 그리고 이러한 퇴적에 의해 ─ 표현이 매우 역설적이지만 ─ 연속성이 현재 영혼의 전체성을 구성하는 모든 요소의 본질적인 형식이 된다. 그러니까 영혼이 자신의 진정한 본질에 따라 예술적 형상화를 결정하는 경우, 그 형상화는 모든 특징이 영원성, 즉 무시간적인 본질성 속에서 나타나는 직관적 추상의 방식으로 수렴되지 않는다. 렘브란트의 초상화가 풍기는 인상들에서 우리는 삶의 한 과정이 운명에 운명을 더하면서 이 현재의 이미지를 창출한다는 사실을 명백히 느낀다. 이 현재의 이미지는 우리를 말하자면 하나의 정점으로 옮겨놓는데, 그곳에서는 거기에까지 오르는 길을 조망할 수 있다―이 과거의 그 어떠한 내용도 자연주의적으로 진술할 수 없을 것인데, 심리학적 경향을 보이는 다른 많은 초상화는 우리에게 그렇게 진술할 수 있다는 인상을 주고자 한다. 이것은 순수한 예술의 영역을 넘어서는 일화적(逸話的)이거나 문학적인 관심사가 될 것이다. 경이롭게도 렘브란트는 시선의 확고한 일회성에 거기에 도달한 삶의 운동 전체를 기록한다. 말하자면 생명력 넘치는 과정의 형식적 리듬, 분위기, 운명의 색채를 기록한다. 여기에서 문제가 되는 것은―렘브란트를 해석하려는 시도에도 자주 볼 수 있듯이―그려진 심리학이 아니다. 왜냐하면 모든 심리학은 내면적인 사건 전체에서 내용상 개념적으로 표현할 수 있는 개별적인 요소들이나 측면들을 다루기 때문이다. 심리학이 예술을 지배하는 경우 이른바 논리적으로 파악할 수 있는 요소가 이 사건 전체의 대표자로 제시된다. 심리학적 지향성은 언제나 단수화(單數化)를 초래하며, 또한 그럼으로써 일종의 고화(固化)를 초래하는바, 이것은 모든 순간에 현존하지만 연속적으로 흐르는 삶 전체를 벗어난다. 렘브란트에게서 인간의 묘사는 영혼으로 가득 차 있지만, 심리학적인 것은 아니다―이것은 다음과 같은 사실을 의식하지 못하면 그 깊이를 알아챌 수 없는 차이이다. 삶이, 그것으로부터 분리되어 그 자체로서 논리적으로 고정될 수 있는 모든 개별적인 특징과 대조적으로 언제나 총체적인 것이고 부단히 그 형식을 바꾸는 것이라는 사실을 의식하지 못하면 그렇다. 왜냐하면 개별적인 개념으로 진술할 수 있는 내용이나 특성이 아니라 바로 이 역동적인 삶만이 우리의 특징을 형성하기 때문이다.

그리고 렘브란트가 개별적인 표현운동에, 그것도 첫 번째 충동의 단순한 잠재성에서부터, 동시에 그 운동의 통일적인 역사를 묘사하고 그것을 느끼도록 만들었듯이, 그는 또한―이른바 "큰 글자로 쓰자면"[9]―개인의 전체적인 발전 경로를 지금 이 순간의 직관 안에 사로잡았다. 그리하여 이 경로는 특유하게 직관적인 방식으로, 그것의 연속성의 형식에도 불구하고 그리고 연속성의 형식에 의해 지금 이 순간에 직접적으로 주어지며 그것으로부터 읽어낼 수 있다. 이렇게 해서 렘브란트는 삶의 운동에 그때까지 전례가 없던 예술적 표현을 부여했다. 물론 이 표현은 방법 또는 양식이 될 수 없고 어디까지나 렘브란트의 개인적 천재성과 결부되어 있다. 피렌체와 베네치아 초상화[10]에는 확실히 삶과 영혼이 결여

9　이 대목에서 짐멜이 사용한 "큰 글자로 쓰자면"이라는 표현은 원래 신약성서 「갈라디아서」 제6장 제11절에서 바울이 한 말로부터 유래한다. "내 손으로 너희에게 이렇게 큰 글자로 쓴 것을 보라." 바울은 이렇게 말하면서 「갈라디아서」의 마지막 부분을 장식한다(제6장 제12~18절). 이 부분은 갈라디아서의 요약이자 핵심이며, 또한 그 내용을 이해하는 열쇠이기도 하다. 바울은 그토록 중요한 대목을 강조하기 위해 스스로 큰 글자로 썼던 것이다. 「갈라디아서」 제6장 제12~18절은 다음과 같다: "무릇 육체의 모양을 내려 하는 자들이 억지로 너희에게 할례를 받게 함은 그들이 그리스도의 십자가로 말미암아 핍박을 면하려 함뿐이라./할례를 받은 그들이라도 스스로 율법은 지키지 아니하고 너희에게 할례를 받게 하려는 것은 그들이 너희의 육체로 자랑하려 함이라./그러나 내게는 우리 주 예수 그리스도의 십자가 외에 결코 자랑할 것이 없으니 그리스도로 말미암아 세상이 나를 대하여 십자가에 못 박히고 내가 또한 세상을 대하여 그러하니라./할례나 무할례가 아무것도 아니로되 오직 새로 지으심을 받는 것만이 중요하니라./무릇 이 규례를 행하는 자에게와 하나님의 이스라엘에게 평강과 긍휼이 있을지어다./이 후로는 누구든지 나를 괴롭게 하지 말라. 내가 내 몸에 예수의 흔적을 지니고 있노라./형제들아 우리 주 예수 그리스도의 은혜가 너희 심령에 있을지어다. 아멘." 우리는 여기에서 짐멜이 성서의 표현을 사용하는 이유가 특정한 종교의 교리를 옹호하거나 전파하는 데 있지 않고, 다만 상징적이고 문학적인 표현을 사용함으로써 자신의 논의를 좀 더 강력하게 전달하려는 데 있다는 사실을 상기할 필요가 있다.

10　르네상스 예술의 커다란 조류인 피렌체파와 베네치아파를 가리킨다. 피렌체파는 이탈리아의 피렌체를 중심으로 14세기 초반부터 16세기 중반까지 건축과 조각, 회화에서 르네상스 예술을 주도했으며 조토(Giotto di Bondone, 1266?~1337)가 창시하였다. 피렌체파는 합리주의적-과학적이고 지성적이며 사실주의적인 경향이 강했고 묘선(描線)을 중시했다. 피렌체파는 메디치 가의 후원에 힘입은 바

되어 있지 않다. 그렇지만 거기에는 하나의 보편적인 형식이 있는데, 이 형식은 요소들이 직접적으로 체험되지 못하도록 하며 그럼으로써 요소들이 연속적으로 배열되지 못하도록 한다: 형식은 내적 완결성을 갖는데, 이 완결성은 영혼의 운동에서 단지 그 **결과들**만을 소재로 자유로이 처분할 수 있을 따름이다. 여기에서 유형화하는 양식이 개인들 간의 유사성을 야기할 필요는 없지만(비록 시에나 예술 그리고 움브리아 예술[11] 일부에서 인간들이 모두 어떻게든 유사하게 보일지라도), 특별한 종류의 "보편성"을 야기한다. 다시 말해 개인의 삶의 모든 개별적인 순간들을 **추상함**으로써 실현되는 이념적 개인의 묘사를 야기한다. 이에 반해 렘브란트에게서 개인적 인간의 보편성이란 일정한 정도 자신들의 역사적 질서를

가 매우 컸다. 르네상스 예술의 3대 거장으로 꼽히는 레오나르도 다빈치(Leonardo da Vinci, 1452~1519), 미켈란젤로(Michelangelo Buonarroti, 1475~1564), 라파엘로(Raffaello Sanzio, 1483~1520)는 피렌체파를 상징하는 인물들이다. 베네치아파는 15세기 후반부터 16~18세기 이탈리아의 베네치아를 중심으로 활동한 유파를 가리킨다. 피렌체파와는 달리 색채를 중심으로 감각적이고 관능적인 미를 추구했다. 그리하여 일명 색채파라고도 한다. 그 밖에도 빛과 그림자를 철저히 구분했으며 과감한 선을 사용했다. 티치아노(Tiziano Vecellio, 1477~ 1576)와 조르조네(Giorgione, 1477?~1510) 같은 거장들이 베네치아파를 대표한다.

11 르네상스 예술의 커다란 조류인 시에나파와 움브리아파를 가리킨다. 시에나파는 13세기 말부터 14세기 전반에 걸쳐 중부 이탈리아 토스카나 자치주의 시에나에서 활동하였다. 르네상스 이탈리아 회화에서 선구적인 역할을 했으며 피렌체파보다 더 보수적이었다. 시에나파는 후기 고딕 양식의 장식과 우아함에 기초하였다. 두초(Duccio, 1255?~1319?)가 시에나파의 터전을 닦았으며, 그 밖에 마르티니(Simone Martini, 1283~1344), 사세타(Sassetta, 1390~1450), 그리고 소도마(Sodoma, 1477~1549) 등의 화가가 있다. 이에 반해 움브리아파는 15~16세기 움브리아를 중심으로 활약하였다. 이 화파는 원근법과 기하학적 구성을 강조했으며 빛과 색채를 이용해 인물과 대상에 입체감을 주었다. 움브리아파의 대표적인 화가로는 단연 페루지노(Pietro Perugino, 1450~1523)가 꼽힌다. 그 밖에도 피에로 델라 프란체스카(Piero della Francesca, 1420~92), 프라 안젤리코(Fra Angelico, 1400~55), 시뇨렐리(Luca Signorelli, 1445~1523) 등이 움브리아파에 속한다.

보존하는 순간들, 바로 이 순간들의 **축적**을 의미한다.

아주 난해한 이 표현은 개별적인 순간들을 합산하는 것에 가까운데, 우리는 지금 이러한 합산이 삶의 표현이 될 수 없다고 부정하고 있다. 그것은 이와 같은 분해가 심리학적-기술적 관례로 받아들여지고 말하자면 추후적으로 총체적 삶으로 재구성되는 한에서만 가치를 갖는다. 이러한 축적에 의해서 또는 이러한 축적으로서 렘브란트의 초상화는 영혼적 삶의 운동성을 포괄한다. 반면 고전적 초상화는 단지 예술 일반의 의미에서, 다시 말해 세계 시간의 이전과 이후 사이의 위치와 무관하게 무시간적일 뿐만 아니라, 그 자체적으로도, 즉 그것을 구성하는 순간들의 질서에서도 내재적으로 무시간적이다. 바로 이러한 연유로 렘브란트의 가장 풍부하고 인상적인 초상화는 늙은 사람들의 것이다. 왜냐하면 거기에서는 살아온 삶의 최대한이 포착되기 때문이다; 젊은 사람들의 초상화에서는 단지 티투스를 그린 몇몇 작품들만이 다음과 같이 차원을 뒤집음으로써 동일한 효과를 냈다.[12] 티투스의 초상화에서는 말하자면 미래의 삶이, 마치 늙은 사람들의 초상화에서 이미 흘러간 시간의 계기(繼起)가 그런 것처럼, 그 발전 및 운명과 더불어 축적되고 미래에 나타날 연속성의 현재적 모습으로 간취될 수 있었다.

---

12 티투스(Titus)는 1641년 렘브란트와 그의 첫 번째 부인 사스키아(Saskia) 사이에서 태어난 네 번째 아들이다. 그 위의 세 자녀는 모두 어려서 사망했다. 티투스 또한 렘브란트가 죽기 1년 전인 1668년 27세로 요절했다. 렘브란트는 다음과 같이 티투스를 즐겨 그렸다. 「책상 앞에 앉아 있는 티투스」(1655), 「책을 읽는 티투스」(1656~57), 「티투스의 초상」(1658년경), 「수도승 모습의 티투스」(1660), 「티투스의 초상」(1663년경), 「장갑 낀 남자의 초상(티투스의 초상)」(1668년경).

초상화와 데생의 연작

그런데 개별적인 초상화에 집적되는 전체적 삶의 연속적인 흐름은 이 개별적인 초상화를 넘어서며, 또한 실재적이든 상징적이든, 동일한 인간을 삶의 여러 단계에서 회화적으로 포착하려는 렘브란트의 명백한 성향에서 표현된다. 우리는 여기에서 삶이 말하자면 그것이 예술적으로 형상화되는 한 순간에 고착될 수 없다는 근본적인 감정을 다시 한 번, 그것도 방금 언급한 것보다 광범위하게 느낄 수 있다; 한 인물의 연작 그림들에서는, 다시 말해 그것이 **하나의** 연작이라는 사실에서는 개별적인 그림이 집약적인 형식으로 보여주는 것이 잇따라 펼쳐진다. 여기서는 무엇보다도 그의 자화상 연작을 생각해보고 바로 이것이, 연작으로서, 고전적 인간 이해와 어떻게 상반되는가를 생각해볼 수 있다. 티치아노[13]와 안드레아 델 사르토,[14] 그리고 퓌비 드 샤반[15]과 뵈클린[16]은 몇몇 자화상을 남

---

13 티치아노는 티치안(Tizian)이라고도 불리며 르네상스 전성기의 이탈리아 화가이다. 베네치아의 색채파를 완성하였고, 루벤스(Peter Paul Rubens, 1577~1640)와 렘브란트로 이어지는 17세기 바로크 양식의 선구자로 평가된다. 주요 작품으로는 「우르비노의 비너스」, 「성애와 속애」, 「성모 마리아의 승천」, 초상화 「카를 5세」와 「포르투갈의 이사벨라 여왕」 등이 있다.

14 안드레아 델 사르토(Andrea del Sarto, 1486~1530)는 르네상스 전성기 피렌체파의 화가이다. 주요 작품으로는 「성모의 탄생」, 「성 요한전」, 「알피에의 성모」 등이 있으며 그의 작품 「최후의 만찬」은 레오나르도 다빈치의 것에 버금가는 걸작으로 간주된다.

15 퓌비 드 샤반(Puvis de Chavannes, 1824~98)은 프랑스의 화가이다. 초기에는 낭만주의의 영향을 받았으나 일반적으로 상징주의 화가로 분류된다. 19세기 프랑스의 가장 뛰어난 벽화가로서 공공건물에 수많은 벽화를 남겼으며, 대표작으로는 「희망」, 「가난한 어부」, 「하얀 바위」 등의 그림과 파리의 판테온과 소르본 대학 등에 그린 벽화가 있다.

16 아르놀트 뵈클린(Arnold Böcklin, 1827~1901)은 스위스의 상징주의 화가이다. 그는 풍경화가이자 인물화가이면서 신화를 주제로 하는 고전주의 화가로서 19세기 유럽의 가장 비중 있는 조형예술가 가운데 한 사람으로 간주된다. 짐멜은 1895

겼는데, 그들은 거기에서 자신의 불변적인 본질을 영원히 간직한다고 생각했다. 그러나 렘브란트에게서는 그림으로 포착된 모든 순간으로 전체적인 삶이 흘러 들어가듯이, 이 전체적인 삶은 그 다음 그림에 도달할 때까지 다시 계속해서 흐른다. 말하자면 모든 순간은 중단되지 않는 삶으로 해체되는데, 이 순간들은 이 삶에서 정지점(停止點)을 거의 나타내지 않는다: 삶은 결코 **존재하는 것**이 아니라 언제나 **생성하는 것**이다. 나는 사람들이 렘브란트 자화상과 가족 초상화의 수가 대단히 많다는 사실을 순수하게 회화적인 문제 제기에 의해 설명하려고 한다는 것을 잘 알고 있다. 이 모든 논의가 옳다고 가정하더라도, 내가 보기에 "순수한 회화적" 관심을 따로 떼어내는 것은 모든 초상화에서 작열하는 인간 묘사의 열정을 감안하면 완전히 인위적인 무엇이고 전혀 비현실적인 추상화(抽象化)일 뿐이다 ── 이는 일화적(逸話的)인 그리고 예술에 낯선 어떤 "이

년 「뵈클린의 풍경화」라는 글을 발표하는데, 그 중요한 논지는 다음과 같다. 뵈클린의 작품은 "시간적 관계의 해체"를 보여준다. 그것은 과거나 미래와 아무런 관계도 없는 비시간성이다. 그의 풍경화에서는 "사물의 순수하고 이념적인 내용이 모든 역사적 순간성으로부터 분리되어, 모든 전후관계로부터 분리되어 우리 앞에 존재하는 듯하다." 이러한 점에서 뵈클린의 예술세계는 자연법칙과 유사하다. 우리가 어떠한 자연법칙을 영원하다고 말하는 이유는 "그것이 이미 아주 오래 존재해왔기 때문이 아니라 전과 후의 문제와 무관하게 타당하기 때문이다." 이를테면 뵈클린이 그린 나무는 계절에 따라 잎이 많거나 적은 인상을 주지 않으며, 푸른 잎이 나거나 잎이 떨어지는 나무의 인상을 주지 않는다. 그가 나무를 묘사하는 순간은 바로 나무의 영원성인 것이다. 짐멜에 따르면 뵈클린의 풍경화는 비시간성과 더불어 비공간성을 특징으로 한다. 풍경화에서는 공간이 원래 "전체를 함께 묶는 형식으로, 모든 내용을 내적으로 강제하고 자체적으로 결정하는 도식으로" 기능한다. 그런데 뵈클린의 풍경화에서는 공간적 형식이 전혀 작품의 내용을 지배하지 않는다. 공간은 칸트가 말한 것처럼 그저 사물이 공존하는 가능성에 불과하다. 그러므로 뵈클린의 풍경화가 주는 전체적인 인상에서 공간적 도식은 아무런 역동적인 역할도 수행하지 못한다. Georg Simmel, "Böcklins Landschaften"(1895), in: *Georg Simmel Gesamtausgabe 5. Aufsätze und Abhandlungen 1894~1900*, Frankfurt am Main: Suhrkamp 1992, 96~104쪽, 여기서는 97쪽.

념"을 매개하는 예술에 대한 지극히 정당한 반응이 궁극적으로 예술작품의 통일성을 지각하는 것을 심하게 손상시킨 시대를 고려해야만 이해할 수 있다. 만약 렘브란트가 정말로 오늘날 추상적인 예술적 관점이 "순수하게 회화적인 것"이라고 부르는 것만을 **의도**했다면, 이 그림들이 각각 총체적인 인간을 제시하는 절대적으로 유일무이한 역량과 깊이는 아주 이상한 우연일 것이다. 어찌되었든, 이 그림들이 거기에 존재하는 대로 볼 것 같으면, 그것들의 "회화적" 문제로 나타나는 것은 오직 한 인간 삶 전체의 묘사이다. 그런데 그것도 심리학적 또는 형이상학적 또는 일화적 문제로서가 아니라 진정 회화적 문제로 나타난다. 이는 이미 고전적 양식의 수정처럼 투명한 울타리 밖에 있는 개별적인 그림들에서 수행된 것이지만, 이제 보다 명시적으로 드러났거나 또는 말하자면 동일한 모델을 그린 여러 개의 초상화들로 확장되었는데, 그는 결코 이것들로 만족할 수 없었다. 이 연작들의 각각을 통해, 보다 정확하게 말하자면, 바로 그것**으로서** 하나의 삶이 진동하는바, 이 삶은 그 통일성에서는 언제나 새롭고 그 새로움에서는 언제나 하나이다. 이 연작을 구성하는 각각의 작품들이 그때그때 서로 "보충한다"고 말하는 것은 잘못일 것이다; 왜냐하면 그 각각은 이미 ─ 연작의 총체성으로부터 분리되지 않음으로써 ─ 하나의 예술적 총체성과 하나의 삶의 총체성이 되기 때문인바, 그 이유는 바로 다음과 같은 삶의 신비, 즉 삶은 모든 순간에 전체적인 삶이면서도 모든 순간은 다른 모든 순간과 혼동할 수 없을 정도로 명백히 다르다는 데에서 찾을 수 있다. 그렇기 때문에 그의 삶의 개념은 ─ 물론 이러한 이론적 공식화는 그의 생각과는 완전히 거리가 멀 것이다 ─[17] 이러한 연작들이라는 예술적 사실에 의해, 처음에는 그의 자화상 연작이라는 예술적 사실에 의해 비로소 완성된 모습으로 드러났던 것이다. 그

---

17 이 부분은 원문에서 쉼표로 처리되어 있는 것을 옮긴이가 줄표로 바꾼 것이다.

리고 마침내 개념을 통해서가 아니라 예술적 창조를 통해 말하는 삶에 대한 이러한 인식이 그의 데생 연작에서 다시 한 번 그리고 아주 다른 방식으로 구현된다. 그의 회화작품과 에칭의 표현운동은 삶의 초순간성을 보여주지만, 이것들은 전체로 보면 내적으로 완결되고 자족적인 구성물인바, 이 구성물은 창조적인 삶을 이것 자체로부터 이끌어내어 확고한 경계 안에, 즉 객관적이고도 섬 같이 분리되어 존재하는 완성된 예술작품 안에 배치했다.[18] 그런데 데생들은 이 삶이 정지하지 않고 통과하는 정거장들에 지나지 않는다. 그것들은 이 삶의 과정이 개별적으로 실현되는 것이지 그 삶이, 결국 회화작품들에서 그러는 것처럼, 어떻게든 거기에서 응고되는 것이 아니다. 그것들은 전체적으로 보면 ― 많은 예외에도 불구하고 ― 다른 거장들의 데생과 다른 특성을 갖는다. 다른 거장들의 데생은 그림과 같은 성격을 보인다; 그것들의 의도는, 실현되었든 실현되지 않았든, 이념적인 틀에 의해 경계가 지어진 자존적(自存的)인 예술적 구성물에 있다; 아니면 그것들은 스케치이거나 습작이거나, 단편이거나 실험으로서 기술적 성격 또는 그러한 예술적 구성물의 예비적 성격을 띤 콘텍스트라는 점에서 의미를 갖는다. 렘브란트의 데생들은 이러한 양자택일을 벗어난다. 그것들에는 마치 하나의 호흡에 즉각 다른 호흡이 뒤따르듯이 하나의 데생에 즉각 다른 데생이 뒤따르는 독특하게 미완성된 무엇이 있다. 그러나 그 어느 것도 스케치처럼 자신을 넘어서는 것을 가리키지 않는다 ― 그 각각은 전체적으로 존재하는 것과 계속해서 흐르는 것을 결합하는바, 이러한 결합은 우리의 생동하는 행위에 그리고 오직 이 행위에만 고유한 것이다. 우리는 렘브란트의 데생들을 그 전체성에서 보아야 비로소 그의 예술의 근본적이고 생동하는 본질을 간파할 수 있으며, 이 본질은 그의 회화작품들과 그 표현운동들에서 개

---

18 이 문장에서 "삶의 초순간성"은 삶의 연속성으로 읽으면 좋을 듯하다.

별적으로 집약되고 객관화되었다고 확실히 말할 수 있다.

초상화 인물의 폐쇄성과 개방성

아마도 이제 렘브란트 초상화가 르네상스 초상화에 대해 갖는 또 다른 차이가 해명될 수 있을 것이다. 나는 이미 르네상스 초상화가 자신의 특징을 말하자면 무시간적으로, 그러니까 그것의 생성 과정에서 볼 수 있는 생명력 넘치는 운동성을 배제하고 단지 그것의 순수한 내용들만을 수용하는 추상화(抽象化)를 통해서 보여준다고 말했다.[19] 비록 그렇게 수용된 것이 이 양식의 내부에서 아주 명료하게 묘사될지라도, 인격의 추상적인 특징보다는 신비하거나 불가사의한 특징이 그 인격의 인상을 결정한다. 왜냐하면 우리의 내적-외적 존재에는 어둡고 모호한 무엇인가가 있는데, 이것은 어떻게든 이해 가능성이 문제가 되는 한 오로지 우리의 존재가 생성되는 삶의 과정에서만 이해될 수 있기 때문이다. 고전적 초상화는 삶의 과정이 진행되는 영역의 **위쪽에서** 양식과 인상의 최고로 완결된 통일성에 도달하기 때문에 묘사된 인물은 수많은 르네상스 초상화에서 눈에 띄는 저 특유한 폐쇄성을 얻게 된다. 거기서는 두 가지 사실이 아주 특기할 만하다. 첫째, 단지 예술적 양식의 성격만을 규정하는 특징, 그러니까 단지 예술적 묘사만을 지배하는 형식의 원리 — 이것이 묘사된 주체의 특성으로 이어진다는 사실이다. 르네상스의 양식화는 그 관점에 따라 모델을 그의 순수한 형식의 무시간성 속에 등장시키기 때문에 이 모델을 시간적으로 발전한 그의 삶에 따라 이해하는 것을 어떤 의미에서 그리고 일정한 정도로 불가능하게 만든다; 그리고 더 나아가 보

---

19 이는 이 책의 38쪽 이하에서 구체적으로 설명된다.

다 성숙한 모든 예술 관찰이 묘사의 특징과 묘사된 것의 특징을 엄격히 분리하는 반면(감각적인 것 또는 진부한 것의 묘사가 감각적인 또는 진부한 묘사일 필요는 없다), 여기서는 양식 자체의 특징 또는 효과가 불가피하게 객체의 인격적 실재에 투사되는 것처럼 보인다. 여기서는 인간이 자신의 현상의 한 지층에서 포착되는데, 이 지층은 우리에게 그의 삶에 대한 그 어떤 직관도 불가능하게 만든다 — 바로 이 사실이 이 **인간**의 폐쇄성을 야기하는바, 이것은 예술을 넘어서는 주체로서의 그에게나 귀속될 수 있을 것이다!

그리고 이에 못지않게 특기할 만한 것은, 이러한 양식에 의해 예술적 묘사가 명료성과 일정한 정도의 합리주의적 엄밀성을 획득하게 되는데, 바로 이 명료성과 엄밀성이 묘사된 내용들을 불가사의하고 측량할 수 없게 만든다는 사실이다! 이것은 내용들을 무시간적-논리적으로 결합하는 것과 (비록 여기에서처럼 직관성의 논리가 문제 된다고 할지라도) 내용들을 시간의 흐름 속에서 생생하게 결합하는 것 사이의 차이에 대해 깊이 통찰할 수 있게 해준다; 그것은 전자의 파악된 통일성이 얼마만큼 후자를 일종의 비밀로 남아 있게 하는가를 보여준다. 렘브란트의 그림들이 주는 효과는 이와 정반대이다. 우리에게 흔히 그의 인물들은 그토록 깊은 삶에 의해 온통 뒤흔들리고 그토록 오랫동안 진행된 운명의 끈들로 얽혀 있는 것으로 보인다 — 그러나 그 인물들 가운데 그 누구도 다빈치의 「모나리자」나 보티첼리의 「줄리아노 메디치」[20]처럼, 그리고 베를린

---

20 줄리아노 메디치(Giuliano Medici, 1453~78)는 메디치 가문의 지배자이자 피렌체 르네상스의 후원자인 로렌초 메디치(Lorenzo Medici)의 동생으로 1478년 살해되었다. 보티첼리(Sandro Botticelli, 1445~1510)는 1478~80년에 그의 초상화를 그렸다(54×36cm 크기의 목판 템페라화). 보티첼리는 다른 르네상스 시대 예술가들과 마찬가지로 메디치 가의 후원을 받았다. 예컨대 그는 이 가문의 후원으로 산타 마리아 노벨라 성당의 제단화를 그리기도 하였다. 그 일부분인 「동방박사의 경배」에서는 메디치 가 사람들이 모델로 등장하였다. 그리고 「봄」과 「비너

제1장 영혼적인 것의 표현 49

과 부다페스트에 소재하는 조르조네의 젊은이 초상 두 점[21]이나 피티 궁
전에 소장되어 있는 티치아노의 「젊은 영국인」[22]처럼 저 특유의 불가사
의한 것을 보여주지 않는다. 이와 같은 작품들과 비교해보면 렘브란트의
이해 방식과 표현 방식은 무엇과도 비길 수 없이 진동하고, 희미하게 빛
나는 것으로 그리고 말하자면 무한한 것으로 흩어지며, 또한 논리적 투
명성을 결여하고 있다; 그러나 그럼에도 불구하고 묘사된 인간은 우리
에게 훨씬 더 열려 있고 자신의 근저까지 두루 비추어 내보인다. 그는 이
해할 수 있을 정도로 친밀한 존재인 것이다. 그런데 이에 대한 이유는 렘
브란트의 모델들이 분화되고 온갖 세련된 문화로 가득한 르네상스 시대
의 이탈리아인들보다 덜 복잡하고 더 직선적이었다는 사실에서는 결코

스의 탄생」은 피렌체 교외에 있는 메디치 가의 별장에 그린 그림이다.

21 조르조네는 1505~06년과 1508~10년 두 번에 걸쳐 「젊은이의 초상」이라는 유
화를 그렸는데, 전자는 캔버스에 그린 58×47cm 크기의 작품으로서 베를린 국
립미술관 회화관에 소장되어 있고, 후자는 캔버스에 그린 72.5×54cm 크기의
작품으로서 부다페스트의 순수미술관(Szépmüvészeti Múzeum)에 소장되어 있
다. 조르조네는 본명이 조르조 바르바렐리 다 카스텔프랑코(Giorgio Barbarelli da
Castelfranco)로서 르네상스 최전성기의 베네치아파 화가이다. 그의 화풍은 그 후
티치아노로 이어진다. 조르조네의 작품으로는 「폭풍우」, 「잠자는 비너스」, 「전원
의 합주」, 「성모자상」, 「성모자와 두 성자」 등이 있다.

22 이것은 1545년경에 캔버스에 그린 111×93cm 크기의 유화로, 「한 젊은 남자의
초상」이라고 불리기도 한다. 피티 궁전(Palazzo Pitti)은 피렌체에 있으며 은행가
루카 피티(Luca Pitti)의 이름에서 그 명칭이 연원한다. 1448년 루카 피티가 메디
치 가와의 경쟁의식에서 건물을 짓기 시작하였으나 그 완성을 보지 못하고 세상
을 떠났다. 아이러니컬하게도 그의 사후 건물의 소유권이 메디치 가로 넘어갔으
며, 메디치 가에 의해 원래의 계획보다 규모가 확장되었다. 그 후에도 여러 차례
의 확장과 개조를 거치면서 오늘날의 모습을 갖추게 되었다. 피티 궁전에는 여
러 개의 박물관과 갤러리가 있는데, 짐멜이 언급한 티치아노의 작품은 15~17세
기의 유명한 작품들을 보유하고 있는 팔레티나(Palatine) 갤러리에 소장되어 있
다. 참고로 티치아노는 1520년에도 「한 젊은 남자의 초상」이라는 100×84cm 크
기의 캔버스 유화를 남겼는데, 이는 현재 영국 요크(York)의 개로비 홀(Garrowby
Hall)에 소장되어 있다.

찾을 수 없다. 그것은 오히려 렘브란트가 인간을 이해하는 방식에서 찾을 수 있다. 그 방식은 훨씬 더 얽히고설켜 있고 훨씬 풍부한 요소로 구성되어 있으며 표면상 훨씬 덜 명확하게 드러나는데, 바로 이러한 방식이 현시적(現時的)인 현상을 주조한 일련의 영혼적 발전과 운명을 다름 아닌 이 현상 **안에서** 느낄 수 있도록 만들었으며, 또한 그럼으로써 이 일련의 발전과 운명 자체에 감정이입을 할 수 있고 그것을 내적으로 이해할 수 있도록 만들었다. 르네상스 초상화에서는 명료한 조화와 균형을 통해 그 요소들이 말하자면 서로서로를 떠받치며, 온통 정신으로 가득한 육체성이 현시적 직관성의 법칙에 따라 형성된다; 렘브란트 초상화에서는 보이는 요소들이 그것들의 직접적인 **상호**관계 밖에서 말하자면 그것들의 배후에 존재하는 한 지점으로부터 형성된다. 이 요소들을 감각적으로 포착함으로써 우리는 그것들을 주조한 역동적인 삶과 운명을 목격한다. 지성의 범주에 입각해 보면 완전히 모순적이고, 이 범주로는 고작해야 아주 불완전하게밖에 표현될 수 없는 것이 여기서는 예술적으로 실현되었다: 이것의 생동적인 생성 과정이 그 어떠한 문학적 또는 예술 외적 연상도 없이 형성되어서 순수하게 직관적인 구성물로 통합되었으며, 또한 현시적으로 직관적인 것의 묘사는 긴 삶의 과정의 시간성을 자신의 힘과 리듬에 따라 수용했다. 그렇다고 연속관계가 병존관계에 의해 파괴되거나 또는 후자가 전자에 의해 파괴된 것은 아니다. 르네상스 초상화에서 볼 수 있는 자유부동(自由浮動)하고 자기 자신을 담지하는 것이 과거가 퇴적되는 것으로 대체되며, 현재적인 것은 삶의 흐름을 통해 어떠한 방식으로든 어둠 속으로 사라져가는 과거와 효과적으로 접촉하게 된다. ─이탈리아의 세이첸토[23] 예술 전체는 그 모든 열정적인 표현에

23 세이첸토(Seicento)는 이탈리아어로 600이라는 뜻으로서 이탈리아 예술사에서
    1600년대, 즉 17세기와 그 시대의 예술을 나타내는 용어이다. 1600년대는 주로

도 불구하고 전적으로 합리주의적 명료성의 경향에 의해 지배되었다. 모든 인물은 자신 안에서 무엇이 일어나는가를 명명백백하게 누설해야 했고, 모든 정서는 마지막 세세한 것까지 정확하게 직관할 수 있도록 제시되어야 했으며, 또한 관람자로 하여금 묘사된 인물들의 감정에 대해 전혀 의심을 하지 않게 하도록 그들의 운동과 자세가 불가능할 정도로 과장되기에 이르렀다. 데카르트적 "명료성"이 추구되었던 것이다. 거기에는 깊은 영혼의 파렴치함이 있다 ― 비록 그 예술의 대상이 실재적 존재로 생각한다면 수치의 영역과 아무런 관계가 없음에도 불구하고 그렇다. 우리는 고도로 세련되고, 품위 있는 형식과 표현에 집착했으며, 여러모로 젠체하는 이탈리아 사회의 이러한 특성을 염두에 두어야 한다. 그래야만 문학적 교양이 별로 없는 방앗간 주인 아들의 순수한 영혼성을 제대로 평가할 수 있다. 그는 자신의 생산성이 최고조에 이른 시기에 빈궁한 선술집에서 살다시피했고, 농부의 딸을 정부로 삼았으니, 저 장식적인 이탈리아인들에게는 야만인으로 보였을 것이다;[24] 그리고 그는 모든 영혼의 표현에서 가장 높은 정도의 섬세함, 자제 및 신중을 보여주었는데, 이것들은 영혼이 진정 순수하게 영혼으로 작용하면 자연스럽게 이 영혼의 특성이 된다.[25] 17세기가 나름대로의 방식으로 영혼을 새롭게 발

바로크 시대였기 때문에 세이첸토는 바로크 예술과 동일한 개념으로 쓰이기도 한다.

24 이는 렘브란트의 삶을 가리킨다.

25 〔원주〕 이처럼 표현을 강조하는 그의 특성과 관련해 어떤 위조된 데생들에서는 정서가 대단히, 아니 터무니없이 명료하게 표현된다는 사실은 매우 함의하는 바가 크다. 위조자는 이처럼 격렬한 표현을 통해 자신의 데생에 렘브란트의 영혼성을 가능한 한 인상 깊고 설득력 있게 주입할 수 있다고 믿은 것이 분명하다. 그러나 바로 이로 인해 그는 자신이 위조자임을 누설했다: 그토록 솔직하고 개방적으로 영혼을 표현하는 것이 바로 렘브란트의 정서 표현이 갖는 순수성과 찢을 수 없는 장막을 더욱더 오해의 소지가 없도록 만든다; 그리하여 이 데생들의 너무나도 명료한 심리학이 이미 그것들을 배척할 수 있는 정당한 근거가 될 것이다. 〔옮긴

견한 데에는 의심의 여지가 없다; 데카르트의 "나는 생각한다, 고로 존재한다"(Cogito, ergo sum)에서 볼 수 있듯이, 그 이전보다 더 예리하게 의식하고 있었다. 그러나 바로크 시대는 이 영혼을 표현하는 데에 쓸 것이 기계론적 수단들밖에 없었는데, 이 수단들은 그 목표에 도달하기 위해서 끝이 없이 증가되었다. 그렇다고 해서 목표를 달성한 것은 아닌데, 그 이유는 이것이 처음부터 다른 영역에 있었기 때문이다. 그러나 다음의 사실은 삶의 본질에 속한다. 우리가 삶으로부터 그것의 이른바 자족적인 명료성만 요구하는 한에는 삶을 진정으로 이해할 수 없으며, 또한 불명료성은 불명료성으로 머물지만 그로부터 명료성이 발전해야만 삶은 자신을 주시하는 시선에도 밝게 빛나는 법이다 — 이러한 관계는 훨씬 더 일반적으로 이론적 영역에까지 확장된다: 어떠한 궁극적 사실들과 문제들을 서술하고 해결하는 데에서 논리적-개념적 명료성을 추구하는 것은 지금까지 언제나 근본적인 불명료성에서 기인했는바, 이러한 추구의 결과들로 보이는 것은 그 근본적인 불명료성보다 덜하지 않은 불명료성을 보였다. 또는 달리 다음과 같이 표현할 수 있다: 존재는 생성이 그렇게 보이는 것보다 훨씬 더 유연하고 훨씬 더 자신의 형식을 확신하며 훨씬 더 문제가 없는 것으로 보이지만 종국에는 불가사의하고 폐쇄적이다. 이에 반해 생성은 이 모든 것이 결여되어 있으나 그럼에도 불구하고 우리가 진정으로 공감할 수 있으며, 또한 존재의 모든 단계를 우리에게 내적으로 동화시키고 우리가 이해할 수 있도록 만든다 — 이는 어쩌면 이해하는 것도 일종의 삶이고, 오직 생동하는 것만이 진정으로 삶에 의해 이해될 수 있기 때문일 것이다. 고전적 초상화에 빈번하게 나타나는 특징인, 섬뜩함으로까지 고양되는 저 불가사의는 어쩌면 이 초상화가 시간적인 생동감을 벗어난 **존재**를 묘사한다는 사실로 소급된다; 렘브란트의

이 주) 원주 마지막 문장에서 "이 데생들"은 위작들을 가리킨다.

초상화는 우리에게 자신의 수수께끼를 스스로 설명해주는 듯이 보인다. 왜냐하면 그것은 언제나 생성 중인 그리고 시간의 운명에 예속된 삶으로부터 떠오르기 때문인데, 여기에서는 삶이 시간의 운명에 사로잡혀 있거나 시간의 운명이 삶에 사로잡혀 있다.

인간 묘사에서의 순환

물론 여기에서는 순환이 불가피해 보인다. 우리 앞에는 현시적(現時的) 현상의 묘사가 놓여 있는데, 거기에는, 내가 옳게 해석했다면, 말하자면 그 현상의 영혼적 역사가 퇴적되어 있고, 그 현상의 내부로부터 체험된 생성 과정이 여전히 명백하게 드러나며, 또한 그럼으로써 이 현상은 특별한 방식으로 이해될 수 있다. 그러나 시간적이며 수많은 부분으로 구성된 이 역사는 오로지 비시간적이고 일회적인 모습을 보고서만 알아낼 수 있다! 우리가 이 모습을 일단 간단히 묘사의 "현재"라고 부른다면, 우리는 이 현재를 과거를 통해 해석해야 하지만, 이 과거는 오로지 홀로 주어진 현재로부터만 해석할 수 있다! 다음과 같은 일반적인 해석의 공식, 즉 현상은, 그 자체가 현상에 의해서 비로소 이해될 수 있는 것에 의해 이해되어야 한다는 공식이 인간에 대한 묘사를 도처에서 지배하는 것처럼 보인다. 왜냐하면 이 묘사는 오로지 — 보편적인 것이든 개체화된 것이든 — 영혼을 표현한다는 사실을 통해서만 우리에게 의미를 지니는 색채들의 감각적-공간적 배열, 그러니까 순수한 배열이기 때문이다. 그러나 이 영혼을 알기 위해 우리는 바로 그 주어진 육체적 직관성 말고 다른 어떠한 논거나 참조도 가지고 있지 않다. 그렇다고 순환을 해결할 수 없는 것처럼 보이지는 않는다; 왜냐하면 순환은 단지 다음과 같이 논란의 여지가 전혀 없지는 않은 전제조건 위에만 근거하기 때문이다. 인간적인 현상에서 영혼적인 것은 육체적인 것으로부터 완전히 분리된 그리고 그것과 다른 방식으로 접근할 수 있으며, 또한 우리는 육체적인 것은 직접적으로 보는 반면 영혼적인 것은 단지 간접적으로 추론한다는 전제 조건이 그것이다. 그런데 이것은 어쩌면 인위적인 분리일 수도 있다; 그리고 주체로서의 인간이 분할되지 않은 통일성, 그러니까 이른바 육체적인 것과 이른바 정신적인 것을 통일적인 과정에서 생산하고 형성하는 삶 그 자체이듯이 ― 관찰자로서의 인간은 그에 상응하는 능력을 갖는다: 다른 인간을 통일적인 기능으로 인지하는 능력이 바로 그것인바, 이 기능에서는 마치 삶의 사실들로서 육체적인 것과 영혼적인 것이 내적인 눈금으로 분리되지 않는 것처럼 감각적인 인지와 정신적인 인지가 내적인 눈금으로 분리되지 않는다.

감각적-육체적인 것과 정신적인 것의 이원론은 렘브란트에게서와 마찬가지로 셰익스피어에게서도 지양되었다. 로미오와 줄리엣의 사랑을 그것이 번개처럼 빠르게 싹텄다는 이유로 오로지 육체적 아름다움에 의해 야기된 그리고 오로지 거기에만 지향된 관능적 사랑이라고 부른다면, 이는 불쾌한 오해이다. 총체적 인간이 총체적 인간을 사랑한다; 그리고 그와 같은 사랑이 일어나는 모든 경우 그것은 전적으로 비합리적인 무엇이며, 그것의 기적은 개인들이 이전에 5년 동안 상대방의 정신적인 존재 전체를 알았다고 해서 조금도 감소되거나 쇠약해지지 않는다. 관능적 욕구는 사랑이라는 중심적 사건의 원인이 아니라 오히려 이 사건이 주변적으로 표출된 것들 가운데 하나이다. 여기에서는 한 사람이 다른 사람의 육체와 영혼을 분리되지 않은 채로 받아들이듯이, 전자는 후자를 또한 분리되지 않은 자신의 육체와 자신의 영혼으로 받아들인다. 그리하여 사랑의 객체와 주체는 각각 완전한 통일성으로 행위한다. 육체와 영혼에 대하여, 인간을 구성하는 부분들에 대하여 말하듯이 말하는 것은 완전히 난센스다. 일단 그것들을 이원론적으로 잘라 떼어놓으면, 당연히 그것들을 다시 결합하는 것은 어렵거나 불가능하다. 우리는 단지 물리적인 것만을 "인지할" 수 있다고 단언하는 한, 그것은 정의(定義)상 옳다. 그러나 그에 앞서 우선 정신적인 것을 "해명해야" 한다는 논거의 요구(petitio principii) 또한 옳다. 아마도 우리의 존재가 총체적인 것처럼 그렇게 우리의 인지도 총체적인데, 다만 우리의 성찰이 그 어떤 근거에서 이 인지를 분해할 것이다 — 이는 아마도 우리의 성찰이 모든 차원에 똑같은 확실성에 이를 수 없으며, 또한 "육체적인 것"을 규정하는 것처럼 그렇게 "영혼적인 것"을 명백하게 규정할 수 없기 때문일 것이다; 그러나 그렇다고 해서 그 통일성이 배제되는 것은 아닌바, 이는 마치 가장 예리한 시점(視點)과 시야의 주변부들이 아주 다양한 명료성을 보인다고 해서 시각이 통일적 기능이 아닌 것은 아님과 같다.

우리가 자의식 또는 내적 감각이라고 부르는 것은, 우리에 의해 인지된 개별적인 삶의 요소들의 병존 또는 연속이 아니라, 이 사람의 또는 우리의 모든 요소들에 의해 구성되는 **통일성**에 대한 인식인데[26] — 이는 그러한 인식이 우리 삶의 역사의 어떤 순간에 나타나는가 하는 문제 그리고 우리가 여기에서 "통일성"이라고 표현된 것을 더 자세하게 정의할 수 없다는 사실과 전혀 상관없이 그렇다. 이러한 기능은 그 담지자를 총체적 감각이라고 부를 수 있으며 — 물론 이 감각의 기관(器官)을 정말로 제시할 수는 없지만 — 그것을 소유한 사람에게서는 그 존재가 명명백백하게 입증되는데, 어쩌면 다른 사람들에게서도 자신을 입증할 객체를 발견할 수 있을 것이다; 이와 같은 감각적 인지의 형식적 통일성은 자신의 자아와 더불어서 실현될 수 있는 것과 마찬가지로 다른 자아들에

---

26 여기에서 "이 사람"은 우리에 의해 인지된 개별적인 삶의 요소들에 관련된다. 그러니까 우리에 의해 인지되는 사람, 즉 인지의 객체와 인지하는 우리, 즉 인지의 주체 모두 통일적인 존재라는 것이다.

의해서도 실현될 수 있을 것이다. 많은 것이 이러한 테제를 뒷받침해준다. 우리는 오래전부터, 직접 "본다"고 믿는 것 가운데 얼마나 많은 것이 실상은 전혀 보이지 않고 일반적으로 말하듯이 "추론"되는지에 주목해왔다. 보다 정확하게 분석해보면, 실제로 순수하게 감각들에 의해 수용된 것은 전체적인 인상의 내부에서 점점 더 융합된다. 그것은 우리가 다른 방식으로 접근할 수 있는 것으로 부단히 이행하며, 그 결과 통일적인 것으로 직관된 사물에서 직접적으로 포착된 것과 간접적으로 포착된 것 사이를 분리하는 것은 아주 문제가 많고 인위적인 일로 보인다. 경험적 대상 또한 감각적 질료에서 수행되는 오성의 기능을 통해서만 우리에게 존재한다는 칸트의 통찰은 어쩌면 이미 이러한 방향으로 가고 있다; 개념 없는 직관은 맹목적이고, 직관 없는 개념은 공허하다는 명제[27]가 옳다면, 이 둘이 종합됨으로써 통일성이 창출된다. 그러나 이러한 통일성이 원천적으로 통일적인 기능에 부합하는가 여부는 여전히 의문스러운 바, 그 이유는 이러한 기능을 개념과 직관으로 분리하는 것이 그것의 고

---

27 이것은 칸트의 『순수이성비판』 제1부: "초월적 요소론", 제2편: "초월적 논리학", 서론: "초월적 논리학의 이념", I: "논리학 일반에 대하여"에 나오는 다음과 같은 구절을 가리키는 것 같다. "내용 없는 사고는 공허하고, 개념 없는 직관은 맹목적이다." Immanuel Kant, *Kritik der reinen Vernunft: Werke in Zehn Bänden, Bd. 3~4*, Darmstadt: Wissenschaftliche Buchgesellschaft 1983, 98쪽. 이 명제는 바로 그 앞에 있는 문장을 같이 보면 보다 명백하게 이해할 수 있을 것이다. "감성이 없다면 우리에겐 아무런 대상도 주어지지 않을 것이고, 오성이 없다면 아무런 대상도 사고되지 않을 것이다." 같은 곳. 칸트에 따르면 "우리의 인식은 마음의 두 원천으로부터 유래한다." 그 첫 번째는 표상들을 받아들이는 능력(인상들의 수용성)이고, 그 두 번째는 이 표상들을 통해 대상을 인식하는 능력(개념들의 자발성)이다; 전자에 의해 대상이 우리에게 **주어지고**, 후자에 의해 이 대상이 (마음의 순전한 규정인) 그 표상들과 관련하여 **사고된다**. 그러므로 직관과 개념이 우리의 모든 인식을 구성하는 요소들이며, 따라서 어떻게든 자신에게 대응하는 직관이 없이는 어떠한 개념도 그리고 개념이 없이는 어떠한 직관도 인식을 제공할 **수 없다**." 같은 책, 97쪽.

유한 구조에 전혀 예시(豫示)되어 있지 않기 때문이다. 이러한 모티프는 어쩌면 아주 결정적인 수정 없이 계속하여 다음의 사실로 이어진다. 육체적인 인간의 이미지와 영혼적인 인간의 이미지도 근본적으로 통일적인 기능을 통해 얻어지는데, 이 기능은 다만 추후적으로 말하자면 외부로부터 부가된 관점을 통해 직관과 심리학적 구성으로 분해된다는 사실로 이어진다. 조각에서는 미켈란젤로의 인물들이 이를 가장 인상적으로 보여줄 것이다. 여기서는 육체의 형태가 객관적으로, 그러니까 그 창조자에 의해, 영혼의 분위기로 충만해지는 것으로 보이기 때문에, 관람자는 불가분한, 즉 내적으로 절대 분리할 수 없는 행위를 통해 양자를 받아들인다: 육체적 형태와 영혼적 의미가 여기서는 단지 존재라는 동일한 사실을 나타내는 두 단어일 따름인데, 이 사실은 너무나도 통일적이기 때문에 그것을 받아들이려면 순전히 보는 기능과 순전히 해석하는 기능을 결합해야만 한다. 영혼적인 것은 육체적인 것으로부터 이해되어야 하고 육체적인 것은 영혼적인 것으로부터 이해되어야 한다는 순환은 현상의 **통일성**의 결과이자 증거이다. 왜냐하면 그 자체가 통일적인 존재를 요소들의 이원성으로 분해하자마자, 하나가 다른 하나 위에 그리고 다른하나가 하나 위에 구축되어야 하는 것은 불가피해 보이기 때문이다. 순환은 오류가 아니라 그러한 통일성이 사실임을 의미할 따름이다; 우리의 관찰은 부단히 순환을 범하는데, 이는 바로 영혼이 깃든 육신의 본질을 입증하는 것이다. 물론 복잡하고 용해된 경험적 삶에서는 순환이 그절대적인 상대성, 즉 균형적인 동시성으로 나타나지 않는다.[28] 그것은 오히려 마치 두 요소를 서로 갈라놓은 듯이 이 요소 또는 저 요소가 번갈

---

28 이 문장에서 "그 절대적 상대성"은 육체적인 것과 영혼적인 것이 언제나 상관관계를 이룬다는 것을 의미한다. 이는 달리 "그 절대적 상관성"으로 표현할 수 있다. 이렇게 되면 육체적인 것과 영혼적인 것은 순환에서 "균형적인 동시성"을 갖게 된다.

아 가며 우위를 점하면서 나타나며, 따라서 이 두 요소가 따로 떨어져 기능한다는 착각을 불러일으킨다. 그러나 어쩌면 통일성으로 하여금 유효한 권한을 갖도록 하는 것이야말로 **예술**의 본질에 속할 것이다; 예술이야말로 물리적 이해와 영혼적 이해의 이원성 그리고 인지와 해석의 이원성, 그러니까 관찰자와 관찰되는 것 사이의 불충분한 관계가 관찰을 빈번하게 왜곡하는 것 ─ 이러한 이원성이 사라지도록 인간의 모습을 형성한다. 바로 이런 연유로 그러한 순환은 인간의 다른 모든 객관화(客觀化)보다 초상화에 훨씬 더 확실하게 관련된다: 여기서는 순환이 또한 인지하고 주조하는 통일성 **자체**를 표현하는데, 이 통일성은 존재의 통일성에 부합하는 것이다.

이러한 통일성은 부단하게 주관적으로 체험된다. 그러나 그와 같은 통일성이 우리의 정신적 범주들에 의해 객관화되는 ─ 다시 말해 체험 자체를 벗어나는 ─ 순간 낯설어 보이는 요소들로 분열되는 것은 전형적인 현상이다. 그렇지만 이와 같은 결과를 가져온 바로 그 인식, 바로 그 실천은 즉각 분열된 것을 다시 결합하려고 노력한다. 그러나 이것은 절대적으로 보면 양자에게 무한히 먼 곳에 있는 목표이다. 예술에 의한 객관화는 일반적으로 직접적인 주관적 체험과의 가장 가까운 관계들을 보존하는데, 오직 이러한 예술만이 상대적으로 굴절되지 않은 채 그러한 통일성을 반영하는 데에 성공하는 것처럼 보인다 ─ 그것은 재결합이 아니고, 이음매들의 흔적이 완전히 지워지는 합성이 아니라, 전(前)-분석적이기 때문에 전(前)-합성적인 원천적 비분리성의 반조(返照)이다. 17세기의 이탈리아 예술이론가들은 초상화의 가치 중점을 전적으로 그것의 심리학에 두었다; "표현"(espressione)이 일반적으로 가장 중요한 문제였음이 분명하다. 그러나 나는 렘브란트가 이것을 완전히 거부했을 것이라고, 그는 그저 인간을 보이는 대로 ─ 보다 정확히 말하자면, 이 외양을 그가 본 대로 ─ 그리고자 했을 뿐이라고 믿고자 한다; 그러나 그의 예술가적 기질에서는 "외양"이 아직 육체적인 것과 영혼적인 것으로 분리되지 않았다. 흥미롭게도 그와 같은 시기에 바로 네덜란드에서 영혼과 육체성이 철학적 이론의 내부에서 그토록 이원론적이고 근본적으로 분리되었기 때문에, 이것들의 결합을 가능케 하기 위해 종교와 형이상학의 궁극적인 자원에 호소해야만 했다. 육체와 영혼 상호 간에는 그 어떤 영향력도 없다는 이론에 직면하여 아놀드 필링크스[29]는 인격신을 끌어들였는데, 이 신은 육체적 현상이 일어나면 그에 상응하는 감각을 야기하고 의지행위가 일어나면 그에 상응하는 육신적 운동을 야기한다고 한다! 스피노자는 양자가 서로 얽히는 것을 훨씬 더 불가능하게 만들었다. 그에 따르면 영혼적인 것 자체와 육체적인 것 자체는 이미 각각 자신의 특별한 언어로 전체적인 현존재를 표현하며, 따라서 하나는 다른 하나의 그 어디에서도 자리할 수 없다;[30] 양자 사이의 경험적 조화는, 바로

---

29 아놀드 필링크스(Arnold Geulinx, 1624~69)는 네덜란드의 신학자이자 논리학자이며 철학자로서 기회원인론(機會原因論)의 대표적 이론가 가운데 한 사람이다. 기회원인론은 간단히 말해 인간은 정신적 또는 육체적 작용의 원인이 될 수 없다는 이론이다. 인간은 제2원인이기 때문이다. 제1원인은 신이며 제2원인인 인간은 이 제1원인이 작용하는 기회에 지나지 않는다. 데카르트 철학의 심신이원론의 난점을 극복하려는 시도로서 17세기에 주창된 기회원인론은 오늘날에는 사실상 더 이상의 추종자가 없다. 필링크스의 주요 저서로는 『논리학』(1675)이 있다.

30 이 두 언어는 구체적으로 사유와 확장(또는 연장)이다. 이를 이해하기 위해서는 먼저 스피노자의 실체 개념을 살펴보아야 한다. 그에 따르면 실체는 유일한 것이고 무한한 것이며 모든 사물의 원인이 되는 것이다. 실체의 원인은 다른 어떤 것에 있는 것이 아니라 바로 자기 자신에게 있다. 다시 말해 실체는 자기원인(causa sui)이다. 스피노자는 그의 주저 『기하학적 질서에 따라 논증된 윤리학』 제1부의 '정의 3'에서 실체를 다음과 같이 정의하고 있다. "나는 **실체**란 자신 안에 있으며 자신에 의하여 생각되는 것이라고 이해한다. 다시 말해 그것의 개념을 형성하기 위하여 다른 것의 개념을 필요로 하지 않는 것이다." Baruch de Spinoza, *Die Ethik in geometrischer Ordnung dargestellt. Lateinisch-Deutsch: Sämtliche Werke, Bd. 2,* Hamburg: Felix Meiner 2010, 13~14쪽. 이러한 실체는 모든 것을 내포하기 때문에 신이면서 동시에 자연이다. 실체로서의 신은 무한한 속성을 가지고 있지만 인

이것들에서 또는 이것들로서 표현되는 존재가 그 어떤 분화도 할 수 없는 절대적으로 통일적인 존재라는 점을 통해서만 가능하다. 그러나 예술에서 통일성이란 그 요소들 배후에 있는 정신적인 무엇이 아니라 이 요소들을 직접적으로 바라볼 수 있는 것 자체이다. 이러한 통일성이 렘브란트에게서는 미켈란젤로에게서처럼 폭풍과 같이 휘몰아치는 역동성으로 충전되어 있지 않다: 미켈란젤로에게서 통일성이 가장 강력한 인상을 줄 수 있는 능력을 획득한 것은 그것이 붕괴되기 바로 직전에 있는 것처럼 보이기 때문이다. 렘브란트에게서 통일성은 보다 고요한 자명성이라는 특성을 갖는다. 그러나 어떠한 경우에도 내가 보기에 렘브란트는 그 회화적 묘사의 절정기에 육체를 영혼을 통해 해석하지도 않고 영혼을 육체를 통해 해석하지도 않았다는 사실을 부인할 수 없다. 예술에서는 순수하게 기술적인 의미에서가 아니라면 그리고 개별적인 작품의 완성 **이전** 단계들을 위한 경우를 제외하고는 절대로 "수단들"에 대해 이야기해서는 안 된다. 만약 그리한다면 그것은 예술의 가치를 하락시키는 셈이 될 것이다. 예술가는 어떤 수단으로 어느 특정한 효과를 낼 수 있는가 숙고할 수 있다; 그러나 완성된 예술작품과 그것의 해체되지 않은 인상, 그러니까 예술작품의 직접적인 전체성의 배후로 소급되지 않는 인상에서는 수단과 목적이라는 지적–실천적 범주에 따른 분리와 분류가 존재하지 않는다. 거기서는 쇼펜하우어의 명제가 적용된다: "예술은 어디서나 목표에 도달한다."[31] 심지어 자명해 보이는 해결, 즉 예술작품에서

간에게는 그 가운데 두 가지인 사유와 확장(또는 연장)만이 드러나는데, 사유는 정신으로 표현되고 확장은 물체로 표현된다. 사유는 정신적 현상이고 확장은 물리적 현상이다. 이 두 현상은 유일하고 무한한 원인자인 신의 일부분이며 신적 실체의 두 가지 고유한 속성이자 양태가 된다. 그러므로 이 두 범주 가운데 어느 한 가지를 다른 한 가지로 환원하거나 소급할 수 없다.

31 이는 쇼펜하우어의 주저 『의지와 표상으로서의 세계』 제1부 제3권 §36에 나오는 구절이다(짐멜이 인용한 것은 밑줄 친 부분이다). "모든 과학은 여러 가지로 형성

모든 요소는 다른 모든 요소에 대해 수단이면서 동시에 목적이 된다고 보는 것 — 이것은 이미 예술작품의 본질적인 통일성으로부터 벗어나며 그 요소들의 일정한 독립성으로 되돌아가는데, 이 독립성은 사실상 그 요소들이 바로 예술작품의 궁극적인 총체성에 양도한 것이다. 확실히 요소들의 이러한 목적론적 결합은, 요소들의 단순한 병렬관계, 즉 개별적인 요소들의 의미 자체를 (물론 이 의미는 그다지 진지하게 생각하지 않아도 〔cum grano salis〕 이해할 수 있다) 고수하는 기계론적 결합보다 깊고 생동감 넘친다. 그렇지만 결국에는 양자가 동일한 차원에 존재한다. 양자는 분리되었다고 여겨진 부분들을 보다 외적으로 또는 보다 내적으로 결합하는 것이며, 예술작품이 그 순수하고 완결된 본질에서 묘사하는 것과 같이 모든 분리를 넘어서 존재하는 통일성과 아무런 관련이 없다. 아마도 이 두 파악 원리는 삶의 문제에 대하여 다르지 않은 태도를 취할 것이다. 아마도 생명체 자체 또한 일종의 통일성인데, 우리의 성찰이 그 통일성을 부분들로 나누고는 기계적 또는 목적론적 방식으로 다시 결합하려고 한다 — 반면 이와 같이 부분들에서 출발하는 그 어떤 방법도 구성물

된 근거나 결과가 끊임없이 불안정하게 유동하는 모습을 추구함으로써 설사 한 번쯤은 이렇다 할 목표에 도달하더라도, 반드시 언제나 더 앞을 추구하도록 되어 있기 때문에 결코 최종목표에 도달하거나 완전한 만족을 얻을 수 없다. 그것은 마치 눈이 지평선과 접해 있는 곳에 도달하려고 계속해서 달려가지만, 끝내 거기에 도달하지 못하는 것과 마찬가지이다; 그러나 이와 반대로 예술은 어디서나 목표에 도달한다. 왜냐하면 예술은 그 관조의 대상을 세계과정의 흐름으로부터 취하여 이것만을 단독으로 분리하기 때문이다: 그리고 그 흐름 속에서는 극히 작은 부분에 불과하던 이 개별적인 것이 전체를 대표하는 것, 시간과 공간에서의 무한한 다양성과 등가적인 것이 되기 때문이다: 그리하여 예술은 이 개별적인 것과 함께 머문다: 예술은 시간의 수레를 정지시킨다; 예술에서는 모든 관계가 사라진다: 그 결과 본질적인 것, 즉 이념만이 예술의 객체가 된다." Arthur Schopenhauer, *Die Welt als Wille und Vorstellung, Erster Band*: *Sämtliche Werke, Bd. 1*, Darmstadt: Wissenschaftliche Buchgesellschaft 1968, 265쪽.

의 원천적인 비분리성에 도달할 수 없다. 요컨대 예술작품은 어떠한 경우에도 그 부분들의 합성에 따라, 마치 이것들이 목적이며 수단이 되는 것처럼 이해될 수 없다 — 이는 완성된 예술작품은 그와 같은 합성을 가능케 하는 독립적인 의미에서의 "부분들"을 갖지 않는다는 이유만으로 이미 그렇다. 바로 이런 연유로 초상화는, 적어도 렘브란트에 의해 달성된 완전성에서는, 육체와 영혼을 "상호작용"에서 파악하지 않는데, 그런 상호작용의 경우 하나가 다른 하나를 묘사하거나 해석하는 수단이 될 것이다. 그것은 오히려 인간의 총체성을 파악하는바, 이 총체성은 육체와 영혼의 합성이 아니라 이것들의 비분리성을 의미한다.

초상화에 영혼을 불어넣음

그러나 이제 우리 논의의 시작점이었던 예술철학적 난점이 다시 등장한다. 내가 렘브란트 초상화에서의 육체적인 것과 영혼적인 것의 통일성에 대해, 다시 말하자면 순전히 추후적인 성찰에 의해 이 두 요소로 분열된 것에 대해 이야기한 것은 정확히 말하자면 일단 인간의 살아 있는 현실에만 적용된다. 거기에서 이 현실은 단순히 이러이러하게 주조되고 채색된 한 조각의 소재로서가 아니라 총체적 존재로서 **나타나는바**, 이 존재를 관람자는 — 지금까지 우리에게 알려지지 않은 힘에 의해서든 아니든 상관없이 — 진정 그 자체로서, 즉 물리적-정신적 비분리성으로 표상할 수 있다. 그러나 초상화는 우리를 총체적 존재로부터 추상화된 단순한 육체성과 마주하도록 하는 것처럼 보인다. 왜냐하면 초상화에는 모델의 삶과 영혼이 포함되어 있지 않고 객관적으로 확인할 수 있는 그의 물리적 형태와 색채가 포함되어 있기 때문이다. 그러므로 어떻게 초상화에서도 전체적인 내적 인격을 직접적으로 읽어낼 수 있는가 하는 문제가 제기된다. 다음과 같은 설명, 즉 우리는 경험으로부터 한 특정한 영혼이 한 특정한 육신에 귀속됨을 알 수 있으며, 따라서 후자의 이미지는 연상에 의해 관람자 안에서 전자의 이미지를 재생산한다고 설명하는 것은 전혀 논할 가치가 없다. 에브라임 부에노[32] 또는 얀 식스[33]의 영혼적 이미지가 아주 명료하게 (비록 개념적으로 표현할 수는 없지만) 우리에게 빛을 발한다면, 우리가 여기에서 회화적으로 고정된 이 특정한 외양의 인간이 언제나 이러이러한 영혼의 상태를 가짐을 경험을 통해 알게 되었다고 추측하는 것은 완전한 난센스가 아닐 수 없다. 나는 여태껏 부에노나 식스와 아주 닮아서 그들과 혼동될 수 있는 인물을 보지 못했으며, 예컨대 그와 같은 인격체들의 개별적인 구성 부분들에 대한 산발적인 경험들로부터 현상과 내면성의 납득할 만한 상호관계를 짜 맞추는 것 역시 참을 수 없을 것이다. 초상화에 영혼을 불어넣는 것을 경험적 연상의 심리학에 의해 설명하는 것은, 다음과 같이 널리 퍼진 경향에서도 가장 조야한 시도이다: 그것이 관람자에게서 불러일으키는 내적 효과, 그러니까 그것이 관람자에 대해 갖는 실제 의미를 자신의 경계 안에서 직접적으로 제시되는 예술작품에서 찾지 않고, 예술작품을 말하자면 그 배후에 존재하는 무엇인가, 다시 말해 관람자 안에서 일어나는 표상에 이르는 다리와 그 표상을 가리키는 지시로만 간주하려는 경향이 바로 그것이다. 이러한 표상은 그 자체에 한정되고 액자틀로 에워싸인 예술작품을 바라보는 것과 다른 무엇인가를 내포하고 있다, 아니 어쩌면 그것과 전혀 다른 무

---

32 에브라임 부에노(Ephraim Bueno, 1599~1665)는 네덜란드의 유대계 의사이자 출판업자이다. 1647년경 렘브란트가 그린 부에노의 초상화는 19×15cm 크기의 패널 유화이다.

33 얀 식스(Jan Six, 1618~1700)는 네덜란드 황금기의 예술품 수집가이자 예술 후원자이며 정치가로, 당시 상당한 영향력을 행사하던 도시귀족이자 상인귀족인 식스(Six) 가문 출신이었다. 렘브란트가 1654년에 그린 얀 식스의 초상화는 112×102cm 크기의 캔버스 유화이다.

엇일 것이다. 예술작품은 그것의 주어진 이미지가 제시할 수 **없는** 무엇인가를 우리로 하여금 표상하도록 하는 "상징", 즉 수단에 불과한 것인가? 초상화에 영혼을 불어넣는 문제는 이러한 일반적인 물음에 속하는 것이 명백한바, 이 물음은 나중에 그 원리적 측면에서 다룰 것이다. 만약 초상화는 그 자체가 물리적 구성물이기 때문에 단지 묘사된 인물의 물리적 형태만을 담아낼 수 있다는 것이 옳다면; 그러나 만약 오로지 인간의 살아 있는 현실만이 이러한 형태와 통일성을 이루면서 묘사된 인물에 영혼을 불어넣을 수 있다면; 만약 그럼에도 불구하고 초상화가 우리로 하여금 그 안에 불어넣은 영혼을 온전히 표상하도록 한다면 — 그렇다면 이러한 표상이야말로 그림 자체와 다른 어떤 곳에서 발원하는 원천으로부터 흘러나오는 것임에 틀림없는데, 이는 비록 이 원천이 그림을 통해 우리에게 인도됨에도 불구하고 그렇다!

나는 이러한 결론이 전통적인 개념들에는 부합하지만 실상에는 부합하지 않는다고 믿는다. 오히려 내가 보기에는 여기에서 사진과 예술작품 사이의 가장 큰 방향 대립이 나타난다. 사진의 관람자는 사진에서 멈춰 서면 안 된다.[34] 사진은 우리로 하여금 그 원본을 "상기토록" 하면 할수록, 자기 자신을 배제하면 할수록, 그리하여 우리가 내심 그 모델을 본다고 믿게 되면 될수록, 그만큼 자신의 의무를 더욱더 잘 수행하는 것이다.[35] **그것은** 사실상 단지 육체적인 것만을 재생산하기 때문에, 만약 그것

---

34 이 문장이 의미하는 바는, 그 아래에 전개되는 내용에서 드러나듯이, 사진을 관람하는 사람의 관심과 눈은 거기에 있는 현상 자체에 사로잡혀 있지 않고 그 모델이 된 현실의 범주로 향한다는 의미이다.

35 (원주) 우리가 많은 초상화를 보고 "경악할 정도로 비슷하다"라고 말하지만 사진을 보고서는 결코 그렇게 말하지 않는 심리학적 사실은 여기에서 함의하는 바가 매우 크다. 이것은 어떤 초상화가 우리를 모델의 직접적이고 말하자면 저항할 수 없는 현실 앞에 세운다면 그리고 세우기 때문에 일어날 수 있다. 그러나 만약 사물들의 특정한 질서가 그와 전혀 다른 질서로부터 밀고 들어오는 현상에 의해 깨

이 이러한 심리학적 경로를 통해 우리를 자기 자신을 넘어 그 원본의 완전한 현실로 인도하지 않는다면 무의미하고 참을 수 없는 것이 될 것이다. 이에 반해 렘브란트의 가장 위대한 초상화들은 ─ 물론 이것들은 두 원리가 혼합되어 나타나는 일련의 현상들의 극단들일 뿐이다 ─ 오직 그의 비전을 표현한 것으로서만 우리 앞에 나타나고, 관찰하는 눈은 거기에 있는 현상에 사로잡혀 있으며 그것을 현실의 범주로 옮겨놓지 않는다. 이는 캔버스 위의 인간의 모습이 단지 채색된 흔적들의 배열, 시각적 자극들의 집합 지점, 특별히 복잡한 장식에 지나지 않는 모종의 예술가적 기교에서 볼 수 있는 유아론을 의미하는 것이 아니다; 그의 인물들에 내재하는 모든 영혼적이고 초감각적인 것은 정당하게 존속한다. 그러나 이 영혼적이고 초감각적인 것이 이러한 비전을 넘어서는 인간에게 적용되는지 또는 적용되지 않는지는 아무런 상관이 없다. 그것은 자신의 궁극적인 규정 근거인 이러한 비전 내부의 인간에게 적용된다. 그리하여 개념적으로 불가능해 보였던 것이 여기에서 구체적으로 성취되었다: 단지 육체적인 것만을 모사하는 유형적(有形的)이기만 한 그림이 주는 인상은 삶과 영혼이 직접적으로 이 그림과 더불어 주어지고 ─ 그리고 이 삶과 영혼의 실재적인 모델의 존재로 되돌아감으로써 비로소 주어지는

진다면, 우리는 언제나 전율을 느낀다(괴테는 이 경우에 "불안"을 말한다). 살아 있는 것의 현실성과 예술작품의 이상성은 사실상 두 개의 분리된 세계를 가리킨다. 우리가 후자의 세계에서 갑자기 마주치게 되는 전자의 세계의 한 단편은 마치 유령과도 같은데, 다만 말하자면 상반되는 부호를 띤 유령과도 같다. 사진 앞에서 우리는 그와 같은 경악에 사로잡힐 수 없는데, 그 이유는 사진이 예술의 이상적 질서에 속하지 않고 처음부터 우리에게 심리학적으로 실재의 인상을 제공하는 것 이외에는 아무것도 원하지 않기 때문이다.
〔옮긴이 주〕이 원주의 마지막에서 두 번째 문장에 나오는 구절 "상반되는 부호"는 플러스와 마이너스를 가리킨다. 여기에서 짐멜은 현실세계를 플러스로 예술세계를 마이너스로 설정하고 있는 것이다.

것이 아니라 ― 그것과 더불어 느껴지는 것 말고는 달리 표현될 수 없다. 이러한 인상은 심지어 그것이 논리적으로 모순적이고 심리학적으로 분석할 수 없는 경우에도 실재적인 것으로 인정되어야 할 것이다. 그리고 나는 정말로 나 자신이 이 문제를 정확하게 해결할 능력이 없다고 본다. 예의 그 심리학적 연상에 의한 설명은 전혀 소용이 없다. 사진과의 유추도 이보다 덜하지 않다. 왜냐하면 사진은 물론 그 외적인 충실에 힘입어 자신을 넘어서 그 원본의 현실적 이미지에 도달하지만, 그와 동시에 실재성을 위해 예술의 영역을 버리기 때문이다. 예술의 원리는 ― 설령 우리가 이 원리의 순수성을 완벽히 구현할 수 없다는 사실을 인정하더라도 ― 작품이 내용, 매력, 해석을 오로지 자신 안에서만 찾아내고 오로지 자신으로부터만 제공할 것을 단도직입적으로 요구한다. 예술작품은 자신이 원하는 것을 현실세계로부터 받아들일 수 있다: 그러나 일단 이런 일이 일어나면, 그러니까 이 소재가 일단 예술이 되고 나면, 이 형식은 다시는 우리가 현실로 되돌아가는 다리가 될 수 없다. 만약 초상화가 물리적인 것을 물리적으로 묘사하면서 모델의 물리적 현상이 아니라 오로지 그의 온전한 현실에 귀속되는 것으로 보이는 영혼의 생동성을 ― 관람자에게 미치는 효과에 따라 ― 방사한다면, 이러한 성과의 기본적인 전제조건은 **아마도** 초상화에서는 묘사된 인물이 사진에서 그런 것과 달리 현상에서 직접 기인하는 것이 아니라 그 자체가 한 영혼에 의해 창조된 것이라는 사실에서 찾을 수 있을 것이다. 영혼이 자신의 육체를 건축한다는 오래된 명제는 문제가 될 수 있는바, 그 이유는 유기체의 진정한 "건축"은 통일적인 삶의 사안이기 때문이다. 이 삶에 대한 추후적인 성찰에 의해 비로소 육체와 영혼이 독립적으로 작용하는 부분들로 나누어진다. 그러나 초상화의 육체성은 초상화가 예술인 한 사실상 한 영혼에 의해 구축된다. 이를 초상화의 영혼성을 해석하는 데 이용하는 것, 그것도 회화적 현상에 그 창조자가 영혼을 불어넣는 것을 실재적인 현상에 영혼이 깃드는 것에 비교함으로써 이용하는 것 ― 이것은 물론 언뜻 보기에 어마어마한 모순이다. 왜냐하면 예술가의 영혼이 작품을 자신의 객관적 생산물로 창작하지만, 그렇다고 해서 마치 살아 있는 영혼이 자신의 살아 있는 육신에 귀속되는 것처럼 예술가의 영혼이 자신에게 귀속되는 이 생산물의 주관적 영혼이 되는 것은 아니기 때문이다. 그리고 한 인간의 초상화는 우리에게 다른 인간의 영혼이 아니라 **바로 그의** 영혼을 생생하게 보여주기 때문에, 어떻게 **이것이** 정말 가능한가 하는 문제는 창조자의 기질 ― 이것은 물론 한 영혼의 기질이지 모델의 영혼의 기질이 아니다 ― 을 언급하는 것으로는 절대로 접근할 수 없어 보인다. 그러나 보다 정확하게 바라보면, 이 모순적으로, 아니 무의미하게 보이는 것은 일반적으로 인정되고 부단히 실현된 가능성인바, 이 가능성이 가장 명명백백하게 발현되는 것은 다름 아닌 배우이다. 배우는 역할을 객관적인 것, 즉 ― 정신적인 의미에서 ― 말, 상태, 행위의 외적인 복합체로 마주한다. 그리고 그는 오로지 **자신의** 영혼에만 내재하는 힘으로부터 자신에게 외적이고 낯선 이 구성물을 생명으로 가득 채우고 영혼을 불어넣는데, 이 생명과 영혼은 그에게 객관적으로 주어진 이 복합체에 부합한다. 그는 이 복합체에 시인에게 고유한 영혼을 부여하는바, 이 영혼은 그 어디로부터도 아닌 하나의 고유한 영혼으로부터, 다시 말해 그의 고유한 영혼으로서 나타날 수 있다. 여기에 설명되지 않았다는 이유로 지나쳐서는 안 될 마지막 사실이 있다. 우리는 "다른 사람의 영혼으로부터" 생각하고, 말하고, 행위할 수 있다; 다시 말해 우리는 오로지 한 영혼을 통해서만 가능한 구성물을 창작할 수 있는바, 이 구성물은 말하자면 그 영혼의 육체가 된다 ― 그러나 한 영혼이 그래서 이러한 창조를 위해 제공하는 것은 말하자면 단지 역동성일 뿐 **그것 자체가** 자신의 고유하고 질적인 인격으로 느끼는 자아가 더 이상 아니다. 이렇게 해서 영혼은 실제로 육신을 건축할 수 있는데, 이 육신은 실재적인 생산물로서 그 영혼으로부터 나오지만 성질과 표현으로서는 다른 영혼의 육신이다. 이는 어쩌면 주체는 자신의 의식 속에서 어떻게든 타자, 즉 그 자체가 하나의 자아인 비자아를 표상한다는 근본적인 사실이 강화되고 발전한 것에 지나지 않을 수 있다. 여기에서 의식은 언제나 주체의 고유한 의식으로 머물고 그것의 모든 내용을 "자의식의 변경"으로 표현할 수 있다. 이 타자는 자아가 나무나 구름처럼 단지 외적으로 받아들인 것이 아니다. 타자는 영혼적 내용일 뿐 그 자체가 영혼이지는 않은 그와 같은 것들보다 자아에게 내적으로 더 가깝다. 그리고 동시에 더 먼데, 그 이유는 타자가 그저 단순하게 "나의 표상"이라고 공언될 수 없고 참으로 자존적(自存的)인 것으로 생각되어야 하기 때문이다. 간단히 말해, 타자는 아마 완전히 원천적인 범주이며, 따라서 더 이상 소급될 수 없고 단지 직접적으로 체험할 수 있을 뿐이다. 이렇게 일어난 자아의 변형은 아마 다음 단계로 한 타자가 주체로 간주되는 행위들로 이어질 것이다: 우리는 어떤 사고나 어떤 표현 방식을 다른 사람으로부터 외적으로 모방하지 않고 내적 자발성에 의해 창출하는데, 이 자발성이 우리 자신과 제3자에게는 그 다른 사람의 자발성으로 전환되는 것처럼 보이는 경우가 있다; 역사학자는 자신의 고유한 영혼으로부터 끌어와야 하는 기준에 의해 한 인격체의 기록으로 전해진 외적인 행위들을 내적으로 결합하는데, 비록 그가 주체로서 이 행위들을 전혀 체험하지 않았으며 이 행위들이 어쩌면 자신의 본질에 완전히 낯설더라도 그리한다; 극작가는 자신의 피조물들을 그 창조의 순간에서야 비로소 자신의 안에서 생겨나는 충동에 의해 운동하도록 함으로써 이것들에게 본질적인 특징을 부여하는데, 이 충동은 말하자면 극작가 안에서 머무르지 않고 즉시 그 인물들 안에서 그리고 그 인물들로서 존재한다. 이러한 유형의 모든 현상에서 ─ 언급한 대로 이 가운데 확실히 배우의 현상이 가장 많이 눈에 띈다 ─ 각각의 객관적인 구성물은 자신에 내재하는 영혼에 의해 담지되거나 주조되며 이 영혼이 표현된 것이다. 하지만 실제로는 이 객관적인 구성물들을 초월하는 창조자의 영혼이 담지하고 주조하고 표현하는 영혼이다.

우리가 이 전체적인 계열에서 그 형이상학적 깊이를 투시할 수 없을 수도 있는 하나의 원천현상을 본다면, 초상화에, 아니 회화작품 일반에 "영혼을 불어넣는 것"은 명백히 이러한 계열에 속한다. 그것은 이 계열에 속하는 다른 경우에 비해 더 이해하기 쉬운 것은 아니지만 더 어려운 것도 아니다. 그러나 우리가 이러한 현상들을 인정한다면, 그리고 확실히 인정해야 한다면, 캔버스 위 육체의 이미지에 영혼을 불어넣는 것은 더 이상 우리의 통상적인 경험으로부터 괴리된 고립적인 역설이 결코 아니다. 그것은 사실상 한 영혼이 그림을 창작했다는 사실에서 연원한다; 그리고 이 영혼이 그림 자체에 투여되고 객관적으로 그림으로부터 말하는 영혼과 다르다는 사실은, 이러한 해석을 폐기하는 모순이 될 수 없다. 왜냐하면 그와 똑같은 유형이 일상적으로 체험되는 무수한 실례에서 실현되기 때문이다.

주관주의적 사실주의와 자화상

이러한 논의를 통해 우리가 얻은 것은 다음과 같다: 초상화에 영혼을 불어넣는 것을 어떻게든 가능한 것으로 생각하기 위해서 우리는 예술작품 밖으로 나갈 필요가 없다. 영혼을 불어넣는 것이 전적으로 주체들의 실재성에 결부되어 있다는 견해를 고수한다면, 우리는 그것을 말하자면 예술작품 자체의 차안이나 피안에서만 찾을 수 있다: 다시 말해 살아 있는 모델에서 찾을 수 있거나 예술가 자체에서 찾을 수 있다. 전자의 경우 그림은 모델이 관람자 안에서 재현되도록 하는 매개물과 상징으로서만 기능하고, 후자의 경우 예술가는 자신의 인격을 마치 옷을 입히듯 이

다양한 형식들로만 담아낼 수 있다.[36] 그러나 영혼을 예술작품 자체로부터 추출하는 것은 위대한 초상화에서 체험하는 인상과 정말로 모순된다. 그리고 이러한 인상은 적어도 우리가 다음을 상기했을 때 생각할 수 있었다. 창조적 영혼 자체가 독자적인 특성 및 고유한 형식과 논리를 갖춘 구성물들에서 객관화되는데, 이 구성물들은 자신을 창작하는 인격체의 특성, 형식 및 논리로부터 완전히 독립적이다. 이미 말한 바와 같이, 이것은 어쩌면 그 이상의 소급을 통해서 설명될 수 없을 것이다. 왜냐하면 그것은 오히려 인간 영혼성의 일차적 기능으로서 직접적인 현상들의 설명근거가 그것 자체에 의해 비로소 제공되기 때문이다. 그러나 이것은 그렇게 해서 예술작품의 완결성과 내재성의 단 하나의 종점을 가리킬 뿐인데, 아마도 예술작품은 그 실재성에서 이 종점에 완전히 도달할 수 없을 것이다; 예술작품에는 말하자면 그 현세적인 조건으로 인해 어떻게든 그것의 자유로운 자족성을 포기토록 하는 두 가지 유혹이 따라붙는다: 실제 모델에로의 회귀[37]와 예술작품 창조자의 주관적 인격에 의한 규정이 바로 그것이다. 이 둘은 순수한 예술의지로부터 벗어나 단

---

36 이 문장에서 "이 다양한 형식들"은 자명한 일이지만 다양한 초상화 형식을 가리킨다.

37 〔원주〕이는 예술적 자연주의를 의미하거나 암시하는 것이 절대 아니다. 오히려 예술적 자연주의를 받아들이느냐 받아들이지 않느냐에 대한 결정은 예술작품이 그 의미를 자신의 순수한 내재성에서 얻는가 아니면 모델의 현실을 표현하는 수단으로서 얻는가 하는 질문에 대해 아주 가변적인 관계를 갖는다. 왜냐하면 한편으로 작품의 의미를 액자틀의 네 면의 내부에서 종결되도록 하는 순수한 예술적 의도는 사실주의적 표현, 즉 현실의 가장 정확한 재생산에 헌신할 수 있기 때문이다: 순수한 예술적 의도는 심지어 절대적으로 자족적인 예술작품도 그렇게 해서 비로소 내적으로 완성된다고 생각한다. 다른 한편으로 자신의 작품에 의하여 모델을 바라보려고 하는 예술가는 사실주의적 개념에 의해서만 모델을 진정으로 표현할 수 있다고 생각할 필요가 절대 없다. 그는 오히려 모델의 가장 가치 있는 또는 보다 깊은 의미에서 가장 정확한 이미지를 다름 아닌 양식화 또는 미화(美化), 아니 어쩌면 심지어 과장과 희화화를 통해 창출하려고 할 수 있다.

순한 실재로 들어서는 것이 명백한바, 전자는 사진에서 그 극단을 볼 수 있고 후자는 자제력의 결여 또는 예술가로 하여금 언제나 자신의 한정된 자아만을 표현하도록 하는 편집증에서 그 극단을 볼 수 있다. 이러한 문제와 가장 분명한 유사성을 제공한 연극예술에서는 방금 언급한 것에 상응하는 두 가지 극단이 순수한 예술적 구성물이 자신을 벗어나 구체적인 실재로 빠져버리게 만든다. 한편에는 모방자가 있는데, 그가 수행하는 것은 예술 영역 너머에서 진행되는 현실 과정이라는 착각을 불러일으킨다; 이 과정은 관람자들을 위해 실재의 범주 속에 존재해야 하며, 또한 무대는 단지 관람자들을 이 범주로 밀어넣는 수단일 뿐이다. 이에 상반되는 것은 모든 역할을 "자기 자신이 수행하는" 주관주의적 배우이다: 그는 자신의 자아가 그것에 질적으로 연결되지 않은 주체로 윤회(輪廻)하도록 — 이러한 윤회는 개념적으로 분석하기 어려운 예술의 통일성 속에서 자아와 비자아의 대립을 극복한다 — 할 수 없다.[38] 예술작품은 언제나 주체의 객관화이며 이를 통해 객체 자체나 주체 자체에 부착되어 있는 실재성의 너머에서 자신의 자리를 얻는다. 그러므로 예술작품이, 단순히 하나의 객체를 묘사하기 위해서든 또는 단순히 주체를 표현하기 위해서든, 이러한 너머에서의 자리의 순수성을 포기하자마자 곧바로 자신의 특유한 범주에서 벗어나 실재의 범주로 미끄러져 들어간다. 그럼에도 불구하고, 이미 말한 대로, 이 두 가지 유혹에 대한 안전장치는 절대적인 것이 결코 아니다. 그리고 특히 초상화와 관련하여 말할 것

---

38 이 문장에서 "윤회"(輪廻)라는 단어는 독일어의 Metempsychose를 우리말로 옮긴 것이다. 잘 알려져 있다시피, 윤회는 생명이 있는 것이 죽은 다음에 다른 생명체로 다시 태어나 삶을 반복한다는 종교적 관념이다. 그가 이 문맥에서 염두에 두고 있는 것은 주관주의적 배우는 자신의 자아가 그것에 질적으로 연결되지 않은 주체로 변환되도록 할 수 없다는 것이다. 이렇게 보면 윤회를 의미하는 독일어 Metempsychose는 변환을 의미하는 독일어 Metamorphose로 대체해서 읽는 것도 좋을 듯하다.

같으면, 예술개념의 순수성 때문에 방금 언급한 의도들 가운데 하나 또
는 다른 하나를 현실의 방향으로 또는 현실의 방향으로부터 인지할 수
있도록 만드는 특정한 작품들의 의미를 과소평가하는 것은 관료주의적
편협성일 것이다.[39] 어떤 위대하고 본질적인 것이 성취되면, 우리가 그
것을 이 개념이나 저 개념에 편입할 수 있는가는 아주 부차적인 문제이
다. 그리고 우리는 이와 같은 개념들의 어떤 것에 의해서도, 예술가라는
명칭이 그에게 의무를 부과한다는 구실로, 그가 무엇을 "해야 하는가"
를 규정해서는 안 된다. 그리하여 우리는 특히 고야[40]에게서 — 그는 가
차 없이 자기 자신과 세계를 헤집는 가장 자율적인 상상력의 예술가이
기 때문에 곱절로 이목을 끈다 — 그의 초상화들은 말하자면 현실적인
인간들에 이르는 길을 가리키는 이정표일 뿐이라는 인상을 받는다. 고
야의 많은 그림에서 — 비단 초상화뿐만 아니라 아주 환상적인 장면들
에서도 — 느낄 수 있는 섬뜩함 가운데 하나는, 우리가 그것들을 통해 마
치 마법의 거울을 통해 보듯 인간들과 과정들의 실재와 대면하고 있는
자신을 본다는 것이다. 이에 반해 주관성의 사실주의는 위대한 초상화가
들에게서는 찾아보기가 어렵다. 어떤 특정하고 물론 매우 변경된 의미에

---

39 이 문장은 다음과 같이 읽으면 좋을 듯하다. "그리고 특히 초상화와 관련하여 말
    할 것 같으면, 예술개념의 순수성 때문에 방금 언급한 의도들 가운데 하나 또는
    다른 하나를 보고 현실을 인지할 수 있도록 그리고 현실을 보고 그것을 인지할 수
    있도록 만드는 특정한 작품들의 의미를 과소평가하는 것은 관료주의적 편협성일
    것이다."
40 프란시스코 드 고야(Francisco de Goya, 1746~1828)는 스페인 화가이자 판화가
    이다. 18세기 후반부터 19세기 초의 스페인 미술을 대표하는 화가인 그는 렘브란
    트와 벨라스케스의 영향을 받았으며 낭만주의에서 로코코에서 이르기까지 다양
    한 양식을 섭렵하면서 프레스코화, 유화, 동판화, 석판화 등을 매체로 종교화, 초
    상화, 역사화 등의 분야에서 수많은 작품을 남겼다. 주요 작품으로는 「카를로스 4
    세의 가족」, 「짚으로 만든 인형」, 「옷을 입은 마하」, 「옷을 벗은 마하」, 「웰링턴 공
    작」 등이 있다.

서, 나는 여기에서 아주 역설적으로 보일 수 있다는 위험을 무릅쓰고 가
장 객관주의적인 화가인 벨라스케스[41]를 생각하고자 한다. 내가 ― 물론
증명할 수 없지만 ― 상상하기로는, 벨라스케스가 느낀 삶은 엄격하게
응집된 비범한 **힘**이었으며, 또한 그는 무엇보다도 **정력적인** 천성을 가졌
는데, 이는 그의 개별적인 재능들 그리고 다른 화가들의 기본감각을 결
정하는 질적인 색채들과 아주 다른 것이었다. 물론 이러한 힘은 자신이
그 아래에서 붕괴되어버리든 말든 세계를 어깨에 걸머진 미켈란젤로에
게서 볼 수 있는 것과 같은 거인주의(巨人主義)의 의미를 가진 것도 아니
고 루벤스에게서 볼 수 있는 것과 같은 근육체격주의의 의미를 가진 것
도 아니다.[42] 그것은 오히려 내면을 지향한 것으로서 굴절되지 않고 모
든 과업에 적합한 방향으로 발전해갔다. 벨라스케스의 인격의 이미지
는 그의 동료 화가들, 라파엘로[43]와 티치아노, 뒤러[44]와 홀바인,[45] 렘브

41 디에고 벨라스케스(Diego Velásquez, 1599~1660)는 스페인 바로크 예술을 대표
   하는 화가이며 당대 가장 중요한 초상화가들 가운데 한 명이다. 그는 18세기 이
   래로 수많은 화가들의 모범이 되었으며, 특히 고야, 마네(Édouard Manet, 1832~
   83), 피카소(Pablo Picasso, 1881~1973), 베이컨(Francis Bacon, 1909~92), 달리
   (Salvador Dali, 1904~89)에게 강력한 영향을 끼쳤다. 이들은 벨라스케스의 작
   품들을 회화적으로 새롭게 해석함으로써 그에 대한 깊은 존경심을 표했다. 바로
   이런 연유로 그는 '화가 중의 화가'로 불린다. 주요 작품으로 「세비야의 물장수」,
   「교황 인노첸시오 10세」, 「거울을 보는 비너스」, 「시녀들」 등이 있다. 그리고 이
   장의 각주 48번에도 그의 다른 작품들을 언급했다.
42 루벤스의 작품에서는 운동선수들처럼 완벽하게 발달한, 아니 어찌 보면 과도하게
   발달한 근육을 가진 인물들이 묘사되곤 한다. 예컨대 「십자가를 세움」(1610~11
   년에 4.6×3.4m 크기의 삼단 패널에 그린 유화)의 중앙 패널(4.62×3m)은 십자
   가에 달린 예수와 십자가를 세우는 사람들의 근육질로 채워져 있다. 이 작품은 미
   켈란젤로의 인물들을 연상케 한다. 그러나 "자신이 그 아래에서 붕괴되어버리든
   말든 세계를 어깨에 걸머진" 미켈란젤로의 '거인들'과 달리 그들은 환하고 밝은
   모습이다. 그 장소도 황량한 죽음의 골짜기인 골고다가 아니라 아름다운 자연이
   며 거기에 묘사된 인물들은 그 자연의 일부분으로 보인다.
43 라파엘로 산치오(Raffaello Sanzio, 1483~1520)는 레오나르도 다빈치, 미켈란젤

란트와 할스[46]의 인격의 이미지에 비하면 어느 정도 무특성적인 것으로 보이는데 — 비록 부정적(不定的)인 것이나 무의미한 것으로 보이지는 않지만 —, 이에 대한 이유는 확실히 그의 인격적이고 주관적인 본질이 삶의 역동성의 아주 개인적인 색채보다는 바로 이 역동성의 무궁무진함에 근거했다는 사실에서 찾을 수 있다. 물론 그가 이것을 그의 초상화 인물들로 옮겨놓지는 않았다 — 이는 예컨대 그뢰즈[47]가 자신의 달콤하고 허영적이며 감상적인 천성을 곧장 그의 모델들의 성격으로 만든 것과

로와 더불어 르네상스 예술을 완성한 삼대 거장 가운데 한 사람이다. 이미 이 장의 각주 10번에서 언급한 바와 같이, 이 세 거장은 피렌체파에 속한다. 라파엘로의 주요 작품으로는 「아테네 학당」, 「마리아의 결혼」, 「갈라테아의 승리」, 「두 명의 추기경과 함께 있는 레오 10세」, 「예수의 변용」 등의 작품이 있다. 이 장의 각주 77번도 같이 참고할 것.

44 알브레히트 뒤러(Albrecht Dürer, 1471~1528)는 독일의 화가, 판화가, 조각가 및 미술이론가로서 독일 르네상스를 대표하는 예술가로 평가된다. 뒤러는 이탈리아 르네상스의 영향에 독일적인 분위기를 가미해 독자적인 화풍을 개척하였다. 주요 작품으로는 「자화상」, 「4인의 사도」, 「성 히에로니무스」, 「아담과 이브」, 「성 안나와 함께 있는 성 모자」, 「요한계시록」 등이 있다.

45 한스 홀바인 2세(Hans Holbein der Jüngere, 1497~1543)는 초상화에서 뛰어난 업적을 남긴 독일 르네상스 시대의 화가이다. 그의 대표적인 초상화로는 「상인 게오르게 기체」, 「로테르담의 에라스뮈스」, 「헨리8세」, 「대사(大使)들」 같은 작품이 꼽히며 「무덤 속 그리스도의 시신」, 「성모와 마이어 시장의 일가」 등의 종교화도 있다. 그의 아버지 한스 홀바인 1세(Hans Holbein der Ältere, 1465~1524)도 유명한 화가이다.

46 프란스 할스(Frans Hals, 1580/85~1666)는 17세기 네덜란드 최고의 화가로 손꼽힌다. 살아 있는 듯한 생생한 인물 묘사로 초상화에서 뛰어난 업적을 남겼으며 19세기 인상파 화가들에게 지대한 영향을 미쳤다. 주요 작품으로 「성 조지 민병대 장교들의 연회」, 「웃고 있는 기사」, 「집시 소녀」 등이 있다.

47 장 바티스트 그뢰즈(Jean-Baptiste Greuze, 1725~1805)는 프랑스의 화가이다. 사실주의 화풍에 서민적인 삶의 모습을 담아냈다. 그리고 거기에 도덕적인 교훈을 가미했는데, 이는 그가 예술의 사회적 사명과 기능을 강조했기 때문이다. 주요 작품으로 「마을의 결혼식」, 「젊은 농부의 아내」, 「자녀들에게 성서를 설명해주는 아버지」, 「사랑하는 어머니」 등이 있다.

대조적이다. 그는 어쩌면 여기에서 문제가 되는 초상화의 주관주의의 가장 명명백백한 실례일 것이다. 그렇지만 나는 벨라스케스가 자신의 모든 초상화 인물을 그들의 삶의 활력에 대한 물음에 대면시켰다는 인상을 받는다. 마치 그는 본능적으로 이것이 그들의 변함없는 공통분모라고 생각하기라도 한 것처럼 그리했는데, 그는 초상화 인물들이 갖는 다른 모든 개인적인 특성에도 불구하고 각각의 초상화 인물들에게서 그들에게 정확하게 정해진 이 공통분모의 양을 느낄 수 있도록 만들었다. 올리바레즈 백작과 후안 데 마테오스의 강력하고 굴하지 않는 삶의 활력, 펠리페 4세와 그의 형제들의 데카당트한 허약함, 궁정 광대 파브릴로스의 내적으로 공허하고 교만한 힘, 궁정 난쟁이들의 심술궂은 역동성, 국왕 자녀들의 미심쩍은 활력[48] — 이들 각자는 말하자면 순전한 힘의 척도에서 하나의 정확히 정해진 그리고 관람자들이 확실히 알아볼 수 있는 자리에 위치한다. 이러한 해석이 옳다면, 우리는 벨라스케스에게서 비록 아주 독특한 형태를 띠고 있지만 초상화 예술의 주관주의적 사실주의의 한 실례를 보는데, 이 사실주의에서는 예술가 인격체의 주관적으로 실재

---

48 벨라스케스는 1623년, 1624년, 1634년, 1638년 등 여러 차례에 걸쳐 올리바레즈(Olivarez, 1587~1645) 백작의 초상화를 그렸는데, 그 가운데에서 1634년의 「올리바레즈 기마상」이 가장 유명하다. 또한 1634년경에 후안 데 마테오스(Juan de Mateos)의 초상화를 그렸다. 그리고 1623~24년, 1628년, 1634~35년, 1644년 등 여러 차례에 걸쳐 펠리페 4세의 초상화를 그렸다. 펠리페 4세(Felipe IV, 1605~65)는 스페인의 국왕인데, 올리바레즈 백작은 그의 치하에서 총리대신을 역임했다. 1626년에는 펠리페 4세의 첫째 남동생인 돈 카를로스(Don Carlos, 1607~32)의 초상화를, 그리고 1636년경에는 둘째 남동생 돈 페르난도 데 아우스트리아(Don Fernando de Austria, 1609~41)의 초상화를 그렸다. 더 나아가 1634년에 궁정 광대 파브릴로스 데 발라돌리드(Pablillos de Valladolid)의 초상화를 그렸고 많은 궁정 난쟁이들의 초상화를 그렸는데, 그 가운데 1636년에 그린 세바스찬 데 모라(Sebastián de Morra)의 초상화를 언급할 만하다. 마지막으로 벨라스케스는 1656년에 펠리페 4세의 가족을 그렸는데, 이 그림에 국왕 자녀들이 등장한다.

하는 요소가 예술적 형성을 결정한다.

그런데 비록 이러한 주관주의도 그리고 실제로 살아 있는 주체의 이미지를 그림을 통해 불러일으키려고 하는 객관주의도 그 어느 곳에서도 **절대적으로** 배제되지 않고 있지만, 어느 경우든 렘브란트의 초상화들은 사실주의의 이 두 형식으로부터 아주 멀리 떨어져 있다. 어쩌면 오로지 티치아노와 틴토레토[49]만이 이 점에서 그에 비견될 수 있을 것이다. 그렇지만 두 가지 사실주의의 극복은 그에게서 더 명료하다. 그리고 주체의 예술적 객관화의 통일성이 말하자면 그에게서 더 주목할 만한데, 그 이유는 이 통일성이 상반적인 것들의 보다 확실한 긴장에서 생겨나기 때문이다. 렘브란트의 예술가적 기질은 한편으로 심지어 베네치아파 예술가들의 양식화하는 의도에서 만날 수 있는 것보다 더 인격적이고 주관적인 것으로 보인다; 그리고 다른 한편으로 그는 이들보다 모델의 개체성, 즉 모델의 가장 내적이고 독특한 삶의 지층에 훨씬 더 많은 관심을 가지고 있다. 바로 이런 연유로 다음과 같은 두 가지 유혹이 그에게 특히 강했을 수도 있었다: 모델을 단지 자신의 강력한 주관적 현실의 직접적인 정취와 충동의 재료로 이용하거나 거기에 옷을 입히는 것 —— 또는 역으로 완전히 포착된 모델의 삶이 직접적으로 표현되도록 하고 예술적 비전 대신에 현실이 주는 인상이 말하도록 하는 것이 그것이다.

만약 주체의 객관화가 이 두 가지 잘못된 길을 넘어서는 공식이라면, 다음과 같이 이 객관화에 대하여 **자화상**이 갖는 아주 특별한 관계가 드

---

49 야코포 틴토레토(Jacopo Tintoretto, 1518~94)는 르네상스 베네치아파에 속하는 이탈리아 화가이다. 미켈란젤로와 티치아노의 영향을 받으면서 독창적인 화풍을 개척하였으며, 종교화와 초상화 이외에도 베네치아를 소재로 하는 역사화를 그렸다. 르네상스의 마지막을 장식하고 바로크라는 새로운 예술의 시대를 연 그의 주요 작품으로는「최후의 만찬」,「그리스도의 십자가 처형」,「성 마가의 기적」,「목욕하는 수산나」등이 있다.

러난다. 살아 있는 모델의 외적인 현실과 예술가의 내부로부터 규정되는 현실이 여기에서 통일적인 의식으로 주어지기 때문에, 예의 그 두 유혹이 과연 만나지만 또한 쉽게 상쇄된다. 창조적인 영혼이 자신에게 낯선 개인의 외면이 마치 **자신의** 내면인 것처럼 그 안에 자신을 형상화하는 것 ― 예의 그 두 가지 사실주의를 저절로 벗어나는 이 독특한 예술적 과정 ― 이러한 것에 대해 초상화는 교육장(敎育場)이 되며 또한 어느 정도까지는, 상반되는 것들이 아직 분리되지 않은 원형(原型)이 된다. 실제로 렘브란트는 자화상을 통해 가장 쉽게 그의 초상화 예술의 한 본질적인 측면, 아니 어쩌면 본질적인 것 자체인 것을 언제나 다시 지향할 수 있었다. 만약 이 모든 논의가 다음과 같은 난점, 즉 영혼은 오직 살아 있는 현실에서만 그리고 이 현실과만 결합됨에도 불구하고 어떻게 단지 육체적인 것에 지나지 않는 그림의 현상이 그 안에 영혼을 불어넣은 것을 느끼게 할 수 있는가 하는 난점을 해결하는 것과 관계가 있었다면; 만약 그와 같은 현상이 그 안에 스며드는 영혼에 의해 창작됨으로써 해결책이 제시되었으며, 창작하는 인격체와 묘사되는 인격체의 이질성이 자신의 개체성을 자신의 것이 아닌 개체성으로 전환하는 것이 인간 정신의 아주 보편적인 능력이면서 독특한 예술적 능력임이 드러난 한 그러한 해결책을 차단하지 않았다면 ― 만약 그렇다면 이것은 렘브란트 자화상의 특별한 기능을 드러내 보인다. 그것은 다른 화가들에게서처럼 따로따로 떨어져 그리고 일종의 우연적인 것으로 나타나는 그 무엇이 아니고 그의 이력 전체를 동반하면서 여러모로 이 이력의 절정을 나타낸다. 바로 자화상에서, 즉 내적인 것과 외적인 것의 통일성을 직접적으로 체험할 수 있는 것에서 그는 부단히 이 통일성을 묘사하려고 노력했는데 이 점에서 그는 다른 어떤 화가와도 비교할 수 없는 능력을 보여주었다. 그는 이 고유한 통일성을 언제나 새롭게 예술적 형식으로 객관화함으로써, 말하자면 이와 같은 통일성 자체의 보편적인 공식을 점점 더 완성된 형태로 획득했다; 그의 예술가적 기질 자체가 그를 ― 그리고 여기에서 가장 명백하게 ― 자기 주체의 실재와 그의 모델의 실재를 똑같이 넘어서도록 했다.[50] 이렇게 해서 그의 초상화가 묘사한 것은 더 이상 전체적인 삶으로부터 추상화된 육체성이 아니었고 오히려 그의 비전은 처음부터 이 전체적인 삶에 있었는데, 이러한 삶은 자신을 구성하는 모든 요소들의 통일성 안에 또는 그 통일성으로서 존재한다.

예술적 생산

자화상의 문제에서 정점에 이른 이 논의와 더불어 나는 예술적 창작의 아주 심오한, 그러나 아직 그 어떤 방식으로도 규명되지 않은 한 가지 형식에 접근한다. 모든 예술작품은 시간이나 공간에서 일정하게 **확장되는데**, 바로 이를 통해서 그것의 부분들이 ― 채색된 또는 주조된 질료의 조각들, 말들, 운동들, 음조들이 ― 서로 잇닿아 배열되어 통일성을 구성한다. 이러한 통일성은 어떻게든 처음부터 존재하면서 예술적 창조를 규정해야 한다. 왜냐하면 그렇지 않은 경우 예술가가 무엇에 근거해 개별 소재들을 서로 어울리면서 전체를 구성하는 것으로 결합해야 하는가를 이해할 수 없을 것이기 때문이다. 어쩌면 바로 이러한 느낌 때문에 미학이 그토록 자주 예술작품의 본질을 그것의 "이념"에서 찾았던 것이다. 물론 이것은 현상으로부터 추상(抽象)해야 하는 보편개념을 마치 축을 회전시키듯이 현상의 **앞에**, 그것도 현상의 원인으로서 또는 그것의 진정한 담지자로서 위치시키는 전형적인 오류였다. 예술가는 그 마음속에 하나의 "이념"을 갖고 있으며 이것을 세분화된 또는 개체적인 형식으로 "실현

---

50 이 문장의 줄표 안에 나오는 단어 "여기에서"는 "자화상에서"를 가리킨다.

한다"는 견해는 고전주의적 합리주의이다. 그러나 이러한 이념은 예술작품의 불필요한 복제 이외에 거의 아무것도 아니며, 바로 이 복제를 통해 예술작품은 실제로는 변하지 않은 채로—비록 이론적이지 않고 어쩌면 직관적일지라도—개념성의 영역으로 옮아간다. 그런 만큼 고전주의적 합리주의는 실재적인 예술적 창작과 더욱더 관계가 더 적다. 여기에서, 이미 언급한 바와 같이, 어쨌든 관찰할 수 있는 직관, 즉 완성된 예술작품의 확장은 일차적인 것이 아니고, 의식은 개별적인 것들의 다양성을 **단 한 번의** 창조적인 순간에 단숨에 창출할 수 없으며, 따라서 그와 같이 응집된 다양성이 형성되기 위해서는 미리 단순하고 통일적인 요소가 존재해야 한다—이러한 직관은 예술가가 이행한다고 하는 "이념"의 이론에서 단지 기만적인 충족감을 얻었을 뿐이다. 이 이론은 말하자면 위로부터, 다시 말해 어떻게든 이미 예술적으로 형성된 것으로부터 해답을 찾는 반면, 내가 보기에 해답은 아래로부터, 다시 말해 예술작품에 존재하는 형상과 비교해볼 때 완전히 무형식적이고 어두운 것으로부터 찾아야 한다. 나는 모든 예술작품의 모든 외연적 형상화가 하나의 영혼적 맹아에서 출발한다고 확신한다. 그런데 오직 외연적인 것만이 형상화를 가능케 한다면, 이 맹아는 무형상이다—예컨대 오직 색채적 확장으로만 이루어지는 회화작품은 자신의 생성에 대한 충분한 원인을, 아무런 확장도 발견할 수 없는 그리고 궁극적으로 자신으로부터 생겨나는 것과 아직 그 어떤 종류의 유사성도 갖고 있지 않은 내적인 구성물에서 찾을 수 있다는 견해는 처음에는 아주 역설적으로 보일 수밖에 없다. 우리는 무엇보다도 원인과 결과 사이에는 그와 같은 유사성이 존재해야 한다는 선입견으로부터 해방되어야 한다—이러한 선입견은 도처에서 해를 끼치며 이념이 예술창작의 발생적 출발점이라는 교설이 결정되는 데 기여한다. 그건 그렇고 우리가 여기에서 의미하는 바를 표현하기 위해서는 맹아와 그것이 완성된 생명체로 성숙하는 것의 비유에 의지할 수밖에 없다 — 비록 보다 과감한 사변은 어쩌면 이 두 가지 현상에 공통적인 실재적 법칙성까지 깊이 파내려 갈 수도 있지만, 이것은 사실상 단지 비유에 지나지 않는다. 맹아 또는 종자는 축소된 생명체를 내포하는 것이 아니라 이것에 대해 순수하게 기능적인 관계를 갖고 있다. 그것은 전적으로 이 특정한 생명체에 지향된 잠재적 에너지를 내포하고 있다. 멜로디는 음조들의 연속이 아니라 하나의 특유한 통일성으로서, 이 시간적 다양성 자체에서는 제시될 수 없지만 그럼에도 불구하고 그것을 규정한다. 이러한 통일성은 개별 음조들의 연속에서 전개되기 전에 그리고 전개되기 위해 어떤 형식으로든 멜로디의 창조자 안에 존재해야 한다. 이는 마치 난핵이 전개되어 태어날 동물의 사지가 조합되는 것과 같다. 멜로디가 작곡가에게 "단숨에"(다시 말하자면 확장되지 않은 순간적인 시간에) 떠오른다고 말하는 것은 오해를 일으키기 쉬운 표현이다. 그것은 일단 완성된 것으로 존재하면, 개별 음조들이 시간을 소모하면서 연이어지는 것을 의미하기 때문에 자신의 최초의 원천을 순수하고 무확장적인 순간성 안에 결코 가지고 **있을 수** 없다. 그러나 그와 같은 멜로디가 바로 이 원천을 위해 요구된다면 — 왜냐하면 오직 그것만이 음조들의 시간적 연속을 비로소 규정하는 통일성에 부합하기 때문이다 — 엄밀한 의미의 착상 행위는 이 음조들의 연속을 **아직 내포하고 있지 않다**는 가정만이 남게 된다; 이러한 행위의 내용은 영혼적 구성물로서 이 구성물의 통일성은 다양하고 확장된 것을 실제로(actu) 포괄하지 않지만 이것의 잠재성이며 자신의 힘으로 이것을 유기적 성장에서처럼 발전하도록 한다는 가정만이 남게 된다. 이러한 구성물은 눈에 띄지 않고 흔히 말하듯이 의식되지 않은 상태로 머문다. 왜냐하면 그것이 나타난다는 것은 바로 다음과 같은 사실, 즉 그것이 이제 펼쳐진 상태이고 그것이 다양한 배열이라는 성숙 단계에 도달했음을 의미하기 때문이다. 어쩌면 이와 똑같은 가정을 조형예술에 적용하는 것이 이제는 처음 보았을 때보다 덜 기이할 것이다. 만약 어떤 어설픈 초상화, 특히 딜레탕트한 성격의 초상화를 ─ 이것은 그러한 성격에도 불구하고 모델과 닮았다는 확신을 우리에게 심어준다 ─[51] 걸작 초상화, 예컨대 「얀 식스」나 「유대인 신부」[52]와 비교해보면, 우리는 전자로부터 화가가 그때그때 개별적으로 본 모델의 특징들을 그것과 똑같은 순서로 캔버스 위에 옮겨놓았다는 인상을 받는다. 그러나 렘브란트에게서는 그가 인간의 현상을 본질에 대한 완전히 통일적이고 초(超)현상적인 직관으로 소급하고는 이 본질을 그 안에 응집된 추동력들에게 내맡김으로써 이것들이 자유롭고 유기적으로 성장하여 외연적인 형식들이 전개된 것처럼 보인다. 내가 보기에는 다음이 초상화 예술의 진정한 창조성이다: 예술가에게 모델 관찰은 단지 수태(受胎)나 수정(受精)일 뿐이며, 그는 현상을 다시 한 번 생산한다. 다시 말해 현상은 예술가적 기질의 토대 위에서 그리고 그것의 특유한 범주들 안에서 내가 난핵에 비유한 바 있는 영혼적 구성물의 발전으로서 다시 한 번 성장한다. 바로 이러한 생산의 형식이 렘브란트에게서 결정적인 형식이라면, 이로부터 또한 세밀화(細密化)가 부재한 것, 그러니까 현상의 폭넓으며 그 본질을 결정짓는 특징들을 위해 현상의 작고 개별적인 측면을 간과한 것이 설명된다. 왜냐하면 깊은 무의식에서 생겨나 순수한 영혼적-예술적 추동력들에 의해 계속하여 성장하는 이러한 맹아는, 유기체의 물리적 성장처럼 그렇게 많은 세부적인 것들과 첨예화된 특성들을 발생시키기 위해 분투하지 않음이 명백하기 때문이다; 그것은 ─ 이는 더 이상의 논거를 필요로 하지 않는다 ─ 유기체의 맹아와 똑같이 많은 수의 잠재적 요소들을 내포하지 않는다. 이 모든 요소들은 실재가 직접적으로 그

---

51 이 부분은 원래 쉼표로 처리되어 있는 것을 옮긴이가 줄표로 바꾼 것이다.
52 이것은 1666년경에 캔버스에 그린 121.5×166.5cm의 유화로 「이삭과 레베카」라고 불리기도 한다.

림으로 옮겨지는 곳에서만 그림 안으로 들어가는데, 이때 그것들은 먼저 저 어둡고 전(前)외연적인 영혼의 상태에 들어가서, 말하자면 그 상태에 있는 영혼의 자발성에 의해 다시 서로가 서로의 토대 위에서 성장하거나 서로서로 분리되어 성장할 필요가 없다. 물론 대개의 경우 이 두 생산 형식의 공동작용으로 귀결되는바, 내가 보기에 어떤 초상화들에서는 이 형식들을 그 이원성으로 인해 아주 잘 감지할 수 있다. 예컨대 얀 반 에이크[53]에게서 그렇고 어쩌면 뒤러의 몇몇 초상화에서도 그렇다. 그러나 렘브란트에게서는 무엇보다도 내부로부터의 재창조, 달리 표현하자면 현상의 "죽으라, 그로써 이루라"[54]가 결정적이다. 이 두 순간의 사이에서

---

53 얀 반 에이크(Jan van Eyck, 1390?~1441)는 중세 후기 네덜란드의 화가로서 형인 휴베르트 반 에이크(Hubert van Eyck, 1370?~1426)와 더불어 플랑드르화파의 기초를 닦은 화가이자 그 화파의 가장 중요한 대표자로 간주된다. 또한 북부 유럽 르네상스 미술의 선구적인 역할을 한 인물이다. 그리고 그의 형과 더불어 유화를 발명한 사람으로 알려져 있다. 당시 화가들은 안료를 주로 계란에 섞어 사용했는데, 반 에이크 형제가 최초로 안료를 기름에 섞어서 사용했다고 한다. 이는 계란에 섞은 물감이 빨리 마르는 단점이 있었기 때문이다. 얀 반 에이크는 알프스 이북에서 최초로 현실세계를 섬세하게 관찰하고 정교하게 표현하는 자연주의 미술의 시대를 열었으며, 이러한 기법을 사용하여 주로 초상화와 종교화를 그렸다. 그에게 자연주의는 신과 신에 대한 경건 및 신앙을 표현하는 수단이었다. 당시 사람들은 완벽한 화법과 기교 및 자연주의적 감각 때문에 그를 "화가들의 제왕"이라고 불렀다. 주요 작품으로 「무덤가의 세 마리아」, 「젊은 남자의 초상」, 「아르놀피니의 결혼」, 「어린 양에 대한 경배」 등이 있다.

54 이것은 1818년에 출간된 괴테의 『서동시집』(西東詩集; West-östlicher Divan) 「가인(歌人)의 서」 편의 「승천의 그리움」에 나오는 구절이다. 이 시는 총 6연으로 되어 있는데, 독자들의 이해를 돕기 위해 짐멜이 인용한 구절이 들어 있는 연과 바로 그 앞의 연을 인용해보면 다음과 같다(짐멜이 인용한 것은 밑줄 친 부분이다). "아무리 멀다 해도 네겐 어려움이 아니구나/그 먼 길 날아와 빛에 홀린 나비여,/급기야는 빛을 욕망하여/타 죽고 마는 그대 나비여"
<u>죽으라, 그로써 이루라!</u>/이런 신념 네가 갖고 있지 않은 한/너는 이 어두운 지상을 헤매는/한낱 울적한 나그네에 불과하리라.
Johann Wolfgang von Goethe, West-östlicher Divan: Sämtliche Werke nach Epochen

예의 그 자체로 통일적인 수정(受精)의 순간에로의 함몰이 일어나는데, 이는 삶 자체의 발생처럼 모습을 드러낼 수 없다.[55] 그리고 바로 이러한 전제조건으로부터 또한 어째서 렘브란트에게 초상화를 주문하는 사람들이 "닮지 않았다"고 불평을 늘어놓았는지가 이해된다.[56] 왜냐하면 비록 주변부 없이 중심으로만 구성되는 맹아의 지속적인 성장이 — 이 맹아는 그것의 성장이 이미 결집된 에너지들의 자기발전에 다름 아니었기 때문에 말하자면 더 이상 모델에 주목할 필요가 없었다 — 당연히 수용된 외연적인 인상들의 방향으로 이루어졌다 해도, 이러한 영혼의 발전이 갖는 복잡성과 자체적인 생명력으로 인해 닮을 수 있는 진정한 보증이 허용되지 않았기 때문이다. 이러한 과정의 결과로 그는 어쩌면 우연에 의해 방해받고 일탈에 의해 왜곡되기 쉬운 물리적-유기적 발전이 할 수 있는 것보다 묘사된 인물의 가장 깊은 본질을 더 순수하고 진정하게 전개시킬 수 있었다. 이미 앞에서 논한 바 있는 "영혼이 자신의 육신을 건축한다"라는 명제는 여기에서 보다 높은 잠재력으로 고양된다: 영혼 자체가 아니라, 육체와 영혼은 그 추후적이고 추상적인 분해에 지나지 않는 존재의 통일성이 일차적으로 창조적인 그리고 아직 "형상화되지" 않은 맹아 형성의 내용이 되는데, 이렇게 형성된 맹아는 오직 그 안에 결집된 에너지들의 법칙에만 순응하면서 물리적인 초상화 인물을 만들어낸다. 물론 이러한 과정에도 충분함의 여러 단계가, 그러니까 모델의 인격과 예술가의 파악력 및 형성력이 동행(同行)하는 것의 여러 단계가 있다.

---

seines Schaffens. Münchner Ausgabe, Bd. 11.1.2, München: Carl Hanser 1998, 21쪽. 다음의 번역을 참고했음을 밝혀둔다. 요한 볼프강 폰 괴테, 최두환 옮김, 『서동시집』, 도서출판 시와 진실 2002, 33~34쪽.

55 이 문장에서 "이 두 순간"은 현상이 죽는 것과 현상이 이루는 것을 가리킨다.
56 이 문장에서 "닮지 않았다"는 것은 자명한 일이지만 렘브란트한테 자신의 초상화를 그려달라고 주문하는 사람들과 그들을 그린 그림이 닮지 않았다는 뜻이다.

그러나 우리는 저 맹아가 모델의 인격의 궁극적인 진리의 영혼적-예술적 형식만을 발전시키며 자신의 굴절되지 않은 내적 논리로 물리적 그림을 창출하는 경우를 언급했다; 그리고 최종적인 결과가 아무리 의미 있다고 하더라도 예술가의 주관성이 그 출발점을 어떻게든 모델과 일치하지 않도록 만드는 다른 경우도 있다[57] — 이 두 경우에 물리적인 것에서 물리적인 것으로 가는 직접적인 "유사성"이 위기에 처하게 된다.

내가 보기에는 현실과 예술작품 사이의 이러한 **직접적인** 관계를 더욱더 근본적으로 부정하는 것이야말로 현재 예술이론의 가장 본질적인 책무들 가운데 하나이다. 예술은 전적으로 독립적인 구성물이며 세계의 내용들을 주조하는 형식으로서 우리가 현실이라고 부르는 다른 형식으로부터 빌려 온 것을 먹고 살지 않는다는 사실을 반드시 알아야 한다.[58] 모든 위대한 예술가들이 끊임없이 자연적 현실을 연구했다는 사실은 이와 조금도 모순되지 않는다. 왜냐하면 만약, 내가 가정하듯이, 예술작품이 한 영혼적 맹아로부터 발원하며, 또한 이 맹아는 마지막에 볼 수 있는 예술작품의 외연성을 전혀 내포하지 않고 있고 이 외연성은 그 맹아의 완전히 동소체적(同素體的)인[59] 발전의 결과를 나타낸다면 — 그로써 그 맹아가 예술가의 영혼 속에서 싹트기 위해 이 영혼이 어떤 조건과 자극을 필요로 하는지가 선(先)결정되는 것은 결코 아니기 때문이다. 다만 이것이 인격의 더 깊은 그리고 더 자율적으로 창조하는 지층에서 일어날수록, 이 인격에게 공급되는 소재는 더욱더 풍부하고 섬세할 수밖에 없으

---

57 이 문장에서 "그 출발점"은 그 앞 문장에 나오는 "맹아"를 가리킨다.

58 다음에는 현실이 형식이라는 짐멜의 입장이 자세하게 개진되어 있으니 참고할 것. 게오르그 짐멜, 김덕영 옮김, 『개인법칙: 새로운 윤리학 원리를 찾아서』(원제는 Das individuelle Gesetz), 도서출판 길 2014, 제1장(9~18쪽).

59 동소체는 같은 원소로 되어 있으나 모양과 성질이 다른 홑원소물질을 지칭하는 화학 용어이다. 예컨대 산소(O_2)와 오존(O_3)은 동소체이다.

며, 그 결과 맹아는 현실의 형식에서도 존재하는 내용들을 자체적으로 담아낼 수 있다. 바로 이런 연유로 가장 깊은 곳으로부터 창작하는 가장 개인적인 예술가야말로 세계의 내용들에 의해 가장 집약적으로 수정(受精)될 필요가 있는 것이다(이 세계의 내용들은 물론 현실이라는 형식 이외의 다른 어떤 형식에도 **주어져 있지** 않으며, 그 예술가는 기능적으로 현실이라는 형식으로부터 완전히 독립해서 그 내용들을 예술적 재창조물로 낳는다); 열등한 예술가들, 그러니까 비확장된 맹아에까지 이르도록 응축되지 않은 보다 피상적인 지층들에서 창작하며, 따라서 떠오르는 이미지들을 말하자면 보다 직접적으로 그 외연성에 붙들어두는 예술가들은 그토록 풍부하고 강렬한 소재를 필요로 하지 않는다. 그들이 수준 낮은 예술가인 것은 그들이 자연에 대해 그만큼 철저하게 연구하지 않기 때문이 아니라 역으로 그들이 하찮은 재능을 갖고 있으며, 따라서 자발적인 맹아의 힘으로 작업하는 대신에 보다 직접적으로 외면을 캔버스에 옮겨놓기 때문이다. 그들은 처음부터 그토록 광범위한 그리고 그토록 철저하게 동화된 소재 더미를 필요로 하지 않으며, 생산을 위해 (여기에서 마르크스의 표현을 의미에 적합하게 적용하자면) 그토록 많은 소재(素材) "예비군"을 필요로 하지 않는다.[60]

여기까지의 논의 전체가 이미 향하고 있는, 그리고 나중의 논의에서 보다 순수한, 렘브란트에게 아주 결정적인 의미에서 드러나게 될 개체성 개념 — 우리는 이 개념의 기능들 가운데 하나를 지금 우리의 관심사가 되는 문제를 해결하기 위해 미리 끌어들여야 할 것이다. 육체적인 것과 영혼적인 것을 두고 또는 감각과 정신을 두고 벌어지는 모든 이론적이고 도덕적인 언쟁은, 인간이 자신의 존재의 본질과 의미를 그가 **개인**이라

---

60 자명한 일이지만, 여기에서 짐멜은 마르크스의 "산업 예비군"을 "(예술적) 소재 예비군"으로 전의(轉意)하고 있다.

는 사실에서 보자마자 전장(戰場)을 잃어버리고 만다. 왜냐하면, 만약 우리가 이 개념을 그 순수한 의미에서, 즉 불가분의 것으로 파악한다면 — 이 개념은 서로 떨어져 있는 또는 서로 떨어지려고 하는 그 범주들의 공통적인 실체 또는 토대일 수밖에 없음이 명백하기 때문이다.[61] 감각적인 것과 정신적인 것은 추상적 개념들로서는 서로 아무런 관계가 없을 수 있다; 그러나 이것들이 살아 있는 것이 되자마자, 다시 말해 한 개인에게서 실현되자마자, 그것들은 바로 이 개인적으로 규정된 감각적인 것이 되고 이 개인적으로 규정된 정신적인 것이 된다. 그리하여 이 개인적 규정성이라는 사실을 불가분적으로 공유한다. 개체성은 뿌리이거나, 또는 영혼과 육신의 이질성 또는 대립이 건드릴 수 없는 보다 높은 개념이다. 왜냐하면 개체성은 영혼과 육신에게 그때그때 독특한 색채를 부여하기 때문이다. 육체의 개인적 특징과 영혼의 개인적 특징이 동일한 현상으로 판명되고 표현되지 않을 수 있다는 생각을, 지적인 개념성은 고려할 수 있지만 삶과 예술은 어떤 경우에도 그럴 수 없다; 왜냐하면 우리는 개인이 하나의 육체와 그것에 내적으로 이질적인 하나의 영혼이 기계적으로 합성된 것이 아니라(이는 전혀 무의미하고 실현될 수 없는 관념이다), 비록 이것들이 육체 자체와 영혼 자체로서 서로 낯설 수 있을지라도 구체적인 개인은 하나의 통일적 존재라는 것을 **즉각적으로** 알기 때문이다. 요컨대 혼자 힘으로 그와 같은 일반적인 이질성에 다가갈 수 있는 개체성만이 육체와 영혼을 포괄할 수 있으며, 또한 개념적으로 이해할 수 있든 없든 관계없이 요소들의 통일성을 떠받칠 수 있다. 다음은 확실히 일반적으로 경험하는 것이다. 우리가 한 인간의 개체성을 더욱더 깊이 파악하면 할수록, 그의 외면과 그의 내면은 우리에게 더욱더 분리할 수 없이 동

---

61 이 문장에 나오는 "그 범주들"은 그 앞 문장에 나오는 육체적인 것과 영혼적인 것 또는 감각과 정신을 가리킨다.

행하는 것으로 보이고 별개의 것으로는 더욱더 생각될 수 없다. 그리하여 렘브란트의 예술이 인간적 현상들에서의 "보편적인 것"으로부터 등을 돌린다는 사실, 그리고 그의 예술이 개인적인 것을 최대한 표현하도록 작업한다는 사실은, 그가 영혼과 육체의 이원성을 극복한 내적인 길들 가운데 하나로 보인다. 아니면 보다 정확히 말해, 이러한 길을 걸으면서 렘브란트의 예술은 애초부터 육체와 영혼의 이원론을 극복할 필요가 없었다.

그림에서의 삶의 과거

이제 이 모티프를 가지고 인간의 현재 이미지에서 과거의 것을 볼 수 있도록 한 렘브란트의 독특한 업적도 비추어 볼 수 있을까? 우리는 다음을 보았다: 칸트적 전제조건에 따르면, 비록 직접적인 의식의 실재에 대해 대상은 완전히 감각적이고 통일적으로 주어지지만 가장 간단한 공간적 대상의 직관만 해도 감각적 기능과 지적 기능의 공동작용으로 실현된다. 그런데 그 이후의 연구들은 순전히 추론된 것이, 그러니까 인지되지 않은 것, 아니 그 자체가 인지될 수 없는 것이 외관상 순수하게 감각적인 사물들의 이미지와 섞여 짜이는 것을 보여줌으로써 이것을 보다더 경험적인 영역으로 확장했다. 만약 내가 이제 역으로 인간에 대한 물리적 직관과 영혼적 해석의 이중기능이 현실과 예술에서는 하나의 불가분한 기능이라고 가정한다면, 그것은 말하자면 다만 똑같은 측면을 다른 관점에서 받아들이는 것일 뿐이다: 우리는 감각적으로 보는 것을 정신화함으로써 정신적으로 보는 것을 감각화할 수 있다; 다만 점진적인 차이와 우연적인 전위(轉位) 때문에 어느 한 육신성이 지니는 영혼적 의미를 이 육신성을 보는 행위에서와 똑같이 "본다"는 사실이 역설적으로 보일 뿐이다. 그러나 설령 이 점을 인정하더라도, 만일 현시적(現時的)인 영혼적 존재뿐만 아니라 이 존재와 그것의 육신적 현상으로 발전해온 과거도 이 육체성의 순간적인 모습과 더불어 주어져야 한다면, 이것이야말로 훨씬 더 역설적이지 않을 수 없다. 그럼에도 불구하고 우리가 여기에서 다루는 순환, 즉 우리는 현상의 "현재"를 그것의 과거로부터 이해하지만 이 과거는 오로지 우리에게 단독으로 주어진 현재로부터만 추론할 수 있다는 순환은 내가 보기에는 이러한 조건 하에서만 해결될 수 있다, 아니 이해될 수 있다. 극복되어야 하는 것은 다음과 같이 명백하지만 진부한 관념이다: 지적 절차를 통해 그로부터 영혼적 과거를 재구성하는, 또는 이 절차의 내부로 그 과거가 투사되는 감각적-현재적인 것이 주어져 있다고 생각하는 것이 바로 그것이다. 실제로 예술은 이러한 합리주의적 필연성에서 해방될 수 있는 특별한 (렘브란트의 노년 초상화들에서 특히 명백해지는) 수단들을 자유로이 사용할 수 있다. 물론 그렇다고 해서 삶을 구성하는 개별적인 장면들 또는 행위들의 한 고정된 질서가, 다시 말해 자체적으로 경계가 설정되고 현재 시점에서 빈 것으로 간주되는 시간대에 의해 다른 장면들이나 행위들로부터 분리된 각각의 장면이나 행위가 삶의 현재적인 현상에 의해 가시화된다고 생각해서는 안 된다 ─ 아마도 우리가 지금껏 잠정적으로 사용한 표현이 우리로 하여금 그렇게 생각하도록 오도할 수도 있을 것이다. 오히려 삶의 전체적이고 연속적인 흐름은 현재적인 현상에 쉼 없이 자신을 쏟아붓기 때문에 가시화된다. 어쩌면 다음과 같이 수학화하는 관념은 인간 이미지에 적용할 수 없을 것이다. 우리는 인간 이미지 가운데 그때그때 시간적이고 물리적인 의미에서 절대적으로 현시적(現時的)인 하나의 상태를 인식한다는 관념이 그것이다. 이러한 상태는 과학적 추상화의 객관성에서 단 한 점의 현재일 뿐이라는 명제는, 맞을 수도 있지만 여기서는 더 이상 논의하지 않도록 한다; 현실적인 직관체험으로서의 인간이라는 현상은 우리에게 어떠한 방식으로든 순간을 포괄하는 전체이다. 그것은 현재와 과거의 대립을 (어쩌면 심지어 미래의 대립까지) 넘어서는 무엇이다. 우리는 역사적 인식에서 현재를 오로지 과거로부터만 이해하지만 과거는 오로지 경험된 현재로부터만 해석할 수 있다는 것을 이미 오랫동안 알고 있었다 ── 그와 마찬가지로 이러한 순환도, 비록 그 요소들이 개념적으로 덜 엄밀하지만 이해의 통일성을 가리키는데, 이 통일성은 우리의 불가피하게 분석적인 절차에 의해 상호작용하면서 서로를 떠받치는 그 두 범주로 분해된다.[62] 렘브란트에게서도 때에 따라서 그림의 판연하고 반(反)생동적인 순간성이 나타난다는 사실은 주목할 만하다; 그리하여 예컨대 「요셉의 피 묻은 외투」(더비 백작 소장)[63]에서는 복합적인 표상 전체가 절대적으로 비(非)확장적인 ── 그리고 바로 이런 연유로 경직된 인상을 주는 ── 순간으로 과감하게 제한되어 있다. 그러나 이것은 그리고 어쩌면 이와 유사한 몇몇 그림들은 렘브란트 예술의 본질과 유일성으로부터 완전히 떨어져 나온다. 이 본질과 유일성이 순수하게 표출되는 경우 ── 특히 후기의 초상화들에서 ──, 순간의 고립이 없는 **삶의** 독특성이 명백하게 그 정당한 권리를 얻는다. 우리가 물리적으로 일회적인 특징에 주어진 불변의 색채 구성물을 우리 앞에 갖고 있다는 사실은 중요치 않다; 문제는 전적으로, 그것이 우리를 위해서, 우리 안에서, 우리의 적극적인 직관으로서 무엇을 의미하는가에 있다. 그리고 이 직관에서는 육체성, 즉 감각에 의해 인지된 것과 영혼, 즉 지성에 의해 추가적으로 구

---

62 이 문장에 나오는 "그 두 범주"는 현재와 과거를 가리킨다.

63 이것은 1662년경에 펜과 붓으로 그린 12×16cm의 작은 데생으로서, 원래 제목은 「요셉의 피 묻은 외투를 야곱에게 보이고 있다」이다. 구약성서 「창세기」 제37장 제32절을 배경으로 하고 있다. 당시 이 작품의 소장자는 짐멜이 언급하고 있는 바와 달리 더비(Derby) 백작이 아니라 화가이자 로열 아카데미 의장인 에드워드 J. 포인터 경(Sir Edward J. Poynter)이었다. 오늘날에는 케임브리지 대학의 피츠윌리엄(Fitzwilliam) 박물관에 소장되어 있다.

성된 것 사이의 분열이 이미 사라졌듯이, 이제는 거기에 더해 그에 상응하는 현재와 과거 사이의 분열이 사라진다. 렘브란트의 인간 묘사가 개념적으로 그리고 외적인 실재로서 과거와 현재의 연속관계로 구성되어 있음에도 불구하고 우리는 거기에서 그때그때 삶의 총체성을 간파할 수 있다. 우리는 다름 아닌 총체적 인간을 볼 뿐 그로부터 이전의 순간들을 **추론할** 수 있는 어느 한 순간을 보지 않는다. 왜냐하면 삶이란 곧 현재가 되는 과거 바로 **그것이기** 때문이다. 그리고 우리가 진정으로 삶을 보는 경우, 우리는 그저 현재의 고정된 지점만 볼 뿐이라고 주장하는 것은 단순한 선입견이다. 우리가 이렇게 총체적 삶을 보는 능력을 점진적으로 얻는가, 일정한 경험과 추론이 심리학적으로 이 능력에 선행하는가, 이 능력은 언제나 불완전하기 때문에 단지 거기에 근접할 수만 있는가 하는 문제는 원칙적으로 아무런 상관이 없다. 칸트는 이에 상응하는 사고의 전회를 통해 맨 먼저 외적 인지의 대상을 **연역해야** 한다는 표면상의 필연성을 물리쳤다. 우리에게는 단지 우리의 표상만이, 다시 말해 순전히 우리 자신의 내부에서 진행되는 사건만이 주어지기 때문에, 마치 우리는 직접적으로 접근할 수 없는 외부세계를 다만 연역할 수밖에 없는 것처럼 보였다: 우리 내부의 결과에서 우리 외부의 원인으로 연역할 수밖에 없는 것처럼 보였다. 이에 반해 칸트는 외부세계도 전적으로 우리의 표상으로서 우리를 위해 존재한다는 것을, 따라서 외부세계와 이른바 자체적으로 확실한 내부세계 사이에는 그 어떤 원칙적인 차이도 지배하지 않으며, 또한 외부세계는 표상됨으로써 표상하는 내부세계와 똑같이 확실하고 연역이 필요 없도록 주어진다는 것을 보여주었다. 나의 생각으로는, 그와 똑같지만 거꾸로 진행되는 연역을 요구하는 것처럼 보이는, 다른 인간의 육체와 영혼에 대한 인식도 그와 유사하다고 일단 가정할 수 있다. 그런데 여기에서는, 육체의 직관이 우리에게 직접적으로 주어지고, 그리고 나서야 비로소 우리는 육체와 결합된 영혼을 비로소 "연역해야" 할 것이라고 일반적으로 주장된다.[64] 그러나 어쩌면 이러한 분리는 칸트가 비판한 분리와 마찬가지로 합리주의적 선입견에서 유래한다; 어쩌면 우리는 인간을 즉각 육체와 영혼이 인식론적으로 동등한 가치를 지니는 통일성으로 인지한다 — 비록 경험적으로 후자의 인식이 더 불확실하고 애매모호하며 결함이 많을 수 있음에도 불구하고 그리한다. 그리고 이에 상응하는 다음과 같은 연역도 다르지 않다: 비록 한 인간의 육체적-영혼적 실존이 우리에게 이미 원칙적으로 분리할 수 없는 하나의 행위로 나타날지라도, 이 행위는 어떠한 경우에도 단지 어느 한 순간의 현재성만을 포괄할 수 있으며, 반면 이미 지나간 것은 더 이상 존재하지 않는 것으로 단지 현재적인 것의 토대 위에 구축된 연역을 — 결과에서 원인을 — 통해서만 접근할 수 있다는 것이다. 그렇지만 어쩌면 이 점에서 현재에 대한 과거의 관계는 우리가 표상한 다른 사람의 영혼과 육체의 관계와, 또는 칸트의 경우에서 볼 수 있는 사물의 외적 존재와 표상의 내면성의 관계와 다르지 않을 것이다. 어느 한 삶의 "현재"는 그것의 고립되고 엄밀한 수학적 개념으로는 절대로 규명할 수 없다. 우리가 삶을 진정으로 **보는 것**은 그것이 모든 시간적 **순간**과 단면을 넘어서는 연관 속에서인데, 이는 보는 과정 자체가 하나의 삶의 과정이라는 사실을 통해서 성립될 것이다. 우리는 종종 이 자명한 사실을 충분히 숙고하지 않는데, 그 이유는 우리가 이 과정의 내용을 고정된 "이미지들"로 생각하고는 이것들을 말하자면 과거로 투사함으로써, 보는 것을 그 각각이 내적으로 완결된 그와 같은 이미지들의 연속으로 간주하기 때문이다. 그러나 보는 것은 삶의 과정으로서 다음과 같은 삶의 보편적인 특징을 공유한다: 과거, 현재, 미래의 분리는 문법적-논리적 엄격함이 요구하는 것

---

64 이 문장의 앞부분에 나오는 "여기에서"는 "육체와 영혼의 관계에서"로 읽으면 될 것이다.

과 같은 방식으로는 삶에 적용될 수 없다. 단지 추후적으로 설정된 경계선들에 의해서만 연속적인 삶의 흐름에 이러한 대안이 부과된다. 여기서는 이러한 삶의 개념을 논증하고 상론할 계제가 아니다. 다만 순간성을 넘어서 삶을 보는 것은 그것을 보는 사람의 측에서도 놀라운 일이 아니라는 것을 일러두는 데 그치기로 한다. 그와 같은 삶의 개념을 토대로 삼는다면, 그것의 두 가지 표현은 — 보이는 것으로서 그리고 보는 것으로서 — 순간에 단순히 합리적으로 얽매여 있는 것으로부터 똑같이 해방될 수 있음을 충분히 이해할 수 있다.[65] 우리가 삶 자체의 기능이 아니라 단지 **내용**만을 제공하는 경직된 단면이 아니라 삶을 인지하는 경우, 우리는 언제나 **생성**을 인지한다(그렇지 않으면 그것은 삶이 될 수 없을 것이다). 오로지 현재를 거기까지 펼쳐지는 과정의 연속성 속에서 직관하는 특유한 능력이 발휘되는 경우에만 우리는 진정으로 삶을 **본** 것이다. 물론 우리가 **얼마나 멀리** 이 계열의 내부를 들여다보는가, 우리가 과거라고 부르는 것 가운데 **얼마나 커다란** 부분이 통일성으로 조망되는가는 매우 의문스러우며 가변적이다. 이러한 형식을 보지(保持)하지만 우리 안에서는 **하나의** 시각인 그와 같은 연속관계를 헤아릴 수 없을 정도로 먼 데까지 진행되도록, 아니면 보다 정확히 말해 거기에서 유래하도록 하는 것이 바로 렘브란트의 예술이다. 다만 연속의 개념을 잘못 생각해서는 안 된다: 마치 내용적으로 규정된 개별적인 단계들이 말하자면 차례차례로 늘어선 것처럼 생각해서는 안 된다. 왜냐하면 정말 그렇다면 시간성은 그저 분명하게 경계가 설정된 삶의 사실적인 내용들을 외적으로 배열하는 형식에 지나지 않기 때문이다. 이에 반해 여기서는 다름 아닌 생성의 흐름이 문제인데, 이 흐름에서는 개별적인 순간들의 자체적이고 단지 내용

---

65 이 문장에서 "합리적으로"는 문맥상 "합리주의적으로"를 의미한다고 보는 것이 타당하다.

에만 부여된 의미가(물론 이 의미는 논란의 여지 없이 다른 방식으로 범주화 될 수 있다) 완전히 해체된다. 그리고 더 나아가 모든 구성물이 삶, 운명, 발전의 넘쳐나는 역동성 안에서 생성되었거나 생성되는 것으로 인지되는 것이 문제이다: 말하자면 렘브란트가 표현한 것은 지금 도달한 형식이 아니라, 이 순간까지 살아온 그리고 그 순간에서 바라본 전체적인 삶이다. 칸트의 정신적 노선은 존재의 내용들을 틀에 집어 넣는 것, 그리고 논리성과 초개체성을 겨냥하며 또한 그럼으로써 렘브란트에 대한 대척점을 보인다. 이런 칸트가 언젠가, 살아 있는 존재를 바라보는 것에 대한 이러한 해석과 어떻게든 관계가 있는 사변적인 사고를 개진한 적이 있다. 그는 완성의 과정에 대해 말하는데, 이 과정은 우리의 경험적 도덕성의 불충분성 때문에 불멸성을 요구할 뿐만 아니라 이 불멸성 자체에서 우리의 개념들에게 무한한 것으로 나타난다는 것이다; 그럼에도 불구하고 이 과정은 우리를 신의 눈앞에서 — 초월적인 — 행복을 누릴 만한 가치가 있도록 만든다는 것이다. 왜냐하면 "시간의 제약을 받지 않는 **무한자**는 우리에게는 끝이 없는 이 계열에서 도덕법칙과 완전히 부합하는 것을 보며, 〔…〕 신성함은 오로지 이성적 존재자들의 현존에 대한 예지적 직관에서만 온전하게 볼 수 있기" 때문이다."[66] 칸트가 여기에서 전제하는 직관의 유형은 물론 초시간적이고 지적인 것이다; 그러나 이것은

---

66 이 인용문은 『실천이성비판』 제1부: "순수실천이성의 요소론", 제2편: "순수실천이성의 변증학", IV: "순수실천이성의 요청으로서의 신의 현존"에서 온 것이다. 짐멜이 생략한 것(밑줄 친 부분)과 함께 인용하면 다음과 같다. "시간의 제약을 받지 않는 **무한자**는 우리에게는 끝이 없는 이 계열에서 도덕법칙과 완전히 부합하는 것을 보며, 그가 각자에게 최고선에서 정해주는 몫이 그의 정의에 일치하도록 하기 위해 그의 명령이 유보 없이 요구하는 신성함은 오로지 이성적 존재자들의 현존에 대한 예지적 직관에서만 온전하게 볼 수 있다." Immanuel Kant, *Kritik der praktischen Vernunft: Werke in zehn Bänden, Bd. 6* (Herausgegeben von Wilhelm Weischedel), Darmstadt: Wissenschaftliche Buchgesellschaft 1983, 103~302쪽, 여기서는 253쪽.

렘브란트가 감각적이고 예술적으로 직관한 바로 그 객체에게 다양하게 확장된 모든 것을 극복하는 통일적인 힘을 행사한다: 그 객체는 무한하고 연속적인 다양성을 가로질러 펼쳐지는 시간적 삶이다. 어느 한 인간 영혼이 완성되었음을 파악하기 위해 신의 눈이 절대적인 완성의 확고한 순간이 한 특정한 시점에 달성되어서 이제 지속되기를 기다리는 것이 아니라, 오히려 어느 한 존재의 끝없이 고양되는 과정이 신의 눈에 어느 한 인간 영혼이 완성되었다고 일컬을 수 있는 통일적인 이미지를 제공한다: 이와 마찬가지로 렘브란트의 경우 그의 가장 심오한 초상화들에서 거기에 표현된 인간들의 본질은 마지막에 도달한 발전의 지점에서 생겨나는 통일성에서가 아니라 오히려 끊임없는 발전 전체를 포괄하는 통일성에서 나타난다. 그리고 이렇게 포괄하는 것은 추상화하는 개념에 의해서가 아니라 독특하게 바라보는 것에 의해 가능해진다. 이렇게 바라보는 것에 대해 개념들은 적합하지 않은데, 이는 개념들이 칸트가 가정한바 무한히 사는 영혼을 바라보는 신에 대해 적합하지 않은 것과 마찬가지이다. 왜냐하면 영혼적-주관적 표상과 이것에 외적으로 상응하는 객체의 분리는 단지 추후적인 추상화(抽象化)인 반면, 원래는 아직 주관성과 객관성으로 분화되지 않은 통일적이고 그 내용에 의해 규정되는 이미지가 존재하기 때문이다 ── 이와 유사하게 대체로, 우리가 삶을 인지하는 경우 고립된 현재와 확장된 과거를 분리하는 것은 지적 성찰의 문제이다; 그러나 실제로 우리는 우선 그리고 즉각 시간적으로 확장되어 순간들로 와해되지 않는 통일성을 인지한다. 그리고 이렇게 바라보는 것은 그 객체의 측면에서는 그것의 한 점인 현재도 아니고 확장된 과거도 아니라 그 둘을 통일한 흐름이다. 이와 마찬가지로 그 주체의 측면에서는 고립된 감각도 아니고 오성에 의한 구성도 아니라 전적으로 통일적인 기능인데, 이 기능은 다른 관점들에 의해 비로소 그 두 가지로 분화된다.

이렇게 해서 내가 맨 처음에 말한 운동의 문제가 비로소 올바른 계열에 자리를 잡게 되었다. 모든 "묘사된 운동"에 대해서는 무엇보다도 어떻게 해서 그림에서 볼 수 있는 시간적으로 확장되지 않은 고정된 순간이 시간적으로 확장된 운동을 구상적으로 만들 수 있는가 하는 질문이 제기된다. 그러나 열등한 예술가들은 이를 이루어내지 못한다. 그들의 인물은 꽁꽁 얼어붙은 듯한 자세를 보이는데, 이는 스냅사진에서도 마찬가지이다. 왜냐하면 정말로 외부로부터 절대적으로 순간적인 현상이 재생산되는 경우, 화살이 날아간다는 것은 불가능하다는 제논[67]의 증명이 적용되기 때문이다: 화살은 모든 주어진 순간에 공간의 어떤 한 지점에 있기 때문에, 설령 아무리 짧은 시간이라도 그 지점에 정지해 있다는 것이다; 그러니까 화살은 한 임의의 순간에 정지해 있기 때문에 언제나 정지해 있고 절대로 운동할 수 없다는 것이다. 그러나 이러한 논리에는 화살이 어떤 한 지점에 정지해 있어야 한다고 전제하는 오류가 내포되어 있다. 화살은 단지 수준 낮은 예술가와 스냅사진작가의 인위적이고 기계적인 추상화(抽象化)에서만 정지해 있다. 실제로는 모든 지점을 통과하며 아주 짧은 시간이라도 거기에 머물지 않는다. 다시 말해 운동이란 특별한 유형의 행위로서 정지된 개별적인 순간들로부터 합성될 수 없다. 물체의 진정한 운동은 우리에게 자신을 개별적인 위치에서 보여주는 것이 아니라 공간을 다양한 방식으로 끊임없이 통과하면서 보여준다. 만일 물체가 운동하지 **않는다면**, 이 공간들은 그때그때 "위치"가 될 것이다. 요컨대 이는 운동을 순간들과 현재들만이 "존재하는" 이른바 기계론적이고 원자론적인 관점에서 이해될 수 있는 것과 원칙적으로 다른 방식으로

---

67 제논(Zenon, BC 335?~BC 263?)은 스토아학파를 창시한 고대 그리스의 철학자이다. 운동과 정지에 대해서 그 밖에도 "발이 빠른 아킬레우스는 거북이를 따라잡을 수 없다"라는 유명한 명제를 남기기도 했다.

바라보는 것이다.

바로크에 대해서는, 그것이 — 특히 건축에서 그러나 다른 조형예술들에서도 유사하게 — 르네상스에서 이상적인 형식으로 추구되었던 돌처럼 결정적(結晶的)인 것을 유기적인 것으로 대체했다고 말해져왔다. 다시 말해 소재의 팽창과 수축, 파동과 진동을 도입했다는 것이다. 바로크가 안정되고 추상적인 형식을 생동적인 것으로 대체한 것은 전적으로 옳다; 그러나 단지 이 생동적인 것의 **기계적인 운동성**만을 도입했다. 그때는 기계론적 심리학이 발생한 시대인데, 이는 렘브란트의 적대자인 스피노자에게도 해당된다. 이제 확실히 예술적인 현상이 형식과 질료 자체의 고유한 법칙에 상관없이 영혼의 신경감응에 의해 규정된다. 그렇지만 이러한 신경감응은 기계적 운동의 성격으로 귀결되는바, 떠다니는 것과 떨어지는 것, 누르는 것과 찢어지는 것, 도는 것과 흔들리는 것이 그것이다 — 이것은 렘브란트에게서 볼 수 있는 운동의 진정으로 그리고 전적으로 영혼적인 성격과는 완전히 다른 것이다. 그리고 이것이 우리가 바로크 예술에 표현된 인물들에서 연극적 성격, 즉 내적으로 믿을 만하지 못한 성격을 보는 이유이기도 하다. 그러므로 내가 보기에 수준 낮은 역사화 또는 장르화[68]가 종종 마치 그 대상을 직접적으로 묘사하지 않고 그것이 "살아 있는 그림"이기라도 한 듯이 제시한다는 사실은 아주 의미심장하다; 말하자면 어느 한 삶의 과정이 갖는 예술적으로 본질적인 의미는 이 과정에 대해 본질적인 시간성이 중단된 단 한 순간에 소진되어야 한다는 것이다: 그러나 그 과정은 초시간성에 배치된 것이 아니라 단순히 무시간성에 배치된 것이며, 어떤 다른 질서 안에 배치된 것이 아니라 모든 질서의 밖에 배치된 것이다. 이는 마치 서툰 배우들이 "볼 만한" 순간들을 연기하면서 그 순간들 사이의 진정하고 연속적인 행위를 말하

---

68 장르화란 일상적 삶의 다양한 장면이나 사건을 그린 그림을 말한다.

자면 빼버리는 것과 같다. 이에 반해 예술적인 배우들은 이처럼 잘게 나누어 부각하는 것을 피하고 연기의 연속성을 유지하는데, 이 연속성 덕분에 바로 **모든** 순간에 원칙적으로 그들의 전체성을 파악할 수 있다. 우리로 하여금 시간적 총체성을 그와 같이 바라보도록 유발하는 것은 완벽한 예술작품의 운동자세이다. 만약 우리가 방금 언급한 것과 같은 외적인 관찰 방식을 따른다면 이 자세도 운동이 아니라 단지 하나의 고정된 순간만을 보여줄 수 있음은 물론이다;[69] 그렇지만 완벽한 예술작품의 운동자세는 허접한 예술작품에서 그에 상응하는 운동자세가 주는 인상과는 명백하게 차이가 나는 인상을 주는데, 이 인상은 여기에 다른 무엇인가가 그리고 더 많은 무엇인가가 존재할 수밖에 없다는 것을 입증해준다. 그러나 이 경우 문제가 되는 것이 앞서는 특정한 상태들과 뒤따르는 특정한 상태들의 상상적인 표현이라고 믿어서는 안 된다; 이러한 믿음은 다시금 기계론적으로 하나하나 나누는 것을 전제로 할 것이며, 또한 삶의 운동은 다시금 내적으로 결합되지 않은 개별적인 내용의 현상들로 분해될 것이다.

운동성의 묘사

그렇다면 그림에서 도대체 무엇이 운동한단 말인가? 그려진 인물 자체는 영화에서처럼 운동할 수 없기 때문에, 그것은 당연히 묘사된 순간의 이전과 이후에 운동을 채워 넣도록 관람자의 상상력이 자극된다는 것을 의미할 수밖에 없다. 그러나 바로 이 표면상 자명해 보이는 것에 대

---

69 이 문장에서 "방금 언급한 것과 같은 외적인 관찰 방식"은 그 위에 나오는 기계적인 관찰 방식을 가리킨다.

해 나는 의구심을 갖는다. 시스티나 성당 천장화에서 날고 있는 창조주나 또는 그뤼네발트의 「예수의 십자가형」[70]에서 뒤로 쓰러지는 마리아를 바라볼 때 내가 내적으로 무엇을 의식하게 되는가를 면밀하게 검토해보면, 나는 묘사된 순간을 앞서거나 뒤따르는 그 어떤 단계도 찾을 수 없다. 게다가 이것은 완전히 불가능할 것이다. 왜냐하면 미켈란젤로의 한 인물이 미켈란젤로 자신에 의해 표현된 자세와 다른 자세에서는 어떻게 보일까를, 관람자 S는 상상할 수 없기 때문이다. 그렇게 되면 그것은 더 이상 미켈란젤로의 인물이 아니라 S의 인물이 될 것이며, 따라서 문제가 되는 인물의 운동의 순간이 결코 아닐 것이다.[71] 오히려 회화적 제스처는 오로지 그 강도와 응축성에 의해서만 실재적인 운동의 인지와 구별되는 방식으로 직접 운동성으로 가득 채워진다. 역설적으로 들릴지

---

70 이것은 1512~16년에 이젠하임 제단(Isenheimer Altar)을 장식하기 위해 목판에 그린 269×307cm 크기의 유화이다. 이젠하임 제단은 프랑스 알자스 지방의 작은 마을 이젠하임에 소재하는 안토니오 수도원의 제단이다. 현재 이 작품은 알자스 지방의 작은 도시 콜마르(Colmar)의 운터린덴 미술관(Musée d'Unterlinden)에 소장되어 있다. 마티아스 그뤼네발트(Matthias Grünewald, 1480?~1529)는 독일의 화가이다. 그는 독일 르네상스 예술을 대표하는 화가이지만 그의 존재는 일찍이 잊혔으며, 따라서 그의 행적도 거의 알려진 것이 없다. 20세기 초에 이르러 그의 예술사적 의미가 재발견되었다. 주요 작품으로 「이젠하임 제단화」 이외에도 「최후의 만찬」, 「예수를 조롱함」, 「예수를 애도함」, 「에라스뮈스와 마우리티스」 등이 있다.

71 이 대목에 나오는 "관람자 S"와 "S"는 짐멜(Simmel)을 가리킨다고 봐도 무방할 것이다. 이는 다음의 사실로부터 추론할 수 있다. 짐멜은 1897년에서 1916년 사이에 『유겐트: 예술과 삶을 위한 뮌헨 삽화 주간 저널』(*Jugend. Münchner illustrierte Wochenschrift für Kunst und Leben*)이라는 잡지에 짧은 글을 기고했다. 그중 대다수는 1897년부터 1907년에 걸쳐 발표되었다. 이 시기에 총 28편의 글이 확인된다. 짐멜은 『유겐트』에 글을 실으면서 '에스'(S), '지. 에스'(G. S.) 또는 '프리돌린'(Fridolin)이라는 가명을 사용했다. 형식은 정치적 위트, 시, 금언, 동화, 소론(小論) 등으로 여러 가지이며, 내용적으로도 매우 다양하고 흥미롭다. 이 글들의 구체적인 내용에 대해서는 다음을 참고할 것. 김덕영, 『게오르그 짐멜의 모더니티 풍경 11가지』, 도서출판 길 2007, 551~61쪽.

몰라도, 회화적 제스처가 하나의 운동 제스처라는 사실은 전자에 내재되어 있는 것이지 이전과 이후의 관계에 의해 비로소 상정되는 것이 아니다: 운동성이란 특정한 방식들로 직관할 수 있는 하나의 **특성**이다. 그러므로 만약 운동이 그 논리적-물리적 의미에 따라 시간에서의 확장을 요구할 수 있다면, 만약 다른 한편 우리의 직관이 마찬가지로 그 논리적 의미 ─ 물론 이것은 곧바로 보다 비실재적인 것으로 드러날 것이다 ─[72] 에 따라 다름 아닌 그때그때 비확장된 순간들에서 실행될 수 있다면 ─ 그렇다면 운동성도 색채와 확장처럼 그리고 객체의 다른 모든 특성처럼 객체의 유일한 이미지에 머물 수 있는 경우에 이러한 모순이 해결될 것이다;[73] 다만 이 특성은 다른 특성들처럼 직접적으로 표면에 나타나지 않으며, 따라서 그것들처럼 단순하게 감각적으로 파악하고 제시할 수 없을 뿐이다. 그러나 예술가는 운동성을 실제로는 움직이지 않는 이미지에 결합할 줄 앎으로써 그 절정에 올려놓는다. 그리고 우리는 우리가 현실에 마주해서도 스냅사진에 의해 포착된 자세가 아니라 연속으로서의 운동을 "보는" 것임을 분명히 알아야 하는바, 이 연속으로서의 운동은, 이미 언급한 바와 같이, 우리의 주관적 삶 자체가 아무런 과정도 아니고 아무런 행위도 아닌 개별적인 순간들의 합성물이 아니라 연속적인 삶이라는 사실을 통해 가능해진다 ─ 그것을 분명히 알아야 비로소 우리는 예술작품이 스냅사진보다 훨씬 더 많은 "진리"를 제공할 수 있다는 것을 이해한다. 이 경우에 우리는 기계적 재생산에 비해 예술작품에서 기대할 수 있다고 하는 이른바 "보다 높은 진리"에 호소할 필요가 전

---

72 이 부분은 원래 쉼표로 처리되어 있는 것을 옮긴이가 줄표로 바꾼 것이다.

73 이 문장에서 "마찬가지로"는 운동이 그 논리적-물리적 의미에 따르는 것과 마찬가지로 우리의 직관도 그 논리적 의미를 따른다는 뜻이다. 그리고 "보다 비실재적인 것"은 직관의 논리적 의미가 운동의 논리적-물리적 의미보다 비실재적이라는 뜻이다.

혀 없다; 오히려 완전히 직접적인 방식으로 그리고 완전히 사실주의적인 의미에서 어떤 수단을 통해서든 내적으로 연속적인 운동이 집적된 인상을 주는 그림이 스냅사진보다 현실(이것은 여기에서 단지 현실의 의식적인 인지를 의미할 뿐이다)에 더 가깝다. 게다가 운동 자체는 이처럼 그 것을 바라보는 한 시점(視點)에 집적됨으로써 비로소 미학적 가치를 획득한다. 정말로 예술작품 내부에서의 운동이 묘사된 순간에 그에 앞서는 그리고 뒤따르는 하나의 또는 여러 순간이 연상과 상상을 통해 부가되는 것에 지나지 않음을 의미한다면, 나는 순간들의 이 단순한 부가물이 어떤 미학적 가치를 가져오는지 알지 못한다. 내 생각으로는 이를 회화에서 제3차원이 갖는 의미에 비교할 수 있는바, 그 이유는 묘사된 육체에서 이 차원을 느끼도록 만드는 것은 예술적 가치로 간주되기 때문이다. 현실로서의 제3차원은 만질 수 있는 것 이외에 아무것도 아니다: 우리가 묘사된 육체에 손을 댈 때 저항을 느끼지 못한다면, 우리는 단지 2차원의 세계를 갖는 것이다. 제3차원은 그림의 색채적 표면이 거하는 것과 다른 의미의 세계에 거한다. 그런데 만약 심리학적으로 유효한 온갖 종류의 수단을 통해 그림의 색채적 표면에 제3차원을 첨가한다면, 이는 단순히 숫자를 늘림으로써 이미 존재하는 차원들의 가짓수를 넘어서는 것이다. 그것은 주어진 것에 덧붙인 것으로서 단지 관람자의 영혼적 재생산에서만 형성되며, 나는 거기에서 창조적 정신 자체에 의해 구성된 예술적 요소로서의 가치를 인식할 수 없다. 만약 제3차원의 만져서 느낄 수 있는 것이 이와 같은 가치를 가지려면, 그것은 직접 볼 수 있는 예술작품 자체의 내재적인 특성이어야 한다. 제3차원의 유일한 실재인 만져서 알 수 있는 것은, 그 과정을 아직 보다 상세하게 기술할 수 없는 전환을 거쳐서 **순수하게 시각적인 이미지**의 새로운 **질적 색조**가 된다. 사실 화가의 모든 수행 영역은 바로 이 이미지의 창출에 한정되어 있다; 어떤 방식으로든 **연상된** 단순한 제3차원 — 이 경우 제3차원은 여전히 **실재**

의 의미를 간직할 것이다 — 에 의해서는 이 그림이 예술작품으로서 조금도 풍부해지지 않는다. 그것은 오히려 그 그림의 고유한 지층에서는 그것과 유기적으로 결합할 수 없는 무엇인가를 다른 지층으로부터 빌려 오는 것을 의미할 뿐이다. 파노라마의 기만요술과 대조적으로 우리가 회화 예술작품에서 육체의 3차원성이라고 부르는 것은 그 작품을 보는 순간에 **시각적** 인상에 귀속되는 특성이다. 그것은 보이는 것 자체의 풍요화와 해석, 집약화와 매력의 증대이다. 그러므로 공간의 측면에서 보이는 것 자체에 "부가된 것"은 시간의 측면에서 그리된 것과 전적으로 비교할 수 있다. 직접적으로 보이는 것의 밖으로부터 연상적 과정을 통해 이것에 병합된 것처럼 보였던 것, 즉 운동에서 앞서는 단계들과 뒤따르는 단계들 그리고 표면 배후의 제3차원은 이제 예술작품의 진정한 본질을 이루는 것, 즉 시간과 공간에서 내적으로 완결되어 순수하게 바라볼 수 있는 것의 한 특별한 질적 측면임이 드러난다. 이미 언급한 바와 같이, 직접적으로 볼 수 있는 것의 이와 같은 특징을 예술가는 가장 높고 순수하게 구현한다. 그러한 특징은 비록 무시간적 인상의 문제이지만 오로지 시간 개념에 의해서만 표현될 수 있다: 우리는 운동의 순간을 과거의 결과와 미래의 잠재성으로 느낀다; 말하자면 하나의 내적인 지점에 집적된 힘이 운동으로 전환된다. 그런데 운동이 순수하고 강력하게 포착되면 될수록, 관람자에게는 지적이고 환상적인 연상이 그만큼 덜 필요해진다. 왜냐하면 이 경우 운동의 특징들은 직관의 외부가 아니라 그 내부에 직접적으로 주어지기 때문이다.

그러므로 여기에서 나는 직관적인 것과 결합하여 예술적 통일성을 이루며 육체의 운동이 집적되어 있고 자체적으로 이 운동을 전개하는 영혼의 충동을 예술가가 어떤 이념성에 따라 어떤 특유한 방식으로 전환함으로써 내적으로 재구성하는가를 논하지 않겠다. 렘브란트에게서는 이것이 어느 경우든 전례 없는 강도와 확실한 방향성을 갖고 구현되었음에 틀림없다; 그리하여 인간의 제스처가(그리고 제스처들의 총합인 "몸가짐"이) 포착된 순간이 참으로 전체적인 운동**이다**. 그는 전체적인 운동이 그 내적이고 충동적인 의미상 통일성이며, 따라서 전체적인 운동의 한 개별적인 순간을 포착하면 이 순간이 그 전체성을 표현한다는 사실을 명백하게 보여준다: 전체적인 운동의 이미 지나간 것은 한 개별적인 순간의 원인과 길잡이로, 앞으로 다가올 것은 결과와 아직도 긴장된 에너지로 표현한다. 나는 앞서 삶은 그 모든 순간에서 바로 이 삶 전체라고 말했다: 왜냐하면 삶이란 내용적으로 대립되는 것들을 가로지르며 연속적으로 발전하는 것 이외에는 아무것도 아니기 때문이며, 또한 삶은 단편들로부터 합성되지 않고, 따라서 삶의 총체성은 개별적인 순간들의 외부에 존재하지 않기 때문이다. 그런데 이는 개별적인 운동의 본질로도 보이며, 어떻게 렘브란트의 많은 데생과 에칭에 운동성을 넌지시 비추는 최소한의 선이 이 작품들이 표현하는 의미를 충분히 나타내는가를 명백히 보여준다. 만약 운동이 참으로 그 전체적인 에너지, 방향성, 그리고 훼손되지 않은 통일성에서 내적으로 포착되고 예술적으로 두루 체험된다면, 운동 현상의 가장 사소한 부분도 이미 전체적인 운동이 된다. 왜냐하면 모든 지점은 운동 현상의 이미 지나간 것을 포괄하며, 아직 앞에 있는 것을 포괄하기 때문이다. 이때 앞의 경우에는 이미 지나간 것이 그 지점을 규정한 이유로, 뒤의 경우에는 그 지점이 아직 앞에 있는 것을 규정하는 이유로 그렇다 — 그리고 이 두 시간적 결정관계는 이 선의 유일하고도 독특한 가시성 안에 집적되어 있다. 달리 말하자면 그것들은 다름 아닌 이 선**이다**.

　정적인 상태의 선이 운동으로 보이는 것은 삶의 본질 때문인데, 바로 이 본질로부터 렘브란트의 가장 완벽한 초상화들의 고정된 외양에서 인물의 역사가 명백하게 드러난다. 말하자면 **하나의** 행위에서 이 한 광경의 질적 특징으로 드러난다.[74] 나는 앞에서 렘브란트 초상화와 르네상스 초상화의 차이를, 르네상스가 인간의 존재를 추구하는 반면 렘브란트는 인간의 생성 과정을 추구한 것이라고 해석했다;[75] 전자에서는 존재가 삶을 그때그때 완결시키면서 그곳으로 이끌고 간, 따라서 무시간적인 자족성 안에서 바라볼 수 있는 형식이 추구된다. 이에 반해 후자에서는 예술가에게 순간적으로 포착되는 삶 자체가 추구되는바, 이 순간에 과거는 끊임없이 현재로 전환되면서 삶의 흐름을 직접적으로 바라볼 수 있도록 한다; 이로부터 르네상스 예술은 비록 삶에 대한 고도의 추상화(抽象化)이지만 훨씬 더 순수하게 시각적-감각적으로 받아들일 수 있는 반면, 렘브란트 예술은 그보다는 오히려 총체적 인간을 관람자로, 다시 말해 전체적인 삶이 인지 기능을 한다는 것을 전제한다는 사실이 금방 명백해진다. 이미 앞에서 언급한 바 있는 개별적인 운동과 초상화가 주는 인상 사이에 존재하는 긴요한 유사성은 이제 우리로 하여금 전자를 표현하는 방식과 유사하게 후자의 생성을 표현하도록 한다. 거기에서 결정적인 것은 다음과 같은 사실이었다. 어느 한 운동 순간의 외적인 현상이 아니라 내적으로 집적된 역동성이 출발점이라는 사실, 그리고 묘사는 실재적인 운동에 상응하지만 다른 한편 예술적-이념적으로 전환되면서 불가사의한 방식으로 육체적 행위의 에너지와 방향을 잠재적으로 내포하며 자체적으로 방출하는 듯한 영혼의 충동으로부터 전개된다는 사실이 결정적이었다. 그리하여 이제는 ─ 여기에서의 모든 표현은 단지 상징적이라는 사실을 인정하더라도 ─ 렘브란트의 모든 위대한 초상화들에서 그때그때 그 근원에 집적된 잠재적인 삶이 실재적인 삶으로 생성되어가는

74 이 문장에서 "하나의 행위"는 선을 그리는 행위, 그러니까 렘브란트가 하나의 선을 그리는 행위를 가리킨다. 왜냐하면 선을 긋는 것은 곧 예술가의 창조적 행위이기 때문이다. 그리고 "이 한 순간"은 하나의 선을 긋는 바로 그 순간을 가리킨다.
75 이는 구체적으로 "초상화에서의 존재와 생성"에 관한 절, 그러니까 38~43쪽에서이다.

과정이 명백한 현상이 된 듯하다. 이 현상은 **내부**에서 발전한 것이다.

구성의 통일성

르네상스와 렘브란트의 차이는 개별적인 인물을 넘어서 전체로서의 그림의 구조로까지 확장된다. 잘 구성된 르네상스 그림의 통일성은 그림 내용 자체의 외부에 존재한다. 그것은 추상적인 형식으로 생각해야 한다: 개별적인 인물들에서 그리고 개별적인 인물들 사이에서 나타나는 피라미드, 집단대칭, 균형이 바로 그것이다 ── 이것들은 그 자체의 독립적인 의미가 다른 내용으로도 채워질 수 있는 형식들이다. 그러나 이처럼 외부적인 이념에 존재하는 형식을 제외하면, 그림은 종종 아주 미미한 통일성을 지닐 뿐이다. 오히려 부분들이 서로 나란히 서 있는 것에 그림의 본질이 있는바, 이것들은 모두 균일하게 표현되었기 때문에 유기적인 관계를 완전히 결여한다. 이러한 명제는 물론 매우 세분화해서만 이탈리아 예술 전반에 적용될 수 있다. 조토[76]에게서는 구성적 형식과 인물들의 고유한 삶 사이에 내적인 이질성을 느낄 수 없는데, 그 첫 번째 이유는 그의 인물들이 충분히 개체화되지 않고 주어진 이미지의 기능을 넘어서 존재할 것을 요구하지 않기 때문이다; 그 두 번째 이유는 그의 형식이 아직 기하학적인 것이 아니라 건축학적인 것이기 때문이다. 그보다 후대에 나타나는 구성들의 기하학적 도식은 추상성을 지니는데, 그것의

---

76 조토(Giotto di Bondone, 1267~1337)는 초기 르네상스 시대의 이탈리아 화가이자 조각가이며 건축가이다. 그는 그때까지의 회화와 달리 중앙원근법을 사용해 중앙의 한 점을 중심으로 인물과 대상을 배치했다. 이런 이유로 르네상스 미술을 준비한 거장으로 평가받고 있다. 주요 작품으로는 「신전에 바쳐지는 예수」, 「예수를 애도함」, 「유다의 입맞춤」, 「가난한 사람들과 함께」, 「최후의 심판」 등이 있다.

텅 비어 있음과 견고하게 독립적인 의미는 그 어떤 독창적이고 세부적으로 생동감 넘치는 작품에 의해서도 완전히 극복될 수 없다. 그런데 우리는 개별적인 인물들의 생동감이 아니라 이 인물들의 소재적 외연성과 이 외연성의 역동적이고 집약적인 실현에서 직접적으로 유래하며 바로 이 실현과 동일한 구성적 형식을 건축학적이라고 부를 수 있을 것이다. 건축학적 원리는 도식성과 삶의 대립을 넘어선다. 조토의 군상(群像)들은 렘브란트에게서와 달리 인물들의 개인적인 생동감으로부터 형성되지도 않았으며 그 고유한 기하학적 의미에서 이미 존재하는 도식을 실현하면서 형성되지도 않았다; 그것은 오히려 마치 건축물과 같다. 건축물에서는 그 어느 부분도 자신만의 고유한 생명력을 갖지 못하고 모든 부분은 특유한 질량, 형식 그리고 힘을 투여하며, 바로 이를 통해 즉각 그 무엇과도 비교할 수 없는 건축학적 통일성이 나타나도록 한다. 조토에게서 최초로 지면(地面)이 그 위에 서 있는 인물들을 진정으로 떠받치는 힘을 보여주었다고 정당하게 강조되어왔는데, 이러한 강조도 그의 시각이 갖는 건축학적 특성의 한 측면을 단적으로 드러내는 것일 뿐이다.

라파엘로의 성모(聖母)들[77]에서는 본질적으로 기하학적 모티프가 구성을 결정하지만 이 작품들은 회화적으로 아주 강력하기 때문에 — 말하자면 적어도 추후적으로 — 인물들의 고유한 삶이 내적 모순이나 우연성 없이 이 형식에 밀착한다. 반면 조르조네의 성모에서는 삼각형 구조가 확실히 다소간 기계적이며 그림의 전체적인 서정적 분위기와 진정한 관계를 이루지 못한다; 그러나 흥미롭게도 바로 이 분위기와 인물들의 깊은 아름다움이 기하학적 형식의 무기력함을 극복하며, 그 결과 많은 사람들이 보기에 이 작품의 전체적인 인상은 그에 상응하는 라파엘

---

77 성모를 주제로 한 라파엘로의 그림으로는 「폴리노의 성모」, 「시스티나의 성모」, 「작은 의자의 성모자」 등을 꼽을 수 있다.

로 작품들의 전체적인 인상을 능가한다. 이는 비록 후자에게서는 기하학적 도식주의와 그것의 생동감 넘치는 내용이 훨씬 더 자연스럽고 조화로운 통일성을 이룸에도 불구하고 그렇다. 그러다가 이들에게 미치지 못하는 대가들에 와서는, 도식과 이것을 살아 있는 존재들로 채우는 것은 전혀 관련성이 없는 영혼의 두 가지 근본 성향에 의해 주도되며 또한 이것들에 의해 서로 갈라진다는 것을 아주 명백하게 느낄 수 있다. 그러나 라틴적 기질에 존재하는, 명백히 조망할 수 있고 자체적으로 완결된 외적 형식을 추구하는 합리주의적 충동은 그 추구하는 의미의 독립성 때문에 내용에 대하여 텅 비고 기계적인 효과를 불러오는 도식들을 장려한다는 사실을 부정할 수 없다. 내가 보기에 소네트[78]가 특별히 라틴적인 운문 형식인 한, 시(詩)예술도 이를 증명해준다. 여기에는 속편을 허용하지 않는 명백한 완결성이 존재하며, 따라서 한편으로 무시간적-비역사적 특징이 나타난다. 그리하여 우리는 소네트에서 아무것도 "이야기할" 수 없다; 다른 한편으로 북유럽 민족들[79]의 재산이며 어쩌면 매혹이기도 한 무한함으로 통하는 길이 폐쇄된다(원칙적으로 종결성을 거부하는 단테의 운문 형식은 그의 내부에 존재하는 고딕 정신을 상징한다). 소네트는 무한함으로 이어지기를 원하는 북유럽의 장식과 달리 자신에게로 되돌아가는 형식을 지닌 고전적 장식을 닮았다. 이처럼 그 형식이 말하자면 경향적이고 가차 없이 강조되는 관계로 소네트는 흔히 피상적인 유희에의 유혹에 이끌리며 아주 쉽게 공허하고 형식주의적인 인상을 주는

---

78 소네트(Sonnet)는 엄격한 각운에 기초한 14행의 정형시로 기승전결로 이루어진다. 13세기 이탈리아 민요에서 발생해 페트라르카와 단테 등에 의해 완성된 후 유럽 전역으로 퍼져나갔다(이에 대해서는 이 책의 제2장 각주 53번을 볼 것). 셰익스피어는 영국식 운율을 고안한, 영국의 소네트를 대표하는 시인이다.

79 북유럽 민족들이란 알프스 산맥 북쪽의 독일과 네덜란드 그리고 벨기에를 가리킨다.

운문의 유형이 될 수 있다 — 물론 조형예술의 기하학적 도식에서와 마찬가지로 아주 뛰어난 천재가 이러한 위험을 극복하지 못하는 경우에 그렇다는 것이다. 그런데 렘브란트에게서는 여러 인물이 등장하는 그림의 전체적인 형식이 개별적인 인물들의 삶에서 생겨난다. 다시 말해 개별적 인물들의 삶이 전적으로 이들 자신의 중심으로부터 규정되지만, 말하자면 그들을 흘러넘쳐 다른 인물들의 삶과 만나서 서로 영향을 주고받고, 강화하고, 변화시키며 결합함으로써 전체 형식이 생겨난다. 그 자체로 상상할 수 있으며 고유한 의미를 가진 것으로서 전체로부터 추론할 수 있거나 또는 기하학적으로 구성된 그림들에서처럼 도식이라고 제시할 수 있는 포괄적인 전체 형식이 여기에는 존재하지 않는다. 어쩌면 「야경」[80]이 주는 전례 없는 인상은 다음과 같은 사실에서 그 근거를 찾을 수 있을 것이다: 그림의 통일성은 말하자면 그 자체로는 아무것도 아니고, 그림으로부터 추상할 수 없으며, 자신의 예술적 목적의 실현을 넘어서는 그 어떤 형식에도 존재하지 않는다. 그것의 본질과 힘은 오히려 모든 개인에게서 분출하는 생명력들이 직접 섞여 짜이는 것 이외에 아무것도 아니다. 만약 이 그림을 떠받치는 것은 전체적인 삶이라고 말하고자 한다면, 그것은 이미 이러한 직접성을 너무 멀리 넘어서는 것이 될 것이고, 너무 추상적인 통일성을 억지로 꾸며내는 것이 될 것이다; 오히려 삶은 모든 개별적인 인물에 깊이 잠겨 있으며, 또한 삶은 모든 인물에게서 다른 인물에게로 방사됨으로써 자신의 중심을 보다 높은 통일성에 넘겨주지 않는다. 이러한 구도에서는 모든 것을 포괄하는 전체 공간에만 삶의 물결이 가득 차 넘칠 수 있다. 그리고 만약 이 그림의 마력을 어

---

80 이것은 1642년 캔버스에 그린 363×437cm 크기의 유화이다. 원래 이 작품의 제목은 「야경」이 아니라 「프란스 반닝 코크 대위와 빌럼 반 루이텐부르크 중위의 민병대」인데, 18세기에 화폭이 검게 변하면서 거기에 묘사된 민병대가 밤에 활동하는 야간순찰대로 오인되어 「야경」이라는 별칭을 얻게 되었다.

떻게든 — 불가피하게 주관적인 상징성과 더불어 — 묘사하기를 감행한다면, 다음과 같이 말하고자 할 것이다: 여기서는 공간 내의 현상들뿐만이 아니라 공간 자체도 생동감 넘치는 운동에 포획된 것처럼 보인다. 왜냐하면 우리가 전례 없이 생동감 넘치는 것으로 느끼는 그림의 총체적인 통일성은 내용에서 분리해 상상할 수 있는, 따라서 자체적인 타당성을 갖는 형식으로 극단화되지 않고, 오히려 산산이 흩어지지 않고, 이미 시사한 바처럼, 집약적이고 생동적인 삶을 통해 말하자면 상호 접착력을 갖는 인물들의 총합으로 이루어지기 때문이다; 그리하여 사실상 모든 등장인물에게 공통적인 매체, 즉 공간만이 자신의 내부에서 조직되는 삶의 영역들을 통해 삶으로 충만한, 또한 그럼으로써 그 자체가 살아 있는 큰 통일성으로 보인다.

바로 이 점에서 렘브란트는 이탈리아 르네상스가 건축예술뿐만 아니라 회화에서도 공간을 느끼는 모든 방식과 극단적인 대조를 이룬다. 후자에서는 공간이 견고하게 구축된 무대로서 운동하는 인간들에게 부동의 버팀목을 제공한다. 라틴 민족은 르네상스에 이르러 처음으로 그런 것은 아니지만 어쨌든 공간의 명료한 조망성을 요구하고 공간의 정적인 형식을 요구하는데, 이 형식은 이미 언급한 바와 같이 공간 안에 있는 인간들의 운동과는 화합하지만 자신의 운동과는 화합하지 못한다. 내가 보기에는 이 점이 시에나의 몇몇 고딕 교회에서 일종의 공간의 실체화에 이를 정도로 가장 강력하게 나타난다. 산 프란체스코 성당과 산 도메니코 성당에서는 내부 공간이 단순히 벽들에 의해 경계가 정해진 전체 공간의 일부분이 아니라 육체와도 같은 하나의 구성물, 또는 자체적으로 주어진 하나의 실체라는 인상을 받는다;[81] 만약 벽들을 허물어버린다면,

---

81 이 문장에서 "육체와도 같은 하나의 구성물"은 "내적으로 완결되고 독립적인 육체와도 같은 하나의 구성물"로, 그리고 "자체적으로 주어진 하나의 실체"는 "그

자기 자신에 의해 경계가 설정된 이 견고한 정육면체 공간은 조금도 건드려지지 않은 채 영원히 거기에 서 있을 것이다. 이와 완전히 대조적으로 북유럽의 고딕에서는 공간이 자체적으로 운동하는 것으로 보이는데, 이는 마치 삶이 진척됨에 따라 그 장면들이 바뀌듯이 관람자가 예술작품 앞에서 걸음을 내디딜 때마다 전체적인 모습이 바뀌기 때문이다; 여기서는 공간이 자기 자신 안에서 확고하게 구성되지 않고 오히려 언제나 새로이 열리는 듯이 보인다. 바로 이것이 인간들과 순수한 공간의 관계가 이탈리아 교회들에서와 북유럽 고딕 교회들에서 다른 이유이다. 전자에서는 민중의 삶이 거리낌 없이 전개되는 것으로 묘사되는데, 이는 건물이 여기서는 그 안정성으로 인해 이 모든 것을 요구할 수 있는 객관적인 지면으로 느껴진다는 사실과 확실히 밀접한 관계가 있다. 우리의

누구에 의해서가 아니라 자신이 스스로 자신에게 부여한 하나의 실체"로 읽으면 그 의미하는 바가 보다 명백해질 것이다.
산 프란체스코 성당은 아시시의 성 프란치스코(Hl. Franziskus von Assisi, 1181/1182~1226)에 헌정된 건축물로서 1228~55년에 로마네스크 양식으로 지어졌다가 13~14세기에 확장되면서 고딕 양식으로 바뀌었다. 산 도메니코 성당은 구스만의 성 도미니코(Hl. Dominikus von Guzmán, 1170~1221)에 헌정된 건축물로서 1226~65년에 고딕 양식으로 지어졌다. 프란치스코와 도미니코는 수도원의 역사에서 매우 중요한 역할을 하였다. 13세기 초 두 개의 수도회가 창립되어 향후 기독교 발전을 결정적으로 각인하게 된다. 그 하나가 1209년 프란치스코가 설립한 프란치스코 수도회이고, 다른 하나가 1216년 도미니코에 의해 설립된 도미니코 수도회이다(아시시는 이탈리아에, 구스만은 스페인에 있음). 이 둘은 모두 탁발수도회로서 금욕적이고 청빈한 삶을 통해 기독교를 전파함을 그 목표로 했는바, 이는 당시 세속화되고 타락한 교회에 저항하고 교회를 개혁하려는 운동이었다. 그 당시까지 성직자의 탁발은 금지되어 있었다. 이 두 수도원은 신학적, 설교적, 사목적(司牧的) 측면에서 서로 경쟁하면서 서구의 정신적 삶을 이끌었다. 특히 이 두 수도회에서 중세를 대표하는 걸출한 신학자들이 배출되었는데, 예컨대 도미니코 수도회의 경우에는 토마스 아퀴나스(Thomas Aquinas, 1225?~74)를, 프란치스코 수도회의 경우에는 요하네스 둔스 스코투스(Johannes Duns Scotus, 1266~1308)를 꼽을 수 있다. 아시시의 성 프란치스코에 대해서는 제3장의 각주 20번을 참고할 것.

고딕 교회에서는 공간이 말하자면 훨씬 더 불안정하고 어지럽혀지기 쉬운 균형 상태에 있다. 마치 그것이 자신의 고유 운동을 갖고 있는데, 우리는 외적인 질서에 속하는 운동으로 그것을 방해하지 않고 다만 그것에 순응할 수만 있는 것처럼 그렇다. 내가 보기에 「야경」의 공간적 신비는 이러한 구도와 물론 전혀 다르지만 그럼에도 불구하고 어떻게든 유사하게 표현할 수 있다. 여기서는 공간이, 교회 건축물에서 가장 효과적으로 나타나는 르네상스 공간의 견고한 조직도 갖지 않고 고딕에서처럼 진동하고 변화하는 자체적인 생명력도 갖지 않는다. 그것은 오히려 그 자체로서 완전히 무관심하지만 좌우간 운동 **능력**이 아주 크기 때문에 말하자면 그 안에서 넘치는 삶의 흐름들에 같이 휩쓸린다.[82] 이 생동적인 삶들의 힘은 공간을 그 정적인 상태에서 흔들어 일으키고 그렇게 함으로써 전체 운동에 아주 독특한 통일성을 부과할 만큼 충분히 크다.

아무튼 우리는 통일성이라고 부르는 그림의 가치가 고전주의에서 배운 우리의 사고방식이 일반적으로 받아들이는 것보다 훨씬 더 다양한 방식으로 창출될 수 있다는 사실을 명백히 알아두어야 할 것이다. 이 친숙한 개념은 전적으로 **형식**에 결부되어 있는데, 이것은 통일성의 실현에 직면하여 어떠한 방식으로든 독립적으로 자기 자신에게로 되돌아가고 그렇게 함으로써 어느 정도 통일적인 개념을 나타낸다. 그러나 이러한 유형의 통일성은 유기적 존재의 실현에 얽매여 있지 않고 생명력이 없는 내용들에서도 똑같이 완결된 형식을 가져오면서 실현될 수 있음이 명백하다. 그런데 이와 달리 직접적으로 자신의 실현에 결부되어 있는 통일성이 존재한다. 그것은 오직 이러한 소재로만 이루어질 수 있는데, 그 이유는 오직 그 소재로부터만 생겨날 수 있기 때문이다.[83] 이는 전적

---

82 이 문장에서 "무관심한"은 「야경」의 공간이 거기에 묘사된 인물들에 대해 무관심 하다는 의미로 읽으면 될 것이다.

으로 유기적 존재의 통일성이다. 이와 같은 통일성은 어떻게든 질적으로 다른 내용으로 채울 수 있는 형식으로 절대 생각할 수 없다. 그리고 다수의 유기적 존재로부터 다시금 그 자체가 통일적인 구성물이 창출될 수 있는데, 이것이 통일적인 이유는 그것이 생명력이라는 의미에서 그 자체가 통일적인 자신의 구성요소들을 서로 뒤얽히게 하고 서로 떨어질 수 없게 만들기 때문이다; 이는 다음과 같은 삶의 본질에 근거한다. 자신의 통일성을 상실하지 않은 채 자신을 넘어 내뻗으며 빛을 발하는 것, 말하자면 일차적으로 잡을 수 있는 것을 넘어서는 영역으로 자신을 둘러싸도록 하는 것, 그러나 자신의 통일성은 언제나 자신의 중심에 결속해둔 채 다른 삶들의 영역과 상호작용하고 거기에 깊숙이 스며들며 그것과 융합하는 것이 바로 삶의 본질이다. 독일적인 기질에는 처음부터 고전적인 기질과 달리 통일성을 느낄 수 있는 가능성이 존재한다. 뒤러의 「멜랑콜리」,[84] 홀바인의 「상인 게오르크 기체」,[85] 그리고 수많은 네덜란드 정물화는 개별적인 사물들이 나란히 늘어서 있는 모습을 보여주는바, 이는 고전예술의 관점에서는 우연적이고 지리멸렬해 보인다. 그러나 비록 창조자들 자신에게는 확실히 그렇게 보이지 않았을지라도, 그로부터 이 게르만적 정신을 가진 화가들이 고전적 형식을 얼마나 갈망했는가를 이해할 수 있다. **왜냐하면 비유기적인 것은 오로지 추상적인 기하학적 형식에 의해서만 명백한 통일성을 획득하기 때문이다.** 그것은 내부로부터의 성장을 통해 의미 있는, 다시 말해 통일적인 형식을 획득할 수 없다. 그것은 살아 있는

---

83 이 문장에서 "이러한 소재"는 그 앞의 두 번째 문장에 나오는 "유기적 존재"를 가리킨다.

84 이것은 뒤러의 어머니가 죽은 해인 1514년에 제작된 24×18.8cm 크기의 동판화이다. 알브레히트 뒤러에 대해서는 이 장의 각주 44번을 참고할 것.

85 이것은 1532년 런던에 거주했던 독일 상인 게오르그 기체(Georg Gisze)의 초상화로서 96.3×85.7cm 크기의 목판 유화이다. 한스 홀바인 2세에 대해서는 이 장의 각주 45번을 참고할 것.

존재가 다른 살아 있는 존재와 합류할 수 있는 운동의 영역을 가지고 있지 않다. 요컨대 방금 언급한바 이전의 독일 예술에서 외적인 응집성이 결여된 것은 확실히 모순이었다. 그리고 이 예술이 추구한바 특유하지만 고전적이지 않은 통일성은 비유기적 질료에서는 획득할 수 없었다. 그런 까닭에 ─ 내가 받은 인상이 틀리지 않다면 ─ 이러한 범주의 그림들이 전적으로 또는 대부분 인간의 모습을 담고 있으면 우리는 그것들을 훨씬 덜 무질서하고 덜 우연적인 것으로 느낀다. 이는 브뤼헐 1세[86]의 그림들, 특히 비교적 많은 인물을 담은 그림들이 아주 독특한 뉘앙스로 보여준다. 그것들의 추상적인 도식을 보면 사람들은 그것들이 지극히 다채롭고 비통일적인 것이라고 생각할 것이다. 그러나 그것들의 구체적인 전체 모습은 결코 그와 같은 인상을 주지 않는다. 왜냐하면 하나의 매우 강력한 원초적 삶이 이 그림들을 관류하는 것처럼 보이기 때문이다. 이 삶은 물론 완전히 미분화된 상태로서 개별적인 그림에서는 전혀 개인적인 색채를 띠지 않고 이 개별적인 그림을 넘어선다; 그리하여 말하자면 이 그림 또는 저 그림이 ─ 내적으로는 완전히 균일한 그러나 전체로서는 아주 특징적인 ─ 이 삶의 어떤 단편을 잘라내어 표현하는가는 조금도 중요치 않다. 요컨대 이 그림들에서 통일성은 그 부분들 사이의 폐쇄적인 형식적 상호관계로 읽어낼 수 있는 것이 아니라 자신의 크거나 작은 모든 단면에서 하나이면서 동일한 보편적인 삶의 비분리성에서 유래하는 ─ 또는 이 비분리성과 일치하는 ─ 것이다. 이 긴요한 통일성은 고

---

86 피터르 브뤼헐 1세(Pieter Brueghel der Ältere, 1525/30~69)는 네덜란드 르네상스 시대의 화가인데 그에 대해서는 거의 알려진 바가 없다. 그는 일상적인 삶의 모습과 자연의 풍광을 조화로운 구성, 자연스러운 색채와 밀도 있는 형상에 담아냄으로써 독자적인 화풍을 개척했다. 주요 작품으로는 「네덜란드 속담」, 「바벨탑」, 「십자가를 지고 가는 그리스도」 등이 있다. 그의 아들 피터르 브뤼헐 2세(Pieter Brueghel der Jüngere, 1564~1638)도 유명한 화가이다.

전적 구성과 아무런 관계도 없고 오히려 그것에 조금도 신경을 쓰지 않은 채 존재할 수 있음은 명백하다. 비록 모든 개별적인 인물의 행위와 몸가짐이 그렇게 독특할 수 있을지라도, 거기에서는 이 강력하고 특징적인 리듬을 갖춘 삶을 똑같은 방식으로, 아니 똑같은 정도로 느낄 수 있으며 그에 의해 어떤 임의적인 숫자의 개별적인 인물들과 그들의 배열도 하나로 모여 통일성을 구성한다. 그렇지만 이미 말한 바와 같이, 이것은 단지 개별적인 인물들의 미분화성이라는 조건 하에서만 가능한 것이다. 그보다 높은 단계, 즉 **개체화된** 살아 있는 존재들이 고전적인 기하학적-형식적 구조를 필요로 하지 않고 순수하게 그 자체로서 통일성으로 수렴하는 단계에는 렘브란트가 맨 처음으로 도달했는데, 이는 「야경」에서 가장 명백하게 볼 수 있다. 여기에서 비로소 그와 같은 독특한 통일성의 추구가 자명한 일이 되었다.

「야경」은 가장 불가사의한 그림들 가운데 하나이다. 어떻게 뒤죽박죽이고 무계획적으로, 그리고 전통적인 개념들로 보면 아무런 형식도 없이 나란히 서 있고 뒤섞여서 움직이는 이 인물의 모습들이 전체의 통일성, 다시 말해 만약 그것이 없다면 이 전체가 주는 저 비범한 인상이 전혀 불가능할 통일성을 창출할 수 있는가 — 이는 전통적인 개념들로는 설명할 수 없는 문제이다. 그러나 「야경」은 그토록 많은 살아 있는 존재들을 그리고 오로지 그들만을 그림의 내용으로 삼고 그들의 순수하게 생명력 넘치는 상호작용의 비밀에 명백한 언어를 부여함으로써, 폐쇄된 형식을 갖고 자체적으로 표현될 수 있는 것이 아니라 오로지 그것을 떠받치는 개인들을 통해서만 실현될 수 있는 통일성에 대한 오랜 게르만적 열망을 예술의 역사에서 처음으로 순수하게 충족시켰다. 여기서는 통일성이 아주 깊은 동시에 불안정하기 때문에 고전적 예술작품에서보다 훨씬 더 모험적인 방식으로 얻어지는데, 후자의 경우 통일성이 이미 존재하는 형식의 고유한 의미에 힘입어 예술작품이 산산이 부서지지 않고 이해되도록 하는 일정한 보증이 된다. 여기에 다음과 같이 개체성의 원리와의 깊은 관계가 존재한다: 개체성은 그것의 형식이 절대적으로 자신의 현실과 결부되어 있으며, 또한 하나의 독립적인 의미의 전제조건 하에서 또는 그 의미를 얻기 위해서 이 현실로부터 추상될 수 없는 구성물이다.

명료성과 세밀화(細密化)

이렇게 하여 도입된 형식 개념을 위해 이미 앞에서 언급한 한 가지 계기가 이루 말할 수 없는 중요성을 띠게 된다: 렘브란트의 회화작품에는 명료성의 정도에 등급이 있다는 사실이 바로 그것이다. 기하학적이고 일목요연한 단순성을 추구하는 고전적 형식이 지배하는 경우에는 바로 그러한 이유로 선(線)의 원리가 추구되는데, 심지어 베네치아 예술의 색채파조차도 이를 거부할 수 없었다. 확실히 렘브란트에게서 명료성의 차이에 진정한 장(場)을 열어준 **색채**는 본질적으로 선적(線的)이고 구상적(具象的)인 의미를 갖는 형식원리와 이미 그 자체로서 깊은 대립관계에 있다. 형식에서는 말하자면 현상의 추상적 이념이 표현되는 반면, 색채는 이 이념의 차안과 피안에 존재한다: 색채는 보다 감각적이고 보다 형이상학적이며, 그것의 효과는 한편으로 보다 직접적이고 다른 한편으로 보다 심층적이며 보다 불가사의하다. 만약 예컨대 형식을 현상의 논리라고 부를 수 있다면, 색채는 오히려 현상의 심리학적이고 형이상학적인 특징을 의미한다 ― 여기에서도 서로 전적으로 분리된 이 두 가지 의도가 공동으로 논리적 원리와 대립하고 있음이 증명된다;[87] 바로 이러한 연유로 주로 논리적인 관심을 갖는 사상가는 심리학적 성향과 형이상학

---

87 이 문장에서 "이 두 가지 의도"는 심리학적 의도와 형이상학적 의도를 가리킨다.

적 성향 모두를 똑같이 거부하는 태도를 보이며, 또한 내가 보기에 바로 이것이 칸트가 그의 미학적 가치체계에서 형식을 옹호하기 위해 완전히 색채를 거부한 보다 심층적인 맥락이기도 하다.[88] 그런데 선과 달리 색채는 — 이 각각에 상응하여 논리와 달리 심리학과 형이상학이 그런 것과 똑같이 — **등급**의 장소, 보다 강한 것과 보다 약한 것의 장소이자 무한한 양적 가능성을 가진 가치의 장소라는 사실을 명확히 안다면, 이와 더불어 형식과 그것의 기하학적 의도가 지배하면 그림의 모든 부분이 **균일하게** 제작된다는 사실도 명백해진다. 기하학적 구성물에서는 모든 것이 똑같이 중요하다; 거기에는 곧이어 사라져버릴 운명의 보조선(補助線)들이 있을 수도 있으나, 그것들은 구성물 자체가 아니라 수학적 증명의도와 관계가 있다. 기하학적 경향과 제시된 모든 것의 뚜렷한 명료성은 단지 동일한 합리주의적 성향에 대한 두 가지 다른 표현일 뿐이다. 그러나 보다 심층적인 의미에서 결정적인 것은 아직 이 명료성이 아니라 예술적 제작의 균일성이다. 그림을 그리는 데에는 진동하고 색이 다채로우며 경계를 넘나드는 방식과 엄격하게 선형(線形)을 띠거나 아주 세심하게 붓으로 칠하는 방식을 똑같이 사용할 수 있다.[89] 이러한 균일성은 실재적인 시각적 체험과 상반될 뿐 아니라, 훨씬 더 넓게 보면 절대적으로 비유기적이고 기계적인 본성이다. 사물들의 이미지가 **삶**에 의해 수용되고 그것의 재현이 삶에 의해 흠뻑 젖는 경우에는 단순히 공간적 의미에서뿐 아니라 질적인 의미에서도 전경과 배경이 주어짐으로써 그림을 불균일하게 제작하는 것이 가능해진다. 왜냐하면 삶이란 등급을 매기는 일

---

88 칸트 미학에 대한 짐멜의 해석과 비판은 이 책 뒷부분에 실려 있는 「해제」를 참고할 것.

89 이 문장의 뒷부분에 예컨대 다음과 같은 문장을 추가해보면 짐멜이 전달하고자 하는 메시지가 보다 분명하게 와 닿을 것이다. "전자는 명료성을 후자는 균일성을 구현하는 방식이다."

이요, 중요한 것을 강조하고 중요하지 않은 것을 무시하는 일이요, 또한 중심부를 설정하고 점차로 내려가 주변부에까지 이르는 일이기 때문이다—그것은 말하자면 내적 형식으로서, 이미 주장한바, 삶은 언제나 그 전체로서 진행된다는 사실과 모순되지 않는데, 그 이유는 이 형식이 다른 지층에 존재하기 때문이다. 이런 한, 삶은 세상에 대해 정당하지 못한 무엇을 갖고 있다고 말할 수 있다; 그런데 이처럼 강조의 분배가 객체가 아니라 직접적으로 주체에 의존함에도 그와 더불어 객체에 대해서도 보다 심원한 정의가 실현된다는 것을 설득력 있게 보여준다는 점에서 모든 천재의 의미가 드러난다.[90]—물론 객체가 주체로부터 철저히 차단되고 고립되어 그런 것은 아니며, 또한 어쩌면 요소들에게 의미의 차이를 허용치 않는 순전히 우주적인 관점에서 그런 것도 아니다.[91] 그렇지만 확실히 이러한 차이를 통해서만 주체와 객체의 관계가 적합하게 표현될 수 있는데, **이 관계도 하나의 객관적인 사실이다.** 괴테는 언제인가 "인류의 특정한 현상들에" 대해 (즉 "개인들의 살아 있는 현존재와 행위의 형식들"에 대해) 말한 적이 있다. 이 현상들은 "외부를 향해서는 오류이지만 내부를 향해서는 참되다."[92] 현존재 이미지의 등급화에서도 이와 유사

---

90 이 문장에서 "강조의 분배"는 그 앞 문장에 나오는 등급을 매기고 중요한 것을 강조하고 중요하지 않은 것을 무시하며 중심부를 설정하고 점차로 내려가 주변부에까지 이르는 일을 가리킨다.

91 여기서 언급하는 "우주적"이라는 말은 원래 짐멜이 로댕의 예술세계를 논하면서 사용하는 개념이다. 이에 대해서는 이 책의 228~37쪽을 참고할 것.

92 이 인용문은 다음에서 온 것이다. Johann Wolfgang von Goethe, "Lorenz Sterne" (1827), in: *Goethe Berliner Ausgabe, Bd. 18: Kunsttheoretische Schriften und Übersetzungen. Schriften zur Literatur II: Aufsätze zur Weltliteratur. Maximen und Reflexionen*, Berlin: Aufbau Verlag 1984, 350~51쪽. 참고로 이 글은 괴테가 계몽주의 시대의 영국 작가 로런스 스턴(Lawrence Sterne, 1713~68)에 대해 쓴 글이다. Lorenz는 Lawrence의 독일어 표기이다. 1760~67년에 총 9권까지 나왔지만 미완성작으로 남은 『신사, 트리스트럼 섄디의 생애와 의견』(*The Life and*

한 것을 볼 수 있다. 왜냐하면 이 등급화는 모든 것을 인위적으로 동일시하는 기계론적 이해와 달리 현존재에 대한 **살아 있는** 이해에 적합하기 때문이다. 여기에서는 이 이미지의 구조가 외부에서 보면 균일하지 않지만 내부에서 보면 통일적이다. 왜냐하면 삶 자체가 그러하기 때문이다; 개인이 자신의 존재내용들로서 말하자면 외부에 기탁한 현상, 결과, 방출로 삶을 간주하면, 그것은 균일하지 않고 우연적이며, 비연속적이고 부당하다; 그러나 내부로부터 바라보면 이 모든 것은, 적어도 그 이념상 하나의 통일적인 맹아의 연속적이고 필연적이며 적합한 발전이다.

그러나 명료성의 다양성과 등급화는 각각의 구성물에만 귀속되는 특유한 형식 바로 그것에 기여한다. 렘브란트의 모든 그림은, 아니 어쩌면 독특한 게르만적 삶을 느낄 수 있는 모든 그림은 그 어떤 다른 내용도 끼워 넣을 수 없는 **자신의** 형식만을 갖는다. 전체로서의 그림은 개체성이다. 다시 말해 어떤 소재에 형식을 부여하는 것인바, 이 형식은 오로지 그 소재와 더불어서만 존재할 수 있다. 개체성의 본질은 형식이 그 의미를 상실하지 않은 채 내용에서 추상될 수 없다는 사실에 있다. 물론 우리는 삶의 원리와 형식의 원리가 보다 심층적인 의미에서 일정한 상호배척 관계에 있음을 나중에 보게 될 것이다. 그러나 여기서 문제 되는 의미에서는, 진정 순수한 개체성으로 이해된 개인은 반복될 수 없는 형식이라고 말할 수 있다; 그리고 이에 상응하는 것을 렘브란트의 군상(群像)에서 볼 수 있다. 이는 렘브란트가 개인들을 넘어서 "보다 높은 통일성" 또는 추상적인 형식을 잡으려고 손을 내뻗지 않은 채 이전에 전혀 알려지지 않은 방식으로 개인들을 엮어 짜서 제작한 것이다 ─ 그럼에도 불구

Opinions of Tristram Shandy, Gentleman)이 그의 대표작이다. 이미 1774년에 첫 독일어 번역본이 나온 이 작품은 독일의 권위 있는 작가들에게 수용되었는데, 괴테도 예약 주문을 할 정도로 큰 관심을 보였다고 한다.

하고 특히 명료성의 등급화를 통해 전체에 **하나의** 삶의 숨결을 흘려 넣는다. 물론 이것은 무한히 자주 그리고 임의적인 소재에서 반복될 수 있는 보편적인 것을 의미하는 형식의 개념과 모순된다. 렘브란트는 "형식의 결여"를 이유로 비난받아왔는데, 그 까닭은 형식이 아주 자연스럽게 보편적 형식과 동일시되어왔기 때문이다 — 이는 개인적 현실이 어쩌면 개인법칙에도 부합할 수 있다는 사실을 생각하지 못한 채 도덕의 영역에서 법칙을 보편법칙과 동일시하는 것과 똑같은 오류이다. 개인법칙이란 오로지 이 전체적이고 특별한 존재에 대해서만 타당성을 갖는 이상을 가리킨다.[93] 렘브란트가 만들어내는 형식은 오로지 이 개인의 삶에만

---

93 이 문장에서 "이 전체적이고 특별한 존재"는 개인적 현실을 가리킨다. 여기에 언급된 개인법칙(das individuelle Gesetz)은 짐멜의 핵심적 개념과 이론 가운데 하나이다. 개인법칙이란 원래 형용의 모순이자 논리의 모순이다. '개인'과 '법칙'은 결합할 수 없다. 왜냐하면 법칙은 이미 개인적인 것을 초월하는 일반적인 것 또는 보편적인 것을 의미하기 때문이다. 짐멜은 이러한 논리가 이론적인 영역에서는 타당하다는 점을 인정한다. 예컨대 물체의 운동에 관한 법칙은 특정한 물체뿐 아니라 모든 물체에 보편타당하게 적용된다. 그러나 짐멜은 또 다른 실천적·윤리적 측면에서 개인법칙을 제시한다. 개인법칙이란 개인이 유일한 존재로서 자신의 주관적 가치와 이상, 그리고 규범에 따라 존재하고 삶을 살아가며 행위할 수 있는 의지와 능력을 가리킨다. 짐멜은 유일한 존재인 개인의 법칙에 따르는 존재와 삶, 그리고 행위는 동시에 보편성을 갖는다고 본다. 바로 이 점에서 우리는 짐멜의 윤리학이 이성주의적이고 합리주의적인 칸트의 윤리학과 근본적으로 구별됨을 볼 수 있다. 칸트는 정언명령을 주창하는바, 정언명령이란 개인의 경험적 존재와 삶을 초월하며, 동시에 이를 통해 개인적 주체의 윤리적 행위를 근거지우고 정당화하는, 말하자면 보편타당한 윤리적 기제이다. 짐멜이 보기에 칸트의 이러한 정언명령은 전형적인 기계론적 공식에 지나지 않는다. 실제로 칸트의 윤리학은 기계론적 세계관을 바탕으로 하여 고전물리학 체계를 구축한 뉴턴의 자연과학적 법칙개념을 모델로 한다. 그리고 이 점에서 우리는 짐멜의 윤리학이 낭만주의자들, 즉 괴테, 슐라이어마허, 그리고 니체에 가깝다는 사실을 볼 수 있다. 이들은 개인이 다른 사람들과 비교하고 혼동하며 교환할 수 없는 존재임을 밝혀내고, 개인적 유일성의 발달과 촉진을 개인의 윤리적 지상과제로 요구한다. 그런데 짐멜은 존재와 삶, 그리고 행위에서 개인법칙을 전형적으로 구현한 인물들을 렘브란트, 로

부합하며, 이 삶과 일종의 연대를 이루어 그것과 더불어 살고 죽는다. 이러한 연대는 형식에 대해 그것을 넘어서 다른 특수화를 용인하는 그 어떠한 보편적인 타당성도 허용하지 않는다.

마지막으로 개체화의 문제와 묘사의 명료성의 문제는 전통적인 사고방식과 모순이 일어나는 지점에서 서로 얽힌다. 일반적으로 사람들은 모든 종류의 묘사에서 세밀화와 개체화가 동반한다고 가정하는 습관이 있다. 각각의 요소의 정확성을 지나쳐 가고 묘사가 마지막에 도달할 수 있는 세목(細目)에 몰두하는 대신에 전체적인 인상, 즉 일반적인 것의 요약을 고수함에 따라 — 바로 그렇게 함에 따라 묘사는 객체의 개체성이 아니라 그것이 다른 객체들과 공유하는 보편적인 것을 지향하는 것처럼 보인다. 우리의 개념들의 전통적인 구조에 따라서 보면 어느 한 현상의

댕 같은 예술가 인격체에서, 그리고 슈테판 게오르게 같은 문학가 인격체에서 발견한다. 바로 이러한 이유로 짐멜은 예술철학에 대한 논의의 상당 부분을 이들 거장의 예술세계와 더불어 그들의 삶과 행위에 할애하고 있다. 이러한 논의를 통해 대도시적 교양 시민계층인 짐멜은 자신과 시민계층의 구성원이 즉물적이고 객관적인 현대의 사회질서와 구조 속에서 인격체가 되고 고귀한 인간 또는 — 양적 개인이 아니라 — 질적 개인으로서 개인법칙에 따라 존재하고 행위하며 삶을 영위하도록 문화적-윤리적으로 교화하려 하고 있다. 짐멜은 한 걸음 더 나아가 예술의 세계 역시 개인법칙의 명제에 입각해 접근하고 있다. 예술이란 짐멜에 의하면 현실세계에 주어진 사실과 대상을 주관적 원칙과 법칙, 그리고 도식에 따라 구성하고 형성하는, 이른바 인간의 주체적 정신생활의 선험적 기본 형식 가운데 하나이다. 쉽게 말하자면, 예술이란 인간이 특정한 방식으로 거리를 두고 특정한 방향에서 이 세상을 바라보는 것이다. 이런 점에서 예술은 인식이나 종교 또는 세계관과 다르지 않다. 아무튼 예술가라는 인간 주체는 예술작품에 자신의 영혼을 표현한다. 따라서 예술작품은 창조자의 주체적 영혼으로 담지되는 동시에 이것을 담지한다. 그러나 이처럼 예술작품은 비록 객관적 현실의 주관적 형성화와 구성화의 결과이지만, 단순히 주체에 환원하거나 객체에 환원할 수 없는, 말하자면 제3의 세계이다. 예술작품의 존재와 의미는 전적으로 개인법칙에 의존할 따름이다. 다음에서 짐멜은 개인법칙에 대한 자세한 논의를 전개하고 있다. 게오르그 짐멜, 김덕영 옮김, 『개인법칙: 새로운 윤리학 원리를 찾아서』, 도서출판 길 2014.

이른바 "보편적인 인상"은 그 현상이 다른 현상들과 공유하는 것을 포괄하고, 특별한 그리고 더욱더 특별한 규정 사항을 부가함으로써 비로소 그 현상에 유일하고 다른 현상들과 혼동될 수 없는 개체성을 부여하는 것을 포괄한다. 그러나 내가 보기에 세밀성과 개체성의 자연스러운 동일시를 지양하는 다른 관점이 전적으로 가능하다. 적어도 매우 많은 현상들에서 특별하고 보다 상세하며, 직접적인 현실의 세목에 전체적이고 보편적인 조망을 주는 바로 그것 — 바로 이것이야말로 많은 수의 현상들에 공통적인, 따라서 보편적인 것이다; 개별적인 것들로 분해되지 않는 현상의 통일성을 위하여 이 모든 것을 간과해야만 비로소 현상의 가장 개체적인 본질과 유일성을 포착할 수 있다. 우리는 정신적으로 위대한 인물들에 대한 논문 단행본에서 어느 정도의 차이가 있기는 하지만 이와 유사한 것을 볼 수 있다. 우리가 보통 그들의 "인격적인 것"이라고 부르는 것, 즉 삶의 외적 상황, 사회적 지위, 기혼 또는 독신, 부유함 또는 가난함 — 바로 이것이야말로 인간에게서 비인격적인 것이다; 전체적인 인격의 이 세부적인 부분들이야말로 한 인간이 다른 무수한 인간들과 공유하는 것이다. 이에 반해 정신적인 것, 그리고 이 모든 특수한 것을 넘어서는 그것의 객관적 업적은 논리적으로 보편적인 것이라고 부르지 않는다. 그렇지만 그것은 여하튼 무수한 사람들이 거기에 참여할 수 있고 전체 인류의 소유로 편입되는 한 보편적인 것이 된다. 그러므로 이것이야말로 진정으로 인격적인 것으로 간주되어야 한다. 인류에 대해 또는 문화에 대해 가장 보편적인 것이 그 창조자에게는 가장 인격적인 것이다. 바로 이것이 그의 개체성이 갖는 유일한 측면을 두드러지게 한다; 쇼펜하우어의 비길 데 없는 개체성은 사실 다음과 같은 그의 "사적인" 상황에 있는 것이 아니다: 그는 단치히[94]에서 태어났고 사랑스럽지 못

---

94 단치히(Danzig)는 오늘날 폴란드의 그단스크(Gdansk)이다.

한 독신이었고 가족과 불화했으며 프랑크푸르트에서 죽었다; 왜냐하면 이 모든 특징은 전형적일 따름이기 때문이다. 그의 개체성, 다시 말해 쇼펜하우어에게서 인격적이고 유일한 것은 오히려 『의지와 표상으로서의 세계』이다 ─ 이것은 그의 정신적 존재와 행위로서, 우리가 방금 언급한 그의 존재의 특수한 규정 사항뿐만 아니라 정신적 영역에서도 그의 업적의 세세한 부분을 도외시하면 도외시할수록, 더욱더 개인적인 것으로 나타난다. 정신적 영역에서의 세세한 것들과 특수한 것들이 여기저기에서 다른 창조자들을 상기토록 하는 반면, 그 영역을 관통하는 가장 보편적이고 통일적인 것은 절대적으로 쇼펜하우어의 그리고 오로지 쇼펜하우어만의 동의어이다.[95] 그리고 확실히 도처에서 다음과 같은 논리가 적용될 것이다: 어느 한 인격체의 인상에서 모든 세세한 것을 덮어버리고 우리에게 가장 보편적인 것으로 와 닿는 것이 그의 진정한 개체성이다; 우리가 그 인격체의 세세한 것을 파고들면 파고들수록, 우리는 다른 인격체들에서도 만날 수 있는 특징들을 더욱더 많이 보게 된다; 어쩌면 일반적이지는 않지만 그래도 아주 폭넓게 세밀화와 개체화는 서로 배척하는 관계에 있다. 만약 이러한 개념의 분화가 의아하게 보인다면, 그것은 우리가 기계주의적 시각에 익숙해져 있기 때문이다. 외적이고 살아있지 않은 것의 영역에서는 어떤 현상에서 더욱더 많은 개별적인 특징들이 나타남에 따라 그것이 특수성과 상대적인 유일성을 얻는 것이 확실하다. 왜냐하면 바로 그렇게 됨에 따라 동일한 조합이 반복될 확률이

95 이 맥락에서 짐멜이 쇼펜하우어를 예로 드는 것은 자의적이라고 볼 수 있다. 그렇지만 짐멜이 쇼펜하우어의 철학에 대해서도 깊은 관심을 갖고 그에 대한 탁월한 연구를 남겼다는 사실을 감안하면 단순한 우연이라고 보기는 힘들 것이다. 다음을 볼 것. Georg Simmel, *Schopenhauer und Nietzsche. Ein Vortragszyklus* (1907), in: *Georg Simmel Gesamtausgabe 10*, Frankfurt am Main: Suhrkamp 1995, 167~408쪽.

더 적어지기 때문이다; 여기서는 실제로 어떤 관념의 개체성이 그 내용의 세밀화를 통해 달성된다; 그리고 이것은 우리가 영혼의 객체들을 심리학적 외면성에서, 다시 말해 기계주의적 방식에 따라 고찰하는 한 그 객체들에서도 일어난다; 그리되면 여기서도 특수성의 정도가 제시 가능한 세세한 것의 숫자에 비례하여 증가한다 — 이러한 방식으로는 현실적인 개체성에 확실히 도달하는 것이 영원히 완성될 수 없는 과제임이 명백함에도 불구하고 그렇다. 그러나 영혼적인 존재가 내부로부터, 그것도 각각의 특성들의 합계로서가 아니라 살아 있는 것으로서 파악된다면, 그리고 이 살아 있는 것의 통일성이 이 모든 세목을 창출하거나 규정하거나 또는 그 통일성이 분해된 것이 바로 이 세목이 되는 것으로 파악된다면, 그와 같은 존재는 처음부터 완전한 개체성이 된다.[96] 영혼적 존재의 모든 세목이 자신의 특수성을 더욱더 많이 지워버리면 지워버릴수록, 그리고 하나의 세목을 다른 하나의 세목으로부터 뚜렷하게 드러나도록 하는 경계가 더욱 덜 독립적이 되면 될수록, 우리는 영혼적 존재의 개인적인 삶을 더욱더 많이 느낄 수 있다. 이러한 삶에서 어떤 요소를 다른 삶으로 옮기려고 하는 것은 어처구니없는 생각이다 — 이는 세목들이 선명한 윤곽을 갖고 전체를 구성하는 한 절대로 일어날 수 없다. 그런데 이러한 논리는 비단 고립된 인간 존재에만 적용되는 것이 아니라 그림의 전체에도 적용되는바, 바로 이 전체의 콘텍스트에서 인간 존재가 풍경과, 분위기 및 빛과, 색채 및 형식의 출렁거림과 융합된다. 이 경우 인물이 이 모든 것으로부터 이 모든 것의 정점으로 발전할 수도 있으며, 이 모든 것이 말하자면 인물의 확장된 육신이 될 수도 있다. 전체로서의 그림의 개체성, 그리고 모든 부분은 바로 이 중심과의 관계를 통해서만 존재하고 의미를 갖는다는 사실에서 결과하는 그림의 유일성 — 이것들은

96 이 문장에서 "이 모든 세목"은 그 앞에 나오는 "각각의 특성들"을 가리킨다.

어느 경우든 정확한 세밀화의 결여를 통해 지지된다; 왜냐하면 정확한 세밀화는 부분들로 하여금 독자적인 존재가 되도록 하는데, 이 존재는 부분들이 다른 콘텍스트에 편입되는 것을 원칙적으로 가능케 하며 그것들이 갖는 현재적 의미의 유일성을 박탈하기 때문이다. 내가 보기에 바로 이것이 흔히 경계를 지워버리고 진동하며 모호하게 하는 렘브란트의 그림 그리는 방식이 그의 개체화 경향을 떠받칠 수 있는 심층적인 근거이다.

삶과 형식

그런데 내가 여기에서 내부로부터 발전하고 파악된 삶으로 해석하려고 한 이 개체화는 "형식"에게 고전예술에서와는 다른 의미 또는 다른 유형의 "필연성"을 부여한다. 너덜너덜해진 외모들, 비참한 숙명의 불시의 공격으로 인해 옷들이 형식적으로 그 어떤 의미도 갖지 못하는 누더기로 갈가리 찢어진 것으로 보이는 프롤레타리아트들에 대한 렘브란트의 애호는 이미 고전예술의 원리에 대한 거의 의식적인 저항이나 마찬가지이다; 이 인물들을 이탈리아의 그림들에서 그들에 상응하는 몇 안 되는 인물들과 비교할 것이다. 왜냐하면 후자에서는 올이 다 풀린 모든 누더기가 아직은 하나의 원칙적인 형식관념에 예속되기 때문이다. 고전예술에서 형식은 현상의 요소들이 그것들 사이에서 통용되는 하나의 논리에 의해 서로를 규정하는 것을, 그리고 한 요소의 형성이 즉시 다른 요소의 형성을 요구한다는 것을 의미한다. 렘브란트에게서 형식은 하나의 수원(水源)으로부터 흘러나오는 삶이 바로 이 형식을 자신의 결과로 또는 생성의 형식에 존재하는 자신의 전체성을 가장 명료하게 바라볼 수 있도록 하는 기제로 창출한 것을 뜻한다. 우리는 렘브란트가 — 예술가가 자신의 객체를 자신의 안에서 재구성하는 상징적 표현을 통해 — 어느 한 인격의 전체적인 삶의 충동을 하나의 지점에 집적된 것처럼 느끼고는 이 충동을 그 모든 장면과 운명을 가로질러 그것의 주어진 현상으로 발전시킨다고 말할 수 있을 것이다; 그리하여 이 인격의 개별적인 운동들에 완전히 상응하여, 표면상 고립된 것으로 보이는 이 순간이 멀리 떨어진 하나의 근원으로부터 생성된 것으로 그리고 자신의 생성 과정을 내적으로 집적한 것으로 우리 앞에 선다. 우리가 단지 원리로만 진술할 수 있고, 불투명하고 얽히고설킨 경험적 현실에서는 아주 불완전하고 우연적으로만 통찰할 수 있는 것, 즉 삶의 매 순간이 전체적인 삶이라는 사실 — 또는 보다 정확히 말하자면, 삶은 전체적인 것이라는 사실 —, 이것이 여기서는 예술적 표현에 의해 순수하고 명백하게 드러난다. 만약 렘브란트의 모든 얼굴이 자신의 현시적(現時的)인 형태의 규정근거를 자신의 전체적인 역사에서 갖는다면, 이 역사의 개별적인 내용들은 그 얼굴에서 읽을 수 없다; 그러나 오직 그 점을 통해서만, 이 현존재의 근원과 잠재성으로부터 발원하는 생성의 흐름이 이 현시성에까지 이르렀고 그것을 규정했다는 사실을 확실하게 납득할 수 있다; 바로 여기에 있는 그것은 삶의 내적인 역동성과 논리에 의해 생성된 것이다.[97]

현시적 현상이 순수하게 그 자체로서(역사적-전기적(傳記的)인 의미에서 그것의 이전에 존재하고, 초월적이고 영혼적인 의미에서 그것의 배후에 존재하며, 생리학적 의미에서 그것의 내부에 존재하는 것으로부터 독립적으로), 그 자체의 힘만으로 명료하게 드러나는 형식법칙을 가질 수 있다는 것 — 이것은 렘브란트에게 낯선 것이다. 우연적인 경우를 제외하면, 콘트라포스트[98]에 유사한 것을 그에게서는 찾아볼 수 없다.[99] 모든 것은 내

---

97 이 문장에서 "그것"은 그 앞부분에 나오는 "이 현시성"을 가리킨다.
98 콘트라포스트(이탈리아어 contrapposto; 독일어 Kontrapost)는 이탈리아어로 '대비'라는 의미인데, 미술에서 인물의 한쪽 다리에 무게중심을 두고 다른 쪽 다리의 무릎을 약간 구부리도록 표현하는 기법이다. 이 기법을 따르면 인물이 전체적

부로부터 규정되는데, 바로 이것이 **회화적으로** 엄청난 가치를 갖는 현상을 창출한다는 것은 기적이다; 그리고 역으로 순수한 현상으로부터 출발하여 그것의 순수한 예술적 완성을 추구하는 가장 위대한 예술작품들이 그렇게 함으로써 동시에 직접적으로 바라볼 수 없는 모든 영혼적인 가치를 표현한다는 것은 예술에 특유한 또 다른 기적이다. 그렇지만 이것을 보면 왜 많은 단순한 화가들이 렘브란트가 사용하는 수단과 그의 작

으로 완만한 에스(S)자 모양을 띰으로써 곡선미와 율동미를 갖게 된다. 기원전 5세기에 그리스 조각에 도입된 콘트라포스트는 「밀로의 비너스」와 미켈란젤로의 「다비드」 등에서 그 전형적인 모습을 볼 수 있으며, 르네상스 회화에서는 여성이 서 있는 모습을 그릴 때에 절대적인 예술적 규범이 되었다.

99 〔원주〕 몇몇 이탈리아화하는 작품들이 그의 예술의 이 진정한 특징으로부터 예외가 되는데, 그 가운데에서도 「100길더짜리 판화」가 그 대중적 성공으로 인해 가장 주목할 만하다. 렘브란트의 에칭들이 갖는 의미와 가치는 결코 쉽게 파악할 수 없다; 대부분의 사람들에게 「100길더짜리 판화」를 평가할 수 있는 길은, 유럽의 예술감각이 자신들의 주요한 표시이자 자신들의 교육적 심급으로 삼아 적응한 고전적 형식에 이 작품이 근접해 있다는 사실에 의해 열린다. 오랫동안 이 판화의 이러한 특징에 충분한 주의를 환기하지 못해왔다. 우리는 여기에서 기하학적으로 명료한 구성을 보고, 여기에서 옷들의 "아름다운" 주름을 보고(무릎을 꿇은 부인에게서 특히 명료하게), 여기에서 언제나 "살아 있는 그림"을 약간 연상케 하는 인물들의 당당한 자세를 보고, 여기에서 모든 인물의 개념적으로 표현할 수 있는 삶의 이 명료한 한 순간을 보는데, 이 한 순간은 전체적인 삶의 어두운 물결을 그리로 환원한 대가로 얻어진 것이다. 자신과 고전적-라틴적인 것의 관계를 끊임없이 재창출하는 독일 정신의 비극은, 가장 높은 평가를 받은 렘브란트의 판화가 렘브란트의 정신이 가장 덜 순수하게 나타난 바로 이 작품이라는 사실에 일정 부분 그 원인이 있다.

〔옮긴이 주〕 위 원주에서 짐멜이 언급하고 있는 「100길더짜리 판화」는 1642~45년에 제작된 에칭 「환자들을 고치는 그리스도」인데, 이 작품은 신약성서 「마태복음」 제19장의 내용을 종합해서 구현한 것이다. 거기에는 예수가 환자를 고치는 내용이 나온다. 이 작품이 「100길더짜리 판화」라고 불리게 된 것은 당시에 떠돌던 소문 때문이다. 이 작품은 비싼 값에 팔렸고 곧 모사품이 나돌 정도로 렘브란트의 가장 대표적인 판화로 꼽혔다. 그리하여 렘브란트 자신도 이 판화를 얻기 위해 100길더 — 네덜란드, 독일, 오스트리아의 옛 금화 및 은화 — 를 지불했다는 소문이 퍼졌다. 이로부터 「100길더짜리 판화」라는 새로운 명칭이 생겨났다.

품이 가져오는 효과를 이해할 수 없고 이해하려고 하지 않는가가 밝혀진다.

　이제 여기에서 다시 한 번 르네상스 초상화와 렘브란트 초상화의 대조를 세계관의 궁극적인 범주에 입각해 제시해볼 필요가 있을 것이다. 그것들의 해석과 평가 사이에서 현존재가 끊임없이 결정을 내려야 하는 두 가지 개념들, 그것들은 다름 아닌 삶과 형식이다. 삶은 그 원리상 형식의 원리와 완전히 이질적이다. 우리는 스스럼없이 삶은 형식의 지속적인 변화, 파괴 그리고 새로운 창조에 그 본질이 있다고 말하곤 하는데, 이 말도 쉽게 오해될 수 있다. 왜냐하면 어떤 방식으로든, 다시 말해 이념적으로든 실재적으로든, 확고한 형식들이 존재하는데, 이것들은 모두 삶에 의해서 만들어지거나 드러나는 관계로 지극히 짧은 시간적 존속만이 허용된다는 점이 전제되어야 하는 것으로 보이기 때문이다. 그렇게 되면 우리가 원래 삶이라고 부르는 것은 오로지 하나의 형식과 다음 형식 사이를 비집고 들어가는 운동에 그 본질이 있을 것이며, 또한 한 형식이 다음 형식으로 넘어가는 중간기에만 존재하게 될 것이다; 왜냐하면 형식들 자체는 어떻게든 안정된 것인 관계로 절대적으로 연속적인 운동인 삶의 내부에서 머무를 수 없기 때문이다. 이러한 삶의 개념을 진지하게 받아들인다면, 삶은 그것 없이는 형식의 개념을 생각할 수 없는 고정성에 원칙적으로 도달할 수 없다. 우리가 살아 있는 것의 끊임없는 내적 역동성이 외적으로 창출하는 것을 그것의 형식이라고 부르는 것은 불가피할 수도 있다. 그러나 우리는 그와 더불어 다른 질서에 귀속되는 개념을 도입하게 된다. 왜냐하면 형식이란, 삶의 과정이 내부에서 표면으로 드러나게 한, 또는 자신의 표면으로서 드러나게 한 현상이 그 과정 자체에서 분리됨을 의미하기 때문이다; 이러한 현상은, 그것을 구성하는 요소들이 순수한 직관성 자체라는 하나의 새로운 법칙성에 의해(비록 삶으로부터 자양분을 얻은 직관성일지라도) 통합되고 **서로서로** 의존적인 것으로 인식됨으로써 확고한 이념적 존재가 된다. 형식은 **스스로를 바꿀** 수 없다; 왜냐하면 스스로를 바꾼다는 것은 자신의 현상들이 변화하는 동안에 스스로는 고정적인 상태로 머무는 주체가 존재함을 의미하기 때문이다. 그것은 하나의 현상과 다른 하나의 현상이, 이 둘이 현상으로서 여전히 무엇인가 공통적인 것을 가질 수도 있고 전혀 갖지 못할 수도 있지만, 이 둘에서 작용하며 이 둘을 드러나게 하는 하나의 동일한 힘에 의해 결합된다는 것을 의미한다. 바로 이런 연유로 오직 살아 있는 것만이 스스로를 바꿀 수 있는 것이다. 그것의 구조에는 통일성과 다양성의 논리적인 상호배제가 적용되지 않고 오히려 기관들의 다양성이 내적인 불가분의 통일성으로 기능하듯이, 어느 한 살아 있는 것이 시간적 과정에서 제공하는 "형식들"의 다양성도 하나의 통일적인 존재가 내부로부터 변화한 것이다.[100] 그러나 형식은 분리되어 자체적으로 그렇게 존재하게 되기 때문에 완성된 것이며, 따라서 어떻게든 다른 형식은 이전의 형식이 "스스로를 바꾼"[101] 것이 아니다(만약 언어 관습에 따라 그렇게 주장한다면, 그것은 형식에 내적이고 살아 있는 것이 있다고 상정하는 것이다). 오히려 전자는 후자와 아무런 연관성도 없이 나란히 서 있을 뿐이고 오로지 종합하는 정신에 의해서만 후자와 비교할 수 있다. 형식과 삶은 시간과 그리고 힘과 서로 다른 관계를 갖기 때문에 절대적으로 분리된다. 형식은 무시간적이다. 왜냐하면 오직 직관적 내용들의 상호대립과 관계 속에만 그것의 본질이 있기 때문이다. 그리고 형식은 힘이 없다. 왜냐하면 그것

---

100 이 문장에서 "그것"은 그 앞 문장의 "살아 있는 것"이다.

101 이에 대해서는 약간의 언어적 설명이 필요하다. 원문의 ändern은 '바꾸다', '고치다', '변경하다' 등의 의미를 가진 타동사이다. 이 단어가 '바뀌다', '고쳐지다', '변경되다'의 의미를 가지려면 목적어 역할을 하는 재귀대명사 sich를 수반하여 sich ändern이 되어야 한다. 이를 말 그대로 옮기면 '스스로를 바꾸다', '스스로를 고치다', '스스로를 변경하다'가 된다.

은 형식으로서 전혀 작용할 수 없기 때문이다; 오직 그 아래에서 지속적으로 흐르는 삶과 이 삶의 인과과정의 내부에서만 이 단계도 다른 단계들로 이어져 작용할 수 있다. 그러나 우리가 이 지점에서 삶으로부터 표면현상을 끄집어내자마자 삶은 그것과 더불어 말하자면 막다른 골목에 이르게 된다. 게다가 삶의 흐름은 그때그때의 형식을 강가에다 내동댕이쳐서 아무런 발전도 없이 한번 된 상태로 언제나 그대로인 현상성으로 만들어버리는데, 관람자가 그것을 걷어낸다; 삶의 흐름 자체는 말하자면 자신이 외부의 수용자에게 어딘가에서 제공하는 이미지를 고려하지 않고 연속적인 힘의 작용을 통해 계속해서 발전한다. 물론 구체적으로는 단계별로 무수한 차이가 있지만, 바로 이러한 사실에 초상화의 두 가지 가능성의 원칙적인 차이가 상응한다. 고전적 초상화의 문제는 형식이다. 다시 말해 삶이 한번 특정한 현상을 창출하고 나면 그것은 예술가에게 이념적이고 독자적인 존재가 되며, 예술가는 이러한 존재를 선상적(線狀的), 색채적, 공간적 명료성, 아름다움 및 특성이라는 규범에 따라 표현한다. 그는 현상을 만들어낸 삶의 과정에서 현상을 추상하며, 또한 그렇게 함으로써 현상을 예술적으로 **주조**할 때에는 오로지 거기에 **내재적인** 법칙성만을 적용한다 — 이는 추상적인 개념들이 상호간에 논리적인 관계들을 제시하지만 이 관계들은 그 토대가 되는 개별적인 사물들이 실재적으로 결합되는 관계들과 완전히 구별되는 것과 유사한 논리이다. 물론 그렇다고 해서 초상화에 "영혼을 불어넣는 것"을 포기한 것은 아니다. 왜냐하면 영혼의 표현은, 이미 앞에서 르네상스 초상화와 관련해 논의한 의미에서 보면 육신적 현상 자체의 직접적인 특징이기 때문이다; 그러나 영혼을 가진 존재도 이 양식에서는 시간적으로 발전하는 삶의 과정이 아니라 이러저러한 상태를 보이는 일종의 결과적인 존재이다. 그것은 육체적 현상의 차원을 통해서 그리고 이 차원과 더불어 확장된 무시간적 최종 상태인 것이다. — 이에 반해 렘브란트의 초상화가 제공하는 형식은 형식 자체의 원리에 의해, 그러니까 현상의 부분들을 서로 제한하고 균형 잡도록 만드는 이념적인 관계규범에 의해 규정되는 것으로 보이지 않는다. 그리고 내부로부터 추동되는 삶이 르네상스 양식에서는 현상 뒤로 사라져버리는 데 반해 여기서는 점점 커져서 자신의 외면으로 뻗어 나가며, 또한 바로 그 순간에 거기에 그대로 깃들어 있다. 그리고 이 외면은 말하자면 자유부동(自由浮動)하면서 자신의 무시간적 직관성의 법칙에 의해서가 아니라 역동적인 생성과 운명으로 자신을 떠받치는데, 과거를 담아내는 생성과 운명의 현재는 바로 이 현상을 의미한다. 고전예술에서 삶은 단지 형식을 창출하고 난 후 거기에서 물러나 형식을 그것의 자기도취적인 유희에 맡겨버린다는 목적만을 가진 것처럼 보인다; 렘브란트에게서는 역으로 형식이 어디까지나 그때그때 삶의 순간일 따름이다. 바로 이 순간에 절대 물러나지 않으면서 형식을 통일적으로 규정하는 지점이 존재한다. 형식이란 — 이 용어의 정확한 의미에서 보면 — 그저 삶의 본질, 다시 말해 삶의 생성이 외부로 향하는 우연적인 방식일 따름이다. 모든 위대한 예술에서처럼 고전예술과 렘브란트에서 궁극적으로 문제가 되는 것은 삶과 형식의 통일성, 그러니까 순수한 사유에서는 획득할 수 없어 보이는 것을 예술적으로 획득하는 것이다. 하지만 고전예술은 형식으로부터 삶을 찾고, 렘브란트는 삶으로부터 형식을 찾는다.

그런데 우리가 실체를 한편으로 그 삶의 관점에서 다른 한편으로 그 형식의 관점에서 바라본다고 해서 예술에서 유효한 기본 범주가 소진(消盡)되는 것은 아니다. 곳곳에서 **무게**가 같이 작용하는데, 그것도 우선적으로는 3차원적 예술작품의 소재에 결부되어서 그렇다. 돌, 금속, 목재, 점토의 절대적인 무게, 개별적인 부분들의 무게관계, 그리고 무게를 받아들이거나 분산시키는 저항력 — 대상이 주는 순수하게 시각적인 인상의 관점에서 보면 이것들에 아주 특별한 내적 감각이 상응한다. 그런데 여기에서 단순한 연상, 즉 다른 기회에 경험한 들어 올림, 끌어당김, 밀침이 문제가 되는가 아니면 아직 분석되지 않은 보다 직접적인 다른 반응의 방식이 작용하는가 하는 문제는 이 자리에서 검토하지 않기로 한다. 이러한 무게 감각은 다른 한편 마찬가지로 알려지지 않은 방식으로 **시각적인** 표상에 접합되며 또한 그렇게 함으로써 미학적 이미지가 주는 인상의 요소가 된다. 그런데 무게 감각은 아주 자연스럽게 2차원적 예술작품에도 고유하게 나타난다: 우리는 비단 객관적 현실로서 무게가 있는 대상을 모사하는 데서만 무게를 느끼고 그렇게 느껴진 것이 다른 요소들과 함께 순수하게 예술적인 효과를 나타내도록 하지는 않는다; 그밖에도 어떤 원형(原形)과 그것의 무게에 전혀 상관없이 선의 묘사, 평면, 색채가, 심지어 순전히 장식적으로 사용되는 경우에도, 특정한 정도와 관계의 무게 속에서 작용한다. 확실히 여기에서 우리는 예술의 내부에서 의미 있는 계기가 주어진 것을 보는데, 이 계기는 미분화된 실체와 결합되는 관계로 — 통상적인 의미에서의 — 삶의 원리와 형식의 원리를 넘어선다. 그렇지만 아주 정확하게 들여다보면 이러한 의미에서의 무게는 형식적인 계기들에 편입될 수 있다. 왜냐하면 많고 적음의 관계를 통해서, 이와 연관된 개별적 부분들의 관계를 통해서, 내리누르는 것과 떠받치는 것 사이의 투쟁을 통해서 무게는 미학적 의미를 획득하기 때문이다; 결국 무게도 질료가 갖는 하나의 개별적인 특징이다. 물론 소재의 가장 보편적인 그리고 질료의 확장성과 가장 직접적으로 결합된 특징이기는 하다. 바로 이런 연유로 무게는 예술적 관점에서 보면 색채, 공간적 형식 그리고 표면 상태와 더불어 이것들과 동등한 요소로 그리고 개별적인 특징으로 존재한다. 그러나 아직 모든 개별적인 것을 넘어서 궁극적인 것으로 존재하는 것은 아니다. 궁극적인 것에 대해 말할 수 있는 것은 오히려 예술작품에서 느낄 수 있는 질료이다. 그것은 실체성 일반이다. 다시 말해 그 어떤 특징, 그 어떤 관계, 그 어떤 분화, 그 어떤 형식으로도 결코 해체되지 않는 소재의 단순한 **존재**이다. 그것은 모든 운동과 무게, 모든 형식과 살아 있는 것의 토대가 된다. 여기서는 단지 감각과 관련된 미학적 사실에 대한 설명이 문제시되기 때문에, 이 개념에 대한 물리학과 인식론의 비판은 논하지 않겠다. 이것들은 "실체"까지도 완전히 관계와 진동으로 해체할 수 있을 것이다. 그러나 이러한 분해는 여기서 우리가 말하는바 아주 특별한 감정을 통해 작용하는 실체의 지층을 건드리지 못한다. 모든 조각(彫刻)은 가장 넓은 의미에서 현존재의 이 어두운 실체를 형식의 부여를 통해 극복하는 것을 목표로 한다.[102] 왜냐하면 조각의 반대는, 그로부터 나중에 유의미한 형식이 발전하는 석고 덩어리나 가공되지 않은 대리석 조각의 **무의미한** 형식이 아니기 때문이다; 그보다 절대적으로 무형식적이고 눈으로 볼 수 없는 것이 조각의 반대인바, 이것은 **온갖** 형상의 부여를 통해 지양된다. 예컨대 올림피아의 조각상들을 파르테논의 그것들과 비교해보면, 전자가 어떻게 지금 막 저 시원(始原)으로부터, 다시 말해 모든 현존재의 더 이상 기술할 수 없는 실체성으로부터 벗어나는가를 느낄 수 있다; 이것들에서도 아직 실체성을

---

102 이 문장은 이 책의 예비연구들 가운데 하나인 「렘브란트의 예술철학」을 보면 그 의미하는 바가 보다 명확하게 와 닿을 것이다. 거기에서는 "이 어두운 실체"를 "어쩌면 아낙시만드로스가 그의 무한자(ἄπειρον)와 더불어 생각했을"이라는 구절이 수식하고 있다. Georg Simmel, "Studien zur Philosophie der Kunst, besonders der Rembrandtschen"(1914~1915), in: *Georg Simmel Gesamtausgabe 13: Aufsätze und Abhandlungen 1908~1918, Bd. 2*, Frankfurt am Main: Suhrkamp 2000, 143~64쪽, 여기서는 151쪽. 서양 철학의 시조라고 불리는 탈레스와 더불어 시작된 소위 이오니아학파의 자연철학은 우주만유의 시원과 근원, 그리고 원리가 무엇인가에 대한 철학적 사유를 전개해나갔다. 그들은 이를 '아르케'(archē)라고 불렀다. 예컨대 탈레스는 물이, 아낙시메네스는 공기가, 피타고라스는 수(數)가, 헤라클레이토스는 불이, 그리고 데모크리토스는 원자가 아르케라고 주장했다. 그런데 아낙시만드로스는 다름 아닌 무한자에서 아르케를 찾았다. 그리고 아르케라는 말을 처음 사용한 철학자 역시 아낙시만드로스였다.

느낄 수 있기는 하다. 그리고 이 실체성은 단지 표면에서만 형식을 창출하는바, 이 형식의 분화와 운동은 오로지 이념적인 선을 통해서만 핵심으로부터, 즉 구성물의 본래적이고 통일적인 존재로부터 분리된다. 이에 반해 파르테논의 조각상들에서는 이 존재가 철두철미하게 형식에 의해 사로잡히고 꿰뚫린다. 여기서는 실체 일반의 불가사의한 통일성을 느낄 수 없는데, 그 이유는 이것이 그때그때의 특수한 형상으로 완전히 흡수되기 때문이다. 우리는 올림피아의 예술을 소크라테스 이전의 철학자들과, 파르테논의 예술을 플라톤과 비교할 수 있을 것이다. 비록 전성기 아테네의 문화적 창작물들이 다른 모든 예술적 또는 사상적 창작물들보다 훨씬 더 완벽하고 철저하게 형식화되었으며, 또한 훨씬 더 정신적이고 인격적으로 되었지만, 후자는 보다 직접적으로 사물들의 근원으로부터 솟아올랐으며 아무런 경계선도 없이 거기에 얽매여 있는 듯이 보인다. 그러나 아테네의 작품들은 마치 밝은 정신의 제국에서 구원된 것처럼 떠다닌다. 그것들은 가장 내면적인 핵심에 이르기까지 완전히 삶이 되었고 완전히 형식이 되었다.

이러한 실체의 역할은 특히, 묵직하고 견실한 조토의 인물들에 의해 다시 한 번 수정된다. 예컨대 피렌체의 「불가사의한 현상」[103]에서 거기에 앉아 있는 수도승들이나 또는 파도바의 「기도하는 구혼자들」[104]에서

---

103 이것은 조토가 1325년에 피렌체의 산타 크로체(Santa Croce) 성당 바르디(Bardi) 예배당에 그린 280×450cm 크기의 프레스코화 「아를레에서 일어난 불가사의한 현상」이다. 이 작품은 아시시의 성 프란치스코의 전설을 묘사한 총 25개의 장면 가운데 18번째이다. 이에 따르면 파두아의 성 안토니오(Hl. Antonius von Padua, 1195?~1231)가 아를레의 성당 참사회에서 설교를 하고 있을 때 그곳에 없던 프란치스코가 나타나 수도승들 위로 두 손을 벌리고 그들을 축복해주었다고 한다. 아를레는 남프랑스의 도시이다. 프란치스코에 대해서는 이 장의 각주 81번을, 그리고 제3장의 각주 20번을 참고할 것.
104 이것은 파도바의 스크로베니(Scrovegni) 예배당에 그린 200×185cm 크기의 프

무릎 꿇고 앉아 있는 구원자들이 거의 구조화되지 않은 채 조밀하게 모여 있는 모습에서는 육체적 존재 전체가 말하자면 숨구멍도 미동도 없는 옷에 의해 표현된다 ─ 이 작품들에서 결정적인 인상을 주는 것은 무게뿐만이 아니라 무엇보다도 더 이상 기술할 수 없는 실체성, 즉 육체적 존재 일반의 강조이다. 그러나 실체성은 올림피아 조각상들이나 많은 고대 이집트 조각상들에서처럼 표면의 배후에서 느낄 수 있는 무엇인가가 아니다. 그리고 이 느낄 수 있는 것을 덮고 있는 형식에 의해 구원된 무엇인가가 아니다. 그와 반대로 언제나 표면으로 쇄도하는 이탈리아적 기질에 부합하여, 심지어 이 미분화된 것조차도, 다시 말해 심지어 이 육체적 무리의 단순한 현존재조차도 여전히 형식으로 작용한다. 사람들은 이러한 작용을 두고, 무게가 있고 단순한 옷의 표면 아래에서 살아 있고 철저하게 구조화된 육신을 느낄 수 있다고 해석해왔다. 그러나 나는 여기에 공감할 수 없다. 여기에서 조토는 옷과 육신에 공통적인 것, 즉 손으로 만질 수 있는 현존재의 순수한 실체로 소급하여 바로 거기에서 이 존재들에게 본질적인 가시성을 부여함으로써 옷과 육신 사이에 사실주의적이고 논리적인 의미에서 당연히 존재하는 이원성을 예술적 비전에 의해 독특하게 극복했다. 사실 나는 이 옷들의 배후에서 아무것도 느낄 수 없으며, 또한 이것들은 열등한 예술가들에게서처럼 자신에게 필요한 육신이 없음을 한탄하는 속이 텅 빈 의상 조각들도 아니다. 조토는 육체적인 것의 방금 언급한 실체를 완전히 그 어두움으로부터 끌어내고, 다시 말해 형식과 삶의 너머로 들어 올리고 직접적으로 실체를 통해 자신의 인물들을 느끼고 볼 수 있도록 함으로써, 그러니까 말하자면 실체를 형식으로 만듦으로써 이러한 양자택일을 넘어섰다.

레스코화이다. 여기에서 구혼자들이라 함은 성모 마리아의 구혼자들이다. 이 작품은 성모 마리아의 생애를 그린 10개의 장면 중 네 번째이다.

이렇게 해서 다른 경우에는 주어진 구성물들의 본질을 양분하는 두 가지 형이상학적 범주, 즉 삶과 형식이 확실히 거의 명명할 수 없는 존재의 기본 개념 또는 기본 소재에 공동으로 대립하는 것으로 나타난다. 왜냐하면 오직 명료한 형식에로의 의지(意志)로만 이해되는 조각은 이 미분화된 실체성의 극복을 목표로 한다고 방금 말했는데, 삶도 이와 똑같은 경향에 따라 해석할 수 있는 것처럼 보이기 때문이다. 수수께끼 같은 실체적 존재는 절대적으로 자신의 안에서 정지(靜止)하고 있는 반면, 삶이란 매 순간 자신을 넘어서기를 원하고 자신을 넘어서 내뻗는 무엇이다; 삶은 실체에 온통 자신을 스며들게 함으로써 실체를 내적으로 운동하도록 하는데, 이와 대조적으로 기계장치에 의한 운동은 단지 이리 밀치고 저리 밀치는 것에 지나지 않기 때문에 운동의 내적 본질을 전혀 건드리지 못한다. 삶이 지속적으로 비유기적 질료를 유기적인 과정으로 끌어들이는 것은 단지 삶 일반의 보다 심층적인 형이상학적 지향이 보여주는 하나의 측면, 하나의 현상 또는 하나의 상징일 뿐인데, 삶은 이러한 지향과 더불어 자기 실체의 고유한 본질을 자신 안에서 또는 자신을 통해 해체한다. 다음의 사실은 아주 주목할 만하며, 또한 확실히 현존재의 궁극적으로 가능한 개념화들 가운데 하나를 의미한다. 현존재에 의미를 부여하는 중차대한 두 범주, 즉 삶과 형식은 모든 명칭에 앞서 주어진 하나의 실체에 의해 떠받쳐지며, 이 실체는 지속적으로 이 두 범주로 해체된다는, 말하자면 지속적으로 삶과 형식으로 사라져버린다는 사실, 그럼에도 불구하고 어떻게든 그것들의 배후에서 느낄 수 있다는 사실이 바로 그것이다. 이러한 논리가 들어맞는 정도에 따라 살아 있는 존재들과 예술작품들이 주는 인상의 요소들이 결정되고 분화된다. 이미 많은 방식으로 다음과 같은 사실이 유기체의 본질에 속한다고 말해져왔다. 말하자면 살아 있는 그 어떤 것도 전적으로 살아 있는 게 아니라는 사실, 살아 있는 모든 것에는, 우리가 그것을 어떻게 부르든 전혀 상관없이, 삶의 운동성에 의해 아직도 완전히 정복되지 않고 삶의 운동성이 스며들지 않은 여전히 이해하기 어려운 무엇인가가 존재한다는 사실이 바로 그것이다. 그러나 만약 우리가 삶의 단계들에 대하여 이야기한다면; 만약 우리가 어떤 현상들에서 다른 현상들에서보다 더 완전한 그리고 내적으로 (비단 외부를 향해서만이 아니라) 더 강력한 생동성을 볼 수 있다고 생각한다면; 이 보다 확고부동한 삶이 동시에 보다 확고부동한 개체화로 나타난다면 — 만약 그렇다면 이 모든 것은 그에 상응해 명명할 수 없는 무엇인가가 물러난다는 것을 의미한다. 그런데 이 무엇인가는 점차로 삶으로 들어가며, 또한 언제나 사라지지만 결코 사라져버리지 않는 것으로서 언제나 동일하고 완전히 통일적이며, 따라서 개체성에 의해 전혀 영향을 받지 않는 것이다.

고딕에서 희미해지고 사라져버릴 때까지 높이 솟아오름으로써 질료가 해체되는가, 또는 무게를 떠받치는 그리고 그렇게 함으로써 무게를 느낄 수 있도록 만드는 요소들이 교회의 외면으로 옮겨짐으로써 해체되는가, 또는 돌을 깨뜨려 그 돌을 무게가 없고 딱딱하지 않은 첨단으로 보이도록 하는 장식품으로 만듦으로써 해체되는가; 육체를 자신의 자연적인 구조를 부정하는 것처럼 보이도록 구부러뜨림으로써 해체되는가, 또는 표현의 담지자로서의 머리를 비현실적으로 크게 하며, 그 결과 전체 육신이 빈번하게 박약하고 초라한 꾸러미처럼 얼굴에 매달려 있게 함으로써 해체되는가 — 이러한 질문에 상관없이 원리는 언제나 똑같다: 소재가 존재해서는 안 된다. 그러나 플라톤이 원한 것처럼 소재가 형식에 의해 대체되어야 한다는 것이 아니고, 영혼의 누름, 자기고양, 자기도피에 의해 대체되어야 한다는 것이다. 그럼에도 불구하고 — 고딕이 추구한 의미는 **삶**이 아니다. 그러기에는 진동, 양극성, 고양, 침강이 너무 적다. 고딕의 본질은 영혼이 단도직입적으로 초월적인 것을 지향하는 데에 있다. 영혼은 자신의 삶을 뒤에 남겨두었거나 또는 삶이 영혼과 아무런 내적인 관계도 없이 그것을 담아낼 뿐이다. 바로 여기에서 고딕이 그 가장 순수하고 진정한 유형, 즉 프랑스 유형에서 — 후일 독일에서 더 발전된 유형은 이것을 변형시킨다 —, 일반적으로 고전예술 및 이탈리아 로마네스크 예술과 대립적이기 때문에 빈번히 믿어온 것처럼, 그렇게 반 (反)합리적인 특성을 갖는 것은 결코 아님이 드러난다. 명료성과 수학적 정확성을 추구하는 것은 이러한 선(線)의 예술의 본질인데, 확실히 이 선의 예술은 그 자체로서 이미 질료의 3차원성에 대한 일종의 투쟁을 의미한다 — 그것은 일종의 독특한 합리주의적 신비주의이다. 이 예술은 — 다른 선의 예술과 달리 — 선의 가늚과 무한한 연장 가능성을 강조했기 때문에, 영혼에 대한 중세적 관념은 확실히 거기에서 아주 적합한 상징을 얻었다. 그러나 자기전개를 하고 통일성 안에서 다양성을 이루며, 예측할 수 없이 방사(放射)하는 삶은 이 양식이 추구하는 수직성과 1차원성에 깃들 수 없었다. 경건함이 다름 아닌 영혼이 **살아가는** 한 가지 방식임이 입증되는 — 바로 영혼의 삶의 형식에 고유한 온갖 풍요로움, 다채로움, 게다가 우연성을 보임으로써 — 렘브란트의 종교화는 그런 한에서 순수한 고딕의 가장 내적인 원리와 완전히 대립된다. 그리하여 영혼과 더불어 이제 네 번째 요소가 나타난다. 형식과 삶의 너머에는 여전히 실체가 있었다 — 그런데 이제는 영혼도 실체와 대립하면서 거기에 있는데, 지금 말하자면 **영혼의** 실체는 그것의 삶이 아니라 그것의 초월적 규정이다. 삶과 영혼은 일치하지 않고 다만 교차할 뿐이다. 이것들 각각은 그것들이 일치하는 부분보다 일반적이다. **이러한** 영혼은 개체적이지 않다. 고딕의 영혼은 초월적인 것이 그것의 본질적인 것이라는 이유만으로도 이미 유일성을 갖지 못한다 — 오로지 삶만이 개체적이다. 오로지 삶의 형식에서만 영혼이 개체적인 것이 되는데, 이는 (보다 낮은 단계에서) 오로지 형식의 형식에서만 실체가 개체적이 되는 것과 마찬가지이다.

나는 여기에서 우리가 세계상(世界像)을 분할하는 개념들의 구조를, 형식과 삶의 양극성이 어떻게든 실체의 균일한 통일성을 밑받침하는 지점 너머로까지 추적하지는 않겠다. 비록 물리학과 형이상학이 이것을 관계들로 해체할 수 있지만 — 이러한 해체는 그것을 달성하기 이전에, 삶과 예술의 감각이 그 다양성으로 인해 살아 있는 모든 것과 형식을 가진 모든 것에서 이 실체를 다르게 느낌으로써만 해석할 수 있는 곳에 이르게 된다.

제 2 장

개체화와 보편적인 것

유형과 표현

여기까지 논한 삶과 형식의 관계에 비추어 보면 왜 르네상스의 초상화 인물들이 언제나 다소간 유형적인 것으로 보이는 반면, 렘브란트 초상화의 인물들은 개인적 유일성의 인상을 주는가가 밝혀진다. 현상의 요소들이 순수하게 그 자체로서 최대한 예술적 명료성을 갖게끔 주조하는 규범들은 불가피하게 **보편적인** 성격을 띤다. 이러한 규범들은 매우 다양하게 개체화된 현상들에 대하여, 이 현상들이 그 모든 차이들에도 불구하고 법칙에게 동일한 적용 조건을 제공하기만 하면, 균일한 타당성을 갖는 자연법칙과 어느 정도 유사하다. 그리하여 다음의 사실은 그리스적 형식감각의 특징인바, 이는 시문학에서도 조형예술에서와 다르지 않게 나타난다. 초기 헬레니즘에서는 수많은 새로운 운문 형식이 등장했지만 아주 빠르게 다시 육운각시(六韻脚詩)와 이행시(二行詩)의 지배에 자리를 내주었다. 궁극적으로 그리스인들은 다양한 소재를 둘러싸고 그때그때 개체적인 따라서 불가피하게 언제나 새로운 형식들을 만드는 것보다 아주 다양한 내용과 감정적 색조를 보편적으로 표현하는 적은 수의 형식들을 재고(在庫)로 갖고 있는 것을 더 좋아했다. 고전예술에서는 요소들이 마치 전형적인 관찰자에게서 특성, 아름다움, 명료성과 관련해 가장 호의적인 인상을 불러일으켜야 하는 것처럼 형상화된다. 이러한 '마치-처럼'은 그것의 내용이 예술가의 그 어떤 의식적인 의도나 또는 심지어 추상적인 원리에 근거하는 의도를 요구하지 않는다는 것을 널리 알리는 기능을 한다. 어쩌면 여기서도 지중해 민족들의 아주 보편적인 특징이 드러난다: 그들은 관객의 현존에 맞춰 행동을 한다. 독일과 이탈리아에서 농부가 혼자 들판을 걸으면서 아무도 자신을 보고 있지 않을 거라 생각하며 노래 부르는 것을 들어보면, 오늘날에도 여전히 이 둘 사이에는 아주 특징적인 차이가 있음을 알 수 있다. 독일인들은 "자신을 위해서"뿐만 아니라 그저 큰 소리로 표현하고 싶은 즐겁거나 감상적이거나 단순히 감동적인 내적인 기분에 젖은 듯 노래를 부른다. 그리하여 그들에게는 — 다소 거칠게 표현하자면 — 자신의 노래가 어떻게 들리는가는 그렇게 중요하지 않다. 이에 반해 이탈리아인은 그와 같은 순간에도 청중을 위하듯이 그리고 마치 무대에 선 것처럼 노래를 부른다. 이탈리아 바로크에서는 이것의 표현이 아주 많은 다른 깊고 생명력 넘치는 영혼의 특징들의 표현처럼 외화되고 과장되며 합리화된다: 이는 초상화 예술의 대중적인 확산에 대한 예술이론가들의 탄식을 보면 알 수 있는데, 그들의 견해에 따르면 초상화 예술의 과제는 특히 탁월한 인격체들의 묘사를 통해 관람자들에게 우아한 영향을 끼치는 것이다! 양식화(樣式化)를 추구하는 모든 현상은 바로 이러한 원칙에 의해 채색된다. 이탈리아 르네상스의 옷장이나 궤를 독일 고딕의 가구들과 비교해보라. 전자의 경우에 궁전의 전면(前面, Fassade)이 축소된 형태로 나타나며, 대부분의 시간을 옥외에서 살아가며 공중(公衆)을 지향한 자기표현 방식을 실내 가구의 형식으로도 옮겨놓는 사람들의 취향이 지배적이다.[1] 이에 반해 독일 고딕 옷장의 형식들은 방의 범위를 넘어서 확대되는 것을 용납

하지 못하며 — 가령 그 고유한 구조로부터 이탈한 기하학적 원형(圓形) 장식[2]을 제외하면 —, 공개적 효과라고 부를 수 있는 것을 완전히 벗어나고, 수적인 의미뿐만 아니라 질적인 의미도 가지는 것을 완전히 벗어나며, 또한 르네상스의 가장 작은 작품들에까지 적용된 구축학(構築學)을 완전히 벗어난다. 잘 알려져 있다시피 라틴 계열의 언어에는 단 한 번도 존재한 적이 없는 "아늑함"이라는 개념도, 그 정도가 좀 작기는 하지만, 바로 이 인간적 내밀함의 성향을 나타낸다. 그것은 남들에게 보이고 자신을 표현하려는 성향과 완전히 대립하는 성향이다 — 여기에서 후자의 성향은, 최상의 경우라 할지라도 한 특정한 종류의 장대한 크기와 폭을 감싸는 외면임을 부인할 수 없는데, 이 크기와 폭은 전자의 성향에서는 그만큼 쉽게 접할 수 없다. 그뿐만 아니라 라틴 민족들이 가꾸어온 미학적 감각이라는 가치가 게르만 민족들에게는 상당히 결여되는 것도 바로 이러한 특징으로부터 기인한다.

내가 보기에 이는 그리스 예술을 게르만적 원리와(비록 렘브란트 이외에는 이 원리가 **완전히** 순수하게 표현된 적이 거의 없지만) 비교하는 데에도 중요하다. 그리스 조각상의 인간은 자신의 아름다움에 자부심을 갖고 있으며 관람자에게 이 아름다움을 표현한다는 의식을 갖고 있다. 삶의 결과이자 삶을 제시하는 표면 현상이 예술적 주조의 자족적인 질료가 되는 이상, 그 작품이 관람자를 향하여 호소하려고 한다는 점은 분명하다.

이 이념적인 관람자는 고전적 양식 전체의 결정적인 계기이다. 예컨대

---

1 〔원주〕세속적 건물의 전면은 건축학적으로 비교적 늦은 시기에, 어느 경우든 기독교 시대 이후부터 비로소 발전했으며 바로크 시대에 이르러서야 비로소 궁전 건물에 대해 완전한 우세를 점하게 되었는데, 이는 본질적으로 실용적 성격일 수도 있는 동기들이 나란히 작용한 결과였다.

2 이는 독일어로 Masswerk로, 돌을 평면 형태로 세공하여 창, 난간, 그리고 개방된 벽에 붙이는 기하학적 원형 장식을 가리킨다.

매장(埋葬)을 주제로 하는 이탈리아 그림과 렘브란트의 그림을 비교해보라.[3] 후자에서는 모든 인물이 완전히 개체적이며[4] 그들 모두를 균일하게 지배하는 형식적 법칙을 명명할 수 없을 것이다. 그런데 그들의 통일성은 각각의 인물이 전적으로 행위와 거기에 상응하는 감정으로 흡수되며, 다른 인물과 비교될 수 없는 외양에도 불구하고 그 어떤 인물도 자존적인 무엇으로 거기에 서 있지 않으려는 사실에 있다. 이에 반해 이탈리아 그림들에서는 각각의 인물이 다른 모든 인물들과 형식적 유형을 공유하지만 각각의 인물 자체가 아름다워야 한다는 데에 이 유형의 특별한 본질이 있다. 여기서는 사건이 그리고 단순한 존재를 넘어서는 감정이 인물들을 사라져 없어지게 하지만 이 사라져 없어짐은 작품이 갖는 미학적 고유가치와 개인의 강조라는 지점에서 멈춘다. 그리고 이 한계는 언제나 개인이 느끼고 속하는 세계로부터 분리되어 이념적인 영역에 있지만 개인은 그 한계를 말하자면 결코 잊지 않는다. 예컨대 라파엘로의「그리스도의 매장」[5]에서는 매장에 참여하는 모든 인물이 그 사건을 위해서뿐만 아니라 자연스레 관람자를 위해서도 거기에 있다; 그러나 그렇게 함으로써 동시에 바라볼 만한 가치가 있고 인정받기를 요구하며 자신을 가치 있는 존재로 여기는 누군가로서 관람자와 마주하고 있다: 마주함과 자존(自存)이 짝을 이룬다. 이에 반해 렘브란트의 인간들은 결코 관람자를 생각하지 않으며, 또한 바로 그런 연유로 결코 자기 자신을 생각하지 않는다. 모든 인간적 현존재를 어떻게든 규정하는 자기주장과 자기단념의 균형이 그들에게서는 비유형적인 개체성과 사건 및 그것의 내적 반향에 대한 헌신 사이에 존재하는 반면, 이탈리아 작품들에서는 한

---

3 여기에서 매장은 구체적으로 그리스도의 매장을 가리킨다.

4 〔원주〕그의 종교화에서는 초상화에서에 비해 개체화가 보다 제한적인 의미를 갖는데, 이에 대해서는 나중에 논할 것이다.

5 이것은 1507년에 목판에 그린 176×184cm 크기의 유화이다.

편으로 이 요소들이 양식적으로 동일하고 보편적인 법칙을 따르며 관람자를 전제로 하는 형식과 다른 한편으로 개인의 당당하고 품위 있는 자존심과 자기억제에 존재한다. 그런데 그와 같은 근본적인 균형이 후자의 경우에는 렘브란트의 인간들에게서는 결여된 일정한 품위와 고귀함을 갖추고 실현된다는 것은 확실하다. 물론 그렇다고 해서 마치 렘브란트의 인간들이 어떤 긍정적인 의미에서 이러한 특징들에 상반되는 것을 보여주기라도 한다는 식으로 받아들여서는 안 된다; 그들은 그저 고귀함과 천박함의 모든 양극성과 완전히 무관할 따름이다. 왜냐하면 고귀함과 천박함은 르네상스 인물들에게서 고려의 대상이 되는 바와 같이 마주하는 인물의 실재적인 또는 이념적인 현존에 전적으로 달려 있기 때문이다. 또는 오히려 이 고귀함 자체는 비록 개인적인 행동거지이기는 하지만 그 관람자를 향한 유보와 표현의 특유한 혼합, 다시 말해 자랑스러운 돋보임과 동시에 그에게 보이고 그에게 인정받으려는 욕구의 특유한 혼합에 그 본질이 있다.[6]

반면 프란스 할스의 초상화들에서 눈에 띄는 특징, 즉 묘사된 인물이 묘사되지 않은 제삼자와 거의 어디에서나 관계가 있다는 사실은 전혀 다른 의미를 갖는다. 왜냐하면 이 제삼자는 전적으로 그림의 관념적인 공간에 머물러 있기 때문이다. 그런 까닭에 사람들은 집단 초상화에 대한 할러의 특별한 재능을 바로 이러한 특징과 연관시켜왔다 — 마치 그의 집단 초상화들에서는 오로지 다른 경우에는 눈에 보이지 않는 개인적 인물의 상관물만을 눈에 보이도록 만들기라도 한 것처럼 그랬다. 고전적인 로마네스크 예술에서의 이념적인 관람자는 확실히 작품 앞에 서 있는 살아 있는 개인이 아니라 (왜냐하면 이러한 개인을 끌어들이는 것은

---

6 고귀함에 대한 짐멜의 논의는 이 책 제3장의 각주 16번을 보면 비교적 자세하게 나와 있다.

언제나 그에게 일종의 아양을 떠는 것을 의미하며, 따라서 가장 거칠고 비예술적인 효과들 가운데 하나이기 때문이다), 작품을 완전히 초월하는 자신만의 고유한 지층에 위치한다: 그는 할스에게서처럼 예술작품 내부의 개인도 아니고 르네상스 예술에서처럼 예술작품 외부의 개인도 아니다. 그는 오히려 묘사된 인물의 "이념"과 유사한 완전히 보편적인 개인인데, 이 인물의 경험적 현실도 예술적 묘사도 바로 이 이념의 개별적인 형태들이다.

어쩌면 방금 앞에서 언급한 바 있는 고전예술의 특징적인 인간관은 다음과 같은 생각과 결부되어 있을 것이다: 동일한 것은 동일한 것을 통해서만 인식될 수 있다. 왜냐하면 우리는 개체적인 것이 관람자 안에서 그가 이해할 수 있도록 영향을 미치려면 보편적으로 인간적인 것으로 환원되어야 한다고 추론할 수 있기 때문이다. 이념적 관람자가 결정적인 요소인 경우, 개체적인 것은 보편화의 뒤로 물러난다: 마치 보편적으로 인간적인 것이 있어서 그 안에서 말하자면 자유로운 교섭이 지배하기라도 하는 것처럼, 다시 말하자면 그 안에서 개별적인 부분영역들, 예컨대 관람자의 유형과 대상의 유형이 아무런 문제도 없이 서로를 이해하기라도 하는 것처럼 그리한다; 이에 반해 이러한 지층의 아래에 위치하며 개인적인 것에 근접하는 지층들이 문제시되자마자 그와 같은 논리는 더이상 적용되지 않는다. 방금 언급한바 동일한 것을 통한 동일한 것의 인식이라는 관념에서 다음과 같은 그리스적 세계관의 근본적인 특징들이 서로 만난다: 사회적 집단을 지배하는 내적 동등성에 상응하여 다른 집단들에 비하여 자신이 고귀하다는 폐쇄적 태도를 취하는 귀족주의; 형이상학적-일원론적 근본감정; 그리고 사물들의 관계가 외적인 동등성에 의해 표현되어야 한다는 소박한 감각적 직관성에 대한 성향. 이렇게 해서 방금 언급한 그 원리가 그리스인들에 아주 깊이 뿌리내리고 있기 때문에, 그들이 일관되게 유형화를 추구한 사실, 즉 보편적인 것을 일관되게 철학적으로 또는 예술적으로 만들어내고자 한 것을 이해할 수 있는바, 바로 이 보편적인 것에 근거하여 주체는 다른 주체들 또는 객체들에 속할 수 있었다. 나는 여기에서 다시 한 번 조금 전에 언급한 지중해 민족들의 특징을 약간 강조점을 바꾸어서 상기하고자 한다. 보다 급성적인 형식으로든 또는 보다 만성적인 형식으로든 그의 행위나 존재를 통해 자신을 다른 사람들에게 표현하고자 하는 사람은 유형적으로 처신하기가 쉽다. 왜냐하면 그와 같은 사람은 무엇인가를 표현하고자 하기 때문인데, 허영심 때문에 특별히 과장하지 않는다 해도 마찬가지이다—그리고 이 무엇인가는 처음부터 자기 자신 안에서 한 치도 벗어나지 않는 단순한 개체성이 아니라 이 개체성을 넘어선 것이다. 그것은 초개인적인 무엇으로서 순수한 인격에 비해 개념적으로 더 쉽게 표현될 수 있다. 우리는 도처에서 다른 사람들에게 자신을 표현하고자 하는 사람은 자체적으로 존재하는 인격의 지점을 벗어난다는 사실을, 그리고 그는 어떤 업적의 담지자, 어떤 이념 또는 어떻게든 보다 보편적인 것의 대변자로 나타난다는 사실을 관찰할 수 있다. 그는 방금 언급한 인격의 지점을 둘러싸는 보다 넓은 영역으로 자신을 치장하는데(이는 결코 열등한 것으로 간주되어서는 안 되고 삶에 대한 특별한 태도의 표현으로 간주되어야 한다), 이 보다 넓은 영역은 설사 그가 의도하는 내용이 궁극적으로 오직 자아라고 할지라도 바로 그와 같은 연유로(eo ipso) 보다 보편적인 무엇을 의미한다. 이러한 그리스적 관점이 갖는 윤리적 의미는 다음에서 찾을 수 있다. 만약 인간이 개념적 또는 사회학적 의미에서 자신의 밖에 있는 무엇인가를, 예컨대 자신이 속한 영역의 아름다움과 품위, 힘과 특성을 표현한다면—그렇다고 해서 그가 자유나 책임을 박탈당하는 것은 아니다. 이 모든 것은 형이상학적 영역으로 전이되어 플라톤의 이데아론에 반영된다. 여기서 개별적인 사물들은 보편적인 무엇인가를 표현한다. 그것들은 단순히 그것들 자체가 아니다; 마치 그리스 조각에서 인간이 누군가가 자신을 바라보며 따라서 자신이 무엇인가를 표현해야 한다는 것을 알듯이, 개별적인 사물들은 그것들이 표현하는 바로 그 이념으로부터 전체적인 의미를 얻는다. 우리가 그리스 문화에서 느낄 수 있으며 플라톤 저작들의 대화 형식을 규정하는 연극적 기질의 숨결은 이러한 구조와 관계가 있다. 다른 사람들을 위해 자신을 표현하는 것과 자신의 이미지를 유형화하는 것 사이에는 사실상 깊은 관계가 있는데, 이러한 관계는 자명한 일이지만 인간 일반의 이상적인 형상화로 넘어가며 고전예술에서 그러한 관계가 지배한 결과 초상화가는 자신의 모델을 "유형"으로 고양하거나 거기에 맞도록 그의 스타일을 바꾸어야 한다는 주장이 대두되었다 — 이러한 주장은 그리스적-라틴적 삶의 규준에서는 정당화되지만 그 주장을 완전히 보편적인, 즉 **실재적**-예술적으로 필연적인 규준으로 보는 것은 잘못되고 일면적인 것이다. 사실상 렘브란트는 — 적어도 그 정도에 따라서 보면 최초로 — 예술적 구성물로서의 개체적인 것을 우연성으로부터 해방했다. 그리고 개체적인 것에 우리가 "필연성"이라는 어쩌면 그다지 명확하지 않은 말로 나타내는 것을 부여했는데, 그렇다고 해서 유형으로의 보편화라는 대가를 치르고 이것을 성취한 것은 아니었다. 칸트가 설파한 필연성과 보편성의 연대(連帶)는 이론적 주장들에 대해 타당할 수 있다; 그런데 그 자신은 이미 이러한 연대를 매우 문제적인 방식으로 윤리적인 것에 전용했다; 왜냐하면 도덕적으로 필연적인 하나의 준칙이 모든 주체들에 대해 보편적인 타당성을 갖는다는 주장에 — 이미 앞선 한 논의의 맥락에서 언급한 바와 같이[7] — 확실히 개인의 근본적인 유일성에서 솟아나며 보편적인 법칙으로서는 공허

---

7 이는 구체적으로 이 책 119쪽에서의 논의를 말한다. 이와 더불어 짐멜은 새로운 윤리학적 원리인 개인법칙을 암시하는데, 이에 대해서는 119~20쪽에 실려 있는 제1장의 각주 93번을 참고할 것.

해지는 도덕적으로 필연적인 행위들이 대립하기 때문이다. 그런데 그와 같은 상관관계를 예술적 영역에 전용하는 것은 훨씬 더 일면적이다. 이 영역에서 렘브란트는 한 인간의 가장 내면적인 삶으로부터 그의 외면이 확실하고 필연적인 형식으로 발전할 수 있음을 명백히 보여주었다. 그런데 이 형식은 그와 같은 발전을 보편적인 법칙성으로부터 빌려오지 않는다. 그것은 오히려 이 개체성과 완전히 하나가 되며, 따라서 그것이 다른 개체성에서 반복되는 일은 어쩌면 우연히 가능할 수도 있지만 이러한 반복이 보편적인 원리에 근거한다고 보는 것은 난센스다.

삶을 파악하는 두 가지 방식

만약 인격을 이해할 수 있도록 만드는 렘브란트의 과정이 유형에 의해 매개된 과정과 다른 목표를 갖고 다른 수단을 사용한다면, 이러한 차이는 우리가 인간 일반을 아는 두 방식 사이의 아주 큰 차이를 반영한다. 그 첫 번째는 인간을 보편적인 영혼적 개념들에 귀속시키는 것이다: 그는 영리하거나 우둔하다, 관대하거나 편협하다, 선량하거나 악의적이다 등이 바로 그것이다. 이것이 점차로 세련되면서 과학적-심리학적 인식의 길이 된다. 그렇지만 엄밀히 말해 그것에 의해 영혼에 대한 나의 지식이 확장되는 것은 아니다. 나는 이 모든 기질과 상태를 이미 알고 있어야 하며, 내가 경험하는 것은 단지, 그것들이 다시 한 번 이 특정한 인간에게서 이러이러한 조합을 통해 실현된다는 사실뿐이다. 이렇게 하여 내가 이 인간에 대해 아는 것은 그 자신으로부터, 그 자신의 내부로부터 온 것이 아니다. 그에 대한 나의 지식은 오히려 내가 이미 가지고 있는 개념들에서 나온 것이다. 이러한 유형의 지식은 그 모든 의미와 불가결성에도 불구하고 이차적이라는 사실을 알기 위해서는, 인간에 대하여 개념들에 의해서는 포착할 수 없는 직접적인 지식을 가져야만 비로소 내가 이미 잘 알고 있는 개념들 중 **어떤** 개념들이 그에게 적용될 수 있는가를 인식할 수 있다는 사실을 헤아리는 것으로 족하다. 이러한 직접적인 지식의 첫 번째 단계는 ― 간단히 표현하자면 ― 인간이 방에 들어서는 순간에 이미 주어진다. 이 첫 순간에 우리는 그의 이런 또는 저런 측면을 알지 못하고, 앞서 언급한 범주들 가운데 어떤 것이 그에게서 보이는지 알지 못한다.[8] 그러나 우리는 그에 대해 엄청나게 많은 것을 알고, 그 자신을 알며 그를 다른 인간들과 혼동할 수 없는 특징을 안다. 이 첫 현존에 결부되어 있는 육체적 혼동 불가능성은 그렇게 아는 것의 상징이며 어쩌면 상징 그 이상이다. 그리고 이 첫 순간에 시작되고 끊임없이 그 순간에 의해 성격이 규정되면서 지속적으로 발전하는 지식의 계열이 있는데, 이 지식의 계열은 절대로 분해될 수 없는 이 첫 번째 지식을 심화하고 증식할 뿐 거기에 특정한 **부분들**을 첨가하지 않는다. 이러한 지식의 계열은 계속하여 이 독특한 개체성을 반영하는 완전히 통일적인 무엇인가로 남아 있으며, 또한 그것이 심화되고 확장되는 것은 명시할 수 있는 갖가지 특성들에 근거하는 다른 지식의 계열 자체도 그것과 마찬가지로 진보한다는 사실과 아무런 관계가 없다. 여기에서 결정적인 것은 다음과 같이 자명한 일이 아니다: 인간은 우리가 명시할 수 있는 특징들의 총합으로 합성될 수 없는 개체성이다 ― 여기에서 결정적인 것은 오히려, 바로 이 개체성의 인식이 말하자면 서술할 수 있는 특징들의 인식을 위한 기관들과 절대로 일치하지 않는 특별한 기관에 의해 이루어진다는 사실이다. 이러한 기관은 렘브란트에게서 놀라울 만큼 발전했음이 틀림없다. 그의 초상화들로부터는 그 본질적 성격상 무엇보다도 우리가 어느 사람을 처

---

8 이 문장에서 "앞서 언급한 범주들"은 이 문단의 두 번째 문장에 나오는 "영리하거나 우둔하다, 관대하거나 편협하다, 선량하거나 악의적이다 등"을 가리킨다.

음 바라보는 순간 그에 대해 절대 말로 표현할 수 없다고 느끼는 것, 그러니까 우리가 그의 존재의 통일성이라고 느끼는 것이 빛난다. 왜냐하면 오로지 인간의 총체성만이 — 이것을 렘브란트는 인간 운명의 총체적 과정으로 명백하게 보여준다 — 유일한 것이며, 인간의 모든 특수한 것은 곧 보편적인 것이기 때문이다. 그러나 이탈리아 초상화는 본질적으로 후자를 지향한다. 그것은 인간을 유형으로 또는 복수의 보편적인 존재로 파악함으로써, 더 한층 인간에게 관람자를 또는 관람자에게 인간을 **마주 대하도록** 한다. 이에 반해 총체성의 포착은 보다 높은 정도로 자기용해와 감정이입을 내포하는데, 이것은 관찰의 순간에 주체-객체 관계를 직관이라는 보다 큰 미분화성으로 가라앉게 만든다.

사실 이 점 때문에 전형적인 고전적 양식이 바로 **양식** 일반으로 규정된다. 왜냐하면 양식이란 언제나 아주 다양한 현상들에 그것들이 몇 개이든 똑같은 방식으로 적용되는 **보편적인** 형식을 부여하는 것을, 그리고 이 모든 다양한 것들이 그와 같은 형식의 지배를 받는 즉시 그것들로부터 솟아나오는 통일적인 삶의 감정을 의미하기 때문이다. 그런데 고전적 예술은 현상들을 관찰이라는 일차적인 범주에서 형상화함으로써 이념적 관람객이 그 목표점(terminus ad quem)이 되는바, 이 목표점의 초개체성과 유형성은 아주 다양한 현상들을 **하나의** 동일한 형식원리로 합류하도록 만든다. 이런 연유로 양식이 어떠한가 하는 문제에 상관없이 고전적 예술은 게르만 예술에 비하면 더할 나위 없이 "양식화된" 것으로 보인다. 바로 이러한 맥락을 매개로 순수한 형식의 고전적 원리로부터, 다시 말해 생성과 단절된 삶의 단계인 표면적 요소들의 내재적 법칙성으로부터 — 바로 이와 같은 고전적 원리로부터 르네상스 초상화를 (나중에 다루게 될 한 가지 사항을 제외하고) 규정짓는 유형성, 즉 일반적인 것의 특성이 발전한다. 거기에 더해 형식 자체는 본질적으로 완전히 초개체적 성격을 갖는다는 점이 추가되어야 한다; 형식이 다수의 질료적 존재들과 갖는 관계는 보편개념이 그것의 지배를 받는 특수한 요소들과 갖는 관계와 똑같다. 왜냐하면 질료적 존재들은 그 모든 다양성에도 불구하고 형식으로 흡수되고 형식은 이 존재들에게 동일성을 부여하기 때문이다: 형식의 원리가 지배하면 언제나 길은 개체적인 것의 너머로 통한다. 그리하여 이러한 원리는 아주 일관되게 르네상스 전성기의 건축 이론가들에 의해 규정된 다음과 같은 지점으로 연결된다: 건축학적 아름다움은 궁극적으로 질료 덩어리들의 보편적으로 타당한 비율로부터 창출되어야 한다. 이처럼 순수한 질료성의 원리로부터 발전한 그리고 전적으로 보편적인 성격을 띠는 형식은 삶의 원리와 내적으로 완전히 대립된다.

그러므로 삶의 원리가 지배하는 경우 길은 역으로 개체성으로 통한다. 형식 자체는 추상화(抽象化)에 결부되어 있으며 따라서 보편화에 결부되어 있는 반면, 삶은 개체적 형성과 연결되어 있다. 물론 우리는 삶 또는 살아 있는 것의 보편개념도 구성할 수 있다. 그러나 어떠한 경우에도 개인의 삶은 그의 형식과는 완전히 다른 의미에서 그리고 완전히 다른 정도로 그 자신의 것이다. 형식은 현실에 붙박여 있지 않다. 그것은 임의적으로 많은 현실들에 의해 수용될 수 있는 이념적 타당성을 갖는다; 그러나 삶은 어디까지나 현실적일 뿐이며, 또한 바로 이런 연유로 자신의 모든 계열에서 현실의 모든 부분이 현실로서 유일성을 갖는다. 동일한 존재가 두 번 있을 수 있다면, 이는 난센스가 아닐 수 없다. 이에 반해 동일한 형식은 둘 또는 수많은 존재를 언제든지 포괄할 수 있다. 만약 어느 한 인간적 현상이 삶의 과정으로부터 — 폐쇄적인 현상 복합체 자체의 합리적 또는 직관적 논리로부터가 아니라 — 이해될 수 있다면, 그것은 다름 아닌 존재의 절대적인 일회성과 유일성에서 유래하는 것이다. 이 존재는 자신의 형식을(또는 이 측면에서 형식과 마찬가지인 형식의 내용들을) 무수한 사람들과 공유할 수도 있다. 그것은 자신의 삶의 흐름에 다른 존재들이, 세상의 내용들이 자신에게 준 무수한 것들을 받아들였을 수도 있고 또한 받아들였음에 틀림없다—설령 이 모든 것을 계산에 넣는다 할지라도, 그것은 어디까지나 이 하나의 존재일 뿐이며, 시간적으로 무엇과도 바꿀 수 없는 현존재의 한 지점에서 무엇과도 바꿀 수 없는 또 다른 지점으로 확장된다. 그것의 형식과 내용들은 이미 말한 것처럼 비교가 가능할 수도 있다. 그러나 그것의 과정은 비교 가능성과 비교 불가능성의 양자택일을 넘어선다. 그것은 또한 이미 존재하거나 아직 생성 중인 특징들로 결코 표현할 수 없는 유일하고 순수한 생성이다. 렘브란트의 인물들에게서 삶의 과정 자체가 명백하게 드러난다고 할 때, 거기에서 드러나는 것은 그들의 "개체성"이 갖는 의미이지 구체적인 내용들에서 관찰할 수 있는 질적인 다름 또는 특별함이 아니다; 왜냐하면 이것은 완전히 상대적이고 우연적인 개체성이기 때문이다. 설령 거기에서 한 존재가 하나의 또는 모든 단계에서 다른 한 존재와 완전히 똑같이 보인다고 할지라도, 그 존재는 모든 전제조건, 파생, 전용(轉用)에도 불구하고 삶의 과정으로서, 그러니까 생성의 현실로서 바로 이 유일한 흐름일 것이다. 삶으로부터 결과하는 어느 한 특별한 외양에서, 다시 말해 삶의 어느 한 표면현상에서 우리가 느끼는 개체적 유일성은 다음 사실의 동의어 또는 상징일 뿐이다. 삶은 외양 또는 표면현상을 통해 생성되며, 또한 삶의 과정은 그 자체로서 하나의 계열 속에서 진행되고 다른 무엇과도 혼동할 수 없으며 내적으로만 존재하는 사건으로서, 이 주어진 것에서 진정으로 바라볼 수 있다.[9]

---

9 이 문장의 마지막 부분에 나오는 "이 주어진 것"은 삶의 외양 또는 표면현상을 가리킨다.

형식의 개체성과 범신론에 대한 주해[10]

확실히 르네상스의 사고는 범신론적이었다. 그렇지만 이것은 사실상 형식들의 자족성과 주권적인 고유가치에 잘 어울리지 않았다. 왜냐하면 비록 형식이 경험적 현실에 비하여 아무리 초개체적이라고 할지라도, 존재의 미분화된 총체성에 비하면 개체적인 무엇인가이기 때문이다. 모든 형식은 바로 연속성과 운동의 배제를 통해 다른 모든 형식들로부터 아주 명백하게 분리되며 따라서 그것들로부터 전혀 영향을 받지 않는다. 스토아학파의 범신론은 이러한 모순을 극복했는데, 그 이유는 이 학파가 여전히 신비주의적-물활론적 관점에 의해 영향을 받고 있었기 때문이다. 이 관점에 따르면 우리가 "사물"이라고 간주하는 (어떠한 주관적 자의성과 더불어 그러든 상관없이) 현존재의 모든 부분에는 영혼이 깃들어 있다. 그런데 스토아학파는 신적인 세계령(世界靈)을 모든 현존재에서 작용하는 근본적인 힘으로 전제함으로써, 개별적인 현상의 개체적인 특성과 우주 전체에 깃든 영혼 사이의 대립을, 다시 말해 영혼이 깃든 개별적인 존재들의 총합과 세계령의 통일성 사이의 대립을 사라지도록 했다 — 루소의 표현 방식을 빌자면, 마치 전체의지(volonté de tous)가 일반의지(volonté génénale)와 일치하기라도 하듯이 그랬다.[11] 그들에게 우주의 모

---

10 이 절(節) 전체는 원문에서 이탤릭으로 처리되어 있으나, 한국어 판에서는 가독성을 위해 다른 절들과 똑같은 글자체로 조판하였다.

11 루소는 그의 주저 『사회계약론』 제2부 제3장 「일반의지가 오류를 범할 경우」에서 다음과 같이 일반의지와 전체의지를 구별하고 있다. "전체의지와 일반의지 사이에는 때때로 큰 차이가 있다; 일반의지는 공동의 이해관계만을 고려한다; 전체의지는 사적인 이해관계를 고려하며, 따라서 특수의지들의 합계에 지나지 않는다; 그러나 이 특수의지들로부터 지나친 것과 모자라는 것을 상쇄하면 그 차이의 합계로서 일반의지가 남는다." Jean-Jacques Rousseau, *Du contrat social*; *Discours sur les sciences et les arts*; *Discours sur l'origine de l'inégalité parmi les hommes*, Paris:

든 부분은 그 자체로서 영혼이 깃들고, 유기적이며 가치가 있는 것으로 보였는데, 이는 세계령의 내재하는 힘이 그것들의 형식을 규정한다는 데에 그 정확한 이유가 있었다.

이제 다시 르네상스에 관해 말할 것 같으면, 범신론적 신성이 아직 기독교적 신과 완전히 모순되는 것으로 느껴지지 않았기 때문에 범신론은 어쩌면 형식의 승리와 양립할 수 있었을 것이다. 인격인, 따라서 그 자신 여전히 다소간의 형식과 개체성을 간직하고 있던 신은 세계를 구성하는 개별적인 존재들과 양립할 수 있었다; 사람들은 원하는 만큼 신에게 권능과 통일성을 부여할 수 있었다 ─ 그는 세계를 **갖지**, 세계 **그 자체가** 아니다.[12] 신이 세계로 완전히 용해되거나 또는 세계가 신으로 완전히 용해되어야만 비로소 신의 통일성이 처음부터 세계의 통일성이 되며, 세계의 요소들이 분리되는 것을 절대로 허용하지 않는다. 다시 말해 현실의 개별적인 부분들이 바로 그것들의 형식에 의해 자존성(自存性)을 획득하는 것은 허용되지 않는데, 이는 심지어 그 부분들의 질료가 내적이고 연속적으로 결합되어 있는 경우에도 그렇다.

전형적인 르네상스 철학자로 간주되는 조르다노 브루노[13]는 내가 보

Union Générale D'Editions 1963, 73쪽.

12 이 문장의 후반부는 다음을 우리말로 옮긴 것이다. "er *hat* die Welt, er *ist* nicht die Welt." 여기에서 짐멜은 소유(haben)와 존재(sein)를 대비하고 있는 것이다.

13 조르다노 브루노(Giordano Bruno, 1548~1600)는 르네상스 시대 이탈리아의 성직자이자 시인이며 철학자이다. 범신론적 신학과 철학을 추구한 브루노는 코페르니쿠스의 우주론에 입각해 우주의 무한성을 논증한다. 브루노에 의하면 신성(神性)은 이 무한한 우주에 충만하고 이 무한한 우주를 관통하는 생명이다. 달리 말해 그것은 우주의 영(靈)이다. 이 때문에 브루노는 1592년 베네치아에서 종교재판에 회부되어 1600년 로마에서 화형에 처해졌다. 브루노의 철학은 스피노자에게 결정적인 영향을 끼쳤다. 저서로는 『원인, 원리 및 제일자(第一者)에 관하여』(1584), 『무한, 우주 및 세계에 관하여』(1584), 『최소자론(最小者論)』(1591) 등이 있다.

기에 이 점에서 오히려 바로크의 기본 의식을 표현하고 있다: 그것은 특수성에서 의미를 갖는 형식을 전체적인 관계를 위하여 해체하는 것이다; 오직 이 관계만이 통일적이고 절대적인 것인바, 그 안에서 각각의 요소는 다른 요소들과의 관계를 통해서만 의미를 얻는다. 브루노에 따르면 확고한 형식으로 구성되는 모든 현상들은 그럼에도 불구하고 서로 넘나든다. 그리고 상상력은 모든 것으로부터 모든 것을 주조할 수 있다. 심지어 개념적으로 모순되는 것, 예컨대 아름다운 것과 추한 것도 서로 맞닿는데, 이는 각각의 사물이 다른 사물의 최소한과 일치하는 최소한을 갖기 때문이다. 만약 상상력이 모든 선(先)결정하는 규칙을 경멸하면서 모든 개체적인 형상을 다른 모든 개체적인 형상으로 옮긴다면, 상상력의 정당성은 이 형상들의 내적인 친화성에서, 다시 말해 신적 통일성에 뿌리내리고 있는 본질 동일성에서 찾을 수 있다. 요컨대 여기에서 범신론은 사물들이 따로따로 갖는 형식들의 존재와 의미를 처음부터 부인하지는 않지만 — 이것은 나중에 그 최고의 발전 단계인 스피노자 철학에서 이루어진다[14] — 그럼에도 불구하고 그 존재와 의미를 완화하고 그것들을 서로 뒤섞고 그것들의 고유한 권한을 깨뜨리며, 또한 그것들을 근거 짓고 포괄하는 중심적인 통일성과의 관계에서만 그리고 그 통일성 안에서만 그것들을 인정하는 발전 단계에 이르렀다. 스토아주의가 자연스레 신적 전일성(全一性)으로 하여금 개체적 형식의 안에서 계속적으로 생명력을 갖도록 한 반면, 그리고 르네상스 전성기의 범신론에서는 아직도 어떤 방식으로든 개체화하는 인격신론적 신의 관념이 지속적으로 영향을 끼치고 있었기 때문에 범신론이 형식적 엄격성과 양립할 수 있는 것으로 보인 반면 — 브루노와 더불어 바로크에 상응하는 단계가 도래했다.

---

14 이는 구체적으로 사유와 확장 또는 연장이다. 이에 대한 자세한 내용은 제1장의 각주 30번을 참고할 것.

렘브란트에게서 문제가 되는 것은 형식들을 해체하지만 어떤 의미에서 그것들에 외적인 전체적인 삶이 아니라 순수하게 개인적인 삶이다. 마치 특수한 것이 보편적인 것 속에서 사라지듯이 형식들이 우주적 삶의 통일성 속에서 사라지는 것이 아니라, 각각의 삶이 내부로부터 형식을 해체한다. **이것이** 이제 보편적인 것이며 그 자체로서 (전자의 경우와 역으로) 개체성 속에서 사라진다.[15]

죽음

삶의 원리와 개체성이 같은 곳에 속한다는 사실의, 그리고 이 둘이 공통으로 "무시간성"의 고전적 유형에 대립한다는 사실의 표현은 그 밖에도 다른 하나의 요소를 내포하는바, 그것이 이 모든 계기들과 갖는 관계는 매우 의미심장하지만, 아주 먼 곳에 있는 것처럼 그것은 오직 말로만 포착할 수 있다: 바로 죽음이다. 나는 이미 앞에서 렘브란트가 시간적으로 경과된 인간의 삶을 그의 특징들에 운명을 각인함으로써 — 마치 마법을 걸듯이 그의 순간적인 모습에 연속적 발전 과정의 차원을 새겨 넣음으로써 — 느낄 수 있도록 만든 사실에 대하여 이야기했다. 그리고 죽음에 대해서는 소재를 많이 제공하지 못하는 젊은 사람들의 초상화 가운데 티투스를 그린 몇몇 작품들만이 마치 시간을 뒤집은 것처럼 삶의 과정을 미리 맛보며 전개한다는 사실을 말했다.[16] 그렇지만 삶을 비로소 전체성으로 만드는, 그것도 삶을 중단하는 바로 그 순간에 전체성으로 만드는 미래의 **한** 지점이 렘브란트의 가장 심오한 모든 초상화에 내재한

---

15 이 문장의 맨 앞에 나오는 "이것"은 형식을 가리킨다.
16 이는 구체적으로 이 책의 43쪽에서 다루어졌다.

다: 바로 죽음이다. 이 주제에 대해 말하는 것은 절대로 증명할 수 없다는 것을 처음부터 인정해야 한다. 이는 비단 어쩌면 결코 의심의 여지 없이 입증될 수는 없지만 그래도 원칙적으로 입증될 수 있는 가설의 의미에서만 그런 것이 아니다. 이와 같은 해석은 증명 가능성이 아니라 오히려 직접적인 동의에 그 성공이 달려 있는 완전히 다른 지층에 속한다. 이것은 확실히 다음과 같은 경우에 예술작품의 해석에 적용될 수 있을 것이다. 어느 한 예술작품의 서로 떨어져 있는 다수의 인상들이 새로이 부각된 개념에 의하여 서로 조화를 이루고 통일적인 방식으로 한 군데에 속하는 것으로 느껴지는 경우에 그럴 것이다. 물론 이러한 해석이 이루어진다면 그것은 어디까지나 사실로 확인될 수 있을 뿐이지 그와 같은 개념의 논리적 필연성으로부터 연역될 수 없다. 아무튼 이러한 제한이 있기는 하지만, 내가 보기에, 모든 살아 있는 존재에 내재하는 죽음의 계기는 렘브란트가 포착한 인간의 이미지에서 다른 어떤 회화에서보다 단호하고 강렬하게 느낄 수 있다. 내가 보기에 그는 삶과 죽음의 관계에 대한 특별한 감각을 갖고 있으며 — 물론 이 관계의 이론적 표현은 그에게 전혀 관심 밖의 일이었을 것이다 —, 죽음의 의미에 대한 아주 깊은 통찰력을 갖고 있다. 나는 이러한 통찰력이 다음과 같은 파르카-관념[17]을 벗어나야만 비로소 가능하다고 확신한다: 마치 한 특정한 시간적 순간에 그때까지 삶으로서 그리고 오로지 삶으로서만 끊임없이 자아온 삶의 실 줄기가 "절단되는" 것처럼 생각하는 것; 마치 삶은 그 행로의 어느 지점에서 죽음과 마주치도록 예정되어 있지만 바로 이 순간 비로소 죽음과 접촉하는 것처럼 생각하는 것. 이러한 관념과 상반되게 내가 보기에

---

17 파르카(Parzen)는 로마 신화에 나오는 세 명의 운명의 여신 — 클로토(Klotho),
라케시스(Lachesis), 아트로포스(Athropos) — 을 가리킨다. 파르카는 그리스 신화
에서는 모이라(Moira) 또는 모이레(Moire)로 불린다.

죽음은 처음부터 삶에 **내재하는** 것임에 의심의 여지가 없다. 물론 죽음은 바로 그 한 순간에 비로소 거시적 가시성, 또는 말하자면 독재(獨裁)에 도달한다.[18] 그러나 만약 우리가 죽지 않는다면 삶은 출생에서부터 그리고 그것의 모든 순간과 단면에서 다른 것이 될 것이다. 죽음은 삶에 대하여 언젠가 현실이 되는 가능성이 아니다. 오히려 우리의 삶은, 우리가 성장하면서 또는 쇠하면서 삶의 양지바른 고지에서든 그늘진 저지에서든 언제나 **죽게 되는 존재로 남을** 때만이, 우리가 아는 바의 삶으로 형성된다. 물론 우리는 어떤 경우에도 미래에 죽는다. 그러나 우리가 그렇게 되는 것은 단순한 "운명"이 아니다. 우리가 죽게 된다는 사실은 단순히 우리의 마지막 순간에 대한 상상적인 예견이나 전조가 아니라 ── 그 사실이 바로 그 순간에 이르러서야 비로소 우리에게 실천적인 중요성을 갖게 되기 때문에, 비록 우리가 보통 그 사실을 언어적으로 미래라고만, 다시 말해 비현실적인 것이라고만 지칭할지라도 ── 오히려 현재의 모든 순간에 존재하는 항시적인 내적 현실이다. 그것은 삶의 색채이자 형식으로서, 이것이 없다면 우리가 살아가는 삶은 상상할 수 없게 변할 것이다. 죽음은 유기적 현존재의 특성이다. 마치 씨앗이 오래전부터 지니어온 한 특성, 또는 씨앗이 언젠가 열매를 맺게 된다고 표현하는바 씨앗의 한 작용인 것처럼, 죽음은 유기적 현존재의 한 특성이다.

그런데 내가 보기에 죽음을 느끼는 이러한 방식이 렘브란트의 인간관에서는 그가 이것을 가장 깊은 곳으로부터 끄집어내는 경우에 표현된다. 물론 애가적(哀歌的)인 또는 비장하게 강조된 의미에서 그런 것은 아니다. 왜냐하면 그와 같은 의미는 죽음이 외부로부터 삶을 위협하는 폭거

---

18 이 문장은 다음과 같이 의역해서 읽어야 할 것이다. "물론 죽음은 바로 그 한 순간에 비로소 육안으로 명백히 볼 수 있게 되거나, 또는 처음부터 자신이 내재해온 삶이 없이 홀로 있게 된다."

로 보이는 경우, 또는 죽음이 우리 삶의 행로의 어떤 지점에서 우리를 기다려온 운명, 그것도 사실로서는 피할 수 없지만 삶의 이념으로부터 필연적으로 유래하는 것이 아니며, 심지어 그 이념과 모순되는 운명으로 보이는 경우에나 생겨나기 때문이다. 이처럼 죽음이 삶에 연결되지 않은 채 삶 자체에 가해지는 힘으로 간주된다면, 죽음은 소름끼치고 한탄스러운 성격을 띠게 되는바, 사람들은 그것에 영웅적으로 반항하거나 또는 그것에 서정적으로 굴복하거나 또는 그것을 내적으로 초탈하게 된다 — 이는 도처에서 "죽음의 무도"[19]에 묘사되어 있다; 이런 식으로 죽음을 영혼의 의미에 외적인 것으로 파악하는 것은, 여기서는 죽음이 공간적으로 그 희생자의 외부에 서 있는 존재로 보인다는 사실에 의해 적절하게 상징된다.

그러나 죽음이 직접적으로 삶과 함께 그리고 삶의 안에서 삶 자체의 한 요소로 느껴진다면 사정은 완전히 달라진다. 이제 우리는 더 이상 마치 멀리서부터 우리에게 다가오는 적에 의해 — 또는 어쩌면 친구에 의해 그러는 것처럼 죽음에 의해 "위협받지" 않는다. 오히려 죽음은 처음부터 삶의 '지워버릴 수 없는 특성'[20]이다. 이는 또한 여기에서 이 주제

---

19 '죽음의 무도'(Totentanz)는 달리 '사자(死者)의 춤'이라고도 하며 죽음의 힘이 인간 삶에 미치는 영향을 형상화한 미술 장르이다. 14세기에 발생하여 페스트, 기근, 전쟁으로 인해 죽음이 유럽을 휩쓸게 되면서 중세 말기에 유행했는데, 제목이 가리키는 대로 죽음을 주제로 한다. 아니 제목 그대로 대개는 죽음과 춤이 동시에 등장한다. 예컨대 죽음을 상징하는 여러 해골(인간)들이 춤을 추는 모습이다.

20 이는 중세 교회의 신학적 교리이다. 이에 따르면 사제는 그 개인적인 성품과 무관하게 '지워버릴 수 없는 특성'(character indelebilis)을 갖는다. 이러한 교리는 아주 큰 심리학적 효과를 가져와 "사람들은 사제를 인간적으로 싫어하는 경우에도 그의 종교적인 선물을 갈망하였다." 야코프 부르크하르트, 안인희 옮김, 『이탈리아 르네상스의 문화』(원제는 Die Kultur der Renaissance in Italien), 푸른숲 2002, 554쪽. 종교개혁가 루터는 사제가 사제직을 그만두면 성례전적 힘이 없어진다고 주장하면서 '지워버릴 수 없는 특성'의 관념에 반기를 들었다.

에 대해 많은 이야기를 할 필요가 전혀 없는 이유이기도 하다. 죽음은 언젠가 한 번 실현될 추상적 가능성으로서가 아니라 우리 삶이 구체적으로 그렇게 존재하도록 만드는 순수한 사실로서 우리의 첫날부터 우리 안에 있는데, 이는 비록 그것의 형식과 말하자면 그것의 척도가 매우 가변적이고 마지막 순간에서야 우리에게 더 이상 착각을 허용하지 않을지라도 그렇다. 우리는 "죽음으로 운명지어져" 있는 것이 아니다; 이 모든 것은 죽음의 기능적이고 내재적인 요소가 실체적인 무엇인가로 그리고 독립적인 특수형상으로 대상화되는 경우에만 일어날 수 있다 — 그보다 우리의 삶과 그것의 전체적인 현상은 만약 우리가 그 최종 상태에 따라 죽음이라고 부르는 것에 의해 철저하게 지배되지 않는다면 처음부터 완전히 다를 것이다.

우리의 세계상에서 볼 수 있는 가장 전형적인 관계들 가운데 하나가 여기에서 작동한다. 우리의 현존재를 본질적으로 규정하는 많은 것들이 대립적인 짝으로 정리되며, 따라서 하나의 개념은 다른 개념과의 상관관계를 통해 비로소 그 의미를 얻게 된다: 선한 것과 악한 것, 남성적인 것과 여성적인 것, 공로와 과오, 진보와 정체 그리고 다른 무수한 것을 들수 있다. 하나의 상대성은 다른 것의 상대성에 의해 그 한계와 형식을 얻는다. 그런데 이 두 상대성이 다시 한 번 그 둘 가운데 어느 하나가 획득하는 **절대적 의미**에 의해 포괄되는 일이 자주 있다. 확실히 선과 악은 그것들의 상대적인 의미에서 서로를 배척한다; 그러나 어쩌면 현존재는 절대적인 신적 의미에서 절대적으로 선하며, 이 선한 것은 상대적으로 선한 것과 상대적으로 악한 것을 내포한다. 확실히 정신적 진보와 정신적 정체는 한 치의 양보도 없이 서로 싸운다; 그러나 어쩌면 정신의 세계과정은 절대적 진보인데, 거기에는 우리가 경험적으로 그렇게 표현하는 상대적인 무엇인가가 포함되어 있으며 우리가 정체라고 부르는 것도 진보의 한 양태로서 거기로 통합된다. 그리고 이와 마찬가지로 삶과 죽음도 논리적이고 물리적으로 서로 배척하는 것으로 보이는 한 어쩌면 절대적인 의미에서의 삶에 의해 포괄된 상대적인 대립에 지나지 않는바, 이 의미는 삶과 죽음의 상호적인 자기제한과 자기조건의 근거가 되고 그것을 포섭한다.

죽음이 삶에 내재하는 것을 형이상학적으로 그와 같은 방식으로 또는 다른 방식으로 표현할 수 있다: 그렇지만 내가 보기에 근본적인 사실 자체는 렘브란트의 가장 심오한 초상화들에 의해 공표된다. 이것과 거기에 근거하는 그의 예술의 유일성을 이해하기 위해서는 그와 고전예술의 관계에 대한 보다 폭넓은 고찰이 필요하다.

우리는 고전예술과 렘브란트 예술이 주는 전반적인 인상에 근거하여 이미 다음과 같이 말할 수 있었다. 전자는 말하자면 삶이 자신의 표면에 퇴적하고 응고되도록 만드는 추상적인 형식을 지향하는 반면, 후자는 직접적인 삶을 지향한다. 그리스 예술은 삶으로부터 멀어지기를 원하지 않으며, 삶으로부터 해방되기를 원하지 않는데, 아마도 이집트 신관(神官) 예술과 고대 동아시아 예술에서는 이와 다를 것이다. 그러나 그렇다고 해서 그리스 예술의 의도가 시간적으로 흐르는 그때그때의 계기적(繼起的) 연결성과 개체성에 있다는 것은 아니다. 오히려 그 의도는 적어도 외관상 이 흐름을 벗어나는 구조에 있는데, 이 구조를 통해 응고된 삶이 외부를 향해 자신을 표현한다; 바로 이런 연유로 그리스 예술은 법칙성을 추구하는바, 이것을 통해 삶의 현상의 요소들이 서로 결합되며, 또한 이것은 바로 법칙성으로서 모든 시간과 모든 개체성을 벗어나고 렘브란트에게서처럼 모든 순간에 보이지 않는 또는 달리 말해 무(無)형식적인 내적 생명력에 의해 자양분을 얻고 고양되거나 침하되지 않는다. 고전예술에서는 개별 구성물이 형식의 보편적인 법칙성으로부터 그 의미를 얻으며, 또한 바로 이러한 사실로부터 이미 언급한 바 있는 그리스 예술, 더 나아가 어쩌면 그리스인들의 삶에 결부된 대표적 측면, 아니 어떤 의미에서는 연극적 측면이 연원한다: 여기에서 개인은 그저 개인 자신이 아니라 보편적인 것을 표현하는데, 이는 마치 배우의 역할이 이념적이고 보편적인 것으로서 각자 배우에게 그의 현존재의 의미와 내용을 부여하는 것과 같다.

이처럼 초개체적인 것을 대표하며 또한 그리함으로써 개체성의 가치를 고갈시키는 것 ─ 바로 이것이 그리스에서는 현상들에 품위와 자부심을 부여하지만, 또한 현상들을 보이는 것과 인정받는 것에 의존하도록 만들기도 한다. 그리고 이것은 보편성의 원리가 사물을 외부로 향하도록 구성하는 경향, 삶의 운동이 견고한 구성물로 응결되도록 삶을 예술적으로 나타내는 경향과 연결되는 이유이다. 이것을 가장 추상적으로 ─ 이도 역시 이미 시사한 바와 같이 ─ 표현한 것은 플라톤이다. 왜냐하면 그에게 사물들은 이데아의 대리자밖에 아무것도 아니며, 그 자체로서가 아니라 가시적인 현실의 형식 안으로 보편적인 어떤 것을 실어 나르는 한에서만 의미를 갖는다. 플라톤에게 개별적인 사물은 이데아의 배우로서, 그것은 자신에게 그리고 다른 무수한 개체들에게 이념적으로 규정된 역할을 수행한다. 그리고 배우가 그런 것처럼 그것은 자신에게 위임된 이 보편적인 임무를 통해서만 무엇인가가 된다; 어느 한 역할이 많은 배우들에 의해 수행될 수 있듯이 이데아는 많은 개별적인 사물들에 의해 표현될 수 있다.

다시 한 번 되풀이하거니와, 요컨대 바로 여기에 고전시대의 두 가지 태도, 즉 한편으로는 순수한 개체성에 등을 돌리는 태도와 다른 한편으로는 자족적이고 자신의 고유한 법칙을 따르는 삶의 **외적 형식**을 향하는 태도 사이의 깊은 관계가 있다. 삶의 이 외적 형식은 확고한 구조로 포착할 수 없는 비가시적인 내적 흐름을 은폐한다. 이에 반해 렘브란트는 자신의 가장 완벽한 초상화들에 내부로부터 모든 형식을 채워 넘치는 충만한 삶 자체의 물결을 불어넣었다. 그리고 죽음에 대한 우리의 해석을 되돌아보면 이제야 비로소 완전한 의미를 얻는다. 그의 가장 완벽한 초상화들은 삶을 죽음도 포괄되는 가장 넓은 의미에서 함유한다. 자신으로부터 죽음을 배제함으로써 단지 삶에 지나지 않는 모든 것은 좁은 의미에서의 삶이다. 그것은 말하자면 일종의 추상화(抽象化)이다. 우리는 많은 이탈리아 초상화들에서 거기에 묘사된 인간들에게 죽음이 '등 뒤에서 비수로 찌르는 것'[21]의 형식으로 온다는 인상을 받는다 — 이에 반해 렘브란트의 초상화들은 죽음이 이 흐르는 삶 전체의 끊임없는 지속적 발전이라는 인상을 준다. 이는 강물이 바다로 흘러들지만 어떤 새로운 요소에 의해 폭력적으로 그리되는 것이 아니라 처음부터 존재하는 자연적인 과정을 따라서 그리되는 것과 마찬가지이다. 외관상 루벤스는 렘브란트보다 자신의 인간들에게 훨씬 더 충만하고 훨씬 덜 속박되며 훨씬 더 근본적이고 강력한 삶을 부여한다; 그러나 이에 대한 대가로 방금 언급한 삶으로부터의 추상화를 묘사할 수밖에 없는데, 이 추상화는 삶으로부터 죽음을 제외함으로써 얻을 수 있다. 렘브란트의 인간들은 희미하고 쇠약한 그리고 어둠 속을 더듬는 모습을 보이는데, 바로 이 모습이 가장 명료하고 마침내 유일한 것으로 나타나는 것을 죽음이라고 한다. 그리고 이 인간들은 피상적으로 바라보면 그와 같은 모습을 보이는 만큼 더 적은 삶을 내포하고 있는 것처럼 보인다; 그러나 실제로는 바로 그렇게 함으로써 **전체적인** 삶을 포괄한다. 이것은 비록 전적으로는 아니지만 그래도 주로 그의 후기 초상화들에 적용된다. 드레스덴의 「사스키아와 함께 있는 자화상」[22]을 자세히 들여다보면, 그가 누리는 그늘지지 않은 삶의

---

21 이는 독일어 Dolchstoss를 옮긴 것으로서 음모 또는 계략을 의미한다. 예컨대 제1차 세계대전에서의 독일의 패배를 두고 우익세력은, 독일이 군사적으로는 패하지 않았음에도 불구하고 정부에 반대하는 민주세력이 등 뒤에서 비수로 찌른 정치적 음모 때문에 패했다고 주장한다.

22 이것은 1635년에 캔버스에 그린 161×131cm 크기의 유화로서 원래 제목은 「선

쾌락이 조금은 인위적으로 보인다. 왜냐하면 마치 이 쾌락이 당장은 그의 존재의 표면에 나타난 것 같지만 이 존재의 심층에서는 먼 곳으로부터 미치는 보다 무거운 운명들과 피할 수 없이 서로 엉겨 붙어 있기 때문이다. 이것은 「사스키아와 함께 있는 자화상」을 카스탄엔 가문의 수집품에 속하는 「웃는 모습의 자화상」(전자보다 34년 후에 그린)과 비교해보면 거의 놀라우리만치 명료해질 것이다.[23] 여기서는 웃음이 전적으로 순간적인 무엇인가이다. 그것은 말하자면 삶의 요소들이 우연적으로 결합된 결과인데, 이 요소들의 각각은 서로 완전히 다른 색조를 띠고 있으며 전체는 죽음이 꿰뚫고 흐르며 죽음을 지향하는 것처럼 보인다. 그리고 이두 작품 사이에는 아주 큰 유사성이 존재한다: 후자에서의 노인이 히죽히죽 웃는 모습은 오로지 전자에서의 젊은이다운 쾌활함이 지속적으로

술집의 탕자의 모습으로 사스키아와 함께 있는 자화상」이다. 현재 독일 드레스덴의 고전회화관(Gemäldegalerie Alte Meister)에 소장되어 있다. 사스키아 판 아윌렌뷔르흐(Saskia van Uylenburgh, 1612~42)는 렘브란트의 부인이다. 그리고 이 작품에 나오는 '탕자'는 구약성서 「누가복음」 제15장과 관련이 있다. 어떤 사람한테 두 아들이 있는데, 그 둘째가 아버지로부터 자기 몫의 재산을 미리 받아 먼 객지로 가서는 방탕한 생활로 탕진하고 만다. 그리하여 남의 집에서 돼지치기로 살면서 모진 고생을 하다가 집으로 돌아오자 아버지는 이 탕자를 따뜻하게 맞아준다. 그리고 이를 못마땅해하는 큰아들을 달랜다.

23 이것은 1663년경 캔버스에 그린 82.5×65cm 크기의 유화로서 「제우크시스의 모습을 한 자화상」으로도 불린다. 카스탄엔 가문(Familie Castanjen)은 마틴 카스탄엔(Martin Carstanjen, 1727~91)을 선조로 하는 라인 지방의 기업가 가문인데, 1881년에 귀족 작위를 받은 아돌프 폰 카스탄엔(Adolf von Castanjen, 1825~1900)이 의미심장한 화랑을 세우고 유화를 수집했다(이 가문의 저택은 오늘날의 본(Bonn)에 소재함). 그 수집품들은 현재 쾰른의 발라프-리하르츠 미술관(Wallraf-Richartz Museum)에 소장되어 있다. 헤라클레이아의 제우크시스(Zeuxis von Herakleia; 그리스어로는 Ζεῦξις)는 그리스의 유명한 화가였다고 전해지는 인물로서 그 활동 시기는 기원전 5세기 말부터 4세기 초로 추정된다. 본문에서 짐멜은 「사스키아와 함께 있는 자화상」과 「웃는 모습의 자화상」 사이에 34년의 시간적 차이가 있다고 했는데, 실제로는 그보다 짧다. 이 오류는 이 두 작품의 정확한 제작연도가 알려져 있지 않기 때문이다.

발전한 것으로 보일 뿐이다. 그리고 마치 삶에 죽음의 요소가 현존하는 것처럼 보이는데, 이 요소가 전자의 작품에서는 보이지 않는 가장 깊은 지층들로 물러났다가 이제 후자의 작품에서 표면까지 솟구쳐 나왔다.

나는 오직 셰익스피어의 비극작품들에서만 죽음이 삶에 대해 렘브란트의 초상화들에서와 유사한 의미를 갖는다고 믿는다. 내가 보기에 다른 모든 극작가들에게서는 죽음이 마치 기계 신[24]처럼 나타나서 영혼과 운명의 얽히고설킴이 내적으로 풀 수 없는 단계에 도달할 때 이 얽히고설킴을 잘라낸다. 주인공이 죽는다는 사실은 이들에게서 내적인 필연성도 아니고 본원적인 필연성도 아니며, 순수한 **삶**의 법칙들로부터 자체적으로 발전한 사건들에 직면하여 그에게 마지막으로 다른 어떤 선택이 남아 있지 않음을 의미한다; 그는 말하자면 죽음을 가지고 다니는 것이 아니라 단지 한 특정한 지점에서 그것과 마주치는 것일 뿐이다. 물론 그를 그 지점으로 이끄는 것은 바로 그의 삶의 여정이다. 이에 반해 셰익스피어 비극의 주인공들은 그들의 삶과 이 삶이 세계와 갖는 관계 속에 죽음을 말하자면 그들 삶의 선험적 숙명으로 갖고 있다. 죽음은 그들의 개인적 삶의 결과가 아니라 거기에 내재된 것이다; 그들의 운명이 무르익는 것은 동시에 ― 마치 이 둘이 동일한 사실을 표현하는 것처럼 ― 그들의 죽음이 무르익는 것이다. 바로 이런 연유로 죽음이 실제로 닥쳐오면 그것은 본래 상징적인 효과만을 가질 뿐이다: 레어티스의 독 묻은 칼과 어느 만큼은 너무 오랫동안 약효를 나타낸 줄리엣의 수면음료는 아주 외적이고 진부한 수단들이기 때문에 이 수단들을 보면 어떤 방식으로 죽음이 한 특정한 시점에 실현되는가는 중요치 않다는 점이 명백하게 드

---

24 기계 신(Deus ex machina)은 원래 고대 그리스의 연극에서 위급한 때에 공중에서 내려오는 기계로서, 마치 신처럼 모든 절박한 문제를 해결하는 극중의 인물이나 장치이다.

러난다.[25] 이것은 또한 오로지 셰익스피어의 주인공들에게서만 죽음이 진정으로 비극적인 이유이기도 하다; 왜냐하면 우리는 삶을 파괴하지만 삶의 고유한 법칙과 의미로부터 유래하는 것만을, 또는 달리 말해 비록 삶의 의지를 압도하지만 동시에 그리고 그렇게 함으로써 삶의 궁극적이고 가장 비밀스러운 임무를 수행하는 것만을 비극적이라고 부르게 되기 때문이다. 그러나 이것은 또한 오로지 셰익스피어의 참으로 비극적인 주인공들만이 이러한 죽음을 맞이하고 그들과 마찬가지로 죽는 조연들은 그렇지 않은 이유이기도 하다; 왜냐하면 오로지 전자의 경우들에서만 삶이 아주 크고 넓기 때문에 삶이 이미 또는 여전히 삶으로서 죽음을 그 안에 포함할 수 있기 때문이다.

아주 일반적으로 죽음의 관념은 인간의 예술적 묘사와 주목할 만한 관계를 갖는다. 초상화가 수백 년 또는 수천 년을 살 수 있다는 이유 때문만이 아니라 자신의 내용에 그것이 예술적 내용인 한에서 **무시간성**을 부여한다는 이유 때문에도 거기에는 다음과 같은 긴장이 나타난다: 그것이 묘사하는 것은 다름 아닌 무상한 존재이다. 관찰자까지도 자신의 흐름 속으로 휩쓸고 들어가는 삶의 운동에서는 이 삶과 서로 엉겨 붙어 있는 죽음이 우리에게 완전히 보이지 않게 될 수 있는데, 이는 죽음이 일반적으로 — 이것이 정당한가의 여부는 당장은 논하지 않기로 한다 — 언제나 동일하고 일반적인 것으로 간주된다는 이유만으로도 이미 그렇다; 그러나 통상적인 의식은 이 동일하고 일반적인 것을 배제하고 삶의 차이들이 갖는 중요성에 집착한다. 그럼에도 불구하고 우리로 하여금 죽음이 존재하지 않는다고 어느 정도까지 믿도록 하며, 그리하여 죽음을 부

---

25 레어티스(Laertes)는 셰익스피어의 비극 『햄릿』에 나오는 인물이다. 햄릿은 레어티스와 검술 시합을 하게 되는데, 레어티스가 자신의 칼에 독을 바른다. 레어티스의 칼이 햄릿을 찌르지만 결투가 진행되면서 서로의 칼이 뒤바뀌어 레어티스 역시 독이 묻은 칼에 찔리게 된다. 결국 두 사람 모두 독 기운으로 죽고 만다.

인하는 것처럼 보이는 이 직접적인 운동성을 혹시 예술작품이 잃어버린다 해도, 보다 섬세한 감수성에는 죽음이 보일 수 있다. 적어도 다음은 내가 보기에는, 실재적인 인간 이미지가 주는 인상과 예술적으로 재현된 인간 이미지가 주는 인상의 가장 본질적인 차이들 가운데 하나이다: 후자의 경우에는 그것이 흐르는 삶을 넘어서는 영역에 존재하기 때문에 바로 이 영역과의 대조를 통해 어떻게든 죽음을 느낄 수 있다 — 왜냐하면 죽음은 삶보다 무시간적인 것에 대한 훨씬 더 강력한 적대자이기 때문이다; 내가 보기에는, 바로 초상화 인물에게 비록 그 명료성의 단계가 매우 다양하기는 하지만 그래도 죽음, 그러니까 덧없는 우리 삶 또는 **무상함으로 운명지어진** 우리 삶이 아주 깊숙이 스며들기 때문에, 전체를 파괴하지 않고서는 초상화 인물로부터 죽음을 떼어낼 수 없다.

그런데 이러한 보편성의 내부에서 큰 차이들이 나타난다. 죽음을 면할 수 없는 존재의 시간성과 이 존재가 예술적으로 형성된 것의 무시간성 사이의 아주 깊은 대립을 눈에 띄도록 하는 것은 고전예술의 관심사가 아니었다. 오히려 고전예술은 — 몇몇 중요한 경우를 제외하면 — 자신의 대상을 그 전체적인 특성과 의미에서 무시간성의 영역으로 끌어올림으로써 양자를 화해시키고 통일하고자 했다. 그것은 대상을 **유형화함**으로써 이 목표를 달성했다. 오직 개인만이 죽을 뿐 유형은 죽지 않는다. 그것은 전자로부터 멀어지고 후자를 묘사함으로써 예술형식 자체와 거기에 그때그때 담기는 내용 사이의 긴장을 감소시켰다. 그것은 양자 위에 무시간성의 이념을 위치시켰다. 그것은 대상들이 예술적 질료가 되자마자 이것들을 마치 스스로 그러는 것처럼 아무런 저항도 없이 보편적인 양식으로 편입되도록 하는 지층 또는 의미로, 그러니까 처음부터 그리고 이미 그 대상들 자체에서 무시간적인 것으로 간주될 수 있는 것으로 환원했다: 다시 말하자면 그 대상들의 유형, 즉 그것들의 추상적으로 표현할 수 있는 — 비록 개념들에 의해서는 표현할 수 없지만 — 일반적인 본질로 환원했다. 대상 그 자체로 말할 것 같으면, 예술가가 그것에서 보고 그것으로부터 취하여 예술적 창조로 끌어들인 것의 관점에 따라 예술적 창조를 규정한 양식으로부터 떨어져서는 안 되었다. 예술적 무시간성은 거기에 맨 먼저 동화할 수 있는 객체, 즉 인간의 외양에 나타나는 불멸성을 고수했다; 인간의 외양에서 죽음과 거리가 먼 것은 바로 모든 외양을 포괄하는 부류, 그러니까 모든 외양에 공통적인 유형이다.

이러한 관계는 그것을 나타내는 부호들을 바꾸어도 여전히 똑같이 존재한다는 사실에 의해서 가장 잘 증명될 수 있다.[26] 이미 앞에서 언급한 대로 렘브란트의 가장 위대한 초상화들에는 죽음이 현재(顯在)하는데, 이 죽음은 그 작품들이 인물의 절대적인 개체성을 그 대상으로 받아들이는 정도에 따라 더 많이 느낄 수 있다. 그리고 이것은 내부로부터 이해할 수 있다. 나는 유형은 죽지 않지만 개인은 죽는다고 말했다. 그러므로 인간이 개체적이면 개체적일수록 그는 더욱더 "죽음을 면치 못할" 운명이다. 왜냐하면 유일한 것은 그야말로 대체할 수 없는 것이며, 따라서 그가 유일하면 유일할수록 그가 사라지는 것은 더욱더 확정적이기 때문이다. 그 개별적인 존재가 단순히 두 존재로 나누어짐으로써 번식하며 그와 더불어 완전히 사라지는 유기체들은 확실히 개체화의 가장 낮은 단계이다; 그리고 이것들이야말로 죽음의 개념을 적용할 수 없다고 언명되어왔는데, 그 이유는 그것들은 사라지면서 시체를 남기지 않기 때문이다. 개별적인 존재에게 시체조차도 허용치 않고 종족 재생산으로 완전히 용해되는 것은 죽음을 부정한다. 바로 이런 연유로 우리는 미발전으로 인해 또는 근본적으로 그 사회적 문화로 인해 개체성을 진정한 가치

---

26 이 문장에서 이러한 관계를 나타내는 부호들을 바꾼다 함은 이 관계를 죽음과 삶 그리고 보편성, 유형, 무시간성 등이라는 부호들로 나타내던 것을 이제 죽음과 삶 그리고 개체성, 개인, 시간성 등의 부호로 나타낸다는 뜻이다.

원리로 간주하지 않는 민족들은 죽음에 대해 아주 무관심하다는 사실을 볼 수 있다. 누군가 자신을 자신의 유형과, 그러니까 자신이 속한 부류라는 보편개념과 동일하도록 만드는 형식에 자신의 존재를 한정했거나, 또는 달리 말해 그 형식으로 확장했다면, 그는 보다 심층적인 의미에서 모든 시간 **안에** 그리고 시간을 **넘어서** 존재할 것이다. 그러나 누군가 유일하며 따라서 그의 형식이 그와 함께 사라진다면, 오직 그만이 말하자면 확정적으로 죽는다: 개체성 자체의 저 깊은 곳에 죽음의 숙명이 닻을 내리고 있다. ─ 괴테는 인간에게 오직 그가 갖는 중요성의 정도에 따라서만 불멸성을 허용하려고 함으로써 외견상 이것을 다르게 느꼈다. 그러나 이 점에서 그는 현재 우리의 시선이 가는 방향과 다른 방향을 본다. 그는 중요한 인물이 내적으로 느끼는 **에너지의 양**과 이 에너지가 끝까지 발현되도록 허용치 않는 수명 사이의 모순을 보고 번민한다. 바로 이런 연유로 그는 이 에너지가 완전히 실현되고 작용될 수 있는 사후적 존재를 상정한다. 그러고는 현세적 현존재보다 오래가지 않으면 안 되는 "행위"에 대해서만 말할 뿐이다; 그러나 현세적 개체성의 형식에 의해 그렇게 되기를 희망해야 하는지 아닌지는 말하지 않는다. 하여간 그는 거기에 대하여 ─ 보다 정확한 추론은 생략한 채 ─ "현존재의 다른 형식"을 전제할 뿐이다.

그런데 개체성과 죽음 사이의 이러한 극단적인 관계는 개체성이 예술의 대상이 되기는 하지만 예술에 의해 불멸성과 무시간성을 부여받자마자 새로운 문제에 직면하게 된다. 이렇게 발생하는 긴장이 고전예술에는 존재하지 않았는데, 그 이유는 고전예술이 이러한 특성들을 내재적으로 소유하고 있는 유형을 그 대상으로 했기 때문이다. 그런 한에서 예술적 의도와 대상이 동일한 경향을 보였다. 바로 이것이 개체성을 지향하는 모든 예술적 묘사에 모호하고 왠지 모순적인 무엇인가가 (비록 이러한 모순이 깊은 의미를 갖고 있다 하더라도) 들러붙어 있는 이유다: 이와 마찬가지로 매우 개체적인 모든 초상화는 보다 희미한 또는 보다 뚜렷한 비극적 특성을 갖고 있다. 그리고 이와 마찬가지로 셰익스피어의 모든 비극적 주인공은 아주 명백한 개체성을 보이는 반면, 그의 모든 희극 인물은 유형들이다; 이와 마찬가지로 이탈리아 예술은 유형화되었기 때문에 쾌활한 무엇인가를 갖고 있는 반면, 게르만 예술은 그 개인주의적 열정으로 인해 자주 분열된 무엇인가를 갖고 있다; 이것은 고전예술의 완결성과 대조적으로 독특하게 미완성된 모습이다. 게르만 예술은 무한성에 도달하려고 지속적으로 노력하는바, 마치 유한하고 사람의 마음을 진정시키는 모든 해답을 단념한 채 이제 비로소 얻어야 하는 것 또는 결코 얻을 수 없는 것을 추구하도록 끊임없이 내몰리기라도 하는 것처럼 그리한다 — 이 모든 것은 어쩌면 죽음과 내적으로 결부된 개체성이 순수하게 예술로서 죽음을 넘어서는 예술과 화해할 수 없다는 사실에 의해 자양분을 얻을 것이다. 그러나 삶은 오로지 개인들의 형식에서만 발현되며, 따라서 개인들에게서 삶과 죽음이 가장 격심하게 대립한다: 가장 개체적인 존재가 가장 철저하게 죽는데, 왜냐하면 그가 가장 철저하게 살기 때문이다. 내가 알기로는 서정시 예술에서 개체성의 관념이 극단적으로 고양되는데, 이는 우리가 아는 모든 삶에 죽음이 그 불가피한 결정요소로 내재한다고 죽음을 해석하기 때문에 가능하다. 라이너 마리아 릴케는 다음과 같이 죽음을 해석한다:

> 오 주여, 각자에게 그만의 고유한 죽음을 주소서.
> 그에게 사랑, 의미 그리고 고난을 겪도록 한
> 그 삶에서 떠나가는 죽음을.[27]

---

27 이것은 릴케(1875~1926)의 『시도집』(時壽集; *Das Stunden-Buch*) 제3부 「가난과 죽음」에 나오는 구절이다. Rainer Maria Rilke, *Gedichte 1895 bis 1910: Werke*, Bd.

여기서는 비록 이상적인 비전을 통해서이기는 하지만 죽음의 보편성이 부정된다. 그러나 바로 그렇게 됨으로써 죽음이 즉각 삶 자체로 함몰된다. 왜냐하면 죽음이 삶의 외부에 존재하는 한, 또는 죽음이 — 이러한 관념을 공간적 상징으로 표현하자면 — 갑자기 우리에게 다가오는 사신(死神)인 한, 죽음은 당연히 모든 존재에게 동일한 것이기 때문이다. 죽음은 삶과 직면함과 동시에 영원한 동일성과 보편성을 잃어버린다; 죽음은 개인적인 것이 됨에 따라, 다시 말해 "각자가 그만의 **고유한** 죽음"을 죽게 됨에 따라 삶으로서의 삶에 결부되어 있으며, 또한 그렇게 됨으로써 삶의 현실성 형식인 개체성에 결부되어 있다.

요컨대 죽음을 밖에서 기다리는 난폭한 존재로, 또는 어느 특정한 순간에 우리에게 덮쳐오는 운명으로 파악하지 않고, 오히려 죽음이 삶 자체에 불가분하게 그리고 깊이 내재해 있다는 것을 이해한다면, 그렇게 많은 렘브란트의 초상화들에서 어두운 빛 속에 비밀스럽게 나타나는 죽음은 그의 예술에서는 다름 아닌 삶의 원리가 개체성의 원리와 절대적으로 결합된다는 사실에 대한 하나의 징후가 될 따름이다.

성격

이러한 개체화 형식에는 다음과 같이 처음에는 놀랍지만 자세히 들여다보면 이해할 수 있는 점이 있다. 렘브란트의 얼굴들은 우리가 인간의 "성격"이라고 부르는 것을, 그러니까 지속적으로 영향을 끼치며 인간에

1, Frankfurt am Main: Insel 1996, 236쪽. 『시도집』은 1889년부터 1903년까지 세 묶음으로 발표한 작품들을 1905년에 한데 모아서 출판한 시집이다. 그 제1부와 제2부는 각각 「수도승의 삶」과 「순례자」이다.

게 주어져 언제나 그를 따라다니는 것을 사실상 적게 보여준다.

우리 삶의 과정은, 그것이 능동적이든 수동적이든 관계없이, 우리 존재의 이 질적으로 불변적인 요소와 변화하는 주변적이거나 외적인 사건들의 공동작용을 통해 규정되는 것으로 보인다. 티치아노에서 정점을 이루었고, 베르니니[28]와 우동[29]의 흉상조각 예술과 더불어 계속되었으며, 특히 렌바흐[30]에 의해 재개된 초상화 예술의 방향은 이러한 "성격", 즉 삶의 과정의 이 주관적 선험성을 인물의 전체적인 모습에서 추출해내어 진정한 묘사 대상으로 만들고자 했다. 17세기에 한 이탈리아 예술사가는 티치아노가 아리오스토의 능변을 부각한 것처럼 중요한 예술가들이 그들이 초상을 그린 사람들마다 한 가지씩 특성을 특별히 부각한 점을 칭찬했다.[31] 그러나 렘브란트에게서는 이처럼 고정불변하고 처음부터

---

28 지안 로렌초 베르니니(Gian Lorenzo Bernini, 1598~1680)는 이탈리아의 건축가이자 조각가이다. 베르니니는 로마의 바로크 건축과 조각의 발전에 지대한 영향을 미쳤다. 로마에 수많은 건축물을 남겼으며 주요 조각 작품으로는 「성 테레지아의 법열(法悅)」, 「콘스탄티누스 황제」, 「성 아우구스투스」, 「지복자(至福者) 알베르티니」 등이 있다.

29 장 앙트완 우동(Jean-Antoine Houdon, 1741~1828)은 프랑스의 조각가이다. 역사상 가장 뛰어난 초상조각가 가운데 한 사람으로 꼽힌다. 우동은 조각에 엄밀한 해부학적 관찰 방식을 적용했다. 그는 학자, 문인, 정치가, 그리고 유명한 부인들의 초상을 많이 조각했다. 주요 작품으로는 「루소」, 「디드로」, 「몰리에르」, 「나폴레옹」 등이 있으며, 볼테르 좌상 같은 작품도 있다. 당시에는 상업자본주의의 발달로 비단 귀족뿐 아니라 경제력을 갖춘 부르주아 사이에서도 초상조각의 수요가 급증했다.

30 프란츠 폰 렌바흐(Franz von Lenbach, 1836~1904)는 독일의 화가이다. 1863년부터 66년까지 로마에 머물렀는데 이때 티치아노를 비롯한 여러 화가들의 작품을 모사했다. 렌바흐는 빌헬름 1세, 비스마르크, 몰트케 같은 명사들의 초상을 그렸는데, 성격 묘사에 매우 뛰어났다. 그 밖에 「딸의 초상화」, 「고양이를 안고 있는 소녀」, 「부인 및 딸들과 함께하는 프란츠 폰 렌바흐」 등의 작품이 있다.

31 이 문장에 언급된 티치아노의 작품은 1512년경에 캔버스에 그린 81.2×66.3cm 크기의 유화 「한 남자의 초상(아리오스토)」이다. 루도비코 아리오스토(Ludovico Ariosto, 1474~1533)는 르네상스 시대를 대표하는 시인으로서 1516~32년에 나

끝까지 변하지 않으며 상대적으로 무시간적인 인물의 요소가 그의 전체적인 운명의 흐름으로 해체된다. 그에게서는 전체적인 시간의 확장을 통해 발전할 수 있는 삶의 다양성이 다소 외적이고 단순한 "운명"의 항구적이고 상대적으로 우연적인 구성요소들로 분해되지 않는다; 오히려 삶은, 그것을 운명의 연속, 영혼적 변화의 연속 또는 체험의 연속이라고 부르든 부르지 않든 상관없이, 매 순간 변화하지만 그 모든 순간에 성격과 역사가 내적으로 분리되지 않는 통일성을 이룬다(괴테가 다음과 같이 표현하듯이: "한 인간이 살아온 역사에는 그의 성격이 드러난다."[32]) ── 그리고 삶의 현상, 그러니까 초상화가의 대상에 침전되는 것은 바로 이 **전체성**이다. 인간의 내적 중심성인 성격은 더 이상 그의 운명으로부터 분리되지 않기 때문에 이 운명 자체는 삶의 근저로 훨씬 더 깊이 잠기게 된다. 티치아노가 보다 전체적인 삶의 성격학적 토대를 그린다면, 렘브란트는 보다 전체적인 삶의 결과를 그린다; 그 사이에는 내용이 결정된 이상 회화적 형식을 벗어나는 다양한 운명들 자체가 존재한다; 전자는 무시간적인 개체성을 그리는데, 이것은 설사 우리가 실제로 그렇게 할 능력이 없다 할지라도 원칙적으로 개념에 의해 기술될 수 있다. 더 나아가 르네상스 전성기의 예술은 그 누구도 아닌 바로 렘브란트와 비교해 보면 일정한 문학적 측면이 가미되어 있음이 드러난다; 그러나 만약 우리가 렘브란트의 가장 위대한 초상화들에서 묘사된 인물의 "성격"이 진정으로 무엇인가를 어떻게든 진술하거나 또는 적어도 그에 대해 명백한 표상이라

온 그의 주저『광란의 오를란도』(*Orlando furioso*)가 이탈리아 문학의 가장 중요한 텍스트 가운데 하나로 간주되면서 전(全) 유럽에서 수용되었다.

32 이는 괴테의 교양소설『빌헬름 마이스터의 수업시대』제7부 제5장에 나오는 구절이다. Johann Wolfgang von Goethe, *Wilhelm Meisters Lehrjahre: Sämtliche Werke nach Epochen seines Schaffens. Münchner Ausgabe*, Bd. 5, München: Carl Hanser 1988, 445쪽.

도 가져야 한다면, 우리는 자주 당혹감을 느낄 것이다.

내가 다른 곳에서 언급하게 되는 바와 같이, 이 점에서 「스탈메이스터르스」[33]는 그의 후기의 다른 초상화들로부터 약간 벗어난다. 내가 보기에 렘브란트는 이 작품에서 다른 어느 작품들에서보다 등장하는 인물들 사이에 더 엄격한 유사성을 부여하려고 했는데, 어쩌면 이것이 그 인물들이 어떻게든 보다 쉽게 서술할 수 있는 성격을 갖고 있다는 인상을 주는 이유가 될 수 있을 것이다. 왜냐하면 유사성을 상대적으로 외부로부터 찾으며, 그리하여 유사성이 기계적인 색조를 풍기는 경우, 우리는 어쩌면 궁극적인 개체성의 지층으로까지 뚫고 내려갈 수 없고 다만 여전히 다른 인간들과 공통적이고 비교할 수 있는 것이 존재하는 지층까지만, 간단히 말해 특정한 "성격"의 소유자라고 생각되는 인간에게 주어지는 개념적 표현 가능성이 존재하는 지층까지만 내려갈 수 있기 때문이다. 전통적인 "기질들"[34]은 사실상 극단적으로 보편화되고 따라서 아주 명료하게 표현할 수 있는 지층에 확립된 성격들에 다름 아니다. 그러

---

33 이것은 1662년에 캔버스에 그린 191.5×279cm 크기의 유화로서 우리말로는 「암스테르담 모직물 제조업자 길드의 대표자들」로 옮긴다. 이 작품의 제목인 '스탈메이스터르스'는 모직물이나 그 원료의 품질을 검사하는 사람을 가리키는 네덜란드어 staalmeester의 복수형이다. 이러한 제목이 붙은 이유는 그림에 묘사된 장면이 다섯 명의 대표자들이 한 명의 관리인을 배석시킨 가운데 원료의 품질을 검사하는 모습이기 때문이다.

34 흔히 의학의 아버지라 불리는 히포크라테스(Hippocrates, 기원전 460?~377?)는 체액의 종류에 따라서 인간의 기질을 다혈질(多血質), 담액질(膽液質), 점액질(粘液質), 우울질(憂鬱質)의 네 가지로 분류한다. 다혈질은 감정의 변화가 빨라 외부의 자극에 민감하고 흥분하기 쉬우며 참을성이 부족한 기질이다. 담액질은 움직임이 세고 활발하며 진취력이 강하고 고집이 있는 기질이다. 점액질은 냉정하고 자극에 둔하며 흥분하거나 격분하는 일이 적지만 의지가 강하고 인내력이 있는 기질이다. 우울질은 우울해지기 쉬우며 걱정스럽고 불쾌한 감정에 지배되는 기질이다. 이러한 분류는 과학적-실증적 근거가 없는 것으로서 더 이상 받아들여지지 않는다.

나 그렇게 하게 되면 내부로부터 파악되는 살아 있는 존재에서와는, 다시 말하자면 진정하고 통일적인 개체성에서와는 완전히 다른 구조가 주어지기 때문에, 그 결과 후자에 상응하는 작품을 성격의 범주들에 의해 표현하려고 하면 그 구성물은 언제나 매우 다양한 성격들로 합성되는 것으로 보인다. 바로 이런 연유로 사람들은 햄릿에 기질들을 적용하면서 다음과 같이 말해왔던 것이다: 우울질의 햄릿은 자신의 점액질에 대해 담즙질적으로 화를 내며 성공한 책략에 대해 다혈질적으로 기뻐한다. 자명한 일이지만, 이런 식으로 표현할 수 있으며 비교적 외적인 성격상의 특징들을 가지고는 렘브란트와 셰익스피어가 그 내적이고 유일한 중심으로부터 구성한 실제적인 개인 자체에는 결코 진정으로 접근할 수 없다―그렇게 한다는 것은 순전히 직선들의 끝과 끝을 맞대어 곡선을 그리려고 하는 것과 마찬가지일 것이다. 우리가 성격이라고 부르는 것이 명시할 수 있는 따라서 보편적인 특성들로 합성된다는 사실은, 다음과 같은 역설로 특징지을 수밖에 없는 신비주의의 모종의 관념들에 대한 비록 부정적이기는 하지만 그래도 하나의 전제조건이 된다: 개체적인 것은 보편적인 것이다. 에크하르트[35]는 신이 자비롭고 공의롭고 전능

35 마이스터 에크하르트(Meister Eckhart, 1260?~1328?)는 도미니코 수도회의 수도 승이자 신학자이며 설교자로서 중세 신비주의의 최고봉으로 간주된다. 일반적으로 신비주의는 신성과 인간성의 본원적인 동질성을 전제하고 신 또는 신적인 존재와 인간의 직접적인 교통과 합일을 추구하는 종교적 관점 또는 운동을 가리킨다. 그리고 중세 기독교 신비주의는 개인의 내적 체험을 통해 신과의 합일, 보다 정확히 표현하자면 신과의 신비적 합일을 추구한다. 에크하르트도 마찬가지이다. 개인과 신의 관계라는 신학적 근본 문제에서 에크하르트는 보편자가 개별자를 초월한다는 이원론이 아니라 보편자가 개별자 안에 존재한다는 일원론에서 출발한다. 이 점에서 그의 신학적 입장은 토마스 아퀴나스의 신학에 가깝다. 이는 에크하르트의 신비주의가 중세 스콜라철학의 틀에서 전개된 것, 또는 에크하르트에 의해서 스콜라철학과 신비주의가 결합된 것이라고 볼 수 있다. 에크하르트는 개인적 영혼의 근저에서 끊임없이 신이 탄생하고 창조되고 육화된다는, 상당히

하다는 등등의 이유로 신을 사랑해서는 안 된다고 가르쳤다 — 이것들은 개별적이고 한정적인 특성들로서 신으로부터 그의 절대적 통일성, 즉 그의 "무"(無)를 빼앗는다는 것이다. 이를 달리 표현하자면 다음과 같다: 인간은 신에게 이러한 보편적인 속성들을 귀속시킴으로써 신을 특별한 무엇인가로 만든다. 그러니까 신을 개체화한다. 에크하르트에 따르면 인간은 신이 **신**이라는 바로 그 이유 때문에 신을 사랑해야 한다. 요컨대 여기에서 신은 개체적인 것(다시 말해 여기서는 단수적으로 명시할 수 있는 것)과 보편적인 것의 모든 대립을 넘어서 존재한다. 이러한 상관관계 또는 양자택일은 신과 아무런 관계가 없다. 그러나 바로 이러한 무관계성으로 인해 개체적인 것과 보편적인 것은 상관관계, 보다 구체적으로 말해 내적으로 긴밀하게 연결되어 하나의 전체를 이루는 관계임이 드러난다.

그건 그렇다 치고 우리는 렘브란트가 자신의 모델들을 "무성격적인" 것으로 표현했다고 생각할 수도 있는데, 굳이 이 생각을 거부할 필요는 없을 것이다. 왜냐하면 무성격성은 여기에서 문제시되는 가장 보편적인 의미에서 인물의 결정적인 성격일 수도 있기 때문이다. 다만 렘브란트는 우리가 성격이라고 부르는 것, 그러니까 삶의 운동성을 벗어나 거기로부터 추상화된 것을 특별히 또는 중점적으로 강조하지 않는다는 사실이 중요할 따름이다. 이러한 추상화가 어느 정도 주관성의 확고한 근

획기적이고 도발적인 주장을 했다. 이는 신이 개인의 내적 체험을 통해 그의 영혼에 수용되고 궁극적으로 그의 영혼과 합일되는 것을 뜻한다. 그리고 이러한 합일은 개인적 영혼과 성부, 성자, 성령의 세 위격(位格)으로 분화되기 이전의 신성의 합일을 뜻한다. 에크하르트는 영혼이 창조된 것이 아니라 신성의 일부이며, 따라서 둘 사이에는 본질적 동일성이 존재한다는 과감한 주장을 하기에 이른다. 그러므로 인간 영혼의 근저에는 창조적이고 생산적인 신성의 근저에서와 마찬가지로 신이 끊임없이 탄생하고 창조되고 육화된다. 이렇게 보면 에크하르트의 신비주의와 선불교를 비롯한 동양 종교의 유사성이 존재한다고 말할 수 있을 것이다. 실제로 거기에서 동양 종교와 서양 종교의 대화 가능성을 찾기도 한다.

저를, 다시 말해 인물의 전(全) 존재에 이는 모든 큰 물결을 가로질러 변함없이 영향을 끼치는 요소를 가리킨다고 보는 것은 맞을 수도 있다. 그러나 나에게는 바로 이 전 존재, 즉 "운명"을 그것의 가변적인 요소들과 불변적인 요소들로 분리하지 않은 채 자신이 예술적으로 주조한 인물의 이미지를 통해 보여준다는 렘브란트의 과업이 더 강력하게 다가온다. 물론 그가 예술적으로 주조하는 이미지는 이 개체성의 영원히 동일한 것을 상징하는 것 그 이상이다. 그러나 만약 여기에서 모든 요소들을 그 각각의 특이성에서 고려하려고 한다면, 바로 이 특이성에 근거하여 인물의 이미지를 규정하는 요소들이 헤아릴 수 없이 늘어나게 되며 이에 비례하여 현존재의 어느 한 지점을 규정하는 요소들이 그것의 제2지점에서 다시 만나지 않게 된다는 확실성이 증가하게 된다. 다시 말하자면 그것들의 개체성이 증가하게 된다.

아름다움과 완전성

어쩌면 우리가 — 특히 고전적인 로마네스크 예술에 의해 오랫동안 깊은 인상을 받고 난 후에 — 렘브란트의 여러 인물들 앞에서 받는 다음과 같은 느낌은 이러한 상황과 관계가 있을 것이다: 우리가 아름다움이라고 부르는 것이 마치 본래 외부로부터 인간의 본질에 첨가되어 그의 표면적 지층에 드리워져 있는 것에 지나지 않는 것인 양 느껴진다 — 마치 인간 본질의 가장 내적인 근원점으로부터 발원하여 삶 자체와 더불어 발전하는 것이 아니라 인간을 그 안으로 집어넣는 일종의 틀이나 도식처럼 느껴진다. 물론 아름다움을 삶의 근원점과 보다 깊게 연결하는 아름다움에 대한 다른 정당한 개념들이 존재한다. 그렇지만 우리의 정신이 현존재에 의미를 부여하는 모든 위대한 가치들 가운데에서 오직 아름다움만이 살아 있지 않은 것에서도 실현된다는 것은 독특한 사실이다. 오직 영혼이 깃든 것만이 도덕적 가치를 창출할 수 있고, 오직 정신에 대해서만 진리가 존재할 수 있으며, 오직 살아 있는 것만이 보다 깊은 그리고 가치에 부합하는 의미에서의 ― 단순히 기계적 운동의 에너지를 합하는 것과 달리 ― 힘을 창출할 수 있다; 그러나 아름다움은 돌에, 무지개가 걸린 폭포에, 구름의 움직임과 색깔에 결부될 수 있다. 예컨대 아름다움은 유기적인 것에뿐만 아니라 비유기적인 것에도 결부될 수 있는 것이다. 렘브란트에게서처럼 삶이 그 독특함에서 직접적으로 표현되려고 하는 경우에 아름다움은 너무 폭넓은 무엇인가로서 삶 자체를 너무 멀리 넘어서기 때문에 작품을 아름다움에 묶어둘 수 없다. 그리고 아름다움이 가장 심오하게 파악되는 경우에 아름다움은 도덕적, 생명적, 종(種)적 성격의 궁극적 가치들을 상징하게 된다. 그러나 비록 간접적인 방식으로 사물들의 가장 깊은 근저를 가리킨다고 할지라도 그것은 여전히 하나의 상징일 뿐이다. 그런데 렘브란트 예술의 본질을 특징짓는 것은 바로 모든 상징적 표현을 포기하고 삶을 직접적으로 포착하는 것이다. 이처럼 렘브란트의 인물들이 자신의 삶을 직접적으로 느끼도록 하는 데에 우리가 그의 사실주의라고 부를 수도 있으며 그를 아름다움이 갖는 특유한 성격에 대해 무관심하도록 만드는 것이 있다. 왜냐하면 아름다움을 지향하는 것에 한정된 모든 예술이 피상적이거나 또는 깊이가 있는 경우에는 상징적이기 때문이다. 다시 말해 그것은 렘브란트의 인물들에서 볼 수 있는 것과 같은 직접성으로부터 떨어져 나와 예감이나 비유의 형식, 관념이나 분위기의 형식으로 우리에게 가치나 의미를 제시한다. 바로 이 점이 다음과 같은 사실에 대한 이유가 될 수 있다. 렘브란트의 인물들은 삶의 근원점으로부터 발원하여 오로지 삶의 추동력에 의해 발전하는 엄청나게 큰 의미와 깊은 인상을 주지만 결코 "아름다움"을 얻지 못한다.

그런데 아름다움에 대한 우리의 개념이 모든 임의의 예외를 인정하더라도 전체적으로 보면 고전적 형식의 이상에서, 보다 정확히 말하자면 그 의미가 삶의 창조적 흐름이 아니라 삶의 외적 현상에 퇴적된 형식적 관계들을 지향하는 고전예술에서 유래한다는 사실은 역사적 우연이 아니다. 렘브란트의 인물들은 이러한 이상을 잣대로 하면 자주 "추하게" 보이는데, 이는 우리가 관습적으로 갖는 아름다움의 개념을 자신의 이상적인 규범이 되도록 한 지층이 렘브란트의 회화예술이 의도한 지점이 절대 아니라는 사실에 보다 깊은 근거가 있다. 여기에서 우리가 말하고자 하는 바는 사람들이 특별히 비판적이지 않은 관점을 가질 경우에 예술작품 안에서 어떤 식으로든 독특하게 애매한 역할을 하는 인물들의 "아름다움"만이 아니다. 사람들의 관점이 비예술적이고 통속적인 한, 그림 속 인물의 아름다움이나 추함은 실제로 살아 있는 인간의 아름다움이나 추함과 참으로 똑같다. 이 경우 우리의 상상력이 우리로 하여금 이 인간을 그림 속 인물의 원형으로 생각하도록 한다. 역으로 예술지상주의의 형식주의는 예술작품이 자신의 테두리 밖에 놓여 있는 실재성과 갖는 일체의 관계를 금한다. 이 테두리 안의 인간은 예술지상주의에 있어 정확히 그리고 오로지 캔버스 위에서 볼 수 있는 것만을 의미한다. 그리고 이 인간의 아름다움이나 추함은 선들과 색채들이 그야말로 직접적으로 갖는 아름다움이나 추함인데, 이 경우 그것들이 인간을 묘사하든 아니면 장식품을 묘사하든 전혀 상관이 없다. 그러나 우리가 실제적으로 예술작품을 느끼는 것과 그것의 내적인 의도는 제3의 요소에 근거하는 것 같다. 예술작품에 의해 실제적으로 그리고 효과적으로 야기되는 관념은 방금 언급한 두 가지 일면성을 당장은 제대로 서술할 수 없는 방식으로 화해시키는 것 같다. 우리가 예술적으로 보는 한, 우리는 인간을 의미하는 채색된 흔적들을 넘어서는 인간을 보는 것도 아니고, 채색된 흔적들이 의미하는 인간을 넘어서는 채색된 흔적들을 보는 것도 아니다. 우리는 오히려 하나의 새로운 구성물을 보는 것인바, 이것의 통일성은 예술에서는 단순한 사유와 단순한 감각의 대립이 지양된다는 고래의 관념이 진리임을 증명해준다. 이와 더불어 다음과 같은 기적이 실현된다. 캔버스에 서로 나란히 늘어서 있는 다수의 채색된 흔적들은 하나의 중심으로 응집된 생명력을 얻는바, 이것은 현실의 범주에서 발현되는 생명력과 다른 것이다. 비록 우리가 사람들이 순진하게 믿고 사진에서 실현되는 것처럼 초상화에서 단순하게 그것이 묘사하는 인간을 보는 것이 아닐지라도, 우리가 거기에서 실제로 **보는** 것은 우리가 인간이 무엇인지 전혀 모른다고 가정할 때와 다른 무엇인가이다. 순수하게 "예술적인" 관점과 마찬가지로 통속적인 관점도 사실상 이 통일적인 창조물로부터의 **추상화**(抽象化)이다: 다시 말해 예술작품인 인간으로부터의 추상화이다 ─ 그리고 이 창조물은 경험적 현실로서의 인간이라는 다른 창조물과 나란히 그리고 동격으로 존재한다. 그럼에도 불구하고 이 중심적인 예술 체험이 그 통일성을 주변부로 흐트러뜨리는 안개와 같은 다른 일면적인 체험들로 둘러싸여 있음을 부정할 수 없다. 이는 마치 하얗게 빛나는 표면이 그 가장자리들에서 다양한 색깔로 분산되는 것과도 같다. 이렇게 보면 렘브란트의 그림들에는 ─ 비록 시기에 따라 매우 다르지만 ─ 색채 자체에 대한 기쁨이 표현되어 있음을 누구도 부인할 수 없을 것이다. 아름다운 사물들의 아름다움, 무기와 장신구, 칙칙하거나 휘황하게 빛나는 색채를 지닌 오래된 옷감, 감각을 자극하는 이국풍의 진귀한 물건에 대한 그의 열정 ─ 이러한 열정으로 인해 그는 그림의 표면에도 색채들의 심포니로서 모든 "의의"와, 그리고 이 의의에 의해 표현되는 객체들의 모든 의미와 전혀 무관한 아름다움이 담기기를 바란다. 여기서는 작품의 중심적인 또는 전체적인 가치로부터 독립적인 순수한 예술성이 관철된다. 다시 말해 여기에서 그는 심연 위를 떠다니면서 현상으로 완전히 흡수되는 아름다움을 추구한다. 그렇지만 마치 그가 점차로 늘어가고 점점 사물을 깊이 파고들게 되면서 이러한 지향성은 사라져간 것처럼 보이며, 그리하여 고작해야 회화의 다양하고 특수한 문제들의 형식에서나 존속하다가 마침내 「유대인 신부」와 브라운슈바이크의 「가족 초상화」36같은 그림들에서 모든 개별적인 특성을 거부하는 전체적인 표현의 활기찬 생명력으로 완전히 해체된 것처럼 보인다. 물론 이 작품들보다 불과 몇 년 앞선 「사울과 다윗」(헤이그 소재의)에서는, 이러한 요소들이 일종의 이원론을 보여준다.37 여기에는 발산되는 무엇인가가 있고 옷감과 색채에의 도취, 말하자면 일종의 행복주의적 아름다움이 있으며, 또한 진지하고 확고하게 그리고 그 자체를 위해 추구되는 것으로 보이는 순수한 회화적 완전성이 있다. 그리고 거기에 더해 아주 깊은 영혼의 진동, 즉 가장 내적인 삶의 적나라한 분출이 있는데, 방금 언급한 모든 장려함은 이 분출에 의해 뒤덮이고 이 분출 앞에서 그 빛이 바랜다. 단순

36 이것은 1668년경에 캔버스에 그린 126×167cm 크기의 유화로서 브라운슈바이크(Braunschweig)의 안톤-울리히 공작 미술관(Herzog Anton-Ulrich-Museum)에 소장되어 있다.

37 렘브란트는 구약성서 「사무엘상」 제16장 제23절에 나오는 내용 '사울을 위하여 수금을 타는 다윗'을 주제로 두 개의 그림을 남겼다("하나님께서 부르시는 악령이 사울에게 이를 때에 다윗이 수금을 들고 와서 손으로 탄즉 사울이 상쾌하여 낫고 악령이 그에게서 떠나더라"). 그 첫째는 1629년경에 패널에 그린 61.8×50.2cm의 유화로서 개인이 소장하고 있다. 그 두 번째는 1655~60년에 캔버스에 그린 130×164cm 크기의 유화로서 헤이그의 마우리츠하위스 미술관(Het Mauritshuis museum)에 소장되어 있다. 이처럼 동일한 주제에 대한 렘브란트의 그림이 두 개이기 때문에 짐멜은 이 문장을 "「사울과 다윗」에서는 이러한 요소들이 일종의 이원론을 보여준다"라고 하지 않고 굳이 "물론 이 작품들보다 불과 몇 년 앞선 「사울과 다윗」(헤이그 소재의)에서는, 이러한 요소들이 일종의 이원론을 보여준다"라고 한 것이다. 이 문장을 "물론 이 작품들보다"와 "불과 몇 년 앞선 작품에서는" 사이에 "한참 앞선 작품이 아니라"와 같은 구절을 삽입해서 읽으면 그 메시지가 보다 명확하게 와 닿을 것이다. 참고로 1655~60년에 그린 작품은 렘브란트의 걸작 가운데 하나로 평가되어왔으나, 오늘날에는 그 진위에 대한 논란이 분분하다.

하게 원칙적으로 보면, 이와 더불어서 미켈란젤로의 삶을 분열시킨 갈등이 주어지는바, 그것은 구체적으로 현존재의 감각적 아름다움에 대한 그의 열정과 다음과 같은 그의 깊은 확신이다. 그는 최후에 현존재를 구제하거나 파멸시키는 내적인 또는 초월적인 가치들이 이 현존재와 아무런 관계도 없다고 깊이 확신하며, 심지어 현상들의 아름다움을 지향하는 길이 영혼과 그 결정을 지향하는 다른 길을 굴절시키고 마비시킨다고 깊이 확신한다. 우리가 렘브란트의 작품들 여기저기에서 관찰할 수 있는 대립은 그 어디에서도 이 정도로 첨예해지지 않는다. 왜냐하면 아름다움이 결정적인 영혼의 가치를 가질 것을 요구했지만 바로 이 요구의 충족 불가능성으로 인해 실패하고 만 미켈란젤로와 달리 렘브란트는 결코 그러한 요구를 하지 않았기 때문이다. 비록 직관적 아름다움이, 적어도 이따금씩, 아주 강력하게 그를 매혹했다 할지라도, 이 아름다움 자체는 그에게 언제나 외적인 무엇인가로 남아 있었는바, 이 외적인 무엇인가는 자기 귀속적인 영혼의 삶과 이 영혼의 표현에 말하자면 손을 대지 않았으며 바로 이런 연유로 영혼과 보다 평화적으로 화합했다. 예술의 감각성과 영혼의 내포성은, 미켈란젤로가 체험하고 그의 창조자적 기질로 제어하여 작품으로 탈바꿈시킨 저 무시무시하고 비극적인 긴장을 일으키는 경우보다 이처럼 양립하는 경우가 서로 간에 더 이질적인 것이 된다. 렘브란트의 여러 작품들에는 가시적인 것과 회화적인 것 자체의 아름다움에 대한 기쁨이 완전히 비감각적인 심층에서 분출되는 가장 내적인 삶의 표현과 거의 중재되지 않는 채 공존하고 있음을 부인할 수 없다. 미켈란젤로가 대립적인 현존재의 가치들에 강제로 부과한 통일성에 비하면 이것은 불완전성으로 보일 수 있다: 그것은 오직 **그 자신**만이 말할 수 있는 것 그리고 그의 가장 통일적인 작품들에서 아름다움에의 의지(意志)를 작품의 가장 내적인 것과 아무런 상관도 없는 무엇으로 거부하는 것에 렘브란트가 관심을 갖는다는 사실에 대한 보다 단독적인,

말하자면 보다 거친 상징이다.[38]

38 여기에서 간략하나마 미켈란젤로에 대한 짐멜의 논의를 언급할 필요가 있다. 짐
  멜에 따르면 르네상스 예술은 기존의 이원적이고 모순적인 두 세계 — 육체와 영
  혼, 정지와 운동, 그리고 존재와 숙명 같은 — 를 극복하고, 이를 통일적인 예술의
  대상으로 삼았다. 그러나 이러한 새로운 예술의 내용은 여전히 이분법적으로 형
  상화되었다. 다시 말해 새로운 예술의 내용을 담아내는 새로운 예술의 형식이 아
  직 창출되지 않았던 것이다. 그러다가 미켈란젤로라는 시대의 거장이 자신의 예
  술을 외적으로 주어진 초월적 힘이 아니라 바로 위와 같은 대립과 모순 안에서 고
  동치는 삶 자체에 설정하면서 비로소 전래적인 이분법적 예술의 형식을 극복할
  수 있었다. 삶의 대립과 모순을 예술적 통일성으로 형상화하는 미켈란젤로의 새
  로운 예술 형식은, 짐멜에 따르면 다름 아닌 투쟁이다. 삶의 투쟁은 특히 조각을
  통해 이상적으로 표현될 수 있다. 왜냐하면 돌이나 대리석에는 중력에 의해 아래
  로 향하는 질감과 이에 대항하여 위로 치솟으려는 영혼의 투쟁이 이상적으로 형
  상화되어 있기 때문이다. 바로 이 점에서 짐멜은 조각이 미켈란젤로의 예술에서
  차지하는 결정적인 의미와 기능을 발견한다. 그런데 미켈란젤로의 예술작품만이
  아니라, 그의 예술적 창조 행위, 거기서 한 걸음 더 나아가 그의 삶 역시 투쟁으로
  점철되어 있었다. 미켈란젤로의 육신은 그의 예술작품처럼 정신적 힘과 에너지,
  그리고 다른 한편 외부에서 부과된 온갖 자연적이고 사회적인 관계와 세력 사이
  에 벌어지는 영원한 투쟁의 장이었다. 여기서 한 가지 매우 중요한 점은, 미켈란
  젤로에게 삶은 개인적-주관적인 것이 아니라 보편적-객관적인 것을 가리킨다는
  점이다. 즉 그에게 삶이란 개인의 내면세계에 뿌리를 내리고 있지 않은, 인류 전
  체의 보편적 삶 일반을 가리킨다. 개별적 인간의 주체성과 그의 경험적 삶의 존재
  와 의미는 궁극적으로 절대적인 초경험적 가치와 이것의 객관적으로 타당한 의
  미에 의존한다. 그리하여 미켈란젤로의 예술작품은 초개인적이고 초경험적으로
  개별 인간의 존재와 운명을 초월하는 세계로 형상화되어 있다. 이는 주체적 개인
  의 단편적이고 유한한 현존재가 이 세상을 초월한 완전함과 무한함 그리고 절대
  성을 추구해야 한다는 르네상스의 이상을 반영하는 것이다. 물론 이러한 이상은
  바라고 원할 수 있다. 그러나 경험세계에 확고히 뿌리를 내린 개인의 삶으로는 결
  코 달성될 수 없다. 여기서 비극이 발생한다. 미켈란젤로는 달성할 수 없는 이상
  에 따라 자신의 예술작품뿐 아니라 단편적인 삶도 완성하려고 부단히 노력했다.
  이처럼 르네상스의 이상을 추구한 미켈란젤로는 결국 그 이상의 "순교자"가 되고
  말았다. 그는 초월적인 것과 경험적인 것, 개별적인 것과 보편적인 것, 그리고 주
  관적인 것과 객관적인 것 사이의 화해할 수 없는 갈등과 투쟁의 순교자였던 것이
  다. 개인적인 삶이 예술의 준거점이자 출발점이며 귀결점이 되는 바로크의 거장
  렘브란트에게는 이러한 비극이 발생하지 않는다. 이는 김덕영, 『게오르그 짐멜의

184

내적으로 완결된 형식을 가지며 바로 이 형식으로 인해 삶의 흐름 자체를 썰물처럼 흘러나가도록 만드는 것의 아름다움은 확실히 우리가 예술작품의 완전성이라고 부르는 것과 관계가 있다.[39] 왜냐하면 이러한 아름다움은 그 어떠한 특징을 나타내는 형용(形容)도 없이 단지 등급만을 지칭한다는 아주 일반적인 의미 이외에도 보다 특수한 의미를 갖기 때문인바, 그것은 어떤 예술작품들이 가장 높은 수준을 자랑함에도 불구하고 그러한 아름다움을 보이지 못한다는 것이다. 구체적으로 다음과 같이 말할 수 있다. 그들의 윤리적 완벽성을 부인할 수 없지만 바로 이 완벽성으로 인해 접근할 수 없는 무엇인가를 가지고 있고, 사실상 육화(肉化)된 이상적 원리들이며, 또한 어쨌든 죄악과 결함이 **있을 수 있는** 인간과 더 이상 아무런 관계도 없기 때문에 우리 안에서 말하자면 그저 절망적인 경탄만 불러일으키는 인격체들이 있듯이[40] ── 그렇듯이 공감적 체험과 동화라는 아주 깊은 인상을 줄 수 없는 예술작품의 완전성도 있다. 어쩌면 이른바 전성기의 여러 그리스 작품들이 우리에게 이러한 측면을 드러내며, 어쩌면 르네상스 전성기의 여러 작품들도 그러하다. 바로 이런 연유로 오늘날의 시대가 때때로 이 의심할 여지 없이 "완전한" 예술작품들에 대하여 모종의 유보하는 태도를 보이고, 심지어 또 모종의 기피하는 태도를 보이는 것이다. 순수하게 예술적인 것뿐만 아니라 이것이 그 내용적 측면에서 역시 뿌리를 둔 전체 가치 영역도 그리고 현세적 불완전성의 모든 징후, 아니 심지어 모든 가능성까지도 원칙적으로 없애

모더니티 풍경 11가지』, 도서출판 길 2007, 487~90쪽을 요약한 것임.

39 이 문장은 "삶의 흐름 자체를"과 "썰물처럼 흘러나가도록" 사이에 "보듬지 않고" 또는 "담아내지 않고" 등을 첨가해서 읽으면 그 의미가 보다 분명하게 와 닿을 것이다.

40 이 문장에서 "절망적인 경탄"은 우리가 경탄하지만 그렇게 될 수 없기 때문에 절망한다는 뜻으로 읽으면 좋을 듯하다.

버린 이 작품들은 어떤 방식으로든 내적으로 감지할 수 없다. 어쩌면 이에 대한 이유는 이미 앞에서 언급한 것과의 관계에서 찾을 수 있을 것이다. 다시 말해 작품이 생성된 과정이 흔적도 없이 사라져버리고 우리는 이 과정을 그것의 마무리된 결과의 무결점성과 완결성으로부터 더 이상 추체험(追體驗)할 수 없다. 렘브란트가 그림을 그리는 방식은 비록 기술적 측면에서 여로모로 수수께끼 같고 모방할 수 없지만 그래도 우리가 그의 손의 움직임을, 하나하나의 터치를 추적할 수 있다는 환상을 불러일으킨다. 다시 말해 어떻게 영혼의 회화적 충동들이 또는 어쩌면 헤아릴 수 없는 무엇들이 말하자면 함께 자라나 하나가 되면서 철저하게 초주관적이고 자체적으로 완결된 작품을 만드는가를 추적할 수 있다는 환상을 불러일으킨다. 이에 반해 예컨대 심지어 티치아노에게서도 작품의 생성 과정은 그 마지막 흔적까지 사라져버리고 작품의 종국적인 존재로 완전히 흡수된다. 이러한 의미에서 완성된 작품들에는 비록 무의식적이지만 인간의 작품에 의해 인간이 가장 깊은 충격을 받는 데에 필요한 것으로 보이는 계기가 결여되어 있다: 그것은 실패의 가능성이다 — 이는 우리를 가장 강력하게 움직이는 도덕이 유혹, 다시 말해 여하간 죄악의 가능성을 전제하는 것과 마찬가지이다(바로 이런 연유로 종교들이 심지어 그 구세주들이 "유혹의 역사"를 겪었다고 꾸며내는 것이다). 그리고 이는 오류의 가능성이 전혀 없는 진리가 더 이상 — 만약 레싱의 진리 개념이 옳다면[41] — 인간적 영역에 속하지 않는 것과 마찬가지이다. 내가 보기에

---

41 "만약 신이 오른손에는 모든 진리를 왼손에는 비록 영원히 헤맬지라도 언제나 활기차게 진리를 추구하는 열정을 감춰 쥐고서 내게 둘 중 하나를 '선택하라'고 한다면, 나는 겸손하게 왼손을 택하고 다음과 같이 말할 것이다: '신이시여 그것을 주소서! 순수한 진리는 오직 당신에게만 적용되옵니다!'" Gotthold Ephraim Lessing, "Anti-Goeze", in: *Werke und Briefe in zwölf Bänden, Bd. 9: Werke 1778~1780*, Frankfurt am Main: Deutscher Klassiker Verlag 1993, 93~482쪽, 여기서는 170~71쪽. 레싱에 대해서는 제1장의 각주 3번을 참고할 것.

이것은 모든 인간 작품의 선험성이며, 만약 우리가 이 작품을 통해 전체적인 삶이 우리를 사로잡기를 원한다면 이 선험성은 여전히 느낄 수 있어야 하고 그 작품에 내재해야 한다. 우리는 렘브란트에게서, 심지어 그의 가장 탁월하고 아주 "완전한" 작품들에서도 결코 다음과 같이 느낄 수 없다. 우리는 마치 이 작품들이 우연과 운명에 내맡겨진 삶의 토대로부터 절대적으로 분리된 것처럼, 그리고 마치 그것들이 다르게 존재할 수 있는 가능성으로부터 더 이상 주어지지 않는 완전성의 세계에 거하는 것처럼 느낄 수 없다. 그의 인간들이 그러는 것처럼 그의 작품들도 빗나갈 가능성이 따르는 삶의 운명에 여전히 예속되는데, 심지어 이 빗나갈 가능성이 전혀 현실이 되지 않은 경우에도 그렇다. 오직 일면적인 의미에서만 예술작품의 "완전성"이 존재하는데, 그것은 진정하고 아주 충만한 삶의 이 징후가 축출될 때이다. 그러나 삶의 행복은 행복한 것과 불행한 것을 서로 묶어서 **하나의** 영역에 속하도록 하는 경우에야 비로소 그 완전한 폭을 얻을 수 있으며, 또한 삶은 삶의 상대적 의미와 죽음의 상대적 의미 사이의 대립을 극복하면서 이 둘을 내적으로 포괄하는 경우에야 비로소 완전한 의미를 얻는다(나는 조금 전에 이 개념 유형을 언급했다) ─ 이와 마찬가지로 완전성의 궁극적인 의미는 어쩌면 완전성과 불완전성을 내적으로 포괄한다 ─ 이 경우 후자는 오직 여기에서만 문제가 되는 삶의 영역들에서 실패의 적나라한 가능성으로 나타난다. 이러한 사실도 그 가장 깊은 근저에서, 이미 암시한 바와 같이, 확실히 형식과 삶의 대립과 밀접한 관계가 있다. 삶은 "완전한 형식"에 고유한바 내적으로 완결되어서 긴밀한 응집성을 보이는 것을 용인치 않는다. 여기에서 완성의 개념으로 흘러들어가듯이 모든 가장 일반적인 개념으로 흘러들어가는 삶은 이 개념들을 그 개념적 한계를 넘어서도록 몰아대며, 또한 그리함으로써 그 개념들로 하여금 상반되는 것을 받아들이고 무한한 것을 향하여 자신을 멀리 넓힘으로써 여기에서 완전성이 실패라는 인간적이고 운명적인 가능성을 적어도 배격하지 않도록, 그것도 자신이 전혀 이해할 수 없는 무엇인가로 배격하지 않도록 어느 정도 강요한다 — 이러한 배격은 삶으로부터 형식을 구원하면서 "완성되는" **바로 그러한** 예술에서 볼 수 있다. 확실히 이것은 들을 수 있는 배음(倍音)으로서 렘브란트의 작품들이 주는 인상에 동반되는 적극적인 무엇인가가 아니다. 그것은 그의 예술과 내적으로 상반되는 예술이 바로 이것을 적극적으로 배제한다는 사실을 통해 그의 예술을 해석하도록 도와주는, 말하자면 단지 손으로 더듬을 수 있는 **표현**일 뿐이다.

이미 내가 넌지시 비춘 바와 같이, 한편으로는 예술작품이 어딘가로부터 받아들이거나 또는 재(再)양식화된 대상으로부터 빌려오며, 따라서 렘브란트가 전혀 관심을 갖지 않는 아름다움과 — 다른 한편으로는 전자 못지않게 그의 길과 동떨어진 보편화, 그러니까 초개체적 유형화 사이에는 일정한 관계가 존재한다. 여기에서 다른 경우에는 정당하게 시대에 뒤떨어진 것으로 치부되는 대립이 여전히 우리를 계몽하는 데에 기여할 수 있다. 예전에는 예술의 아름다움과 성격을 구별했으며, 이러한 구별이 통용되는 한 렘브란트는 언제나 성격의 화가로 지칭되었다. 그러나 이것은 다음을 의미할 수 있을 뿐이다. 어떤 예술작품들에서는 표면적 현상이 그와 같은 용어에서 바로 "성격"이라 불린 존재의 가장 깊은 근원점에 의해 규정된다; 그리고 다른 예술작품들에서는 그것들을 지배하며 그것들에 가치를 부여하는 규범이 어떤 다른 곳으로부터 온다. 그런데 이 규범, 그러니까 현상의 다른 측면에 위치하는 이것은 보편화, 즉 어떻게든 내적 개체성의 외부에 있을 수밖에 없음이 명백하다. 이것이 예술원리로서의 아름다움의 소재지인 한, 아름다움은 개체적인 것과 대립된다: 개체적인 것은 예술원리로서의 "성격"의 소재지이다. 이렇게 보면 왜 렘브란트가 예술적으로 발전시키는 인간 존재의 전체적인 깊이, 인상, 응집성 — 여기서는 특히 그의 종교화가 고려의 대상이 된다 — 이 우리가 아름다움이라고 부르는 형식의 발전으로 이어지지 않는가를 이해할 수 있다. 우리가 보통 이해하는 말뜻에서의 아름다움은 우리가 인간 현상을 파악하는 모든 방식에서 실현될 수 있는 완전히 추상적인 개념이 결코 아니다. 사실상 우리가 인간 현상의 아름다움으로 이해하는 것은 대체로 고전적 형식이다. 그리고 우리가 '흥미로운', '매혹적인', '악마적인' 그리고 이와 비슷한 것과 같은 첨가어를 통해 특징짓는 다른 모든 유형의 아름다움은 한계적 현상이며 다른 방향의 의미와 혼합되어 있다. 이러한 아름다움이 왕좌에 오름으로써 보편적인 것(이것은 개체적인 현상이 유형에 의해 지배될 때 드러난다)과 내재적인 법칙성(이것은 현상의 요소들을 직접적으로 그리고 말하자면 자유부동〔自由浮動〕하면서 결합한다)에서 절대적인 가치를 찾는 세계관이 표현된다. 바로 이런 연유로 아름다움은 렘브란트의 궁극적인 의도가 될 수 없다. 그는 개체성을 인간 현상의 결정적인 지점으로 보며 이것을 전체적인 인격의 생동적인 흐름으로부터 발전시킨다. 이와 달리 말하자면 정적이고 구상적인 시각에 들어맞는 아름다움은 바로 그런 까닭에 추상적이고 "피상적인" 무엇인가로 보일 수밖에 없다.[42] 이는 물론 절대로 가치판단의 의미에서 그렇다는 것이 아니라 존재판단의 의미에서 그렇다는 것이다.

르네상스와 렘브란트의 개체성 표현 방식

이 모든 것으로부터 르네상스의 초상화가 유형적인 것의 인상을 주는 반면 렘브란트의 초상화가 개체성의 인상을 주는 것은 이 각각이 궁극적인 삶의 범주들과 갖는 관계에서 솟아오르는 하나의 특징이라는 사

---

42 이 문장에서 "바로 그런 까닭에"는 "정적이고 구상적이기 때문에"라는 뜻이다.

실이 드러난다. 그리고 어쩌면 오직 개념들에 대한 이와 같은 해석만이 렘브란트의 개체화가, 언제나 강조되고 또한 정당하게 강조되는 르네상스 초상화, 그 가운데에서도 특히 콰트로첸토[43] 초상화의 개체화에 대해 갖는 차이점을 두드러지게 할 것이다. 중세적 삶을 속박한 집단성의 형식들에 대한 반동이 일어났는데, 이 반동은 특히 15세기 흉상에 극단적으로 표현되었다: 인간이 더 이상 고유하고 배타적이며 특징적으로 묘사될 수 없었으며, 때때로 기괴한 모습에까지 이르렀다. 그러나 여기에서 르네상스의 개인들을 관통한 권력의지가, 궁극적으로 **유형적인** 특징들이 아마도 **양적인 측면**에서만 독특하게 고양됨에 따라 실현된다는 사실을 차치하더라도, 개체화는 모든 경우에 남들과의 다름에, 남들로부터의 두드러짐에 그 본질이 있는 **사회학적인 것**이다; 그것은 비교를 필요로 하며, 따라서 외부를 향하거나 현상을 향하는 무엇인가이다. 그것은 공명심, 가차 없는 자기관철, 권력의지, 다시 말해 르네상스 인간이 가진 과대망상증의 선한 측면 및 악한 측면과 밀접한 관계에 있다. 그러나 이것을 자연의 관점에서 바라보면 — 아무리 많이 바뀌어도 자연은 아름답다(per tanto variar la natura è bella)[44] — 르네상스 시대에 열렬하게 강조된 개체성은 그에 못지않게 깊게 느껴지는 자연의 보편적인 법칙성으로 통합되는데, 이 법칙성의 작용이자 상징으로서 균형적인 비례와 양식이 나타난다. 르네상스 인간에게 자연은 통일적이고 이상적인 존재였는데 — 비록 이것이 미켈란젤로와 코레지오[45]에게, 라파엘로와 티치아

---

43 콰트로첸토(Quattrocento)는 이탈리아어로 400이라는 뜻으로서 이탈리아 예술사에서 1400년대, 즉 15세기와 그 시대의 예술을 나타내는 용어이다. 이 시기는 르네상스 초기에 해당한다.

44 이 말은 레오나르도 다빈치가 한 것으로 추정된다.

45 안토니오 다 코레지오(Antonio da Correggio, 1489~1534)는 이탈리아 르네상스의 화가로서 본명은 안토니오 알레그리(Antonio Allegri)이다. 레오나르도 다빈치와 라파엘로 등의 영향을 받았지만 독자적인 화풍을 개척하여 이른바 팔마파의

노에게 아주 다른 어조로 말을 했을지라도 ─, 바로 이 존재로부터 개인
들의 다양성이 싹터서 자라나되 이 근원점으로부터 분리되지 않는 것으
로 생각되었다. 바로 여기에 개체화의 한계가 있는바, 그것은 공통적인
형식에 의해 표현되는 한계이다. 그와 같은 "자연"의 관념은 렘브란트에
게 완전히 낯선 것이다. 그도 자연을 추구하는데, 이것은 개별적인 존재
의 자연이다. 그의 초상화 인물들은 르네상스 초상화 인물들처럼 형이상
학적-일원론적 근원에서 합류하지 않는다. 그리고 그들의 존재는 ─ 정
식화된 또는 단지 느끼기만 하는 또는 실제로 유효한 ─ 보편개념으로
수렴하지 않고 각각의 개별적인 인물에서 완전히 소진된다; 이것은 인
물이 빛과 분위기에 뒤섞이거나 열광적이고 격렬하게 그림을 뒤덮는 색
채들로부터 태어나서 자라난다는 사실과 전적으로 양립할 수 있다. 그것
이 이러한 방식으로 연결되는 보편적 자연은 르네상스의 범신론적 자연
(natura)과 완전히 다른, 훨씬 더 직관적인 지층에 존재함이 명백하다. 이
점에서 렘브란트와 르네상스의 관계는 셰익스피어와 괴테의 관계와 어
느 정도 유사한 것처럼 보인다. 괴테의 인물들은 그 모든 풍부하고 원대
한 개체성에도 불구하고 모두가 **하나의** 정신적 분위기에 둘러싸여 있다.
그에 따르면 한 문학작품의 캐릭터들에게는 결정적으로 요구되는 것이
있는바, 그것은 "그들이 비록 서로서로 명확하게 구별되지만 언제나 **하
나의** 종(種)에 속한다"[46]는 것이다. 이 캐릭터들의 창조자와 그 모든 하나

─────

시조로 간주되며 바로크 예술에도 영향을 끼쳤다. 주로 종교화를 그렸지만 관능적
인 분위기의 신화화로 더 유명하다. 주요 작품으로 「주피터와 이오」, 「주피터와 안
티오페」, 「레다와 백조」, 「예수 및 세례 요한과 함께 있는 성모 마리아」 등이 있다.
46 이것은 괴테가 1797년 4월 8일 프리드리히 실러(Friedrich Schiller, 1759~1805)
에게 보낸 편지에 나오는 구절이다. 짐멜이 인용하면서 이탤릭체로 표기한(이 책
에서는 고딕체로 처리한) 단어 "하나의" ─ 그러니까 독일어로 *ein* ─ 는 원문에
는 대문자 ─ 그러니까 독일어로 Ein ─ 로 되어 있다. Emil Staiger (Hrsg.), *Der
Briefwechsel zwischen Schiller und Goethe*, Frankfurt am Main: Insel Verlag 1977,

하나의 캐릭터는 서로 가까이 있는데 ─ 그는 자신의 모든 작품을 일종의 개인적 고백으로 규정한다 ─, 이러한 가까움에 객관적으로 상응하는 이미지는 그들 모두가 하나의 통일적인 자연의 열매들처럼 보인다는 사실에 있다: 실존의 모든 분기(分岐)에서 하나의 신성한 삶이 관통하는데, 괴테는 이 삶의 호흡을 모든 존재의 삶의 숨결로 느낄 수 있도록 만든다 ─ 이것은 신-자연이며, 우리 모두는 그것의 자녀들이며 따라서 그것은 우리 각자의 안에, 위에 그리고 아래에 살아 있다. 그러나 셰익스피어에게서는 개체성이 존재 일반의 궁극적인 근저에서 발전하는 것이 아니라 이 실체의 고유한 존재의 궁극적인 근저에서 발전하는 것이다.[47] 그리고 개체성에는 오로지 형이상학적으로만 파악할 수 있으며 모두에게 공통적이고 이런 또는 저런 통일성에 의해 모두에게 자양분을 공급하는 한 가지 혈액이 관류하지 않는다. 개별적인 존재들은 자연의 어떤 혼란스러운 역동성으로부터 생성되고 계속해서 그것에 둘러싸여 있는 것으로 보이는데, 이 역동성이 개별적 존재들과 갖는 관계는 괴테에게서의 "자연", 즉 "선량한 어머니"가 그러는 것보다 어쩌면 근본적으로 훨씬 덜 통일적이고 덜 통합적일 것이다. 그러나 그 역동성은 개별적인 존재들과 동일한 실체적 체험의 지층에 자리한다. 그것은 마치 우리가 호흡하는 우리 주변의 공기와도 같은바, 여기에는 물론 우리 몸의 주요 부분을 구성하는 물질들이 포함되어 있다. 셰익스피어의 인물들이 살아가는 이처럼 확실히 모호하고 무정형적이지만 완전히 비형이상학적인 분위기는 완전히 자족적이고 자체적으로 통일성을 구성하는 그들의 개체성으로 하여금 결코 하나의 보편적인 근저로 내려가 거기에서 다른 사람들과 공유하는 형식을 얻도록 하지 않는다 ─ 이러한 분위기는 무엇

368쪽.

47 이 문장에서 "이 실체"는 구체적으로 "개체성"을 가리킨다.

보다도 렘브란트의 인물들의 주위를 흐르는 저 빛과 색채의 바다에 비견될 수 있다; 그런데 이 인물들은 바로 이 바다로부터 결정화되는 것처럼 보이기 때문에, 그 바다는 그 어떤 공통적인 필연성도 부과하지 않는 각자 인물의 개인법칙에 부합한다. 렘브란트에게서는 셰익스피어에게서처럼 "자연"이 완전히 개체성으로 흡수되고 자신에게는 더 이상 아무것도 남겨두지 않으며, 따라서 르네상스 시대와 괴테가 그리한 것처럼 가장 깊은 곳으로부터 길어 올린 하나의 형식적인 통일성에 의해 모두를 포괄하지 않는다.[48]

그러나 내가 여기에서 이해하는바 렘브란트의 개체성에는 다른 존재들에 대한 이미 앞에서 언급한 사회학적 차이가 전혀 중요치 않다; 이러한 관점에서 보면 그에게서는 사회적으로 채색된 것이 아무것도 없는데, 이는 유형적 동일성의 측면에서도 그렇고 양적 또는 질적 다양성의 측면에서도 그렇다. 베르니니는 자신의 초상화 모델에서 "자연이 그 어떤 다른 사람이 아니라 바로 그에게 준 것"[49]을 끌어내기를 원한다고 역설했는데 — 확실히 렘브란트에게는 이렇게 역설할 생각이 없었을 것이다. 그의 개체화는 단지 그때그때 제시되는 현상이 거기까지 이르는 삶 — 이것은 오로지 이 한 인간의 삶이며 또한 삶일 수 있다 — [50]의 전체적인 흐름에 의해 규정되고 이 흐름으로부터 말하자면 직관적으로 이해된다는 사실을 의미할 따름이다. 바로 이런 연유로 렘브란트의 개체화는 어쩌면 한 존재 옆에 그와 똑같은 특징을 갖는 또 다른 존재가 있을 수 있다는 사실에 의해 전혀 영향을 받지 않는다. 왜냐하면 각자의 삶에

---

48 괴테에게서의 개인, 세계, 자연에 대해서는 다음을 참고할 것. 게오르그 짐멜, 김덕영 옮김, 『근대 세계관의 역사』, 도서출판 길 2007, 제1장(13~84쪽), 제2장(85~97쪽), 제6장(139~46쪽).

49 이 인용문의 출처는 확인할 수 없다.

50 이 부분은 원래 쉼표로 처리되어 있는 것을 옮긴이가 줄표로 바꾼 것이다.

서 그 일회성을 빼앗을 수는 없기 때문이다. 이에 반해 르네상스의 개인주의는 특히 다음과 같이 전해져오는 이야기에 의해 뛰어나게 예증된다. 르네상스가 시작되는 시기에 피렌체에서는 모두가 나름대로의 독특한 방식으로 옷을 입기를 원했기 때문에 얼마 동안 남성 복장에는 일반적으로 통용되는 유행이 없었다고 한다.[51] 그 장대한 개인주의에도 불구하고 렘브란트에게는 르네상스 시대에 개인 자체를 두드러지게 하는 독특한 **강조**가 결여되어 있다. 그러나 비교가 되는 곳에서는 어디에서나 — 비록 그 결과가 광범위한 차이를 보일지라도 — 비교를 가능케 하는 공

---

51 짐멜은 이미 1895년 발표한 글 「유행의 심리학: 사회학적 연구」에서 이 시기를 구체적으로 1390년경으로 표기한 적이 있다. 독자들의 이해를 돕기 위해 한 문단을 인용하기로 한다(밑줄 친 부분이 본문에서 짐멜이 언급한 부분임). "유행의 모든 측면은 존재가 지닌 상호대립적인 성향을 특수한 방식으로 통일하는데, 그 가운데 한 성향이 유행의 사회적 형식에서 충족된다면, 다른 성향은 유행의 내용에서 충족된다. 두 계기 가운데 한쪽이 결여되면, 즉 남과 구분되려는 욕구나 가능성이 결여되는 경우, 아니면 반대로 집단에 속하려는 욕구나 소망이 결여되는 경우 유행의 영역은 더 이상 존재하지 않게 된다. 따라서 하류 계층이 특수한 유행을 원하는 경우는 극히 드물거나 거의 없다. 또한 원시 종족의 유행은 우리의 유행보다 훨씬 더 안정적이다. 거꾸로 모든 개인이 각자 특수한 존재가 되려 하고 모방을 기피하는 집단에서는 유행이 일어나지 않는다. <u>1390년경 피렌체에서 남성 복장에 지배적인 유행이 존재하지 않았던 이유는 각자 독특한 방식으로 차려입고자 했기 때문이라고 한다.</u> 유행의 본질은 언제나 한 집단의 일부가 유행을 선도하고 집단 전체가 뒤를 따른다는 점에 있다. 유행은 현재 상태에 머물지 않고 부단히 진행되고 있다. 유행이 전체를 지배하면, 즉 처음에는 몇몇 사람만 시행했던 일을 예외 없이 모두 따라 하게 되면, 그것이 의상이든 사교 형식이든 더 이상 유행이라고 부르지 않는다. 개인은 유행이 아직 일반화되지 않았다는 사실에서 특별하고 주목할 만한 것을 발견했다는 만족감을 느낀다. 그러나 동시에 그가 느끼는 사회적 만족은 전체 집단이 — 비록 동일한 것을 행하지는 않지만 — 적어도 동일한 것을 추구한다는 사실로 뒷받침된다. 따라서 유행을 따르는 사람이 마주치는 주위의 시선에는 인정과 시기심이 적절하게 뒤섞여 있다." 게오르그 짐멜, 김덕영·윤미애 옮김, 「유행의 심리학: 사회학적 연구」, 『짐멜의 모더니티 읽기』, 새물결 2005, 55~66쪽, 여기서는 58~59쪽.

통적인 전제조건이 존재하는 법이다. 그것은 공통적인 척도인바, 특히, 그러니까 우리가 여기에서 논하는 경우에는 인간적인 것이라는 공통적인 이념이 바로 그것이다. 예술적으로 표현되는 각각의 인물에는 말하자면 일정한 양의 이러한 이념이 함유되어 있는데, 비록 이 일정한 양이 다른 인물들에 함유되어 있는 일정한 양과 비교할 수 없이 다르게 발전할 수 있을지라도 이러한 이념은 동일한 양식과 보편적인 유형의 의식으로 하여금 모든 비교 불가능한 것을 지배하거나 그 안에 속속 스며들도록 만든다. 확실히 르네상스 시대는 플라톤주의를 수용하면서 거기에 개체성의 요소를 첨가했다. 다시 말해 우리가 우리에게 전세(前世)에서 바라본 아름다움의 이데아를 회상시켜준다는 이유 때문에 어떤 아름다운 인간을 사랑한다는 것이 플라톤의 주장이라면,[52] 전세적(前世的) 존재와 이 존재가 지닌 이상적인 의미의 계기가 르네상스 시대에는 개인과 연결된다. 페트라르카[53]는 마돈나 라우라 폰 시몬 멤미의 초상화에 대해 다음과 같이 말하고 있다:

---

52 이를 가리켜 플라톤의 '회상론'(回想論) 또는 '재인식론'(再認識論)이라고 한다. 플라톤에 따르면 인간은 이데아를 감각기관을 통해서 아는 것이 아니라 태생 전부터 초월적으로 존재하는 이데아를 회상하거나 재인식함으로써 알게 된다. 이 부분은 이 책의 「결론을 대신하여」 330쪽과 같이 볼 것.

53 프란체스코 페트라르카(Francesso Petrarca, 1304~74)는 이탈리아 인문주의를 대표하는 시인이자 학자이며 성직자이다. 페트라르카는 단테와 더불어 13세기 이탈리아에서 발생한 소네트를 완성한 인물이다. 그리하여 '페트라르키즘'이라는 말도 생겨났다. 그의 서정시집 『칸초니에레』(Canzoniere)는 대표적인 소네트 시집이다. 본문에 언급된 마돈나 라우라 폰 시몬 멤미(Madonna Laura von Simone Memmi, ?~?)는 페트라르카가 그녀가 죽을 때까지 사랑한 여인인데, 그 생애는 잘 알려져 있지 않다. 페트라르카에 의하면 두 사람은 1327년 처음 알게 되었고, 라우라는 1348년 세상을 떠났다고 한다. 당시에는 라우라가 실존 인물이 아니고 단테의 『신곡』에 나오는 베아트리체처럼 가상인물이라 생각하는 분위기가 지배적이었다.

그러나 천국에 있던 나의 시몬,

이 우아한 여인이 지상으로 내려왔네.

거기에서 그녀를 보고 종이에 그렸으니,

이는 그녀의 우아한 자태를 증언하려 함이네.[54]

그리고 미켈란젤로는 사랑하는 여인[55]에게 다음과 같이 쓴 적이 있다:

---

54 이것은 페트라르카의 서정시집 『칸초니에레』에 실려 있는 소네트 77번에 나오
는 구절이다. 짐멜의 원서에 있는 독일어와 더불어 다음을 참고하여 번역했음을
일러둔다. Francesco Petrarca, *Canzoniere. Italienisch-deutsch*, Basel/Frankfurt am
Main: Stroemfeld/Roter Stern 1990(2., verbesserte Auflage), 234~35쪽; 프란체스
코 페트라르카, 이상엽 옮김, 『칸초니에레』, 나남출판 2005, 94쪽.

55 이는 르네상스 시대의 이탈리아 여류시인 비토리아 콜로나(Vittoria Colonna,
1490~1547)를 가리킨다. 콜로나는 당대의 저명한 지식인, 예술가들 및 성직자
들과 매우 가깝게 지냈는데, 그 가운데에서도 특히 미켈란젤로를 손꼽을 수 있
다. 평생을 독신으로 보낸 미켈란젤로는 단 한 여인만을 사랑했는데, 그 여인이
바로 비토리아였다. 예순세 살의 미켈란젤로는 로마에서 처음 마흔여덟 살의 미
망인 비토리아를 만났다. 그는 그녀에게 여러 편의 소네트를 지어 보내기도 했다.
그 가운데 하나를 소개하면 다음과 같다. "사랑이여, 내게 말해주오, 내가 보는 대
로/내 눈이 아름다움의 진실을 보는 것이라면/그 진실을 내 가슴에 담을 수 있다
면/내 눈길이 닿는 곳마다 나는 그대의 얼굴을 보리라." 스탕달, 강주헌 옮김, 『스
탕달의 이탈리아 미술 편력』(원제는 *Historie de la peinture en Italie*), 이마고 2002,
374쪽. 미켈란젤로가 비토리아를 위해 지은 시에는 조각예술의 이미지를 빌려 쓴
것도 있는데, 유명한 시에서 그는 이렇게 말하고 있다. "아무리 위대한 예술가도
원래 돌덩이 안에 들어 있지 않은 형상은 만들어낼 수 없다. 조각가의 임무는 돌
덩이의 쓸모없는 부분을 모두 깎아냄으로써, 그 안에 원래부터 들어 있는 형상을
해방시키는 일이다." 피터 데피로·메리 데스몬드 핀코위시, 이혜정 옮김, 『천재
의 방식 스프레차투라』(원제는 *Sprezzatura*), 서해문집 2003, 335쪽. 그리고 미켈
란젤로는 1538~40년 비토리아를 위해 「피에타」를 그리기도 했다. 현재 미국 보
스턴의 이사벨라 스튜어트 가드너 미술관에 소장되어 있는 이 작품은 「비토리아
콜로나를 위한 피에타」라고 불리기도 한다. 비토리아에 대한 미켈란젤로의 사랑
은 말 그대로 플라토닉 러브였다. 그는 그녀의 뺨이나 이마에는 입맞춤 한번 하지
못하고 그저 손에다가만 했다고 한다. 비토리아가 죽자 미켈란젤로는 슬픔으로
반미치광이가 되었다. 그는 그녀를 마지막으로 보내면서 그녀의 뺨이나 얼굴에

우리의 영혼이 언젠가 만난 적이 있는 그곳으로,

그대의 눈길이 가리키는 그 길이 나를 인도하네.[56]

요컨대 보편적 아름다움의 이념이 개별적 인격체의 "이념"으로 대체되었다. 그것은 개체화된 플라톤주의이다 ── 그러나 여전히 최종적으로 제시된, 말하자면 형이상학적으로 고정된 형식에서 궁극적인 본질을 파악하는 플라톤주의이다. 이 무시간적 형식은, 설사 어느 한 구체적인 경험적 영역에서 그것의 유일성이 아무리 열렬히 강조된다 할지라도, 다양하게 실현되고 다른 영역들과 동일한 양식을 공유하며 하나의 유형을 구성하는 것을 원칙적으로 거부**할 수** 없다. 그러나 렘브란트의 개체성은 이러한 추상적 보편성에 대해서도 이미 앞에서 언급한 사회학적 유일성에 대해서도 무관심하다. 왜냐하면 이것은 원칙적으로 다른 **방향**에서 현상을 포착하기 때문이다: 형식으로부터가 아니라 삶으로부터 현상을 포착하는데, 삶은 비록 자명하게도 무수한 비인격적인 지류들로부터 자양분을 얻지만 그래도 그때그때 유일한 흐름으로 형성되어서 현상에 덧붙여진다.

그런데 렘브란트의 마지막 시기에는 때때로 삶과 개체성의 이러한 관계가 지양되는 것으로 보인다. 삶은 이제 더 이상 영혼의 강력하게 개체화된 운동성에 의해 이끌리지 않고 이런 존재 또는 저런 존재의 특이성을 넘어서 이 인간적 삶 일반의 진동으로 확산되는데, 이 진동은 모든 특정한 한계들, 심지어 심리적 내면의 한계까지도 완전히 뒤덮는다. 또는 어두운 심연으로 물러나기 때문에 외면은 경직되고 비인격적으로 또는

입맞춤을 해주지 못한 것을 평생 후회했다고 한다.

56 Michelangelo, *Sämtliche Gedichte. Italienisch und deutsch*, Frankfurt am Main/ Leipzig: Insel 1992, 223~24쪽.

마치 가면처럼 보인다. 유수포프 후작이 소장한 「티투스의 초상」[57]을 「스탈메이스터르스」와 비교해보면, 전자는 의심할 바 없이 후자와 같은 계통이지만 우리가 일반적으로 개체화라고 부르는 것을 넘어서는 단계에 도달했음을 볼 수 있다 ── 그것은 어쩌면 렘브란트의 개체화가 갖는 특별함이 비로소 완성된 단계일 것이다; 우리는 자신의 방식에서 완전한 모든 것은 자신의 방식을 넘어선다는 괴테의 말을 생각할 수도 있다. 「스탈메이스터르스」는 렘브란트의 인물들이 독특한 성격을 갖고 있음을 명백히 보여주는바, 그것은 물론 완전히 렘브란트적인 것이다. 그러나 바로 그런 한에서 여전히 고전적인 원리를 상기시킨다; 여하튼 우리는 여전히 이 인물들에 대해 다음과 같이 말할 수 있다: 이 사람은 자부심이 강하고, 저 사람은 촌스러우며, 제삼자는 뛰어나게 지적이다 등 ── 비록 렘브란트에게 이와 같은 유형적 개념들이 원래 개인의 묘사를 지배하는 제일원리가 아닐지라도 그렇게 말할 수 있다. 「티투스」에서는 이것이 완전히 없어진다. 거기서는 모든 것이 흐르고 진동하는 삶이며, 따라서 개념적으로 고정되고 진술될 수 있는 지점은 단 하나도 없다. 방금 언급한 심리학적 특징들은 여전히 내용적인 것이고, 무시간적인 것이며 삶에서 추상할 수 있는 것이다.[58] 그러나 이 특징들은 삶이 적나라하게 묘사되는 경우에는 사라지는바 ── 이는 기하학적이고 **순수하게** 형식적인 예술에서 일반적으로 삶이 부정되는 경우와 꼭 같다. 그렇게 되면 삶 자

---

57 이미 앞에서 언급한 것처럼(제1장 각주 12번), 렘브란트는 27세에 요절한 네 번째 아들 티투스를 즐겨 그렸다. 여기서는 「장갑 낀 남자의 초상」(1668년경)을 가리킨다. 펠릭스 펠릭소비치 유수포프 후작(Felix Felixowitsch Fürst Jussupoff 또는 Youssoupoff, 1887~1967)은 러시아의 귀족이면서 미술품 수집가로서 렘브란트의 작품을 20점이나 소장하고 있었다고 한다. 이 작품은 현재 워싱턴 국립미술관에 소장되어 있다.

58 이 문장에서 "방금 언급한 심리학적 특징들"은 그 앞의 앞 문장에 나오는 "자부심이 강하다", "촌스럽다", "뛰어나게 지적이다" 등을 가리킨다.

체는 다른 성격의 기능을 수행할 수 있다: 삶은 비극적으로, 천천히, 불안하게 진행될 수 있는바, 이것은 이 삶을 살아가는 사람의 심리학적 특징과 여전히 다른 무엇인가이다. 어쨌든 우리는 삶을 물질이 하나의 독특한 방식으로 운동하는 것으로 느끼는데, 이는 심지어 우리가 삶을 명백하게 볼 수 있는 경우에도 마찬가지이다.[59] 그렇지만 이것은 여전히 철저하게 보편적인 무엇인가이다. 그러나 삶은 살아 있지 않은 모든 것과 일반적으로 구별됨으로써 물질적 현상에 다양한 **정도**로 내재할 수 있다는 점에서 그 첫 번째 특성을 보여준다. 게다가 내가 보기에 이 명백하게 볼 수 있는 삶은 다양한 **양태**를 가질 수 있다. 양적으로뿐만 아니라 질적으로도 프란스 할스나 리베라[60]나 고야의 작품에 묘사된 삶은 다른 모든 화가들의 작품에 묘사된 삶과 다르다. 이러한 차이를 불러일으키는 것은 완전히 어둠에 싸여 있다: 그것은 어쩌면 미세한 부분들이 진동하는 리듬일 수도 있으며, 어쩌면 어디에나 존재하는 비율, 즉 보다 잠재적

---

59 이 문장의 맨 앞부분에 "어쨌든"이 나오는 이유는 이 문장부터 렘브란트에 대한 논의 대신에 삶 일반에 대한 논의가 전개되기 때문인데, 이는 그 아래 다섯 번째 문장까지 이어진다("이러한 차이를 불러일으키는 것은……"). 이러한 사실은 이 책의 예비연구들 가운데 하나에 속하는 「렘브란트의 예술철학」(1914~15)과 비교해보면 보다 명확하게 드러날 것이다. 거기에는 삶 일반에 대한 논의가 빠져 있다. 그리고 그다음 여섯 번째 문장에 이어지는 "아무튼 진정한 심리학적 특이성은 이제……"라는 문장에서는 "아무튼"과 "이제"가 빠져 있다. Georg Simmel, "Studien zur Philosophie der Kunst, besonders der Rembrandtschen", in: *Georg Simmel Gesamtausgabe 13*: *Aufsätze und Abhandlungen 1908~1918, Bd. 2*, Frankfurt am Main: Suhrkamp 2000, 143~64쪽, 여기서는 156쪽. 만약 짐멜이 이 새로이 삽입한 부분을 독립적인 문단으로 만들었다면, 그가 의도하는 바가 더 확실하게 전달될 수 있었을 것이다.

60 후세페 데 리베라(Jusepe de Ribera, 1591~1652)는 스페인 출신으로서 바로크 시대에 나폴리에서 활약한 화가이자 판화가이다. 그의 자연주의적 성향의 영향으로 이른바 나폴리파라 불리는 새로운 회화 양식이 발전했다. 주로 종교화를 그린 그의 주요 작품으로는 「성 바르톨로메오의 순교」, 「성 안드레아」, 「아시시의 성 프란치스코」, 「참회하는 마리아 막달레나」 등이 있다.

인 삶과 보다 현시적(現時的)인 삶이 혼합되는 비율일 수도 있다. 아무튼 진정한 심리학적 특이성은 이제 아주 먼 곳으로 밀려나 삶의 주변부에 위치하게 되며, 따라서 삶의 가장 중요한 다양성은 단지 그것의 흐름과 에너지의 리듬이 다양하다는 점에서만 찾을 수 있다. 여기에는 비록 인격의 한계성 안에 머물지만 말하자면 이름을 붙일 수 있는 모든 특징을 외부세계로 또는 영혼적 실체의 형언키 어려운 어둠으로 되미는 무엇인가 결정적인 것이 있다; 이것은 말로는 거의 포착할 수 없으며 그런 까닭에 역설적으로 표현해도 된다면, 그것은 다음과 같다. 이 인물의 삶은 비록 절대적으로 자신의 고유한 삶이고 그로부터 분리할 수 없지만, 마치 우리가 그에 대해서 말할 수 있는 모든 **개별적인 것**을 넘어서 있는 것처럼 보인다;[61] 마치 여기에는 다음과 같은 삶의 흐름이 쏟아지는 것처럼 보인다. 비록 자신의 연안(沿岸)으로 범람하지 않으며 또한 전체로서 무엇과도 혼동되지 않는 고유성을 지니지만, 자기 자신의 안에서는 독특하고 고유한 형식을 지니는 어떠한 물결도 일으키지 못하는 삶의 흐름이 쏟아지는 것처럼 보인다. 확실히 이 계열의 모든 그림들은 언제나 개체성의 지점에서 출발한다; 그러나 이것들은 마치 그 지점을 잃어버리지 않은 채 계속 나아가 이 인물의 보편적인 삶의 한 지층에서 합류하고 다른 초상화들에서와 마찬가지로 여기에도 보존되어 있는 그의 발전과 운명의 흔적들 위에다 말하자면 절대적 삶이라는 또 하나의 새로운 분위기를 부과하는 것처럼 보인다. 절대적 삶은 물론 우리가 고전예술에 특유한 것으로 간주한 무시간성을 갖지 않는다. 고전예술에서 정신적 과정, 즉 논리적 의식이 자신의 영구적인 형식을 발견했다면, 여기서는 생동적인 감정 또는 정서의 흐름이 여전히 그와 같은 의식의 수준을 넘어서지 않으면서 말하자면 그 운동성을 자신의 고요함 속으로 받아들인 호수에 이르렀다.

---

61 이 문장에서 "이 인물"은 구체적으로 티투스를 가리킨다.

보편성의 다양한 종류

렘브란트의 초상화 예술에 깃들어 있는 삶의 배열, 또는 이 배열에 형식을 부여하는 보편적인 것과 개체적인 것의 관계는 이해할 수 있도록 표현하기가 어려운데, 그 주된 이유는 우리가 "보편적인 것"의 개념을 부지불식간에 그 이론적 의미에서 이해하는 습관이 있다는 사실에서 찾을 수 있다. 이론적 보편성이란 분리된 개체적 현상들을 공통적으로 규정하는 것을 말한다 — 이것은 추상적 개념으로 얻어질 수도 있고, 법칙의 공식으로 또는 플라톤의 실체적 이데아로 결정화될 수도 있다. 이러한 사고습관은 이미 사회적 의미에서의 보편적인 것의 파악을 어렵게 했으며, 개인들로 구성되고 개인들 위에 존재하는 사회적 단위로 하여금 신비로운 특징을 갖도록 했다: 국가가 그 시민들의 총합과 다른 무엇인가라는 사실, 교회가 신자들의 총합과 다른 무엇인가라는 사실, 그리고 이와 유사한 사실들은 모호하고 비합리적인 무엇인가로 보였으며, 따라서 사람들은 이미 그와 같은 구성물들을 개인들 — 오직 이들만이 실제적인 존재로 간주되었다 — 에게 공통적인 것이 어떻게든 독립된 단순한 추상화로 설명했다; 이에 반해 그와 같은 형식들의 "보편성"은 이러한 이론적-개념주의적 방식으로 정당화될 수 있는 보편성과 완전히 다른 무엇인가임이 자명하다. 형이상학적 세계 해석의 보편성의 경우도 사정이 매한가지이다. 왜냐하면 우리는 어떻게든 이 세계 해석이 거기에 예속되는 고립된 개별적인 요소들에 의해 적절하게 증명되지 않는다고 해서 그 세계 해석의 특유한 진리값이 말살된다고 느끼지 않기 때문이다; 형이상학적 세계 해석은 개별적인 현상들로부터 논리적 추상화를 거쳐 얻어지는 보편성과는 완전히 다른 사고지층에 위치한다; 바로 다음과 같이 오도된 따라서 실현될 수 없는 요구, 즉 이러한 추상적 보편성의 규범을 충족시켜야 한다는 요구 때문에 이 세계 해석은 빈번하게 오해를 받고 배척되어왔다. 논리적 추상화 방식을 절대로 따르지 않는 또 다른 보편성을 예술 안에서 만난다. 통상적인 삶의 과정에서는 감정들이 그 어떤 개별적인 유인에 결부되며 또한 그렇게 함으로써 개체화된 색채를 띠게 되는 반면, 음악에 깊이 파묻히고 그로부터 전개되는 감정들은 그렇게 특수한 존재를 거부하며 따라서 보편적인 무엇인가로 보인다. 그럼에도 불구하고 이 보편적인 무엇인가는 방금 언급한 다른 특수한 감정들에 대하여 하나의 보편개념이 거기에 예속된 개별적인 구성물들과 갖는 관계를 결코 보이지 않는다.[62] 그것은 오히려 말하자면 절대적 보편성이다. 다시 말해 그것은 이 체험된 개별적인 구성물들에 대해 단순히 무관심할 수 없을지라도 그 어떤 특수한 요소도 자신의 논리적 상관개념으로 필요로 하지 않는다. 바로 이런 연유로 우리는 음악을 한편으로는 무한히 다의적인 것으로, 그러나 동시에 절대적으로 일의적인 것으로 느낀다 — 이것은 음악의 보편성이 삶의 "다양한 측면"과 갖는 논리적 관계에 대한 질문이 잘못 상정된 것일 수밖에 없음을 증명해준다; 그렇지 않다면 우리는 그 질문에 대해 긍정적인 동시에 부정적으로 답변할 수 없을 것이다.[63]

그런데 우리는 렘브란트의 마지막 초상화들 가운데 가장 탁월한 것들에서 원리로서의 특수성이 극복되었음을, 그리고 삶의 모든 특수성을 포괄하고 다른 특수성으로부터 고립시키는 것으로 보이는 막(膜)들이 갈기갈기 찢겨 삶의 물결에 의해 싹 쓸려 나갔음을 느낀다. 그럼에도 불구

---

62 이 문장에서 "방금 언급한 다른 특수한 감정들"은 그 앞 문장에 나오는바, "통상적인 삶의 과정에서 나타나는 감정들"이다.

63 이 문장에서 "그렇지 않다면"은, "음악의 보편성이 삶의 '다양한 측면'과 갖는 논리적 관계에 대한 질문이 잘못 상정된 것이 아니라면", 그러니까 이 둘의 논리적 관계에 대한 질문이 '적절한' 것이라면, 이라는 의미이다. 잘 알려져 있듯이, 논리적 관계는 긍정적인 동시에 부정적일 수 없다.

하고 이렇게 해서 존재하게 되는 보편성이 바로 이 삶의 담지자인 개체성을 넘어서는 것은 아니다. 그것은 바로 이 개체성 자체의 보편성으로서 이 개체성이나 다른 어떤 개체성 위에 있지 않고 특별한 방식으로 진행되는 삶의 단위이다. 그리고 이 삶의 단위의 모든 명명할 수 있는 특수한 요소들은 단지 그것에 의해 산출된 것들이거나 또는 나중에 가서 잘게 나누어진 것들일 뿐이다. 꼼꼼하게 들여다보면, 이러한 보편성은 이론적-논리적 보편성이 그러는 것과 달리 개별적인 것에 결코 상관물을 갖지 않는다; 왜냐하면 그것이 존재하는 한, 특수한 의미에서의 개별적인 것은 존재하지 않기 때문이다 — 이에 반해 우리가 추상적 보편성에 도달하려면 특수한 의미에서의 개별적인 것이 반드시 존재해야 한다.

바로 이런 연유로 이러한 범주에 속하는 그림들은 더 나아가 매우 특징적인 다른 하나의 측면에서 르네상스적 개체화와 대비된다. 우리는 하나의 얼굴을 구성하는 개별적인 요소가 오로지 다른 모든 요소들과의 관계 속에서만 그 의미를 획득한다는 사실을 잘 알고 있다. 어떤 한 입이 표현하는 영혼, 그 입의 아름다움이나 추함, 게다가 그 입의 순수한 모습이 주는 인상, 이 모든 것은 그것이 어떤 코 및 어떤 턱, 어떤 눈 및 어떤 뺨과 함께 있는가에 전적으로 달려 있다; 다른 얼굴 모습과 연결된 입은 방금 언급한 모든 측면에서 아주 다른 것을 말하고 있을 것이다. 아무튼 입은 다른 모든 개별적인 이목구비처럼 인상학적 상호작용으로부터 분리되어서는 그야말로 아무런 의미도 가질 수 없다. 이 근본적인 보편성을 제외한다면, 얼굴을 구성하는 각각의 부분에 아무런 독백론적 역할을 허용치 않는 이러한 상호작용은 그러한 불허용에도 불구하고 언제나 똑같은 구속력을 갖는 것은 아니다. 초상화는 특히 구속력 있는 상호작용에 도달하기 위해 노력해야 한다. 왜냐하면 실재적인 인간에게서는 그를 꿰뚫고 흐르는 삶의 운동, 그러니까 그가 그때그때 처하는 상황과 분위기를 그의 전체적인 육체에 균일하게 표현되도록 하는 계기가 이미, 이목구비로 하여금 따로 떨어지지 않고 언제나 함께 작용하여 통일적인 의미를 창출하도록 만들기 때문이다. 그러나 아무런 생명력도 없이 그저 나란히 늘어서 있는 채색된 흔적들만을 자유로이 사용할 수 있는 화가에게는, 오직 그것을 통해서만 인물의 통일성과 상태를 묘사할 수 있는 이목구비의 상호작용과 공동작용에 도달하는 것이 아주 큰 **問題**가 될 것이다. 우리가 초상화의 "내적 필연성"이라고 부르는 것은 이 절대적인 연관성에 다름 아닌바, 우리는 이 연관성에 힘입어 그 인물이 갖는 각각의 특징으로부터 다른 모든 특징들을 적절하게 추론할 수 있고 그 역으로도 할 수 있다 — 물론 이것은 어쩌면 오로지 모든 특징들을 포괄하는 하나의 통일성에 근거해서만 가능할 것이다. 그런데 이것은 아주 다양한 정도로 나타나는데, 그 원인은 단순히 능력의 차이에만 있는 것이 아니라 양식적(樣式的) 의도의 차이에도 있다. 일련의 이탈리아 초상화들에서는 개인을 규정하는 한 가지 요소가 오인할 수 없을 정도로 명백한바, 그것은 얼굴의 모든 부분들이 확실한 자족성과 자존성(自存性)을 갖는다는 사실이다; 이에 대한 아주 두드러진 실례로는 베를린 소재의 조르조네의 초상화,[64] 뮌헨 소재의 팔마 베키오의 자화상,[65] 베르가모 소재의 보

---

64 이것은 구체적으로 「젊은이의 초상」이라는 제목을 가진 두 작품들 가운데 하나를 가리킨다. 이미 제1장의 각주 21번에서 언급한 바와 같이, 조르조네는 1505~06년과 1508~10년 두 번에 걸쳐 「젊은이의 초상」이라는 유화를 그렸는데, 전자는 베를린에 후자는 부다페스트에 소재하고 있다. 그러니까 여기에서 짐멜이 언급하는 것은 먼저 그린 「젊은이의 초상」인 셈이다.

65 짐멜이 여기에서 언급하는 팔마 베키오의 '자화상'은 뮌헨의 고(古)미술관(Alte Pinakothek)에 소장되어 있는 「젊은이의 초상」을 가리킬 가능성이 크다. 69.4×53.5cm 크기의 이 패널 유화는 일반적으로 조르조네의 작품으로 간주되는데, 일각에서는 베키오의 작품으로 보기도 한다. 팔마 일 베키오(Palma il Vecchio, 1480~1528)는 이탈리아의 화가이다. 조르조네와 티치아노의 영향을 받았으며 전성기 베네치아파를 대표하는 화가로서 화려한 색채로 현세적이고 감각적인 미

티첼리의「줄리아노 메디치」[66]를 들 수 있다. 그럼에도 불구하고 이 걸작 초상화들에서는 그토록 개체화된 얼굴의 각 부분이 다른 모든 부분들과 똑같은 특징을 갖고 똑같이 표현됨으로써 거기에 묘사된 인물들이 육체와 영혼의 완전한 통일성을 이룬다는 인상을 준다. 내가 보기에 이것을 가장 쉽게 확인할 수 있는 것은 맨 먼저 언급한 조르조네의 초상화이다: 적어도 나는 입과 이마, 눈과 코가, 비록 말로는 표현할 수 없지만 똑같은 특징을 각자 스스로의 힘으로 그토록 명료하게 공포하는 다른 어떤 초상화 얼굴을 알지 못한다. 물론 이에 대한 근본적인 전제조건은 여전히 요소들의 기능적 상호관계에 있다; 바로 거기에 근거해서 각각의 얼굴 부분이 갖는 개체적 형태와 고유한 두드러짐을 느낄 수 있다. 다음과 같은 두 가지 원리, 즉 한편으로 자율적인 개체성처럼 다루어지는 각각의 얼굴 부분들이 똑같이 표현되는 것과, 다른 한편으로 완전히 상호 의존적인 얼굴의 부분들이 협력하여 그것들이 함께 그리고 같이 있음으로써 비로소 가능한 표현의 통일성을 이루는 것 — 이 두 가지 원리 가운데 그 어느 것도 다른 것에 대해 절대적인 독재권을 행사할 수 없지만, 그럼에도 불구하고 이 두 가지 원리는 완전히 다른 두 가지 근본적인 경향을 나타내는바, 모든 초상화는 이 두 경향이 혼합된 비율의 척도 위에서 그 자리가 정해진다. 이 척도의 한쪽 끝에는 방금 앞에서 언급한 이탈리아 초상화들이 위치하며 — 그 중간에 위치하는 현상들에 대한 좋은 실례로는 벨라스케스의「교황 인노첸시오 10세」[67]를 들 수 있을 것이다 —,

---

를 추구했다. 성화와 더불어 미녀의 초상화로 유명한 그의 주요 작품으로는「아기를 안고 있는 성모 마리아」,「사도 요한」,「금발의 여인」,「젖가슴을 드러낸 여인의 초상화」등이 있다.

66 이미 제1장의 각주 20번에서 언급한 바와 같이, 보티첼리는 1478~80년에 줄리아노의 초상화를 그렸다. 이 작품은 현재 이탈리아 베르가모(Bergamo)의 카라라 아카데미(Accademia Carrara)에 소장되어 있다.

67 이것은 1650년에 캔버스에 그린 140×120cm 크기의 유화이다. 그리고 교황 인

다른 한쪽 끝에는 조금도 의심할 바 없이 렘브란트의 후기 초상화들이 위치한다. 후자의 경우에는 개인의 전체적인 삶이 갖는 통일성이 지배적이기 때문에 각각의 얼굴 부분이 갖는 개체성을 삼켜버린다; 이러한 통일성은 개체적인 형태를 갖는 각각의 부분들을 동질적으로 표현함으로써 얻을 수 있는 이른바 실체적인 성격 대신에 순수하게 기능적인 성격을 띠었는데, 바로 이 성격으로 인해 그 어떤 부분도 더 이상 특별한 의미나 획정된 경계를 갖고 있지 않으며 자신에게 특유한 것이 다른 부분들에 특유한 것과 비교될 수도 없다. 다음과 같이 일종의 형식적 법칙이 존재하는 것처럼 보인다: 어느 한 구성물이 전체로서 한결같이 강력하고 개체적인 생명력을 가짐에 따라서 그 부분들은 고유한 두드러짐과 더불어 형식의 균일성을 상실하게 된다. 지금 막 언급한 이 두 기제가 결정적으로 대두되면 구성물은 곧바로 보다 기계론적 성격을 띠게 되는데, 예술작품의 경우 이것은 오직 창조자의 독창적인 활력에 의해서만 극복될 수 있다.[68] 그러나 이와는 달리 장식품과 국가조직에서, 종교 공동체들과 개인적 생애의 시기들에서 우리는 다음과 같이 전형적인 관계를 관찰할 것이다: 전체의 힘과 긴요한 통일성은 부분들의 개체적인 경계 획정과 그리고 형식적 또는 내적 동등성과 반비례 관계에 있다. 아무튼 우리가 렘브란트의 후기 초상화들의 보편성이라고 부를 수 있는 것은, 상대적으로 개체적이고 독립적인 얼굴 부분들이 갖는 동일한 의미로서 또는 이 동일한 의미로부터 나타나는 이른바 추상적인 보편성이 아니다. 그것은 오히려 내적인 삶의 통일성인바, 이 통일성을 떠받치는 것은 전

노첸시오 10세(Innozenz X, 1574~1655)는 1644년부터 55년까지 로마 교황으로 재위했으며, 벨라스케스가 그의 초상화를 그릴 당시에 75세였다. 벨라스케스에 대해서는 제1장의 각주 41번을 참고할 것.

68 이 문장의 맨 앞에 나오는 "지금 막 언급한 이 두 기제"는 자명한 일이지만 구성물의 부분들이 갖는 "고유한 두드러짐과 더불어 형식의 균일성"이다.

체적인 틀 내에서 서로가 서로에게 완전히 의존하는 얼굴 부분들이다. 그렇다고 해서 각각의 부분들이 단독적으로 어떻게든 전체의 표현을 대리한다는 것은 물론 아니다. 표현 기술의 관점에서 바라보면, 내부를 향하여 개체화하는 경향에 부합하는 것은 선명하게 데생하고 정확한 선의 경계를 짓는 방식이다. 이에 못지않게 분명히 알 수 있듯이, 내부로부터 그림에 통일성을 부여하는 경향에 부합하는 것은 선을 추방하고 경계를 지워버리는 후기 렘브란트의 방식이다.

그런데 묘사된 개체성에 내재하는 이러한 보편성은 사실주의의 예술적 원리에도 어느 정도 익숙지 않은 빛을 던진다. "보편적인 것"은 그 이론적 의미에 국한되면 추상적인 무엇인가로 보이는데, 이에 반하여 각각의 개체적인 구성물은 진정하고 구체적인 실재를 제시한다. 이것이 예술의 원리들에 영향을 끼치게 되면서 적나라한 현실을 벗어나는 "이상화하는" 예술이 "보편적인 것", 그러니까 대상들의 유형화에서 그 표현 주제를 찾게 된다; 반면 사실주의, 그러니까 직접적이고 현실적인 객체의 묘사를 고수하는 예술은 오로지 개별적인 대상만을 보는데, 그 이유는 사실주의에 있어 "현실적"인 것은 오로지 자신의 명료한 경계를 넘어서지 않는 개별적인 형상뿐이기 때문이다. 예술사와 미학적 인상은 이러한 관계들이 진실임을 어느 정도 실증적으로 뒷받침해준다. 만약 강력하게 개체성에 집중된 관념이 존재하게 되면(이것은 이탈리아 콰트로첸토에서처럼 하나의 유형적인 양식에 내포되지 않는다), 그와 동시에 단호한 자연주의의 인상이 지배적인 위치를 차지하게 된다. 다시 말해 명백한 개체성을 띠는 작품은 보편적이고 초개체적인 특징들을 담아내는 그 어떤 작품보다 직접적으로 현실로부터 모사된 것처럼 보인다; 반면 후자의 경우에는 현실에 대하여 주권적인 지위를 가지며 보다 자유롭게 이상화하는 예술가의 변형력이 주요한 역할을 하는 것처럼 보인다. 이처럼 두 진영으로 나누는 것은 렘브란트에 의해 혁파되었으며, 그 결과 사실주의와 개체화의 관계는 어디까지나 그것들 자신의 보다 높은 발전 단계를 의미하는 하나의 모순적인 단계에 도달했다: 그의 예술은 **사실주의적이지 않으면서** 최고도로 **개인주의적**이다. 그는 주어진 현상을 전적으로 예술의 이상적 변형에 예속시키는데, 그렇다고 해서 이 현상을 개별적인 존재의 특수성을 파하는 보편성으로 지양하는 것은 아니다. 그는 개인주의와 직접적이고 인상주의적인 현실로부터의 해방 사이의 종합을, 비록 발견하지는 않았지만 그래도 가장 그 원리에 적합하게 묘사했다. 그가 이것에 성공할 수 있었던 이유는, 그의 개인주의가 다름 아닌 **내재적** 보편화였기 때문이다. 다시 말해 그는 오로지 이 **하나의** 삶을 완전히 그 주체인 개인에 제한해서 묘사하지만, 다른 한편으로는 이 삶의 연속적인 과정의 전체성으로서, 비록 일일이 열거할 수는 없지만 이 삶을 구성하는 특징들의 통일성으로서, 그리고 개념적으로 설정된 그 어떤 제한도 알지 못하면서 흐르는 운명의 체험으로서 묘사한다. 그런데 그가 묘사하는 운명의 체험은 체험의 시간 형식을 상실하지 않은 채 운명을 응시하는 눈길의 유일성으로 신비스럽게 스며든다. 이렇게 해서 렘브란트는 그 어떤 이론적 범주로부터도 기대할 수 없는 지극히 독특한 형식들 가운데 어떤 것들을 예술이 정신의 궁극적인 구조적 요소들에 의거하여 창출할 수 있는가를 아주 인상적으로 보여준다. 그리고 바로 이 점에서 우리가 그의 인간 해석을 이해하려고 노력하면서 따랐던 모든 노선들이 다시 한 번 수렴한다.

노년예술

내가 넌지시 비춘 바와 같이, 그의 마지막 시기에 개체성의 묘사가 변화했는데, 이 변화는 확실히 노년예술 ─ 비단 렘브란트의 노년을 표현

한 예술만이 아니라— 의 조건이 되는 것과 관계가 있다. "노년은", 괴
테는 말하기를, "서서히 현상으로부터 물러서는 것이다."[69] 우리가 나이
를 먹으면 먹을수록, 우리의 세상살이 길을 가득 채우는 다색(多色)의 경
험들, 감정들 그리고 운명들은 더욱더 마비된다. 이 모든 것이 가장 넓
은 의미에서의 우리의 "외모"를 구성하는바, 그 모든 선은 우리의 진정
한 자아의 그리고 우리 주변의 사물들 및 사건들의 결과이다. 그런데 후
자들은, 이미 말한 바와 같이, 더욱더 풍부해짐에 따라서 그것들 사이의
대립성이 상쇄되기 때문에 그 가운데 어떤 개별적인 요소도 더 이상 우
리 삶의 결정적인 인상이나 지배적인 힘이 될 수 없다.[70] 그리되면 우리
현존재의 주관적 요소가 더욱더 결정지어진 것으로 또는 홀로 결정짓는
것으로 나타나는데, 그 정확한 이유는 이 요소가 현상, 다시 말해 세계와
서로 얽혀 있는 상태로부터 물러나기 때문이다. 렘브란트의 외적 운명
이 이러한 과정을 심화하고 강화했음에는 의심의 여지가 없다. 왜냐하면
이 운명이 그를 경험적 세계로부터 점점 더 고립시켰고, 그에게 이 세계
를 점점 더 낯설고, 적의적이며 무의미하게 만들었으며, 또한 이를 통해

---

69 이것은 괴테의 『잠언과 성찰: 유고작』에 나오는 구절이다. Johann Wolfgang von
   Goethe, *Maximen und Reflexionen aus dem Nachlass*, in: *Sämtliche Werke nach
   Epochen seines Schaffens. Münchner Ausgabe, Bd. 17*, München: Carl Hanser 1991,
   862~953쪽, 여기서는 943쪽. 참고로 괴테의 잠언은 생전에 출간된 것과 유고작
   으로 나뉜다. 생전에 출간된 것은 같은 책, 717~861쪽에 실려 있다. 짐멜은 이미
   1913년에 출간한 『괴테』에서도 이 구절을 인용하고 다음과 같이 해석을 덧붙인
   적이 있다. "'노년은', 괴테는 언젠가 말하기를, '서서히 현상으로부터 물러서는
   것이다.'—이것은 본질이 외피를 떨어져 나가도록 하는 것을 의미할 수도 있으
   며, 눈에 보이는 모든 것에서 궁극적인 비밀로 물러나는 것을 의미할 수도 있다;
   그리고 두 번째가 유효하기 때문에, 어쩌면 첫 번째가 유효할 수 있을 것이다."
   Georg Simmel, *Goethe*, in: *Georg Simmel Gesamtausgabe 15*, Frankfurt am Main:
   Suhrkamp 2003, 7~270쪽, 여기서는 186쪽.
70 이 문장의 맨 앞부분에 나오는 "후자들"은 "우리 주변의 사물들 및 사건들의 결
   과"를 가리킨다.

그의 삶을 점점 더 그의 주관성에 집중시키도록 만들었기 때문이다; 그러나 렘브란트의 외적 운명은 그렇게 함으로써 노년이 도처에서 위대한 예술가들의 예술에 대하여 내리는 한 가지 판단을 특별히 효과적으로 집행하는 요소가 되었을 따름이다. 그렇지만 노년예술을 규정하는 주관성은 청년의 주관주의와 그 명칭 이외에는 거의 아무것도 공유하지 않는 특별한 종류의 것이다. 왜냐하면 후자는 세계에 열정적으로 반응하거나 또는 마치 세계가 존재하지 않는 것처럼 전혀 개의치 않고 자기를 표현하고 자기를 실현하는 것이기 때문이다; 반면 전자는 세계를 경험과 운명으로 수용하고 난 후에 그것으로부터 자유롭게 되고 물러나는 것이다. 바로 이런 연유로 청년의 주관주의는 자아를 모든 것을 지배하는 내용으로 갖고, 노년의 주관주의는 자아를 모든 것을 지배하는 형식으로 갖는다. 아무튼 다음은 정말이지 역설적이다: 우리는 마치 렘브란트가 마지막 시기의 초상화들과 다른 작품들에서 오로지 자기 자신만을 표현한 것처럼 느낀다; 그 이전의 작품들에서는 보다 객관적인 것을 묘사하지 않음에도 불구하고 자아를 그만큼 더 적게 느낄 수 있고 때로는 심지어 전혀 느낄 수 없다. 그렇다면 이 객관적 구성물에서는 자아가 어디에 있는가?[71] 그가 예컨대 그의 개인적인 기분을 모델들의 가면 뒤에 숨겼다고 해석한다면, 그것은 자연주의적 서정시가 될 것이다. 그리고 이러한 서정시는 의심의 여지 없이 렘브란트와는 완전히 거리가 멀고 그의 마지막 시기의 주관주의의 의미를 구성할 수 없다. 위대한 천재들의 노년예술에서 볼 수 있는 이 마지막 시기의 주관주의는 오히려 그들이 외적인 객체들 **자체**와의 관계에 무관심해졌다는 사실을, 그리고 그들은 오

---

71 이 문장에서 "이 객관적 구성물"은 그 앞의 앞 문장에 나오는 "(렘브란트의) 마지막 시기의 초상화들과 다른 작품들"을 가리킨다. 자명한 일이지만 그림은 객관적인 구성물이다. 말하자면 객관적 구성물인 그림에 자아가 표현되는가, 그렇다면 어떻게 표현되는가가 짐멜의 물음이다.

로지 자기 자신만을 그러나 **예술가로서의** 자기 자신을 표현한다는 사실을 의미한다. 그들에게 그들의 경험적인 삶, 그러니까 비천재적인 인간의 자아를 구성하는 삶은 외적인 객체들과 마찬가지로 "현상"에 속하며, 따라서 이 객체들보다 더 중요하지 않다.[72] 그들은 이제 그들의 작품에서 자신의 독특한 주관성을 상실하지 않은 채 완전히 예술적 천재성과 창조성이 된 보다 높은 자아를 표현한다. 우리는 이 그림들에서 그의 삶의 내용들과 그의 기분의 변화에 의해 규정된 렘브란트를 찾아서는 안 된다; 그런 그를 찾는 것은 처음부터 다른 차원에 위치하는 일화가(逸話家)의 의도가 될 수 있다. 그러나 마찬가지로 여기에서는 인간 존재의 생동하는 전체성으로부터 단절되어 실현되는 예술가의 삶이 재현된 것이 아니다. 결정적인 것은 오히려 다음과 같은 두 가지 측면 가운데 어느 것으로 표현하든 똑같은 유기적인 종합이다: 그의 전체적이고 궁극적인 본질이 그의 예술가적 기질로 완전히 흡수되었거나, 아니면 그의 예술가적 기질이 그의 삶의 주관성으로 완전히 변환되었다. 우리는 이러한 통일성을 도나텔로[73]와 티치아노의, 프란스 할스와 렘브란트의, 괴테와 베토벤의 후기 작품들에서 느낄 수 있다. 그러한 통일성에서는 순수하게

---

72 이 문장은 약간의 설명이 필요하다. 위대한 천재 예술가들의 경험적인 삶은 예술적 창조의 영역에 속하지 않는 일상의 삶이며, 이것은 비천재적인 인간들의 삶과 다르지 않다. 그러므로 그들의 경험적인 삶의 자아는 비천재적인 삶의 자아와 다르지 않다.

73 도나텔로(Donatello, 1386~1466)는 르네상스 조각을 개척한 인물로 평가받는다. 후기 르네상스에 미켈란젤로가 있다면 전기 르네상스에는 도나텔로가 있다고 할 정도이다. 기베르티의 제자인 도나텔로는 고전시대 조각에 접목해 자신의 고유한 양식을 발전시켰다. 그의 조각작품들은 대상에 대한 객관적이고 엄밀한 관찰에 입각해 제작되었다. 그리하여 그는 전형적인 사실주의자 또는 자연주의자라고 평가된다. 그는 평생 동안 100여 점에 이르는 작품을 남겼으며, 이후의 예술에도 커다란 영향을 끼쳤다. 주요 작품으로 「두 예언자상」, 「복음전파자 요한 상」, 「성 게오르기우스 상」, 「수태고지」, 「가타멜라타 장군 기마상」, 「다비드 상」 등이 있다.

예술적인 것 또는 순수하게 주관적인 것에 대한 어떻게든 양자택일적인 또는 양자-초월적인 관심이 사라져버린다. 그리고 이제는 다름 아닌 이 두 극단의 통합이 전적으로 예술가적 기질을 구성하기 때문에 이 예술에 수용된 객체들이나 모델들의 고유한 존재에 대한 관심도, 다시 말해 그 객체들이나 모델들이 이 주체와 이 예술(이 둘은 이제 동일한 것이다)에 흡수되는 것과 무관하게 그 자체로서 의미할 수 있는 것에 대한 관심도 없어져버린다. 이 단계에서는 모든 세계 본질에 잠기는 것이 가능해지며, 또한 그렇게 됨으로써 동시에 예의 그 묘사된 객관적인 존재들의 궁극적인 본질도 해명되는데, 이는 말하자면 이 노년예술의 우연적인 효과이며 우리가 "신비주의"라고 부를 수 있는 것에 속한다 ─ 물론 그렇다고 해서 렘브란트가 "신비주의자"라는 뜻은 아니다.[74] 그러나 이로부터 렘브란트의 어떤 마지막 작품들에 대해 다음과 같이 느끼는 것을 이해할 수 있다: 우리는 모델들의 개체성을 추구하던 그의 열정이 여기저기에서 약화되었음을 느낀다. 왜냐하면 이 개체성은 어떻게든 그의 현재적 예술적-주관적 삶의 밖에 존재하기 때문이다. 그것은 어디까지나 자체적으로 존재하기 때문에 현재 렘브란트의 모든 창조력이 집중된 영역에서 발전된 것이 아니다. 노년예술에서 그것은 여전히 어느 정도 "현상"에 속하는데, 사실 노년예술은 이 현상으로부터 "물러난" 것이다. 그리고 더 나아가 다음을 이해할 수 있다. 노년예술에서도 모델의 인격이 포착되고 구명(究明)되는 한, 그것은 어디까지나 이 인격을 그것의 개체화된 삶 자체, 즉 그것의 내재적 "보편성"으로 소급시킴으로써만 가능하다. 왜냐하면 그 인격의 경험적이고 개별적인 모습이 아니라 바로 이 내

---

74 이 문장에서 "예의 그 묘사된 객관적인 존재들"은 그 앞 문장에 나오는 "이 예술에 수용된 객체들이나 모델들"을 가리킨다. 그리고 제3장의 "개인적 종교성, 신비주의 그리고 칼뱅주의" 편을 보면 렘브란트와 신비주의의 관계에 대한 논의가 나온다.

재적 보편성이야말로 이 마지막 시기의 예술이 생명력을 얻는 저 깊고 신비스러운 지층에서 가장 직접적으로 발전할 수 있는 것이기 때문이다.

무공간적 시선

이미 앞에서 언급한 사실, 즉 묘사된 삶의 전체성이 그 어디에도 고착되지 않고 흐른다는 사실은 그 밖에도 다른 하나의 특수한 지점에 의해 예시되고 상징되는데, 이 지점은 마지막 시기의 그림들에서 가장 명료하게 볼 수 있지만 그 이전의 그림들에서도 자주 볼 수 있다. 그 지점을 설명하려면 조금 더 넓은 맥락을 살펴볼 필요가 있다. 심층적이고 본질적인 인간들의 시선과 피상적이고 사소한 인간들의 시선이 어떻게 구별되는가를 정확하게 관찰해보면, 전자는 자신이 —어쩌면 날카롭고 주의 깊게— 고정하는 대상을 바라보면서 동시에 그보다 훨씬 더 멀리 바라보는 것 같다—선(線)의 의미에서 더 멀다는 뜻이 아니라, 말하자면 모든 장소를 넘어서는 것, 그러니까 그 경계를 정할 수 없는 그러나 어떤 공간적 의미도 갖지 않는 어딘가로 이어진다는 뜻이다. 보다 협소한 삶의 인간들에게서는 시선이 그들이 지금 막 바라보는 사물에만 고착되는데, 이 사물은 시선으로부터 흘러나오는 에너지에 대해 출입구 없는 장벽이 된다; 시선은 이 장벽에 부딪혀 지체 없이 되돌아온다. 그러나 이와 다른 삶의 인간들에게서는 마치 시선의 살아 있는 힘이 객체에 의해 고정된 방향에, 아니 심지어 그 어떤 "방향"에도 머물지 않고 오로지 자신의 완전히 무공간적인, 그러니까 그 어떤 특정한 무엇인가에도 얽맬 수 없는 내포성만을 고지하는 것처럼 보인다. 이에 상응하는 것을 예술에 표현된 어떤 제스처들에서 볼 수 있는데, 어쩌면 이 제스처들이 방금 언급한 바 있는 심층적이고 본질적인 인간들의 시선에 특유한 것을 가장 명료하게 드러내줄 것이다. 그뤼네발트의 「예수의 십자가형」[75]에서의 사도 요한과 많은 부처 상(像), 로댕의 「칼레의 시민」[76]에서 위로 팔을 뻗은 인물과 호들러의 「낮」[77]에서 한가운데 있는 인물 ― 이 모든 인물들은 '어딘가로'를 가리키거나 또는 하나의 특정한 정서를 나타내는 것처럼 보이거나 실제로 표현한다; 그러나 이 제스처들은 그것을 넘어서 동시에 장소적으로도 개념적으로도 확정될 수 없는 것, 다시 말해 그 어떤 장소에도 국한될 수 없는 존재를 가리킨다. 또는 보다 정확히 말하자면 그것들은 일절 **가리키지** 않고 그저 거기에 있을 따름이다. 외적인 것의 범주들을 통해서 보면 그것들은 애매한 무엇인가를 갖고 있는데, 이 무엇인가는 그럼에도 불구하고 다의적(多義的)이지 않고 아예 "―의적"(―義的)이지 않다.[78] 이렇게 해서 그것들은 다음과 같이 본래적인 의미의 표현운동들과 구별된다. 사실상 이 운동들도 내부로부터 연원하며, 또한

75 이 작품에 대해서는 제1장의 각주 70번을 참고할 것.

76 이것은 1884년에 제작된 209.55cm 높이의 청동상이다. 이 작품은 영국과 프랑스의 백년전쟁 당시 프랑스 칼레 시를 구한 영웅적 시민 여섯 명의 기념상임에도 불구하고 초인적 영웅의 모습이 아니라 인간적 고뇌와 죽음에 대한 공포를 형상화한 것으로 유명하다.

77 페르디난트 호들러(Ferdinand Hodler, 1853~1918)는 스위스의 화가로서 표현주의의 선구자로 평가되며 풍경화에도 뛰어난 인물이다. 여기에 언급된 「낮」은 1900년에 캔버스에 그린 160×340cm 크기의 유화이다. 그 밖에도 「밤」, 「진리」 등을 주요 작품으로 꼽을 수 있으며, 또한 「마리냐노로부터의 퇴각」, 「예나 대학생의 출정」 등과 같은 대벽화가 있다.

78 이 문장에서 "다의적"(多義的)과 "―의적(―義的)"은 독일어 vieldeutig와 -deutig를 우리말로 옮긴 것이다. 전자는 후자의 앞에 "많은"의 의미를 갖는 단어 viel을 붙인 것으로서 "다의적" 또는 "애매한"이라는 의미를 갖는다. 후자의 앞에 "하나"라는 의미를 갖는 ein을 붙여 eindeutig가 되면 "일의적" 또는 "명백한"이라는 의미를 가지며, "둘"이라는 의미를 갖는 zwei를 붙여 zweideutig가 되면 "두 가지 뜻이 있는" ― 우리말에는 없지만 짐멜이 여기에서 전하고자 하는 바를 보다 확실하게 드러나기 위해 "이의적"이라고 표현할 수도 있을 것이다 ― 또는 "애매한"이라는 의미가 된다.

214

어떻게 그것들의 현상이 외부세계로 통합되는가는 그것들에 비본질적이다. 그렇지만 그것들은 언제나 내용적으로 명시할 수 있는 특수한 충동으로부터 출발한다. 그것들의 색채는 개체성의 성격을 드러내지만, 이 개체성은 단지 우연적인 것일 뿐이다. 그것들은 삶의 운동 그 자체가 아니라 언제나 대상과 연관된 의미를 갖는데, 이는 비록 그 의미가 순수하게 내부로부터 정립된 것일지라도 그렇다. 그러나 방금 언급한 작품들에 표현된 제스처들은 공간적으로나 대상적으로나 고정되지 않은 것으로 이어질 뿐만 아니라 그것으로부터 연원한다. 그것들은 이런 또는 저런 목적이나 감정에 의해 유발되는 것이 아니라 삶의 전체적인 운동성에 의해 지탱되는 것이다. 내가 보기에 렘브란트의 「호메로스」[79]에 묘사된 손짓도, 비록 호메로스가 그것과 더불어 시를 낭독하는 것으로 여겨질지라도 바로 이 계열에 속한다.[80] 이처럼 하나의 지칭할 수 있는 방향이 하나의 순수하게 내재적인, 그러니까 외적으로는 오로지 부정을 통해서만 특징지을 수 있는 삶의 흐름에 의해 독특하게 둘러싸이는 것, 이것은 방금 언급한 바 있는 시선의 종류들과 똑같은 것이다.[81] 그리고 이것은 렘브란트의 몇몇 초상화들에서 가장 명백한 방식으로 나타난다; 그것은 이미 카스탄엔 가문의 수집품에 속하는 「설교자의 초상」[82]에서, 「니콜

---

79 이것은 1663년에 캔버스에 그린 108×82.4cm 크기의 유화로서 「시를 구술하는 호메로스」로 불린다.

80 이 문장에서 호메로스가 시를 구술하는 것이 아니라 "시를 낭독하는 것으로" 표현된 이유는, 이 작품이 「시를 낭독하는 호메로스」로 알려지기도 했다는 사실에서 찾을 수 있을 것이다.

81 이 문장에서 "방금 언급한 바 있는 시선의 종류들"은 이 문단의 앞부분에 언급된 "심층적이고 본질적인 인간들의 시선"과 그다음 논의의 맥락에서 언급되는바 그 시선에 상응하는 예술 내에서의 어떤 제스처들을 가리킨다.

82 이것은 1637년에 캔버스에 그린 132×109cm 크기의 유화인 「설교자 엘르아자르 스왈미우스의 초상화」를 가리키는 것으로 추측된다. 엘르아자르 스왈미우스 (Eleazar Swalmius, 1582?~1652)는 네덜란드의 설교자이다. 이 작품은 1886년

라스 브뤼닝흐의 초상화」[83]에서, 그리고 많은 티투스 그림과 자화상에서 볼 수 있다. 이 인물들의 시선은 각각 하나의 지점에 고정되지만 동시에 고정될 수 없는 무엇인가를 바라본다. 여기에서 의미하는 바는 이 시선들과 마찬가지로 특정한 객체에 지향되지 않은 「시스티나 성모」[84]의 아기예수의 시선과 다른 무엇인가이다. 왜냐하면 후자의 시선은 무한한 것으로 잠기지만 무공간적인 것으로 잠기지는 않기 때문이다. 이에 반해 전자의 시선들은 유한한 것을 고정하며 또한 그와 동시에 자신의 외부를 지향하지 않는 순수하게 내적인 특징을 갖는다. 이는 렘브란트의 종교성이 그 궁극적인 의미에 따라서 외부를 지향하지 않거나 또는 이 의미의 빛이 그림 자체가 아닌 다른 곳에서 오지 않는 것과 마찬가지이다(이에 대해서는 나중에 논할 것이다) — 이는 일종의 내재적 초월성이다. 빌헬름 폰 훔볼트[85]는 다음과 같이 아주 늙은 나이의 괴테가 주는 인상을 서술했는데, 그때 그는 확실히 방금 언급한 것과 같은 시선을 염두

안트베르펜 왕립 순수미술관(The Royal Museum of Fine Arts Antwerp)이 구입하여 현재 그곳에 소장되어 있다. 그리고 카스탄엔 가문에 대해서는 이 장의 각주 23번을 참고할 것.

83 이것은 1652년 캔버스에 그린 107.5×91.5cm 크기의 유화이다. 니콜라스 브뤼닝흐(Nicolaes Bruyningh, 1629/30~80)는 암스테르담의 부유한 가문 출신으로서 1672년부터 1680년까지 네덜란드 북서부의 도시 알크마르(Alkmaar)에서 공직을 수행한 인물이다.

84 이것은 라파엘로가 1513~14년에 캔버스에 그린 265×196cm 크기의 유화를 가리킨다.

85 빌헬름 폰 훔볼트(Wilhelm von Humboldt, 1767~1835)는 독일의 지식인이자 문필가이며 정치가이다. 그의 동생 알렉산더 폰 훔볼트(1769~1859)는 저명한 자연과학자이다. 1810년에 개교한 훔볼트 대학의 명칭은 훔볼트 형제의 이름을 딴 것이다. 문화과학적 연구에 중점을 두었던 형 빌헬름은 프로이센 왕국 내무부의 교육담당 부서 책임자로 있으면서 이 대학의 창립에 주도적인 역할을 했다. 이에 반해 자연과학적 연구에 중점을 두었던 동생 알렉산더는 대학과 직접적인 관계가 없다. 그럼에도 불구하고 대학이 이 두 형제의 이름을 딴 것은 그들이 구현한 인문주의와 자유로운 과학의 이념을 계승하려는 의지가 반영된 것이다.

216

에 두었을 것이다. "내가 보기에 그의 눈은 몹시 변했다. 탁한 것이 아니라 눈동자가 희미한 파랑색의 서클로 넓게 둘러싸여 있었다 — 그의 눈을 들여다보았을 때 나는 마치 그것이 다른 빛과 다른 해를 찾고 있는 것 같다는 느낌을 받았다."[86] 이러한 종류의 내재성, 다시 말해 이처럼 영혼을 그 담지자의 순수한 존재방식으로 묘사하는 것은 다른 경우에는 언제나 외적인 무엇인가와의 관계 속에서 가능해진다 — 이에 반해 렘브란트에게서는 가장 심원하고 결정적인 특징들 가운데 하나이다. 그로 하여금 이것을 성공적으로 묘사하도록 하는 수단들은 분석될 수 있는 성격의 것이 아니다. 기껏해야 그 가운데 하나로서 눈에서 찬란한 빛이 소멸되는 것을 들 수 있을 것이다. 이 더욱더-멀리 보는 것은 말하자면 하나의 특정한 대상을 보는 것의 부산물로 나타나서는, 그 어떤 개별적인 내용에 의해서도 그리고 심지어 그 어떤 주관적-개인적 내용에 의해서도 충족되지 않고 모든 내용의 아래를 또는 위를 흘러서 무한한 것으로 이어지는 삶의 상징이 된다 — 이것이 의미하는 바는 오직 한 가지, 이와 같은 삶은 그 어느 곳을 **향해서도** 흐르지 않는다는 것이다. 왜냐하면 그것은 하나의 종착점(terminus ad quem)에 의존하지 않기 때문이다. 대상에 의해 규정되는 개념적 관점에서 보면, 이러한 시선은 어떻게든 애매하다는 느낌을 줄 수 있다. 그러나 삶의 관점에서 보면 그것은 더할 나위 없이 확실한 무엇인가이다. 고정된 지점은 형식의 원리에 상응하는 외적인 고정과 고립의 상징이다. 형식이란 내적인 것과 외적인 것 사이의 접촉에 의해서 창출되는 범주인데, 이 범주는 삶이 순수하게 자기 자신의 곁에 있는 자신의 모습을 표현하는 경우에는 전혀 문제시되지 않는다.[87]

---

86 이 인용문의 출처는 확인할 수 없다.

87 이 문장은 다음과 같이 읽으면 그 의미하는 바가 보다 명확하게 와 닿을 것이다. "형식이란 삶의 내적인 측면과 외적인 측면 사이의 접촉에 의해서 창출되는 범주인데, 이 범주는 삶이 순수하게 자기 자신의 곁에 있는 자신의 모습을 표현하는

방금 논한 바를 다음과 같은 바로크의 경향과 대조해보면 우리의 논의를 보다 잘 해명할 수 있을 것이다: 바로크는 인물들의 정서를 가능한 한 명백하고 이해할 수 있도록 표현하며 그들에게 개념적으로도 포착할 수 있는 표정(expressione)을 부여하는 경향이 있었다 — 그리고 이러한 경향에 대하여 눈은 진정으로 유용한 수단이 결코 아니었다. 그럼에도 불구하고 눈은 사실상 그 어떤 다른 움직이는 기관보다도 개별적인 자극에 대한 반응의 배후에서 영혼의 삶 전체를 널리 알리는데, 이 삶은 명시할 수 있는 상황이나 정서에서(비록 평범한 인간들에게서는 거기에 매우 근접할지라도) **완전히** 소진되는 것이 결코 아니다. 눈이 **말한다**는 것이 진정으로 의미하는 바는, 우리가 말할 수 있는 것보다 눈이 더 많이 말한다는 것이다. 눈의 표현은 말로는 설명할 수 없는 영혼의 심연에서 너무나도 직접적으로 분출되기 때문에, 바로크 예술이 추구했던 굴절되지 않고 애매하지 않은 표현에는 별반 쓸모가 없었을 것이다. 우리는 바사리[88]가 이미 그의 회화 비평에서 얼마나 눈의 표현을 무시했는가에 주목할 필요가 있다; 그는 고작해야 "하늘로 향한 눈길"(occhi fissi al cielo)[89]에 대하여

경우 삶에 끼어들 여지가 전혀 없다."

88 조르조 바사리(Giorgio Vasari, 1511~74)는 이탈리아 르네상스 시대의 화가이며 건축가이다. 특히 르네상스 시대의 화가, 건축가, 조각가 200여 명의 생애와 작품을 다룬 그의 책 『미술가 열전』은 세계 최초의 본격적인 미술사 저술이며 르네상스 예술을 연구하는 데 더할 나위 없이 귀중한 자료이다. '르네상스'와 '고딕'이라는 개념이 처음 사용된 것도 바로 이 책에서이다. 흔히 '미술사의 아버지'로 불린다. 피렌체의 베키오 궁을 개축하고 우피치 미술관을 건립하기도 한 그의 주요 회화작품으로 「성 베드로의 소명」, 「성 베드로와 성 요한의 축복」, 「성 스테파노의 순교」 등이 있다.

89 이것은 단테의 『신곡』, 「연옥」 제15곡 제111행에 나오는 구절이다. 독자들의 이해를 돕기 위해 제106행부터 제114행을 옮겨놓는다(짐멜이 인용한 것은 밑줄 친 부분인데, 여기서는 문맥에 맞게 고쳤음을 일러둔다).
"그리고 나는(단테는) 분노에 불붙은 사람들을/보았는데, 어느 젊은이를 돌멩이로/쳐 죽이며 「죽여라, 죽여라!」 외쳤다./그런데도 그는 이미 짓누르는 죽음/때

언급할 뿐이다. 또는 일반적인 수준에서 경직된 시선에 대하여 언급했는데, 바로 그 때문에 이 시선의 의미는 그것이 담아내는 삶에서가 아니라 그것이 위치하는 장소에서 찾을 수 있었다.[90] 루벤스의 경우에는 빈번하게 눈을 피상적이고 진부하게 다룬 점이 특히 눈에 띈다. 요컨대 바로크는 렘브란트의 인물들의 무공간적 시선과 더불어 말하자면 절대적인 것이 되는 눈의 심층적 차원에 대한 감각이 없었다.

분위기

우리가 방금 논한 측면들과 관련하여 렘브란트가 제시한 현상의 "분위기"에 대해서 이야기할 수 있다면 — 분위기란 내적-인격적인 것이며, 어쩌면 매번 유일한 것이지만 그럼에도 불구하고 모든 특수한 표상 내용을 내적으로 말소한 것이다 — 여러 인물이 등장하는 그림들에서는 후기 발전 단계의 이러한 특징이 더욱 명백하게 드러난다. 왜냐하면 이

문에 땅바닥으로 쓰러지면서도/여전히 눈길을 하늘로 향하였고,/수많은 고통 속에서도 높은 주님께/연민을 불러일으키는 그런 표정으로/박해자들을 용서해달라고 기도하였다."
단테 알리기에리, 김운찬 옮김, 『신곡: 연옥』(원제는 *La divina commedia: Purgatorio*), 열린책들 2007, 133쪽.
옮긴이가 참고한 이탈리아-독일어 대조판에는 짐멜이 인용한 부분이 다음과 같이 표기되어 있다. "Ma degli occhi facea sempre al ciel porte," Dante Alighieri, *Die Göttliche Komödie. Italienisch und deutsch, Band II: Zweiter Teil: Purgatorio — Der Läuterungsberg*, München: Deutscher Taschenbuch Verlag 1988, 182~83쪽.
참고로 이 인용구절의 세 번째 행은 기독교 최초의 순교자 성 스테파노의 이야기이다. 그는 자신을 돌멩이로 쳐 죽이는 사람들을 용서해달라고 기도했다(신약성서 「사도행전」 제7장 제54절 이하를 참고할 것).
90 이 문장에서 "바로 그 때문에"는 "경직되었기 때문에"를 뜻한다.

제는 더 나아가 내적으로 더 이상 분화되지 않은 채 느낄 수 있는 삶의 요소들이 서로 **뒤섞이며**, 그 결과 개체화가 다시 한 번 더 높은 형식을 획득하면서 자신이 이전에 보이던 선명성을 마치 떠돌아다니는 공기층으로 용해시키듯이 소거해버리기 때문이다. 「유대인 신부」에서는 인물들이 마치 화해의 색조들과 같은데, 확실히 이 화해는 개별적인 색조들의 외부에 존재하지 않는다; 오히려 후자들은 전자 안에서 합류하여 하나의 구성물을 창출하는데, 이 구성물은 개별적인 색조들에 산술적으로 비례하여(pro rata) 인지할 수 있는 것이 아니다. 온화한 그리고 마치 움직이지 않는 것 같은 하나의 삶이 완전히 두 인물들 각자에게 속하지만 그럼에도 불구하고 이들로부터 발산되어서 이들을 부드럽게 감싸고 도는 공동의 분위기로 끊임없이 이행한다. 보다 높은 전체성이 개인들의 자존성(自存性)을 흡수했으며, 개인들의 특성은 이 전체성 앞에서 사라져버리지만 그럼에도 불구하고 그 전체성에 개인들 삶의 궁극적인 보편성을 제공한다. 만약 어딘가에서 "지양"의 개념이 보통은 대립되는 자신의 두 의미를 정당하게 통합할 수 있다면,[91] 그것은 렘브란트의 후기 그림들에서 인간의 고유한 개체성이 바로 이 해체되고 해체하는 그리고 모든 삶의 상승과 하강을 평준화하는 영역과 갖는 관계 속에서 이루어진다; 이러한 영역이 개체성 위에 존재한다는 사실은 동시에 전자가 후자 안에 존재하는 형식이 된다. 이렇게 보면 다음과 같은 발전도 이해할 수 있다: 이전의 초상화들이 모델을 제시하는 방식인 현시성(現時性), 그러니까 개별적인 상황과 제스처가 서서히 그리고 점점 더 뒤로 물러나면서 완전히 내적이고 초순간적인 것에 자리를 내어준 것처럼 보인다. 처음에는 여전히 운동과 인물의 묘사된 아비투스에 결합되어 있던 외적인 속성들

---

91 지양(止揚; 독일어 Aufheben)은 그치면서(止) 오른다(揚)는 뜻이다. 다시 말해 버릴 것은 버리고 취할 것은 취하면서 한 단계 더 높아지는 것이 지양이다.

이 점점 더 이념적으로 아무런 중요성도 띠지 않는 첨가물로 보이는바, 이 첨가물은 단지 순수하게 회화적인 이유 때문에 그리고 때때로 단순히 기술적인 관심 때문에 그림에서 자리를 차지하는 권리를 갖는다. 순간적인 운동은 점점 더 사라져 마침내 평정 상태에 이르는데, 이 상태는 확실히 초현시적(超現時的)이고 내적인, 말하자면 더 이상 그 어떤 변화와도 결합되지 않는 운동성을 내포한다.[92] 「스탈메이스터르스」에서는 각각의 인물의 운동이 여전히 순간성에 결부되어 있다. 그러나 「유대인 신부」에서는 남자와 여자의 제스처가, 비록 외적으로 보면 그저 일시적일지라도, 완전히 다른 특징을 갖는다. 남편이 부인에게 몸을 돌려 그녀를 포옹하는 모습, 그리고 그녀가 그의 용기를 북돋워주는 동시에 그의 마음을 진정시켜주려고 자신의 손을 그의 손에 갖다 대는 모습 — 이 모습은 **일시적인** 운동이 아니다. 동시에 그것은 고전예술에서처럼 이 개인들을 넘어서는 보편적인 것을 표현했을 전형적인 제스처가 아니다; 제스처는 전적으로 개인에게만 귀속된다. 그러나 그것은 개인의 삶이 개별적인 요소들에 의해 결정되는 모든 것을 해체하면서 마치 현상의 동질적인 영역처럼 발산되는 지층에서 비로소 구성된다. 요컨대 그 그림에서는 이 삶이 서로 결합된 두 인물을 에워싸고 있으며 자신이 심지어 렘브란트의 개체화의 이전 형식들보다 훨씬 더 높다는 것을 다음을 통해 더욱더 인상적으로 보여준다. 그 삶은 각각의 인물 안에 있는 자신의 근원점을 떠나지 않으면서 논리적으로 표현할 수 없는 방식으로 두 인물이 공유하는 하나의 삶으로 용해된다.

---

92 이 문장에서 "그 어떤 변화와도 결합되지 않는 운동성"은 운동하되 변화하지 않는다는 뜻이다.

인류의 운명과 헤라클레이토스적 세계

　그런데 렘브란트에게서 유일무이한 방식으로 개체화되고 하나의 계열을 형성하는 삶의 흐름이 그의 초상화들이 주는 독특한 인상을 떠받친다는 사실은, 확실히 그의 인간관에는 예컨대 미켈란젤로와 로댕의 양식 유형에 비해 명백히 두드러지는 일정한 제한성이 있음을 의미하는 것이다. 미켈란젤로에게서는 고전적 유형론이 유일무이한 방식으로 삶의 전체성을 포착한다. 그러나 거기에서 삶의 개념은 개별적인 존재의 역사적 생성의 계열로 이해되지 않고, 인류가 삶의 주체가 되며 우리가 내적으로나 외적으로나 가장 넓은 의미에서 운명이라고 부를 수 있는 모든 것이 삶의 내용이 된다. 미켈란젤로의 인물들의 인상(人相)은 전적으로 고전예술의 특징, 그러니까 일반적이며 결코 개별화되지 않은 모습을 보인다. 내적으로 완결된 형식을 갖고 평정 상태에 존재하며, 심지어 무게감까지 보이는 그의 완전무결한 인물은 삶 일반에 의해, 다시 말해 운명으로서의 삶에 의해 온통 뒤흔들린다. 여기에서 삶 일반 또는 운명으로서의 삶은 아주 불가사의하게 얽히고설킬뿐더러 심지어 가장 내적인 것과 우리의 외부에 존재하는 힘들이 우리에게 부과하는 것이 운명의 개념에 의해 한 군데로 묶인다는 것을 가리킨다. 이 인물들은 현존재의 숙명 일반이 흐르는 수로와 같을 따름이다. 그들의 삶은 인류의 삶인바, 이 인류의 삶은 여기에서 아주 특정한 세계관과 감수성에 따라 포착되고 있지만, 다른 한편 그 인물들의 개체적인 형식은 인류의 삶을 담아내는 그릇이거나 그 삶을 표현하는 상징에 지나지 않는다. 그렇다고 해서 인류의 삶이 바로 이 삶의 흐름이라는 특수성에 의해서만 담기거나 표현된다는 뜻은 물론 아니다. 렘브란트의 인물들이 절대적으로 유일하기 때문에 비교 가능성과 비교 불가능성을 넘어선다면, 미켈란젤로의 인물들은 이와 상반되는 이유에서 비교 가능성과 비교 불가능성을 넘어선

다: 그들은 절대적으로 보편적이기 때문에 그러하다. 고전적 형식의 보편성은 미켈란젤로의 인물들에서 삶의 보편성에 의해 담지되며 또한 그렇게 됨으로써 가장 심원하게 확증되었다. 그것은 하나의 궁극적인 의미로부터 발전했다: 다시 말해 모든 인물이 모든 개체적인 형식을 포괄하는 삶 일반, 그러니까 운명 일반을 똑같이 드러낸다는 사실로부터 발전했다. 그런데 렘브란트의 초상화들 역시 인물의 특수하고 우연적인 운명을 묘사하지 않는다. 오히려 전체적인 삶이 곧 그 인물의 운명이다 — 그럼에도 불구하고 전체적인 삶은 다름 아닌 바로 **그 인물의** 전체적인 삶, 보다 정확히 말하자면 완전한 개체성에서 진행되는 전체적인 삶이다.[93] 그것은 인간 운명 일반으로서 렘브란트의 인물들 위를 떠다니다가 그저 각자 인물에 내려앉는 것이 아니라, 바로 이 인물들 자체에서 분출되는 것이다; 다시 말해 선행하는 어떠한 것도 초월하는 어떠한 것도 모르는, 어딘가 저 깊은 근원으로부터 흘러나와 생성되는 것이다. 이렇게 생성되는 것은 이 삶의 총체성이지만 그 현실성과 의미에서 보면 유일한 것이며 개인들의 원인 그 자체(causa sui)이다.

만약 운명이 다음을 의미한다면, 즉 주체에 예속되지 않고 세계질서를 따라 진행되는 사건이 그럼에도 불구하고 이 주체의 가장 고유한 삶의 방향과 목적론적으로 중요한 관계를 — 긍정적이든 부정적이든 — 갖는 것을 의미한다면, 르네상스 인간들에게 이러한 관계는 대립의 형식을 띤다. 그들은 자긍적이고 자립적인 인격체로서 자신을 자신의 운명의 주

---

93 이 문장은 다음과 같이 괄호 안의 내용을 첨가해서 읽으면 그 의미하는 바가 보다 명확하게 와 닿을 것이다. "그런데 렘브란트의 초상화들 역시 (미켈란젤로에게서와 마찬가지로) 인물의 특수하고 우연적인 운명을 묘사하지 않는다. 오히려 전체적인 삶이 곧 그 인물의 운명이다 — 그럼에도 불구하고 (미켈란젤로에게서와 달리) 전체적인 삶은 다름 아닌 바로 **그 인물의** 전체적인 삶, 보다 정확히 말하자면 완전한 개별성에서 진행되는 전체적인 삶이다.

인으로 느끼며 그들의 유일한 의존성 ── 그것은 동료들로부터 인정받고 존경받는 것이다 ──을 확실한 소유물로 전환시켰다;[94] 아니면 미켈란젤로가 묘사하는 인물들처럼 그들은 투쟁이 멈춘 순간마다 번번이 운명에 맞서 투쟁했는데, 그것은 대등한 두 힘의 투쟁이었다. 그리고 심지어 운명이 그들을 압도한 경우에도 그들은 대립을 고수했다. 다시 말해 사방을 에워싸지만 침투할 수 없는 외적인 운명에 의해 포박된 자세를 고수했다. 그런데 렘브란트의 인간들에게서 볼 수 있는 것이 바로 이것이다. 그것은 이전에 한 번도 묘사된 적이 없는 인물과 운명의 통일성이다. 객관적 사건으로 하여금 우리에게 그리고 우리 안에서 운명이 되도록 하는 삶의 고유하고 내적인 의미와의 관계가 여기서는 다음과 같이 나타난다. 인간이 완전히 운명에 의해 주조되고 각인되는 것으로 보이지만, 그렇다고 해서 결코 개체성을 잃어버리거나 평준화되는 것이 아니다. 오히려 그의 자존성(自存性), 그러니까 그의 존재의 내적인 비교 불가능성이 드러난다. 나는 다음과 같이 주장하고자 한다: 렘브란트의 모든 묘사를 일반적으로 특징짓는 친밀성은 인간과 그의 운명 사이에도 존재하는 바, 이는 비록 그 운명이 눈에 띄지 않거나 일상적일지라도, 또는 힘을 소모케 하거나 파괴적일지라도 그렇다: 운명과 대립하는 것이 아니라 그것에 근접하는 것이 인간을 규정한다. 바로 이런 연유로 미켈란젤로의 인물들의 운명은 우주적 심연과 지평에서 연원하는 보편적이고 비인격적인 운명일 수밖에 없는데, 이 심연과 지평은 인간이 어떻게든 자기 자신 안에서 중심을 발견하자마자 그에게 완전히 적대적이고 이질적인 것이 되어버린다. 그리고 바로 이런 연유로 개인들 자신도 그와 같은 운명을 떠안고 그것에 맞서면서 인류의 상징으로 확장된 초개인적인 존재밖

─────

94 이 문장에서 "확실한 소유물로 전환시켰다"는 "확실하게 내면화했다"라고 읽는 것이 타당할 듯하다.

에 될 수 없다. 결국 미켈란젤로에게서는 프로메테우스처럼 반항하는 것과 프로메테우스처럼 포박되는 것을 보여줄 수 있는 상반적인 두 축이 설정될 수밖에 없었다. 반면 개인적 삶과 개인적 운명이 가깝기 때문에 분리되지 않는 관계에는 하나의 종교적 표현이 상응하는바, 그것은 렘브란트가 그린 종교적 인물들의 "경건함"이다. 그들에게서는 존재가 자연스럽게 절대적인 것과의 관계로 충만하지만, 그럼에도 불구하고 이 관계는 범신론적 탈자아화(脫自我化)를 요구하지 않는다.[95] 왜냐하면 만약 운명이 삶 자체가 갖는 특징의 원인과 결과가 아니라면 삶에 그토록 무조건적으로 밀착될 수는 없을 것이기 때문인데, 심지어 운명이 신으로부터 보내어진 것으로 생각되는 경우에도 그렇다. 이에 반해 미켈란젤로의 인물들의 본질은 독특하게 비(比)경건적인 것이라고 부를 수밖에 없다. 그는 노년에, 자신의 예술이 자신을 잘못된 길로 유혹했다고, 다시 말해 구원으로부터 그리고 십자가에서 우리를 위해(a prender noi) 두 팔을 벌리는 사랑으로부터 멀리 벗어나도록 유혹했다고 절망적으로 말했다[96] ─ 그렇다면 그는 아마도 예술에 의한 감각적-현세적인 속박이 초월적 세계로의 부름 받음과 그리고 영혼의 영원한 운명과 대립된다는 것만을 느낀 것은 아닐 것이다; 이와 더불어 그는 어떤 다른 예술보다도 바로 **자**

---

95 이 문장의 후반부는 다음과 같이 읽을 수 있을 것이다. "그럼에도 불구하고 이 관계는 존재에게 범신론적으로 자아를 벗어날 것을 요구하지 않는다."

96 이 문장에서 "십자가에서 우리를 위해(a prender noi) 두 팔을 벌리는 사랑"은 미켈란젤로의 시에서 따온 것이다. 여기에 나오는 "사랑"은 원문에서는 "신의 사랑"으로 되어 있다. 이해를 돕기 위해 이 구절이 나오는 연 전체를 옮겨놓는다(밑줄 친 부분이 짐멜이 인용한 것이다).
"그림을 그리는 것도 조각을 하는 것도 더 이상 도움이 되지 않는구나./[나의] 영혼은 신의 사랑에서 안식하고파,/십자가에서 <u>우리를 위해</u> 넓게 팔을 벌린 그 사랑에서."
Michelangelo, *Sämtliche Gedichte. Italienisch und deutsch*, Frankfurt am Main/Leipzig: Insel 1992, 338~39쪽.

신의 예술이 인간과 인간 이상의 것 — 우리는 그것을 운명이라고 부를 수도 있고 신이라고 부를 수도 있다 — 사이의 심연을 깊게 팠다고 느꼈을 것이다. 그렇다고 해서 마치 렘브란트가 대립을 소멸하고 그 자리를 "화해"로 대신 채운 것처럼 생각해서는 안 된다; 그가 노년에 그린 자화상들을 한 번만 들여다보아도 이러한 상투적인 공식은 부정될 것이다. 왜냐하면 거기에서는 뚱뚱해지고 탄력이 없지만 인상 깊은 대조를 이루는 이목구비 전체가 거의 불안에 사로잡힌 내적 긴장으로 차 있는 것이 눈에 띄기 때문이다. 그는 다만 운명으로부터 대립의 형식을 박탈했을 뿐이며, 아주 통렬하고 냉혹한 방식으로 운명으로 하여금 실제로 살아온 개인적 존재라는 형식의 안에서 생명력을 얻도록 했다.

이 모든 상황으로부터 미켈란젤로의 인물들이 그 모든 강력함과 완전성에도 불구하고 부자유하다는 인상을 준다는 사실을 이해할 수 있다: 운명과 삶은 이 인물들의 유일하고 고유한 것이 아니라 인류 전체에 속하는 것이기 때문에 그들에게 폭력을 가한다. 그들은 이 운명과 삶에 저항하고 그것을 뿌리치려 하지만 그렇게 할 수 없다. 왜냐하면 그것은 **그럼에도 불구하고** 그들의 고유한 본질, 그러니까 인간적인 것의 본질이기 때문이다 — 이는 물론 개념적 모순이다. 다시 말해 논리적으로 양립할 수 없는 것이지만, 그래도 이를 통해 바로 이 인물들의 화해할 수 없는 비극이 어쩌면 표현될 수 있을 것이다. 이와 반대로 렘브란트의 인물들은, 비록 미켈란젤로의 인물들과 같은 영웅적인 몸가짐과 기념비적인 강력함도 없이 빈번하게 외적인 힘들에 의해 억압되고 짓눌려 부서져버리는 것처럼 보이지만, 여전히 우리로 하여금 자유의 한 지점을 느끼도록 한다. 그들은 눈에 보이지 않는 폭력에 맞서 싸울 필요가 없는바, 이러한 폭력은 인간적 삶 일반의 운명으로서 그리고 그 까닭에 하여간 저항하는 개인들의 외부에서 그들을 잡아챈다. 그가 자주 그리는 소시민적인 인간들, 인종적으로 열등한 유대인들,[97] 그리고 정신적으로 하찮은 인간들에게는 주권적인 무엇인가가 있는데, 이 무엇인가는 그들의 의식이 아니라 그들에 대한 예술가의 해석에 내재한다; 그는 어떤 인간을 그리든 그림으로 포착된 순간이 진정으로 그의 연속적인 삶에서 연원하자마자 그의 이상적인 이미지에 자유와 자존감이 깃든다는 것을 보여주었다 — 이것은 그의 동시대인의 자유 개념, 즉 자신의 본성의 순수한 법칙에 따라(ex solis suae naturae legibus)[98] 존재하고 행위하는 것과 일치한다. 이 자유와 자존감은 생성된 결과인데, 이 결과는 자신이 생성되는 전(全) 과정을 내적으로 집적했으며, 또한 오로지 이 전 과정을 통해서만 — 거기에 외적이고 수동적인 것이 제아무리 많이 첨가되었을지라도 — 발전할 수 있었고 파악될 수 있었다. 물론 이를 위해서는 미켈란젤로에게서 볼 수 있는바 보편적 인간으로의 확장을 포기한다는 대가를 지불해야만 한다. 미켈란젤로의 인물들은 비록 특별한 관점에서 포착된 것이기는 하지만 인류 전체의 운명을 체험했으며, 그들의 개인적 현존재의 한계는 타파되었다. 그리고 우리가 보는 것은 **하나의** 원천에서 **하나의** 하구로 흘러가는

---

97 이러한 표현을 유대인을 비하하고 경멸하는 인종주의적 입장이 드러난 것으로 받아들여서는 안 될 것이다. 그보다는 유대인을 열등한 인종으로 간주했던 당시 유럽의 상황을 표현하는 것으로 보아야 한다. 짐멜은, 인종주의적-반유대주의적 풍조에도 불구하고 유대인들을 예술 창작의 대상으로 삼은 점에서 렘브란트의 예술사적 위치와 의미를 높이 평가하고 있는 것이다. 참고로 말하자면, 짐멜은 유대인이었기 때문에 지식세계에서 불이익을 당하기도 했다. 예컨대 1908년 하이델베르크 대학의 철학 정교수로 초빙되려던 짐멜의 의도가 좌절되었을 때, 여기에는 그가 유대인이라는 사실이 상당한 영향을 미쳤다.

98 이것은 스피노자(1632~77)의 주저 『기하학적 질서에 따라 논증된 윤리학』 제1부(「신에 관하여」) 정의 17의 일부분을 따온 것이다. Baruch de Spinoza, *Die Ethik in geometrischer Ordnung dargestellt. Lateinisch-Deutsch: Sämtliche Werke, Bd. 2*, Hamburg: Felix Meiner 2010, 42~43쪽. 이 정의의 완전한 문장은 다음과 같다. "Deus ex solis suae naturae legibus et a nenime coactus agit." 이를 우리말로 옮기면 다음과 같다. "신은 자신의 본성의 순수한 법칙에 따라 행위할 뿐 그 누구로부터도 강제되지 않는다."

강이 아니라 바다에서 치솟아 오르는 파도인데, 이 파도에서 바다는 자신의 전체적인 법칙을 명백히 보여준다. 또는 보다 정확히 말하자면, 우리는 사실상 파도를 보는 게 아니라 마치 파도가 투명하기라도 한 것처럼 파도를 꿰뚫어 바다 전체를 보는 것이다.

여기에서 중요한 것은 예술가들에 대한 모든 비교에서 불가피하게, 그러나 내적인 관점에서 보면 우연하게 결과하는 플러스와 마이너스가 아니다; 여기에서 중요한 것은 오히려 예술을, 그리고 더 나아가 삶을 이렇게 파악하는 방식들의 각각이 갖는 긍정적인 측면이 자신과 다르게 이해하는 방식들을 배척하는 조건과 내적으로 긴밀하게 결부되어 있다는 사실이다. 그리하여 미켈란젤로에게서는 무게, 긴장 그리고 인간 운명 일반의 비구원성에 인물들이 확연하게 연결되면서 렘브란트가 묘사한 인물들의 개인주의적 제한을 넘어서 확대된다면, 로댕에게서는 내적으로 개체성을 해체하는 범위가 훨씬 더 확장된다. 감정이 지향하는 바가 이제는 더 이상 인류 자체의 숙명이 아니라 우주적 사건 일반의 운동 리듬에 있다. 로댕의 예술은, 그것이 독창적이고 창조적인 한, 근대적 헤라클레이토스주의[99]의 표지 안에 자리매김한다. 이러한 용어에 의해 지칭될 수 있는 세계상에서는 경험적 광경의 실체성과 확고부동성이 운동으로 이행했으며, 또한 일정한 양의 에너지가 끊임없이 변환하면서 물질적 세계를 꿰뚫고 흐른다. 또는 차라리 이 세계**이다**; 그 어떤 형식에도 심지어 경미한 지속성조차도 부여되지 않으며, 또한 형식의 윤곽에 나타나는 외견상의 통일성은 진동과 에너지 교환의 파동에 지나지 않는다. 로댕의

---

99 이것은 고대 그리스의 철학자 헤라클레이토스(Herakleitos, BC 544~484)의 이름에 '주의'(主義)라는 말을 합성한 개념이다. 헤라클레이토스는 영원불변하는 존재를 부정했고 그 토대 위에 구축된 우주론을 비판했다. 그에 따르면 세계의 궁극적인 모습은 지속적인 생성과 변화 그리고 운동에 있다. 저 유명한 명제 "만물은 유전(流轉)한다"가 헤라클레이토스의 세계관을 단적으로 보여준다.

인물들은 이러한 방식으로 지각된 세계의 요소들이다. 여기에서 육신의 윤곽과 운동은 무한한 형성과 파괴의 과정에 휩쓸려 들어갔다고 느끼며 매 순간 생성과 쇠퇴가 교차하는 지점에 서 있는 영혼들의 상징이다. 바로 이런 연유로 여기에서는 고전예술의 의미에서의 형식이 렘브란트에게서와 마찬가지로 해체되었다. 그러나 로댕에게서는 형식이 창출되어서 과정이 되는 것이 동시에 개체성이라는 전혀 새로운 의미를 갖는 하나의 계열로 굳어지지 않는다. 오히려 우주적 사건의 진동과 소용돌이는 이를 허용치 않는다(나는 여기서 보다 복잡한 해석을 필요로 하는 로댕의 초상들에 대해서가 아니라 그의 나체상에 대해서 이야기하고 있는 것이다). 여기에서 동시에 세 가지 아주 보편적인 삶의 개념의 상징이 되는 세 가지 양식의 유형은, 그것들이 시간과 갖는 관계에 의해서 특징지을 수 있다. 나는 고전예술의 형식을 무시간적이라고 규정했는데, 그 이유는 이 형식이 삶의 과정의 내용들 또는 결과들로부터 추상화된 것으로서 이 과정의 시간적인 전개와 대립하기 때문이다; 운동의 발전 또는 삶의 발전에 이러한 형식이 부여되고 나면 순수하게 예술적으로 주조된 이 형식에는 더 이상 이전(以前)도 없고 이후(以後)도 없다. 그러나 이와 상반되는 이유로 로댕의 창조물들에는 시간이 배제되어 있다. 왜냐하면 시간이 한 작품에 대해 유효하려면, 이 작품이 어떠한 의미에서든 **통일적인** 것이 됨으로써 이전과 이후가 어떻게든 느껴질 수 있어야 하기 때문이다. 그저 단순히 흘러가기만 하는, 말하자면 기억되지 않는 시간은 시간이 아니라 확장되지 않는 현재일 것이다; 단지 지나간 것이 여전히 현재적인 것과 어떠한 종합에 이르도록 하는 형식이 주어지는 경우에만 시간이 존재한다. 그러나 로댕의 인물들의 세계는 다름 아닌 절대적인 흐름의 세계이다(이는 그들의 이념에 따라서 볼 때 그런데, 이 이념은 그들로부터 일정하게 떨어지면 자명한 일이지만 명료하게 드러나지 않는다). 다시 말해 그것은 보다 이름과 보다 늦음을, 그러니까 시간을 표시할 수 있는 고정성이 모두 지양된 세계이다. 여기에는 삶의 통과하는 순간이 꼼짝없이 사로잡혀 있다. 그러나 우리가 삶이 통과하는 것을 실제로 느낄 수 있는 방식으로 그렇다. 이에 반해 이전은 이후와 마찬가지로 그 깊이를 헤아릴 수 없는 어둠 속에 가라앉아 있다. 로댕에게서 인간의 영혼들과 진동하고 저항하고 전율하며 비상하는 인간의 육체들을 담아내는 절대적 운동성은, 고전예술의 형식원리가 운동성에서 물러남으로써 시간을 부정했던 것과 마찬가지로 시간을 부정한다. 절대적인 생성은 절대적인 비(非)생성과 똑같이 비역사적이다.

여기에서 로댕의 인간관과 렘브란트의 인간관이 갈라진다. 로댕에게서 인간은 온갖 전율과 생성의 고통으로 해체되어 있다. 그는 말하자면 생성의 헤라클레이토스적 순간에 존재할 뿐이다 — 그러나 우리는 이 순간이 생성된 것을 감지하지 못한다. 그리고 그는 자신의 고유한 과거로부터 단절되어 있다 — 결국 그는 개체적인 존재가 아니라는 뜻이다. 이것은 다음과 같은 베를렌의 시에 나타난 것과 유사한 삶의 감정이다.

> 내 사라지노라
> 이 몸 휘몰아치는
> 사나운 바람에 날리어.
> 이리저리로
> 낙엽과도
> 같이.[100]

---

100 이것은 『폴 베를렌 시전집(詩全集)』 제1부 「토성인(土星人)의 시」 제4장 「가을의 노래」의 마지막 연(총 3연)이다. Paul Verlaine, *Œuvres poétiques complètes*, Paris: Gallimard 1968(Ed. révisée), 73쪽; Paul Verlaine, *Poetische Werke*, Französisch und deutsch, Leipzig: Insel 1977, 58~59쪽. 폴 베를렌(1844~96)은 프랑스 상징파 서정시인으로서 『울답한 노래』, 『멋진 잔치』, 『옛날과 요즘』 등의 시집을 남겼다.

그러나 렘브란트는 다음과 같이 개체성과 역사적-시간적인 것 사이의 관계를 명백하게 보여주었다. 절대적인 생성의 순간들은 통일적이고 어떤 의미에서든 끝까지 버티는 무엇인가에서 실현되어야만 비로소 이전과 이후로 나누어질 수 있다. 만약 이 순간들이 시간적으로 지나면서 철저하게 사라져버린다면, 우리는 일정한 종합을 전제하는 질서와 관계에 도달할 수 없을 것이다. 살아 있는 것에서 **개체성**은 이러한 이념적 존속으로 나타나는데, 바로 이 존속에서 떠오르고 가라앉는 생성의 순간들이 일정한 방식으로 정렬된다. 이 순간들은 이제 더 이상 그 위치가 결정되지 않은 원자적 존재들이 아니라 동일한 개인의 다양한 상태들이다 (여기에서 개인은 고정된 실체로서가 아니라 살아 있는 것의 특유한 자기 정체성에서 해석해야 한다). 그것들은 이러한 상태들로서 이제 단순한 기계적-우주적 소용돌이의 관점에서 보는 것처럼 어떤 것들이 다른 것들을 위해서 없어지는 것이 아니라, 한 순간은 진정으로 다른 순간의 이전이나 이후가 된다. 요컨대 그것들은 하나의 개체성이 발전하는 순간들로서 비로소 하나의 시간 계열 속에 집적되고 배열될 수 있다. 이와 반대로 개체성 자체는 오로지 생성의 절대성을 거부하고 삶의 순간들을 그 시간적 계기에 따라서 역사적으로 배열함으로써만 생각할 수 있다―여기에는 개체성이 특별함의 강조나 질적 유일성을 의미하지 않고 렘브란트에게서처럼 하나의 통일적인 삶의 연속성을 의미한다는 것이 언제나 전제된다. 그런데 이 통일적인 삶에서는 각각의 순간이 모든 지나간 순간을 전제로 하고 미래에 올 모든 순간의 토대가 되며, 또한 각각의 순간은 제각기 그 삶의 전체성을 표현하는 형식을 의미한다. 이와 같은 개체성의 의미는 명백한 일이지만 오로지 삶의 순간들의 시간적 관계를 통해서만 실현될 수 있을 뿐, 모든 종합에 무관심한 세계의 절대적인 운동성으로 이 순간들을 원자화함으로써 실현될 수 있는 것이 아니다.[101] 그러나 로댕으로 하여금 자신의 나체상들을 주조하도록 하는 현존재와 운명에 대한 감정은 바로 그와 같은 세계에 결부되어 있다. 그러므로 이러한 감정은 그 이념상 말하자면 개체성의 관념을 달리 표현하는 방식에 다름 아닌 것으로 드러난 시간적 종합을 전혀 알지 못한다. 시간의 질서가 개체성을 규정하지만 동시에 후자가 전자를 규정하기 때문에, 양자는 **하나의** 삶의 형식이 다만 다른 측면에서 관찰된 것임이 드러난다. 여기에서 어떻게 인간에 대한 렘브란트의 개인주의적 이해가 동시에 인간의 역사에 의해 지배되는가, 그리고 어떻게 고전예술의 초시간적 인간 이해와 로댕의 비시간적 인간 이해로부터 구별되는가가 명백히 밝혀진다. 나는 여기에서 이미 앞에서 강조한 것, 즉 삶을 여러 부분들로 따로따로 떼어 놓는 순간성이 삶의 흘러가는 총체성으로 지양된다는 것을 다시 한 번 상기하고자 한다. 그러면 렘브란트에게서는 길이 순간에서 시간적인 개인 운명의 전체성으로 이어진다. 이에 반해 미켈란젤로와 로댕에게서는 길이 순간에서 — 우리의 관점에서 보자면 — 무시간적인 인류 운명의 전체성 또는 심지어 우주의 전체성으로 이어진다. 그런데 미켈란젤로를 통해 실현된 고전예술은 인간 운명의 영원한 비구원성을 다름 아닌 무시간적인 형식을 부여함으로써 강렬하게 표현한 반면, 렘브란트는 자신의 인물들을 이러한 초개인적인 광막함으로부터 해방해서 그들의 개인적인 운명에 귀속시켰다 — 그리고 렘브란트는 자신의 인물들의 개인적인 시간성이 하나의 계열을 이루면서 확고하게 진행되도록 함으로써 그들을 로댕의 인물들이 존재하면서 그리고 물론 해체되는 우주적 운명으로부터 격리했다. 바로 이런 연유로 렘브란트의 인물들은 미켈란젤로의 인물들에 비하여 자유로운, 그러나 보편적인 인간에 연결되지 않은 무엇인가를 갖고 있다. 그리고 렘브란트의 인물들은 로댕의 인물들에 비하

---

101 이 문장에서 "모든 종합에 무관심한"은 "(삶의 순간들을) 한군데로 묶는 것에 아무런 관심도 없는"이라는 식으로 읽으면 좋을 듯하다.

면 절대적인 내적 안전성을 보여주는바, 이것은 현존재의 폭풍우와 절대적인 폭력에 의해 뿌리가 뽑히고 비개인적으로 되어버린 로댕의 인물들에게는 완전히 결여되어 있다; 그러나 여하튼 이러한 해체의 상태는 우주에 이른다. 우주적 삶(이 표현이 최종적으로 옳은 것인가는 여기에서 논하지 않기로 한다)은 로댕의 인물들에게 자존성(自存性)의 잔재를 조금도 허용치 않는다. 그들은 그저 헤라클레이토스적 세계에서 진동할 따름이다. 그들은 모든 실체와 삶의 통일성을 절대적인 생성의 단순한 현재에 내맡기는 대가를 치르고서야 이 세계의 총체성에 속할 수 있다. 반면 렘브란트의 인물들은 이러한 통일성과 자기 확신적인 연속성을 보존하지만, 그에 대하여 진정으로 우리 안에서 우주적인 것에 대한 감정을 불러일으키지 않는다는 대가를 치른다.

물론 이것을 렘브란트의 그 어떤 결함을 지적하는 것이라고, 그리고 이 결함을 메우기 위해서는 렘브란트의 특징들에 또 다른 하나의 특징을 추가해야 할 것이라고 이해해서는 안 된다. 그것은 오히려 그의 존재의 긍정적인 측면에 대한 부정적인 표현일 뿐이다. 그리고 그의 존재는, 만약 그의 존재가 방금 논한 측면에서 다른 태도를 취했더라면, 풍요롭게 되지 못하고 자기 자신으로부터 소외되고 자기 자신과 모순에 빠졌을 것이다. 방금 언급한 특성을 본질적으로 감정적인 특성을 갖는 것을 넘어서 보다 정신적인 것으로 발전시키는 렘브란트의 창조적 천성에 대한 다른 하나의 표현에 있어서도 사정은 매한가지이다.

렘브란트에게서도 셰익스피어에게서도(특히 후자의 경우에 아무리 역설적으로 들릴지라도), 단테와 미켈란젤로에게서와 달리, 괴테와 베토벤에게서와 달리 "인류의 위대한 목표들"[102]이 문제가 되지 않는다. 인간

---

102 이것은 1799년 완성된 실러의 희곡 『발렌슈타인』(*Wallenstein*) 서곡에서 따온 것이다. Friedrich von Schiller, *Wallenstein*, in: *Sämtliche Werke, Bd. 2*, München:

삶 자체의 크기와 깊이, 온화함과 충격 그리고 그것의 내면성과 운명에 의한 규정성이 그들의 대상이다. 렘브란트도 셰익스피어도 세계 전체와 세계의 영원한 법칙들 및 숙명들과 직면하지 않는데, 이와 달리 단테와 괴테는 직접적으로 그리고 미켈란젤로와 베토벤은 주관적으로 반응하면서 그것들과 직면한다. 자신의 독특한 방식에 따라서 주관적으로 실현되는 삶, 이 실현의 내부에서 그것을 규정하는 근거가 되는 운명, 바로 이것을 묘사하는 한도 내에서 렘브란트와 셰익스피어의 과제는 종결된다. 그런데 다음과 같은 사실이 있을 수 있다. 삶이 말하자면 자신이 살아지는 것을 넘어서 그리고 자신을 운동하도록 하고 깊어지게 하는 감정과 의지, 종교와 운명을 넘어서 위치할 수 있는데, 이에 대한 이유는 삶이 완전히 초개인적인 거대한 이념들과 총체성들이라는 **목표들**을 구성하고 이것들을 통해서 그리고 이것들을 위해서 산다는 데에 있다. 그러나 그들의 작품은 이러한 사실을 지식, 열정, 필연성의 형식으로 표현하지 않는다. 만약 단테가 현세와 내세의 세계기획을 모사하려는 너무나도 강력한 열정 때문에 지칠대로 지쳤다면, 만약 모든 현상의 통일성

Hanser 1960, 271~72쪽. 이해를 돕기 위해서 짐멜이 인용한 부분이 들어 있는 연 전체를 인용하면 다음과 같다(밑줄 친 부분이 짐멜이 인용한 것이다).

"세기가 엄숙하게 끝나가는 지금,/현실 자체가 시(詩)가 되며,/강력한 인물들의 투쟁이/중요한 목적을 눈앞에 두고 있고,/<u>인류의 위대한 목표들인</u>,/지배와 자유를 쟁취하려는 지금,/삶의 무대를 부끄럽게 하지 않으려면/이제 예술 역시 그림자 무대에서/더 높이 비상을 시도해도 좋습니다, 아니 시도해야만 합니다."

참고로 『발렌슈타인』은 삼십년전쟁(1618~48) 당시 신성로마제국의 황제인 페르디난트 2세 군대의 최고지휘관이었던 알브레히트 폰 발트슈타인(Albrecht von Waldstein, 1583~1634)을 소재로 한 영웅담으로서,「발렌슈타인의 군영(軍營)」,「피콜로미니 가(家)」,「발렌슈타인의 죽음」의 3부작으로 되어 있다. 이 작품에서 발렌슈타인은 황제에게 반역을 꾀하다가 종국에는 살해당한다. 실러는 그 밖에도 「군도」,「빌헬름 텔」,「돈 카를로스」 등과 같이 영웅담을 소재로 한 작품을 남겼다.

과 이원성에서 신-자연을 발견하는 것이 괴테에게 존재의 의미였다면; 만약 「시스티나 예배당의 천장벽화」와 「메디치 가 예배당의 묘비들」,[103] 「교향곡 5번」과 「열정」[104]이 자유와 광명을 위한, 현세적인 것의 최고도의 고양을 위한 그리고 현세적인 것을 위한 무한한 투쟁을 선포했다면 ― 그렇다면 이 모든 것은 삶을 어느 한 위대한 목표에 사로잡히게 만든다. 그러나 셰익스피어와 렘브란트의 작품은 개체성의 위대함과 깊이, 즉 개체성의 경이로움을 그리고 자기 자신을 넘어서지 않는 삶의 아름다움을 선택한다; 이러한 선택은 약화되지 않고 우리를 둘러싸고 있는 모든 운명, 모든 사건 그리고 사물과 힘의 모든 직관적인 이미지를 삶에 짜 넣어서 그 결이 되도록 함으로써 이 작품들의 강력함을 증명한다. 그리고 삶은 자기 자신을 위하여 그리고 자신의 모든 관계에서 절대적인 것으로 존재하며, 그런 만큼 삶은 방금 언급한 주어진 것들에 지배되는 경우에 그것들을 지배하는 경우보다 어쩌면 훨씬 더 폭넓고 깊이 있는 것으로 드러날 것이다.[105] ― 여기에서 논한 이 서로 다른 방향들의 담지자들에게서 볼 수 있는 위대성은 그들을 양적 가치에 따라 등급화하려는 모든 시도를 완전히 부적절한 것으로 만들 것이다. 중요한 것은 어디까지나 그들의 전반적인 창조적 의도를 순수하게 확인하는 것뿐이다(그

---

103 이 둘은 미켈란젤로의 작품을 가리킨다. 이 가운데 「시스티나 예배당의 천장벽화」에는 「천지창조」, 「최후의 심판」 등의 저명한 작품들이 들어 있다. 그리고 줄리아노 메디치의 묘에는 줄리아노의 조각상과 그 아래 남녀 한 쌍으로 낮과 밤을 의인화한 조각상이 있다.

104 이 둘은 베토벤의 작품을 가리킨다. 이 가운데 「교향곡 5번」은 흔히 「운명」이라고 불리는 「교향곡 5번 c 단조」로서 1806년에 착상하여 1808년에 완성한 곡이다. 그리고 「열정」은 베토벤의 가장 유명한 피아노 작품들 가운데 하나로서 1804~05년에 작곡되어 1807년에 발표된 「피아노 소나타 23번」이다.

105 이 문장에서 "방금 언급한 주어진 것들"은 그 바로 앞 문장에 나오는 "우리를 둘러싸고 있는 모든 운명, 모든 사건 그리고 사물과 힘의 모든 직관적인 이미지"를 가리킨다.

런데 창조적 의도란 다만 그들의 성격학적 토대들이 발전하여 절정에 달하는 것을 의미하는데, 이 토대들은 심지어 보다 저급하고 비생산적인 지층들에도 존재할 수 있다). 이들을 근본적으로 구별짓는 것은 다음과 같은 질문이다 — 어떤 한 창조적인 예술가의 결정적인 의미 — 이것은 창조하는 인격체의 의식적인 의도와도 그리고 창조된 인격체가 말해줄 수 있는 그 어떤 것과도 일치하지 않고, 그것의 담지자는 오히려 전(全) 작품의 창조자 자신이다: 그것은 이념적 구성물로서 진리를 내포하지만 현실을 내포하지 않는다 — 이 의미가 "인류의 위대한 목표들"을 지향하고 완전히 거기에 바쳐지는가, 아니면 이렇게 하는 것이 그에게 자기 자신을 위하여 살아가는 삶의 우회로, 그러나 가장 순수하게 집중된 삶은 피하는 우회로로 보이는가가 바로 그 질문이다.[106] 바로 이러한 구별이, 렘브란트가 자신의 예술가적 기질을 넘어서 그리고 오직 그 기질에 의해 매개되어 인류의 정신사에서 차지하는 위치를 규정한다.

---

106 이 문장에서 "가장 순수하게 집중된 삶"은 "전적으로 자기 자신에게 집중된 삶"으로 읽으면 좋을 듯하다.

제3장
종교예술

예술에서의 객관종교와 주관종교[1]

인류 역사에서 종교적 실체는 두 가지 근본 형식으로 나타난다. 종교
적 사실들, 즉 신과 구원, 의례와 교회가 출현한다; 종교적 개인들이 이
모든 것에 대하여 수동적으로 행동하거나 창조적으로 행동하며, 또한
오로지 자신만의 구원을 추구하거나 몰아적(沒我的)으로 자신을 희생한
다 ─ 이로부터 종교적 실체의 이중적 흐름이 야기되는데, 이 흐름은 거
의 완전한 분열로 귀착될 수 있다. 한편에서는 종교적 또는 교회적 사실
들의 **객관성**이 존재하는바, 이것은 내적으로 완결되고 자신의 고유한 법

---

1 짐멜은 종교성(Religiosität)과 종교(Religion)를 구분한다. 종교성이 정신의 또는
   의식의 주관적 기본 형식을 의미한다면, 종교는 역사적으로 형성되고 구체적인 대
   상과 내용을 지니는 객관적 제도 또는 문화적 구조물을 가리킨다. 종교성은 인간
   정신과 의식의 내적-주관적 상태와 과정인 반면에, 종교는 외화되고 객관화되며
   대상화된 세계이다. 종교성과 종교는 달리 주관종교와 객관종교라고 표현되며, 문
   화철학적으로 주관문화와 객관문화에 상응하는 개념이다. 종교성 또는 주관종교는
   달리 경건(함)이라고 표현될 수 있다. 이에 대해서는 다음을 참고할 것. 김덕영, 『게
   오르그 짐멜의 모더니티 풍경 11가지』, 도서출판 길 2007, 436~42쪽.

칙들에 따라 구축된 세계로서 그 의미와 가치에서 개인들에게 완전히 무관심하며, 따라서 개인들은 단지 이 세계를 받아들이고 우러러볼 수 있을 뿐이다. 다른 한편에서는 종교가 전적으로 주체의 **내적인 삶**으로 옮아간다. 어쩌면 보다 정확히 말해 그것은 주체의 내적인 삶으로 존재한다; 이 경우 방금 언급한 초월적인 것들과 의례적인 것들은 형이상학적 실재가 될 수 있거나 될 수 없다 — 이제 모든 종교적 의미는 전적으로 개별 영혼의 특성과 운동에서 찾을 수 있다. 아마도 이 특성과 운동은 그와 같은 초월적인 것들과 의례적인 것들에 의해서 야기될 수 있지만, 아마도 또한 이 초월적이고 의례적인 것들은 그러한 특성과 운동에 의해서 비로소 의미와 생명력을 얻을 수 있다. 첫 번째 경우에 종교적인 것이란 신과 인간 영혼 사이의 확연한 대립이며, 말하자면 사후(事後)에 비로소 서로가 서로를 받아들인 것을 의미한다. 그리고 두 번째 경우에는 종교적인 것이 개인의 가장 깊은 창조성과 자기책임성에서 흘러나오는 영혼의 삶 자체를 의미하는데, 이 삶은 종교적 존재이기 때문에 당연히 내적으로 초주관적 존엄성을 갖는다.

　방금 논한 종교적 세계의 객관성을 역사적으로 가장 웅대하게 실현한 것은 가톨릭이다; 종교적 삶의 다른 조류(潮流)에서는 이에 상응하는 것을 찾아볼 수 없다. 이것은 다음과 같은 이유로 이해할 수 있다. 종교를 역사적이고 가시적인 무엇인가로 만드는 구성물, 그러니까 교의, 의례, 교회 — 이 모든 것은 체험에서 또는 삶 일반을 인도하고 채색하는 것에서 또는 영혼과 신의 직접적인 관계에서 종교의 본질을 찾는 사람들에게는 고작해야 이차적인 의미밖에 가질 수 없다. 영혼과 신의 직접적인 관계는 종교적 관계로서 오로지 영혼 자체에서만 연출될 수 있다. 자명한 일이지만 이러한 종류의 종교성은 개인의 밖으로 나오지 않으며, 따라서 온전한 역사적 현상이 될 수 없다.[2] 그것은 프로테스탄티즘에 의해서도 결코 대변되지 않는다. 왜냐하면 이것 역시 완전히 객관적인 종교적 사실들을 고려하기 때문인데, 이 사실들은 종교적 영혼에 근거지를 갖지 않고 오히려 이 영혼의 객체가 된다: 예컨대 인격적 신에 의한 세계 통치, 그리스도가 인간들을 위해 획득한 구원, 현존재의 객관적-종교적 구조를 통해 영혼에게 작용하는 운명이 그것이다. 만약 주관적 종교성이 정말로 완전히 순수하게 실현된다면(아마도 **오로지** 객관적이기만 한 종교가 존재하지 않듯이, 이런 일은 결코 일어나지 않을 것이다; 오히려 이 두 형식의 각각은 언제나 다른 것과의 일정한 혼합 속에서 나타난다) —— 그렇다면 그것은 어떤 내용, 즉 어떤 현실에 대한 믿음이 아니라 삶의 과정 자체에, 즉 종교적인 인간이 매 순간 살아가는 방식에 존재할 것이다.[3]

종교적 삶의 이 두 상반된 흐름이 기독교 예술을 아주 엄격하게 두 진영으로 분할하지는 않았다; 그렇지만 그것들의 순수성과 혼합성은 하나의 척도를 구성하는바, 그 위에서 모든 종교적 이미지는 하나의 특정한 자리를 차지한다. 그 한 극단에는 초월적 세계를 완전히 객관적으로 묘사하는 비잔티움 예술이 있다. 라벤나[4]의 모자이크에는 기독교 신비의 인물들과 상징들이 그것들을 체험하는 인간 주체들에 대하여 완전히 무관심한 채 전(全) 우주를 포괄하는 숭고한 모습으로 표현되어 있다. 이러한 종교성에 속하는 인간들은 예술가를 포함하여 완전히 탈주체화되었다. 그들 앞에는 신들의 하늘이 버티고 있는데, 그것은 어마어마한 자족

---

2 이 문장의 후반부는 "따라서 종교의 객관적 측면이 조금도 가미되지 않기 때문에 온전한 역사적 현상이 될 수 없다"라고 읽으면 좋을 듯하다.
3 이 문장에서 "어떤 내용"은 "어떤 종교적 내용"으로 읽으면 좋을 듯하다.
4 라벤나(Ravenna)는 이탈리아 북부 에밀리아-로마나(Emilia-Romagna) 지방의 도시로서 아드리아 해에 가까우며 2013년 말 현재 인구가 16만 명 정도이다. 이미 로마 시대부터 번창했으며 비잔티움 제국 시대에는 동서 교역의 중심지로서 경제적인 번영을 누렸다. 이 도시는 수많은 문화적 유산을 보듬고 있는데, 특히 초기 기독교 시대의 교회, 세례당, 능묘, 모자이크가 유명하다. 1999년에는 5~6세기의 건축물 8개가 유네스코 세계문화유산으로 등재되었다.

적 존재의 힘들이며 따라서 개인들의 감정과 내적 운명은 이 힘들을 표상하는 데에 아무런 관련도 없다. 다시 말해 그 출발점도 종착점도 될 수 없다. 그 힘들의 이른바 살아 있지 않음은 단지 그것들이 지상적인 무엇인가로서의 삶의 과정으로부터 분리되어 있다는 사실을 의미할 뿐이며, 따라서 어떤 것을 추가함으로써 제거할 수 있는 결함이 아니다; 그것은 오히려 **표현**의 부정성에도 불구하고 자신과 논리적으로 상반되는 것, 즉 개인적 삶을 지향하는 것을 거부**해야 하는** 이 종교적-예술적 존재의 극단적인 긍정성을 표현한다. 트레첸토[5]와 더불어 그 척도는 다른 하나의 단계에 도달했다. 두초[6]와 오르카냐[7] 그리고 그들과 동시대의 보다 열등한 여러 예술가들에게서는 서정적 인간성의 색조가 폐쇄적이고 장엄한 성인(聖人)들의 이미지로 흘러 들어간다. 초월적인 것이 단지 **존재하고** 객관적인 힘으로서 인간을 지배하는 것에 그치는 것이 아니라, 전자로부터 풍겨 나온 하나의 고유한 운동성이 후자에게로 다가간다. 비록 여전

---

5 트레첸토(Trecento)는 이탈리아어로 300이라는 뜻으로서 이탈리아 예술사에서 1300년대, 즉 14세기와 그 시대의 예술을 나타내는 용어이다. 조토(1267~1337)와 두초(1255~1319) 등이 트레첸토를 대표하는 예술가이다.

6 두초(Duccio di Buoninsegna, 1255~1319)는 초기 르네상스 시대의 이탈리아 화가이다. 이미 제1장의 각주 11번에서 언급한 바와 같이, 두초는 시에나파의 터전을 닦은 인물이다. 그는 비잔티움 양식을 이어받으면서 거기에 인간적인 표현을 부여했는데, 이 새로운 양식이 시에나파에 의해 확산되었다. 두초는 자신의 동시대인이자 피렌체파의 창시자인 조토보다 덜 자연주의적이었다. 주요 작품으로 시에나 대성당의 중앙 제단화인 「스무 명의 천사들과 열아홉 명의 성인들이 있는 마에스타」와 대형 패널화인 「루첼라이의 성모」 그리고 「성모와 세 사람의 프란치스코회 수도승」 등이 있다.

7 안드레아 오르카냐(Andrea Orcagna, 1308?~68)는 이탈리아의 화가이자 조각가이자 건축가이다. 조토의 후계자로서 조토 사후 침체를 보이던 피렌체파의 회화를 중흥시켰으며, 르네상스 조각을 예비했다는 평가를 받는다. 주요 작품으로 「성모 마리아 및 성자들과 함께 있는 그리스도」, 「그리스도 무덤가의 세 마리아」, 「죽음의 승리」 등의 그림과 「성모의 죽음과 승천」이라는 대부조(大浮彫)가 있다.

히 부드럽고 삼가기는 하지만, 종교적 **삶**의 표현이 초월적 사실들의 묘사로 연결되는 길을 찾아내었다. 그런데 객관적 종교성과 주관적 종교성의 관계가 르네상스 전성기의 형식들에서 다시 바뀐다. 구체적으로 말해 이 시기의 작품들은 이전보다 더 생동적이고 더 자연주의적이지만, 그렇다고 해서 그 묘사가 이전보다 내적-종교적 역동성을 훨씬 더 많이 표현한 것은 결코 아니다. 이 관점에서 완전히 고립적이고 비전형적인 위치를 점하는 미켈란젤로는 논외로 하기로 한다. 그러나 레오나르도 다빈치, 시뇨렐리,[8] 라파엘로 그리고 프라 바르톨렘메오[9]는 그들의 성인화(聖人畵)에서 경탄할 만한 객관성을 구현하고 있다: 내가 느끼기로 이들은 트레첸토보다 척도의 이 극단에 더 가깝게 위치하는바, 트레첸토는 다름 아닌 그 경직성과 신성한 품위로 인해 친퀘첸토[10]와 구별된다.[11]

---

8 루카 시뇨렐리(Luca Signorelli, 1445?~1523)는 15세기 후반 르네상스 시대 중부 이탈리아 움브리아파의 대표적인 거장으로서 조소적 인물 묘사에 해부학적 지식을 결합해서 동적이면서도 서정미 넘치는 화풍을 개척하였다. 1499~1502년 오르비에토 대성당 내의 산 브리치오 예배당에 그린 프레스코 연작 벽화가 주요 작품으로 꼽힌다. 거기에는 「세계의 종말」, 「최후의 심판」, 「사자(死者)들의 부활」 등의 작품이 있다. 그리고 시에나 부근 몬테올리베토마조레 수도원에 성 베네딕토의 생애를 주제로 그린 프레스코 벽화군 「성 베네딕토전」(1497~98)과 페루자 대성당의 「성 오노프리오 제단화」(1484) 같은 작품도 제작하였다. 해부학적 지식에 기초한 엄격하고 강인하며 생동하는 인물 묘사는 미켈란젤로에게 커다란 영향을 끼치게 된다.
9 프라 바르톨렘메오(Fra Bartolommeo, 1472~1517)는 이탈리아의 화가이다. 도미니코 수도회의 수도승이면서 피렌체파에 속하는 그의 작품들은 제한된 환상에 강력한 채색, 절제된 형식, 근엄한 표현을 그 특징으로 하며 라파엘로에게 커다란 영향을 끼치기도 했다. 주요 작품으로 「베드로와 바울」, 「이집트로의 도피」, 「성 카틸리나의 결혼」, 「최후의 심판」 등이 있다.
10 친퀘첸토(Cinquecento)는 이탈리아어로 500이라는 뜻으로서 이탈리아 예술사에서 1500년대, 즉 16세기와 그 시대의 예술을 나타내는 용어이다. 좁은 의미로는 특히 16세기 초의 이탈리아 전성기 르네상스 양식을 가리킨다. 친퀘첸토는 레오나르도 다빈치(1452~1519), 라파엘로(1483~1520), 티치아노(1485~1576), 조르조네(1477~1510), 코레지오(1489~1534) 등의 거장들이 활약했던 시기이다.

우리는 어떤 종교적 삶이 자체적으로 이러한 작품들의 구성에 기여했다는 인상을 절대 더 이상 받지 않는다; 심지어 순수한 회화적 관심이 영혼의 다른 모든 동인들을 은폐하지 않은 경우에도, 종교적 의도는 전적으로 천상적 또는 역사적 현존재의 묘사를 지향하는데, 이 묘사는 이 현존재의 중심으로부터 그리고 그것의 고유한 법칙에 따라서 규정되는 것이지 한 영혼의 경건함이나 갈망이나 헌신에 의해 규정되는 것이 아니다. 인간 정신의 특유한 능력, 말하자면 자기 자신을 도외시한 채 자신과 대립하는 것의 관점에서 사고하거나 관조하는 능력은 종교적 영역에서도 중요한 역할을 하는데, 르네상스 예술에서 이 역할이 조금도 유보됨이 없이 입증되었다. 내가 보기에 루벤스는 여전히 이에 포함된다. 그의 「일데폰소 제단화」[12]가 그러한데, 그것도 다름 아닌 이 작품의 완전한 세속성이 어쩌면 종교적 객관성을 그 절정으로 끌어올리기 때문에 그러하다. 성모 마리아는 자신에게 공경을 표하는 고위 성직자[13]와 다를 바 없이 고귀하고 품위 있는 인간의 모습으로 드러난다. 그 둘 사이에는 엄밀히 말해 단지 동일한, 말하자면 천상으로부터 격리된 차원 내에서의 위계적 차이만이 있을 뿐이다. 그런데 이 경우에 신적인 것의 묘사가 인간적-개인적 종교성에 의하여 규정되어야 한다고 생각하는 것은 말도 안될 것이다. 신민들이 직접 황제를 선출해야 한다고 생각하는 것이 그 시대의 관념에서 보면 말도 안 되는 것과 마찬가지로 말이다 ─ 그리하여

---

11 이 문장에서 "척도의 이 극단"은 방금 앞에서 제시된 척도의 (주관적 극단과 상반되는!) 객관적 극단을 가리킨다.

12 이것은 1630~32년에 목판에 그린 233×352cm 크기의 유화이다. 이 작품의 주인공인 성(聖) 일데폰소(San Ildefonso, 607?~667)는 스페인 톨레도 출신의 수도승이자 사제며 신학자로서 톨레도의 주교를 역임한 인물이다. 그는 특히 성모 마리아에 대하여 깊은 신학적 관심을 보였는데, 이는 「평생 동정인 성모 마리아에 대하여」라는 글의 제목만 보아도 단적으로 드러난다.

13 성 일데폰소를 가리킨다.

이 관념에 부합하여 예수회 성직자 올리바[14]는 교황청에서 행한 설교들에서 동정녀 마리아를 "왕후" 또는 "황후"로 지칭했다. 아무튼 여기에서는 신적 현존재의 절대적인 숭고함이 확실히 인간화되었다.[15] 그러나 이것이 "고귀함"이라는 사회학적 특징과 더불어 이루어지기 때문에, 예술적 형식들에서 표현될 수 있는 주체의 모든 영혼내적 종교성에 대한 거부가 거의 공격적인 모습을 취하게 되었다.[16]

---

14 조반니 파올로 올리바(Giovanni Paolo Oliva, 1600~81)는 이탈리아 제노바 출신의 예수회 고위 성직자이다. 올리바는 인노첸시오 10세(Innozenz X, 1574~1655), 알렉산데르 7세(Alexander VII, 1599~1667), 클레멘스 9세(Clemens IX, 1600~69), 인노첸시오 11세(1611~89) 등 네 명의 교황 치하에서 교황청 설교가로 활약했다.

15 이 문장에서 "여기"는 루벤스의 「일데폰소 제단화」를 가리킨다.

16 이 문장의 후반부가 전달하고자 하는 메시지는 다음과 같다. 예술적 형식들에서 표현될 수 있는 주체의 모든 영혼내적 종교성은 그 이전에도 거부되었지만, 루벤스의 「일데폰소 제단화」는 거의 공격적일 만큼 거부하였다. 그리고 이 점에서 ─ 경건함에 대해 논하는 다음 절을 보면 명백히 드러나듯이 ─ 바로크 시대의 두 거장 루벤스와 렘브란트가 결정적으로 구별된다는 것이 짐멜이 의미하는 것이다. 그리고 이 문장의 전반부에 나오는 짧막한 구절 "'고귀함'이라는 사회학적 특징"을 이해하는 데에는 짐멜의 철학적 주저 『돈의 철학』에서 따온 다음과 같은 비교적 긴 구절이 도움이 될 것이다. "(아무튼) 나는 현상들에 대한 우리의 반응을 규정하는 가치감정들 중에는 "고귀함"의 평가라고 표현할 수밖에 없는 가치감정이 존재한다고 믿는다. 이 범주의 독자성은 그 범주가 매우 상이한 종류의 그리고 매우 상이한 가치를 가진 현상들에 적용될 수 있다는 사실에서 잘 드러난다. 신념과 예술작품, 혈통과 문학적 양식, 세련된 취향과 그에 적합한 대상들, 상류사회의 예의범절과 우수한 품종의 동물 ─ 우리는 이 모든 것을 "고귀하다"고 표현할 수 있다. 그리고 이 가치가 도덕의 가치 및 아름다움의 가치와 일정한 관계를 맺는 경우에도, 그 가치는 매우 다양한 윤리적 또는 미학적 수준들과 동일한 정도로 결합되어서 나타나기 때문에 언제나 독자적인 것으로 존재한다. 고귀함의 사회적 의미, 즉 다수와 대비되는 예외적 지위를 차지하는 것, 개별적 현상이 그 자율적 영역, 다시 말하자면 그 어떤 이질적인 요소의 침입에 의해서도 곧바로 파괴되어버릴 영역 안에 격리되는 것 ─ 이러한 사회적 의미야말로 고귀함이라는 개념의 모든 적용을 위한 명백한 전형이 된다. 존재들 사이의 아주 특별한 종류의 차이가 고귀함의 가치를 외적으로 담아낸다. 여기에서 차이란 한편으로 대체 가능성, 공

경건함

이 척도의 다른 극단에 렘브란트가 위치한다. 그의 모든 종교적 그림, 에칭, 데생은 단 하나의 주제를 갖는다: 바로 **종교적 인간**이다. 그는 신앙의 대상을 가시적으로 만들지 않으며, 또한 그가 예수를 묘사하는 경우에 예수는 결코 초월적인 실재의 성격을 갖지 않고 경험적이고 인간적인 실재의 성격을 갖는다: 그것은 사랑하는 그리고 가르치는, 겟세마네 동산에서 절망하는 그리고 고통받는 예수이다. 성인(聖人), 그러니까 신자들이 단지 그의 객관적인 숭고함을 받아들이고 이 숭고함에서 발산되는 빛에 의해 비추어질 뿐인 종교적 실재가 렘브란트의 예술에 와서는 더 이상 존재하지 않는다; 그가 예술적 현상으로 불러들이는 종교적인 것은 개인의 영혼이 다양한 변화 속에서 표출하는 **경건함**이다. 물론이 영혼은 내세적인 힘들에 의해 자극될 수도 있으며 신적 현존재에 의해 포용되고 규정될 수도 있다 ─그러나 렘브란트가 보여주는 것은 이것이 아니라, 이 영혼이 이 모든 것을 전제로 해서 자신의 내부에서 자신

통분모에로의 환원 및 "자기범속화"를 적극적으로 거부하는 것이다. 그러나 다른 한편으로 그 차이는, 고귀함이 그 자족성, 고유성 및 내적 완결성을 잃어버리고 다른 것들과의 관계에서 ─비록 그 관계가 단지 차이의 관계일 뿐이라고 할지라도─ 그 본질을 찾게 될 만큼 두드러져서는 안 된다. 고귀한 인간이란 완전히 인격적인 개인이면서도 자신의 인격을 완벽하게 보존하는 인간이다. 고귀함이란 비교에 기초하는 차이의 감정들과 모든 비교를 자부심 넘치게 거부하는 태도가 아주 독특하게 결합된 상태를 의미한다. 내가 보기에 이 명제를 철저하게 규명해주는 실례는 다음에서 찾을 수 있다. 즉 영국 상원은 그 모든 구성원들에 의해 자신의 유일한 재판관으로 인정되었을 뿐만 아니라, 더 나아가서 1330년에는 상원의원들 이외의 다른 사람들을 재판해달라는 요구를 단호히 거부했다 ─그러니까 영국 상원은 심지어 자신의 지위와 다른 지위의 사람들과 **권력**관계를 맺는 것조차도 품위의 훼손으로 간주했던 것이다!" 게오르그 짐멜, 김덕영 옮김, 『돈의 철학』, 도서출판 길 2013, 676~78쪽.

246

의 특별한 힘으로 창출하는 상태이다. 그것은 전적으로 인간의 영혼에 존재하고 인간적이고 현세적인 육신에서 표현될 수 있는 상태이다. 물론 온갖 내세적인 신앙의 대상들이 존재하고 이것들의 절대적인 힘 안에서 개인들과 그들의 상태는 한낱 바람에 불리어 흩날리는 모래알일 수도 있고 객관적으로 전혀 중요하지 않을 수도 있다 ── 그러나 **종교**는 언제나 인간의 영혼이 이러한 내세성과 갖는 관계에서만 생겨날 수 있으며, 어떠한 경우에도 종교는 이 영혼이 이러한 관계에 헌신하도록 하며 또한 역으로 후자가 전자를 위해 존재하도록 하는 계기를 가리킨다. 이것이 렘브란트 종교예술의 기본 전제를 이론적으로 표현한 것이다. 예술의 역사에서 처음으로 종교의 이러한 원천적 흐름이 완전히 지배하게 되었다: 종교는, 그 신앙의 내용, 형이상학적 토대, 교의적 실체가 무엇이든 간에, 종교로서 인간 영혼의 행위 또는 존재 방식이다. 그가 '하나님 아버지'를 묘사한 몇 안 되는 작품에서 '하나님 아버지'는 사실상 중요하지 않으며 인간보다 훨씬 덜 깊이가 있고 훨씬 덜 관심을 끈다; 이는 당연한 일이다 ── 왜냐하면 신 자체는 경건하지 않기 때문이다.[17]

오직 프라 안젤리코[18]만을 렘브란트에 비견될 수 있는 경우로 언급할 수 있을 것이다. 왜냐하면 그에게도 렘브란트에게와 마찬가지로 경건한 인간 자체가 예술적 묘사의 문제가 되기 때문이다. 그렇지만 궁극적으로

---

17 이에 해당하는 작품으로는 「다니엘의 환상」과 「하나님이 땅에 엎드린 아브라함에게 나타나다」를 들 수 있다. 전자는 1650년경에 캔버스에 그린 98×119cm 크기의 유화이고, 후자는 1656~60년에 제작된 19.7×26.6cm 크기의 에칭이다.

18 프라 안젤리코(Fra Angelico, 1386/1400~1455)는 초기 르네상스 시대의 이탈리아 화가이다. 도미니코 수도회의 수도승이기도 한 그는 그림 그리는 것을 신앙행위의 일종으로 생각했으며 종교적 주제의 벽화와 제단화로 유명하다. 처음에는 고딕 풍을 따랐으나 점차 원근법과 조소적(彫塑的) 효과에 기반하는 르네상스 풍으로 변했다. 주요 작품으로 「수태고지」, 「십자가에서 내려지는 예수」, 「조롱당하는 예수」, 「성 도미니코」, 「나를 만지지 마라」 등이 있다.

보면 그에게서도 종교적 내용이 보편적인 것으로서 개인들 위에서 떠다니며 그들의 안으로 들어와 작용하며, 따라서 그들은 이 내용을 영접한 것으로 체험한다; 여기서는 교의가 여전히 경건함의 순수한 영혼적 과정과 너무나도 긴밀하게 혼합되어 있기 때문에 렘브란트가 표현한 경건함의 완전히 초역사적인 형식을 예감하는 것 이상을 찾을 수 없었다.[19] 중세에는 전반적으로 경건이 마치 하나의 실체처럼 쏟아져서 개인들에게 스며들었다 — 물론 프란치스코[20]나 에크하르트[21]와 같은 종

----

19 이 문장에서 "경건함의 완전히 초역사적인 형식"은 그 아래 네 번째 문장 "인간들은 더 이상 객관적으로 경건한 세계에 존재하지 않고 오히려 객관적으로 중립적인 세계에서 주체로서 경건하다"를 보면 그 의미하는 바가 보다 명료해질 것이다.

20 이는 아시시의 프란치스코를 가리킨다. 새들에게도 설교를 한 것으로 유명한 그는 1208년 '작은 형제회'라는 탁발수도회를 창립하여 1209년 교황 인노첸시오 3세 (1160/61~1226)의 승인을 받았다. '프란치스코파 수도회'라고 불리는 이 수도회가 추구한 목적은 예수 그리스도를 본받아서 청빈하고 금욕적인 무소유의 삶을 살면서 편력설교(遍歷說敎)를 통해 예수 그리스도의 사랑을 널리 전파하고 가난한 사람들과 병든 사람들을 위로하고 도와주는 데에 있었다. 주로 농촌을 기반으로 삼은 종래의 수도회들과 대조적으로 이 수도회는 도시를 무대로 활동했다. 프란치스코파 수도회는 창립 초기부터 급속한 성장을 이룩해 중세의 대표적인 탁발수도회가 되었다. 13세기 후반에는 제2의 창시자라고 불리는 보나벤투라 (Bonaventura, 1221~74)가 수도회를 이끌면서 그 영향력이 전 유럽으로 확장되었으며, 이교도 지역인 시리아와 아프리카 등지에도 선교사가 파견되었다. 또한 파리와 옥스퍼드 등에 있는 수도승들의 집을 기반으로 신학교가 세워졌는데, 이것들은 순식간에 유럽의 주도적인 신학교가 되었다. 프란치스코파 수도회는 13~14세기의 스콜라철학을 대변하는 쟁쟁한 신학자들을 배출한 것으로도 유명한바, 보나벤투라 이외에도 로저 베이컨(Roger Bacon, 1214~92/94), 둔스 스코투스, 오컴의 윌리엄 (William of Ockham, 1288~1347) 등을 거론할 수 있다. 그러나 조직이 커짐에 따라 '청빈'의 해석을 둘러싸고 내적 갈등이 일어났으며, 그 결과 열정파(Zealots), 이완파(Laxists), 온건파(Moderates)의 세 분파로 분열되었다. 열정파는 청빈한 삶이라는 초기의 이상과 규율을 지킬 것을 주장했고, 이완파는 그 이상과 규율을 현실에 맞게 완화하자고 주장했으며, 온건파는 어느 정도의 공동 재산을 허용하자고 주장했다.

21 이는 중세 신비주의의 최고봉으로 간주되는 마이스터 에크하르트를 가리킨다.

248

교적 천재들에게서는 영혼의 고유 운동이 객관적이 된 종교적 가치들에 부합했다. 그러나 이 운동이 주관성의 궁극적인 깊이에서 분출하는 경우에는 이 부합이 때때로 위험이 없지 않은 방식으로 좌초되었다. 렘브란트의 종교적 인물들에게서는 경건이 언제나 새로이 각자 영혼의 궁극적인 근저로부터 표출되었다. 인간들은 더 이상 객관적으로 경건한 세계에 존재하지 않고 오히려 객관적으로 중립적인 세계에서 주체로서 경건하다. 중세적 경건함은 여전히 직접적으로 그것의 초월적 대상과 결부되어 있었다(그 정확한 이유는 이 대상이 지각할 수 있는 일정한 경험에 주어진 것으로 보였기 때문이다); 만약 이 인간들에게서 그들의 신을 박탈한다면, 그들은 — 종교적 천재들을 제외하고는 — 더 이상 경건하지 않을 것이다. 이것은 렘브란트의 인간들에게는 해당되지 않는다. 이에 반해 심지어 현세적 삶과 그 내용들이 말하자면 더 이상 존재하지 않는다고 하더라도, 그 인간들은 여전히 경건한 상태로 남아 있을 것이다(이는 성인들과 수도원의 삶에 의해서 대략적으로 실현되었고 증명되었다). 그러나 다시 렘브란트의 인물들에게로 눈을 돌리면 이것은 거의 상상할 수 없는 일이다. 이 인물들은 삶의 내용들을 원칙적으로 파기하는 수도원의 원리로부터 가능한 한 멀리 떨어져 있다. 그가 묘사한 무수한 성서의 장면들은 모든 교의적이고 신앙적인 요소를 결여하고 있으며, 따라서 사람들은 아마 그것들을 종교예술로 간주하지 않으려고 할 것이다: 토비트의 체험들,[22] 선한 사마리아인,[23] 돌아온 탕자,[24] 완전히 소시민적으로 파악된 예

제2장의 각주 35번에 마이스터 에크하르트에 대한 간략한 소개가 있으니 참고할 것.

22 여기에는 「토비트와 어린 양을 안고 있는 안나」, 「안나와 눈먼 토비트」, 「토비트의 가족을 떠나는 대천사 라파엘」이 속한다. 이것들은 각각 1626년에 패널에 그린 39.5×30cm 크기의 유화, 1630년경에 패널에 그린 63.8×47.7cm 크기의 유화, 1637년에 패널에 그린 68×52cm 크기의 유화이다. 이처럼 렘브란트가 즐겨 묘사한 토비트(Tobit)는 『토비트서(書)』에 나오는 인물이다. 『토비트서』는 가톨릭

수의 유년기[25] 등이 그것이다. 여기에서 종교적인 것은 영리함이나 우둔함, 활달함이나 게으름처럼 이 인간들의 내부로부터 생겨나서 그들에게 체화된 그들의 특성이다. 그들은 자신이 원하는 대로 믿거나 행위할 수 있다— 경건함은 그들의 주관적 존재 일반을 규정하는 한 가지 요소로서 그들이 내용적으로 완전히 현세적인 태도를 취하게 되면 그만큼 더욱더 그들의 인격을 고유한 색채로 확실하게 채색하게 된다.

이처럼 인격적 삶 일반의 근본 형식이 되는 종교성은 이 삶의 모든 장면이 종교적 색조나 가치의 장소가 될 수 있도록, 그리고 심지어 될 수밖

에서는 정경으로 인정되지만 개신교와 유대교에서는 인정되지 않는다. 총 14장으로 되어 있으며, 토비트와 그의 아내 안나 및 그의 아들 토비아를 주인공으로 야훼에 대한 신앙을 강조한다.

23 여기에는 1630년에 패널에 그린 24.2×19.8cm 크기의 유화「선한 사마리아인」과 1633년에 캔버스에 그린 57.3×68.5cm 크기의 유화「선한 사마리아인」, 1633년에 제작한 25×20cm 크기의 에칭「선한 사마리아인」그리고 1648년경 캔버스에 그린 31×37cm 크기의 유화가 속한다. 이처럼 렘브란트가 즐겨 소재로 삼은 선한 사마리아인은 신약성서「누가복음」제10장 제30~37절에 준거한다. 그 내용을 요약하면 다음과 같다. 어떤 사람이 길을 가다가 강도를 만나 물건을 빼앗기고 폭행을 당해 거의 죽게 되었다. 제사장이나 레위인(레위족은 사제 또는 제사장 아래에서 종교적 업무를 담당하는 이스라엘 부족임)은 그를 보고 피해 갔으나 어떤 사마리아 사람이 그를 보고 불쌍히 여겨 상처를 치료해주고 자기 짐승에 태워 주막으로 데리고 가 돌보아주었다. 이튿날 그는 주막 주인에게 돈을 주면서 그를 돌보아줄 것을 부탁하며 비용이 더 들면 돌아올 때 갚겠다고 말했다.

24 이것은 1666~69년에 캔버스에 그린 262×206cm 크기의 유화를 가리키며 구약성서「누가복음」제15장을 그 소재로 하고 있다. 성서의 자세한 내용은 제2장의 각주 22번을 참고할 것.

25 여기에는 다음과 같이 '성가족'(聖家族)을 주제로 하는 일련의 작품이 속한다: 1634년에 캔버스에 그린 195×132cm 크기의 유화「성가족」, 1640년에 패널에 그린 40.6×34cm 크기의 유화「성 안나와 함께 있는 성가족」, 1645년에 캔버스에 그린 117×91cm 크기의 유화「천사들과 함께 있는 성가족」, 1646년에 패널에 그린 46.8×68.4cm 크기의 유화「커튼으로 치장한 성가족」, 1638년경에 패널에 그린 66.5×78cm 크기의 유화「밤의 성가족」.

에 없도록 만든다; 다시 말해 인격적 삶 일반의 내용들 가운데 어느 하나
가 다른 객관적인 질서들에서 차지하는 그 어떤 위치도 이 내용에 종교
가 스며드는 것을 방해할 수 없도록 만든다. 여기에서 우리는 범신론의
주관적 상응물을 본다. 그러니까 범신론에서는 신적 존재가 아무런 차별
과 유보 없이 모든 사물과 그 의미를 담아낸다는 사실이, 종교적 분위기
와 인격적 삶의 요소가 되는 사물들 사이의 관계로 번역된다 — 이 경우
우주적인 절대성을 갖는 사물들과 영혼적 인격에 속하는 사물들 사이
의 등급화와 상대화는 원칙적인 것이 아니라 역사적인 것이다. 스피노자
에게는 신이 모든 사물의 원인이며 후자는 오로지 전자를 통해서만 이
해될 수 있다 — 그러나 신이 그 외부에 존재하는 감독관이 되기라도 하
기 때문에 그런 것이 아니라, 처음부터 사물들이 단지 신적 실체의 변화
에 지나지 않기 때문에 그런 것이다. 이와 마찬가지로 렘브란트의 인물
들의 소박한 삶의 영역에서는 종교성이 그들의 행위와 체험이 갖는 다
른 종류의 자율성에 덧붙여지는 무엇인가가 아니다. 오히려 이 무엇인가
는 종교성의 관점에서(sub specie religionis) 그들의 이 행위와 체험에 앞선
다. 그리고 범신론적 신이 특수한 속성도 갖지 않고 현존재의 어떤 한 지
점을 다른 어떤 지점보다 더 많게 또는 더 적게 보유하거나 신격화하지
않듯이, 렘브란트의 인간들의 이 살아 있는 종교성은 일반적으로 종교의
분석에서 결과할 수 있는 개별적인 동기들과 특성들로 흐트러지지 않는
다. 결과적으로 삶의 분위기가 갖는 이 내적으로 단순한 통일성은 삶의
그 어떤 요소도 다른 요소보다 두드러지게 만들지 않는다; 그것은 오히
려 삶의 일상성 전체를 두루 비춘다. 왜냐하면 빛은 외부로부터 오는 것
이 아니라 — 이러한 빛은 우리에게 어쩔 수 없이 고르지 않게 보일 것이
다 — 내부로부터 오며, 또한 이러한 빛은 대체로 삶의 토대에서 시작하
여 현상에 이르는 모든 길을 똑같이 두루 비추기 때문이다. 바로 이것이
이러한 종교가 내적으로는 모든 내용에 결부되지만 외적으로는 아무런

내용에도 결부되지 않는 이유이다.

　그러나 만약 이러한 태도가 주는 인상에 근거하여 렘브란트를 "신비
주의자"라고 부른다면, 그것은 어떻게든 신비주의라는 이름을 달고 있
는 현상들을 깊이 이해하지 못한다는 증거가 될 것이다. 잘 알려진 바와
같이, 신비주의에 특유한 것 — 이것은 그러므로 또한 우리가 습관적으
로 다른 현상의 영역들로부터 거기에 섞어 넣는 요소들을 넘어선다 —
은, 삶의 내적인 운동이 신적인 것과 동일한 것으로 느껴지는 것이다.[26]
만약 신비주의의 본질을 합리적인 개념들로는 철저하게 규명할 수 없
는 비밀스러우며 깊고 어두운 것에 설정한다면, 그것은 신비주의적인 것
을 신비로운 것과 혼동하는 통속적인 실수를 범하는 것이다. 후자는 순
수하게 형식적인 무엇인가로서 모든 가능한 외적인 또는 내적인 현상
들에 적용될 수 있다. 영혼의 가장 깊은 중심에서 분출하는 체험은 동시
에 신적인 삶에 고유한 사건이다(이 두 차원은 인간이 신을 필요로 하는 것
처럼 신도 인간을 필요로 한다는 에크하르트의 교의에서만 어느 정도 분리된
다); 신비주의자는 신성을 객체로 체험하지 않고 직접적으로 그것을 살
아가는데, 그렇다고 해서 결코 탈자아화될 필요는 없고 다만 탈개인화될
필요가 있을 뿐이다(왜냐하면 개인적 차이란 자아의 핵심에 비하면 그 주변
을 맴도는 이질적이고 우연적인 무엇인가이기 때문이다); 자아는 자기 자신
을 떠나지 않지만 그럼에도 불구하고 단순한 자아보다 무한히 더 많은
것이다(이는 플로티노스[27]가 엑스터시에 대해 말한 것에서 잘 드러나는바, 그

26　이 문장의 첨가문에 나오는 "그러므로"는 "(신비주의에) 특유한 것을 말하므로"
　　라는 식으로 읽으면 좋을 듯하다. 이 문장에서 짐멜이 전하고자 하는 바는 다른
　　요소가 섞이지 않은 순수한 형태의 신비주의이다. 그러므로 이 문장은 다음과
　　같이 해석할 수 있을 것이다. "잘 알려진 바와 같이, 신비주의는 그 순수한 형태
　　에서 삶의 내적인 운동이 신적인 것과 동일한 것으로 느껴지는 것을 의미한다."
27　플로티노스(Plotin, 그리스어로는 Πλωτῖνος, 205~70)는 고대 로마의 철학자로
　　서 신플라톤주의의 창시자이자 가장 중요한 대표자로 간주된다. 플로티노스는 플

에 따르면 신은 엑스터시와 더불어 인간의 안으로 들어오는 것이 아니라 그 안으로 들어갈 필요가 없는데, 이는 그가 언제나 인간의 안에 있기 때문임을 보여준다) —— 이것이 신비주의의 본질인데, 이는 물론 논리적으로 해결할 수 있는 성격의 것이 아니다. 그러나 이처럼 영혼이 자기 자신을 넘어서 확장되는 것은 렘브란트와는 완전히 거리가 멀다. 인간 외부의 신과 마찬가지로 인간 내부의 신도 렘브란트의 인물들이 지닌 그 무엇과도 비교할 수 없는 종교성의 색채를 결정하지 못한다. 그들의 몰두, 그들의 신성한 평온 또는 그들의 감동은, 어떤 외적 또는 내적 사건에서 이 모든 것이 드러나든 아니든 상관없이 오로지 내적으로 진행되는 그들 자신의 삶으로부터만 나올 수 있다; 신비주의에 고유한 자신-보다-더 많은 것이야말로 이 영혼들의 각각에게 낯선 것이다. 렘브란트는 신비주의자가 아니다. 오히려 우리는 한 기독교적 삶의 분위기가 그 본질상(렘브란트의 의식에서도 그런지 판단할 수는 없지만) 모든 교의적 내용이 문제가 되지 않는 이 순수한 현존재의 종교성으로 발전하는 경향이 있다는 사실을 인정할 수 있을 것이다.[28] 여기에서 다음과 같이 가정생활의 성스러운 측면과 일상적인 측면 사이의 단절을 제거하려고 시도한 루터도 한 번 생각해봄 직하다. "남종과 여종이 그들의 주인이 명하는 것을 한다면, 그들은 신을 섬기는 것이다. 그리고 그들이 그리스도를 믿는 한, 그들이 방을 청소하거나 신발을 닦는 것이 수도승들이 하는 모든 기도, 금식, 미사 집전 그리고 그들이 고귀하게 신을 섬기는 것이라고 자랑하는 모든

라톤의 이데아론을 넘어서는 유일자론을 전개한다. 이에 따르면 유일자는 모든 존재를 초월하는 절대적인 존재로서 세계의 만물은 바로 유일자로부터 유출된다. 그리하여 인간 삶의 궁극적인 목적은 그 근원인 유일자에게로 되돌아가 그와 합일을 이루는 데에 있다. 플로티노스의 이러한 사상은 아우구스티누스, 중세 신비주의, 헤겔 등에 커다란 영향을 끼쳤다.

28 이 문장에서 "한 기독교적 삶의 분위기"는 뒤에서 간략하게 언급되는 네덜란드의 "콜레지안트파"를 가리키는 것 같다.

것보다 신을 더 기쁘게 한다."²⁹ 그럼에도 불구하고 여기에도 여전히 교의적 가정(假定)이 존재하며, 또한 여기에서도 여전히 경건함은, 비록 삶의 근저에 아주 깊이 잠겨 있기 때문에 삶의 가장 외적인 주변부까지 포괄함에도 불구하고, 천복(天福)에 이르기 위한 하나의 **수단**이다(이 결정적인 점은 곧 다시 논할 것이다); 문제가 되는 것은 행위자가 경건하기 때문에 행위 자체에 내재하는 경건함이 아니다. 오히려 행위자는 말하자면 이차적으로나 경건한데, 그 이유는 그가 신에 의해 규정되고 특정한 객관적 신앙에 의해 인도되는 삶의 질서에 위치하기 때문이다. 이러한 차이는 아주 미묘하지만, 그렇다고 해서 덜 선명한 것은 아니다. 물론 루터의 이러한 교의는 현세적 가치들과 내세적 가치들을 새로이 접근시켰다. 그러나 방금 언급한 렘브란트의 인간들의 종교적 유일성의 경우에는(이것이 그들에게서는 여전히 다른 요소들과 혼합되어 있으며, 따라서 완전히 순수한 유일성으로 나타나지 않아도 상관없다) 현세와 내세에 대한 질문을 결코 던질 수 없으니, 그 이유는 이 질문이 하나에 의해서도 다른 하나에 의해서도 결정되지 않는 영혼적 존재에 전적으로 속하는 문제이기 때문이다;³⁰ 이런 한에서 이 평화롭고 친밀한 그림들에 묘사된 인간들은 종교를 객관적인 삶의 내용으로 **갖는** 것이 아니라 오히려 종교적**이다**.³¹

---

29 이 인용구절은 마르틴 루터가 1519년의 주현절(主顯節) 다음 두 번째 일요일인 1월 16일에 「요한복음」 제2장 제1~11절에 접목하여 한 설교에서 온 것이다. *Dr. Martin Luthers Werke. Kritische Gesamtausgabe. Weimarer Ausgabe, Bd. 2*, Weimar: Hermann Böhlau 1884, 162쪽. 참고로 주현절은 공현절(公現節)이라고도 하며, 예수 그리스도가 30세에 세례를 받고 처음으로 공생애를 시작한 날인 1월 6일을 가리킨다.

30 이 문장에서 "하나에 의해서도 다른 하나에 의해서도"는 자명한 일이지만 "현세에 의해서도 내세에 의해서도"를 가리킨다.

31 이 문장의 후반부는 다음을 우리말로 옮긴 것이다. "insoweit *haben* die Menschen dieser stillen, familiären Bilder nicht Religion, als einen objektiven Lebensinhalt, sondern sie *sind* religiös." 여기에서 짐멜은 소유(haben)와 존재(sein)를 대비하고 있는 것이다.

확실히 다음은 플로티노스가, 그리고 부분적으로 기독교, 셸링 그리고 헤겔이 이룩한 지대한 업적이다: 삶의 모든 경험적인 세목, 외형, 우연을 절대적이고 신성하며 절대적인 의미를 갖는 영역으로 끌어올린 것이 그 것이다; 본래 모든 우주론적 형이상학이 바로 이러한 방향으로 진행된 다 — 비록 그 어디에서도 거의 실현될 수 없음에도 불구하고 그렇다. 그 러나 다음과 같이 방향을 전도하는 또 다른 위대한 업적이 있다: 관념적 인 의미와 초경험적인 가치를 자신의 차원에 내맡겨진 삶의 개별적인 내용으로 끌어내리는 것이 그것이다; 사물들은 계속해서 지상에 뿌리내 리고 있지만 바로 이 뿌리내림과 현실에는 형이상학적 장엄함이 스며들 고 순수한 이성의 의미가 배어든다는 것이 드러난다. 그리하여 소크라테 스가 철학을 "하늘에서 땅으로 끌어내리고" 인간들의 일상적인 활동이 이성에 규범적으로 부합하는 의미의 소재지임을 통찰했다면, 칸트는 단 순한 의무 이행에서 자유로운 자아의 형이상학적 가치를 인식했다. 초기 의 경건의 화가들인 두초, 오르카냐, 프라 안젤리코는 전자의 규범을 따 랐다: 현세적인 것은 신적인 것에 참여하기 위하여 탈현세화되었다. 반 면 렘브란트는 현세적인 것과 관련된 현상을 건드리지 않은 채로 놔두 었으며, 어디에서나 현세적인 것이 현실로 존속하도록 놔두었다. 그러나 그는 신성, 그러니까 현세적인 것이 경건의 내재적 요소를 통해 획득하 는 절대적 가치를 보여주었다.

요컨대 렘브란트의 인간들은 어떤 선재(先在)하는 초월적 질서에 위치 하기 때문이 아니라 자신의 내면으로부터 경건하다는 사실 — 바로 이 사실에 그들의 영혼적 삶의 최종적인 가치가 있는 것이다; 그리하여 줄 잡아(cum grano salis) 말하자면, 경건함이 일반적으로 수단과 길 그리고 준비와 존엄성으로서 상승해 도달한 종교적인 객관적 실재들은 결국 경 건함의 전제조건과 선결조건에 지나지 않는다.[32] 그 이전에는 경건함이 단지 주관성이 종교적인 객관적 실재들로 고양되는 도약판으로 보일 뿐이었다. 그러나 이제는 양자의 관계가 뒤바뀌었다. 그리고 만약 이 객관적인 내용들이 순전히 주관적인 구성물로 지칭된다면, 이 뒤바뀐 상황에서 존재하는 종교적 가치의 의미는 흔들리지 않는다; 이 내용들은 여기서는 이렇고 저기서는 다를 수 있으니, 예컨대 역사적으로 조건지어질 수 있고 미신적인 환상을 보일 수 있다 — 그것들이 주관적이라는 사실은 이제 중요치 않은데, 왜냐하면 그것들은 단지 수단이나, 또는 전제조건으로 간주되는 표현일 따름이며, 따라서 매우 다양한 원인에서 동일한 결과가 일어날 수 있음을 입증해주기 때문이다.[33] 객관적이고 최종적인 것은 어디까지나 영혼의 경건함인데, 이 경건함은 자유부동(自由浮動)하며, 바로 이런 연유로 내적으로 그리고 절대적으로 자신의 존재를 확신한다. 그런 까닭에 경건함이 갖는 의미의 다른 모든 측면에서도 수단과 목표가 뒤바뀌는 것을 볼 수 있다. 괴테는 언젠가 다음과 같이 말했다: "경건은 목적이 아니라 가장 순수한 마음의 평화를 통해서 최고의 교양에 다다르기 위한 하나의 수단이다."[34] 렘브란트의 종교적 인간들에게야말로 이것이 적용되지 않는다. 이 "최고의 교양"은 그들과 상당히 거리가 멀 것이다. 아니 심지어 이 최고의 교양도 — 여기서는 표현이 불가피하게 어느 정도 왜곡될 수밖에 없다 — 그들에게는 하나의 수단이 될 것이다. 왜냐하면 그들에게는 사실상 경건함이 "목적", 그러니까 그들의

---

32 이 문장에서 "존엄성"은 "(종교적인 객관적 실재들의) 존엄성을 드러내는 기제 또는 요소"로 읽으면 좋을 듯하다.

33 이 문장에서 "그것들이 주관적이라는 사실"은 이 문장의 맨 앞에 나오는 "이 객관적인 내용들이 순전히 주관적인 구성물로 지칭된다"는 사실을 가리킨다.

34 이것은 괴테의 교양소설 『빌헬름 마이스터의 편력시대』 제2판(1829; 제1판은 1821) 제2부의 마지막 부분에 나오는 구절이다. Johann Wolfgang von Goethe, *Wilhelm Meisters Wanderjahre oder die Entsagenden* (1829), in: *Sämtliche Werke nach Epochen seines Schaffens. Münchner Ausgabe, Bd. 17*, München: Carl Hanser 1991, 239~714쪽, 여기서는 525쪽.

내적 현존재의 궁극적인 가치 지점이기 때문이다.

렘브란트 이전에 종교적 가치들이 어떤 관념에 따라서 인간적인 형상으로 묘사된 경우, 인간이 신격화되었거나 신이 인간화되었다. 그러나 그는 이러한 양자택일로부터 벗어난다. 왜냐하면 그의 묘사에서 종교적인 것은 인간과 신 사이의 객관적인 관계가 아니라 인간의 내적이고 고유한 존재로서 바로 이 존재에서 또는 이 존재로부터 비로소 그의 신과의 관계가 맺어지기 때문이다.

구체적 현존재와 종교적 삶

본래 서로 다른 질서에 속하는 종교성과 삶의 내용들이 뒤섞여 짜이는 데에는 여러 가지 방향이 나타날 수 있으며 그 측면들은 아마도 개별적인 현상 안에서 증명할 수 있을 정도로 확실하게 분리할 수 없을 것이다. 그럼에도 불구하고 이 측면들을 구별하는 것은 렘브란트 종교예술의 분위기를 설명하는 데에 도움이 될 것이다. 경험적 삶의 세부사항들이 종교의 영속적인 근저와 어떻게 관계를 맺으며 또한 어떻게 관계를 맺어야 하는가 하는 문제는, 개인 영혼의 역사적인 사실에 의해서는 결코 명백하게 답변될 수 없다. 교리의 실체적인 객관성이 존재하는 경우, 종교가 일상적인 행동에 스며들면 이 행동은 언제나 경직된 형식주의로 귀결된다. 현존재의 초현세적 의미, 그것의 전반적인 신성함 그리고 우주에 대한 형이상학적 감정이 일단 종교적 교의의 특수한 표상들로 흡수되고 나면, 이 표상들과 외적인 삶의 진행 과정의 구체적인 요소들 및 실천적인 의도들은 일종의 심연에 의해 갈라지는데, 자명한 일이지만 이심연은 그 어떤 유기적 유착에 의해서도 메울 수 없고 다만 이 실천적 의도들에 대하여 종교적이라 불리는 규제를 가함으로써만 외적으로 다리를 연결할 수 있을 뿐이다. 나는 바라문, 엄격하게 의식을 준수하는 유대인 그리고 수많은 승단(僧團)의 삶의 방식을 상기하고자 한다. 먹고 마시는 것, 모든 행동의 허용과 금지, 모든 처리 방식이 종교에 의해서 규정되므로 우리의 경험적 행위들의 원자들의 더미 전체는 당연히 일종의 종교적 연속성을 형성한다;[35] 그렇지만 신적인 것에 대한 그때그때의 근본적인 신념에 이런 또는 저런 외적인 삶의 형식이 **우연적으로** 결합된다는 것은 아주 명백하다. ─ 우리 안의 특별히 종교적인 것이 외적인 실천적 삶과의 **내적인** 관계 속에서 드러난다면, 이미 후자에 종교적 발전의 샘이 흐르고 있는 셈이다. 다시 말해 인간들 사이의 관계들에서는 그 감정적 측면이 이 관계들의 경험적 영역을 떠나지 않으면서 종교적이라고밖에 규정할 수 없는 색채를 띠는 무수한 경우가 존재한다. 에로스와 우정에서, 지배와 복종에서, 개인이 가문과 가족에 대해, 신분과 조국에 대해, 마지막으로 인류에 대해 갖는 관계에서; 게다가 운명에 대해, 직업에 대해, 의무에 대해, 이상에 대해 지니는 관계에서도 ─ 우리는 이 모든 것에서 헌신과 자신만의 삶이, 비하와 고양이, 감각적이고 따뜻한 가까움과 삼가는 거리두기가, 신뢰와 체념이 혼합되어 있음을 볼 수 있는바, 이러한 혼합은 종교적인 것의 본질개념에 속하는 것이다. 물론 그렇다고 해서 마치 이 모든 것이 종교적 토대나 제재를 보여줄 필요가 있는 것처럼 생각해서는 안 된다: 오히려 이러한 감정의 요소들은 더 이상 방금 언급한 다양한 경험적 관계들의 기층에 얽매이지 않고 자신의 고유한, 그러니까 초월적인 대상인 신 또는 신들을 창조하자마자 종교적 창조, 경신(敬信) 및 행동 방식의 영혼적 담지자가 되는 요소들일 뿐이다. 경험적

---

35 이 문장에 나오는 구절 "우리의 경험적 행위들의 원자들의 더미 전체"는 "마치 서로 아무런 관계도 없는 무수한 원자들이 모여 쌓인 더미와도 같은 우리의 경험적 행위들 전체"로 읽는 것이 좋을 듯하다.

삶의 전 영역에 걸쳐서 그리고 그것의 내재적인 힘으로서 종교적 감정과 충동이 발전하는데, 이 감정과 충동은 계속해서 이러한 이름을 지니고 있거나, 아니면 특별한 "종교"의 특수개념과 특수구조로 상승하여 자율적인 것이 되며, 그러고는 바로 이 개념과 구조를 통해 자신의 신성함을 정당화한다.[36] 삶의 내용들과 그 관계들은 여기에서 전혀 헤아릴 수 없을 정도로 광범위하게 합쳐져서 종교적 흐름을 형성하는 원천들이다. 그런데 이 흐름은 자신의 고유하고 새로운 특성이 자신을 구성하는 어떤 요소에도 존재하지 않는 화학물질과 유사하다. 종교와 삶의 경험적인 세부사항들 사이의 결합은 후자에 입각하여 이루어지는데, 그 이유는 종교와 종교성이 그 자체적인 동인에 의해 존재하는 것이 아니라 삶의 일정한 내적 사건들의 특징으로서 바로 이 삶으로부터 일어나는 것이기 때문이다.

이러한 방향으로 진행되는 결합 이외에도 다음과 같이 또 다른 방향의 결합이 기능적으로 가능하다: 처음부터 순수한 의미에서의 종교적 기질이 삶의 토대로서 또는 삶의 토대들을 채색하는 것으로서 존재한다. 이 기질은 맨 처음에는 아주 다양한 감정의 범주들로서 삶 전반으로 확산되다가 이 범주들로부터 흘러나오는 것들이 모두 합쳐져서 비로소 특별히 종교적인 범주가 되는 역동성이 아니다. 그것은 오히려 곧바로 순수하게 종교적이며 그 자체적인 동인으로 삶의 내면과 외적인 표현들을 관통하거나 흡수하는 역동성이다. 이 경우에 종교적인 것과 모든 구체적인 행위 및 사건의 결합은 전자에 의해서 이루어진다. 그리고 종교적 행위와 형식은 특수한 것들에서 실현되는 전(前)종교적 현존재가 발전시키는 감정들과 충동들의 지속적인 성장과 자기통합을 통해서 생겨나는

---

36 이 문장에서 "이러한 이름"은 "경험적 삶의 내재적인 힘이라는 이름"이라는 식으로 읽으면 좋을 듯하다.

것이 아니라 그 자체가 이제는 바로 이 특수한 것들에 방향과 분위기를 부여하는 일종의 제일원인이다. 예술의 영역에서 전자의 경우는 다만 암시적으로나 제시될 수 있을 것이다. 묘사된 현존재에 대한 신앙심을 보여주는 다수의 정물화와 풍경화가 있다. 다시 말해 이 현존재를 둘러싼 보편적인 관계들을 예감하도록 하고 현존재에게 지복(至福)이 넘쳐흐르는 모습을 보여주는데, 이는 다시금 현존재의 불가사의한 깊이에 대한 경외감과 결합되어 있다 ─ 이 모든 것은 종교적 토대로부터 떠오를 필요가 없이 곧바로 종교적 존재와 동일하거나 또는 그것으로 발전해간다. 그러나 렘브란트의 종교화들은 다른 방향을 드러내는바, 거기서는 직관적인 특수한 현존재가 종교적 현존재와 결합한다. 그런데 종교적 현존재는 이제 열매가 아니라 뿌리이다. 그리고 외적인, 아니 심지어 진부한 현상들에도 종교적 정신이 스며들어 있는데, 이는 현상들 자체에서 발산되는 성취물이 아니라 현상들의 선험적인 존재근거, 즉 경건함이 그것들에게 베풀어준, 말하자면 불가피한 형식이다. 과연 **종교적 삶의 과정**에 의해 수용되고 형성된 모든 삶의 내용들로부터가 아니라면 어떻게 종교성이 다시 바깥으로 빛을 발할 수 있겠는가?

이렇게 해서 우리는 사실상 렘브란트의 초상화 예술과 종교예술의 접점이 어디에 있는가를 알게 되었다. 이 지점은 두 영역의 표면 아래 상당히 깊은 곳에 위치한다; 왜냐하면 언뜻 보기에 이 둘은 특별히 강력한 관계 없이 그저 서로 나란히 존재하기 때문이다. 그러나 이제 다음과 같은 공통점이 드러난다: 견고한 단위들로 응결된, 말하자면 결과적이고 실체적인 삶의 내용들 대신에 삶의 과정 그 자체가 렘브란트 예술의 본질과 의도가 되었다. 초상화의 경우에 이것은 인물의 삶의 과정이 결정화(結晶化)된 결과인 개별적인 속성들과 특징들 그리고 시간적인 또는 무시간적인 지속현상들에 해당하는데, 이제 렘브란트의 인간 묘사는 이것들을 바로 이 삶의 과정의 변동으로 해체된 것으로 보여준다.[37] 이에 상응하여 종교적 영역에서는 교의적 공식화, 고정된 유형, 초월적 형식 및 이것의 상징이 종교성의 과정에 대해, 즉 종교적 **삶**에 대해 갖는 관계가 성립한다. 후자는 전자들에서 자신의 침전물, 표현 가능성 및 자족적인 구상성을 찾을 수 있다; 그러나 렘브란트는 종교적 삶을 그 영혼의 이전 단계, 즉 방금 언급한 내용들의 발생 상태(Status nascendi)에서 또는 심지어 그보다 앞에서 포착한다 — 이때 종교적 삶이 역사적-심리적 발달 과정에서 이 내용들을 자극이나 길잡이로 이미 필요로 하는가는 아무런 상관이 없다. 그의 문제는 인간이 믿는 것이나 종교적 삶의 특별한 내용이 아니라 삶이 종교적인 한 그것의 특수성에 있다. 종교화와 마찬가지로 초상화에서도 그가 표현하는 것은 영혼에 의해 담겨지는 사건인데, 그것도 순수한 기능성으로서의 사건이다[38] — 그는 바로 이 계기가 주는 인상의 힘을 완전하게 표현하는 유일한 화가이다; 다만 이 사건이 초상화에서는 삶의 개체성이요, 종교화에서는 삶의 종교성이라는 차이가 있을 뿐이다. 전자에서는 개체성이 무시간적 특징이 아닌 삶의 운동성의 고유한 형식으로 파악되는데, 이 삶의 운동성은 심지어 관념적으로도 그 고유한 형식으로부터 분리할 수 없다. 이와 마찬가지로 후자에서는 종교성이 삶을 살아가는 방식인데, 그렇다고 해서 삶의 과정을 넘어서 묘사될 수 있는 것은 결코 아니다. 이로부터 이 종교화의 인물들이 초상화의 인물들과 똑같은 방식이나 정도로 개체적인 모습을 보이지 않는다는 사

---

37 이 문장에서 "시간적인 또는 무시간적인 지속현상들"은 "시간적으로 또는 무시간적으로 지속되는 현상들"이라는 의미인데, 문법상의 문제로 이렇게 표현한 것이다. 이 현상들도 그 앞부분에 나오는 "개별적인 속성들과 특징들"과 마찬가지로 "인물의 삶의 과정이 결정화(結晶化)된 결과"에 의해 수식된다.

38 이 문장에서 "순수한 기능성"은 그 아래 다섯 번째 문장에 나오는 "삶의 내용과 결과 대신에 삶의 가장 일차적인 것, 즉 삶을 기능적으로 규정하는 것"을 보면 이해가 될 것이다. 그러니까 렘브란트는 "영혼에 의해 담겨지는 사건"을 삶의 내용과 결과로서가 아니라 삶을 기능적으로 규정하는 것으로서 표현한다는 의미이다.

실이 쉽게 이해될 수 있다. 왜냐하면 삶은 양자 모두에서 자신에 내재적인 범주들에 입각하여 관찰되지만 후자에서는 전자에서와 다른 하나의 범주가 그 입각점이 되기 때문이다; 그러나 공통적인 것이 있으니, 양자 모두에서 삶의 내용과 결과 대신에 삶의 가장 일차적인 것, 즉 삶을 기능적으로 규정하는 것이 예술적 의도의 중심에 위치한다는 사실이 바로 그것이다. 렘브란트의 종교화에서는 경건함이 모든 임의적인 특수한 상황을 통해 확증되면서 그야말로 인간의 항구적인 존재방식으로 묘사됨으로써, 종교가 삶의 독특한 따뜻함을 얻는다. 그런데 만약 예술이 이 경건함의 독립적인 대상들을 고수하거나 또는 삶이 이 대상들과 말하자면 외적인 접촉을 함으로써 특별히 강조되는 사건들과 고조되는 상황들을 고수한다면, 이 따뜻함은 종교에서 쉽게 사라져버릴 수 있다.

이 마지막 관점에서 보면, 고전예술 가운데 — 시스티나 예배당의 그림을 제외하면 — 가장 웅대한 종교화의 내적 구조를 명백히 아는 것이 우리의 논의에 도움이 된다: 그것은 레오나르도 다빈치의 「최후의 만찬」이다. 여기에는 다음과 같이 비길 데 없는 것이 담겨져 있다. 어느 정도 외적인 사건이 — "너희들 가운데 하나가 나를 배신할지어다"[39]라는 말이 — 동시에 완전히 다른 종류의 여러 사람들에게 다가오며, 또한 이를 통해 발산된 정서가 각자의 개인적, 성격학적 특성을 최고조로 그리고 지극히 명백하게 드러낸다; 거기서는 마치 이 사람들의 차이점에도 불구하고 영혼적 – 육체적 요소들이 마치 그들 안에서 이 단 하나의 충격이 말하자면 아무런 저항도 없이 그들을 꿰뚫어 가로지르면서 그들의 차이점을 표면으로 밀어 올리도록 배열된 것처럼 보인다.[40] 라파엘로의 밑그

---

39 이것은 예수가 열두 명의 제자들과 가진 최후의 만찬에서 한 말로서 「요한복음」 제13장, 「마태복음」 제26장, 「마가복음」 제14장, 「누가복음」 제22장 등 신약성서의 여러 곳에 나온다.

40 1905년에 발표한 「레오나르도 다빈치의 '최후의 만찬'」이라는 글에서 짐멜은

이 작품을 다음과 같이 평가하고 있다:

"레오나르도 다빈치가 자신에게 부과한 예술적 과제들은 바로 이 그림을 통해서 회화가 이룬 발전의 공유 자산이 되었다. 만일 이전의 위대한 회화의 업적에 대해서 몰랐다면 우리는 다빈치가 이룬 업적의 유례없는 위대함과 그러한 업적에 의해서 창조된 세계의 독창성을 알 수 없었을지도 모른다. 이후의 어떠한 작품에서도 여기서 최초로 제기된 문제들이 더 완벽하게 해결된 적은 없었다. 다빈치의 「최후의 만찬」은 시작일뿐더러 끝이기도 하다. 무엇보다도 이 작품에서는 최초로 많은 사람들이 동시에 등장하면서도 그들 각자의 존재가 강렬하고 완벽하게 표현되었다. 물론 이전에 이미 조토와 두초 같은 화가는 여러 사람들의 집단적인 자극을 예술적으로 표현한 적이 있다. 그렇지만 그들의 작품에서는 등장인물들이 익명이었고, 특정한 정서를 몰아적(沒我的)으로 표현하는 도구에 지나지 않았으며, 분위기와 정열의 보편 개념을 구체적으로 표현하는 단순한 실례에 불과했다.

이에 반해서 다빈치의 「최후의 만찬」은 유일무이하게 느껴지는 심오한 인격을 표현하고 있다. 이는 사실 이전에는 성취된 적이 없는 업적이다. 자명한 것같이 보이는 것이 여기서는 경이로운 것으로 나타난다. 외적인 사건이 — 즉 "너희들 가운데 하나가 나를 배신할지어다"라고 하는 예수의 말이 — 완전히 상이한 여러 사람들에게 다가와서는 그들 모두에게 개인적 특성을 완전히 발현시키고 계시하도록 하는 동인이 된다. 여기에 표현된 과정은 등장인물 모두가 각자 고유하고 유일한 특성을 드러내도록 구성되어 있다. 여기에서 최초로 군상(群像)의 개인들이 완벽한 내적 자유를 달성했다. 르네상스는 바로 이 같은 자유와 더불어 인간에 대한 중세적인 속박을 극복하고 근대에 슬로건을 제시했다. 이제 세계 전체와 그 안에서 진행되는 모든 사건은 자유를 위한 하나의 수단에 불과하고, 자아에게는 자신에게로 회귀하도록 하는 자극에 지나지 않는다. 외적인 힘으로 야기된 순간적인 자극과 인간의 지속적 특성 사이에 존재하는 긴장은 이 그림에서 마치 한 차원 더 높은 통일성이 해결한 것처럼 보인다. 개인의 고유한 존재는 외적인 자극을 통해서 자유로이 외부로 유출된다. 결국 이 같은 통로를 통해서 육체적 현상은 무한히 다양한 기질, 정신적 가치, 그리고 가장 심층적인 존재의 근거를 하나도 남김없이 계시하게 된다. [⋯]

다빈치의 「최후의 만찬」은 인간 삶의 우연성을 극복하는 예술의 조화에 덧붙여 새로운 조화를 창출해냈다. 그것은 예수의 말에서 기원하고 다시 거기로 회귀하는 엄청난 운명이 제자들에게 작용하지만, 더 이상 동일한 감정이나 표현 방식을 제자들에게 강요하지 않는 데서 나타나는 조화이다. 오히려 제자들에게 그러한 운명이 각자의 인격에 따라 다른 방식으로 작용하는 것처럼 보이며, 각자는 공통적인 운명을 체험함으로써 비로소 전적으로 고유한 자신의 인격을 남김없이 드러내기라도 하는 것처럼 보인다.

림 「성 베드로에게 천국의 열쇠를 주는 그리스도」[41]에서도 마찬가지로 열두 명 모두가 말 한 마디에 표정으로 대답한다. 그렇지만 이 대답은 각자의 고유하고 궁극적인 본질을 드러내는 데로 이어지지 않고 기껏해야 일정하게 할당된 배역에 따라서 객관적으로 상황에 맞춘 표현에서 멈추어버린다. 이에 반해 다빈치에게 상황이란 단지 개체성이 전개되는 기회원인(機會原因)[42]일 뿐이다. 그 결과 개체성은 「최후의 만찬」에서 렘브란트의 종교화들에서보다 훨씬 더 결정적이고 분화된 모습으로 나타난다. 그러나 다른 한편으로 개인들을 고립시키면서 그들의 특징을 극단적으로 그려냄으로써 바로 이 순간을 절정에 올려놓거나 또는 그 순간에 조각상 같은 무시간성을 부여하기도 했다.

그러므로 이 그림에서는 — 아마도 같은 수의 사람들이 등장하는 그림 가운데 유일한 경우일 것이다 — 단 한 사람의 조연(助演)도 존재하지 않는다. 어떤 사람의 심층적이고 전체적인 본질이 나타나는 경우 그는 더 이상 조연이 될 수 없다. 조연의 의미는 언제나 자기 존재의 일부분만이 예술작품에 표현된다는 사실에 있다. 이에 반해서 주연은 예술작품이라는 경계 안에 존재의 모든 것을 집약적으로 나타낸다. 다빈치의 작품은 현대 사회가 어떻게 성립되고 존속되느냐 하는 문제를 — 개별적으로 완전히 다르며 동시에 동등한 권리를 지닌 인격체로부터 어떻게 유기적인 폐쇄성과 통일성이 형성될 수 있을까 하는 문제를 — 예술을 통해, 즉 '그림 안에서' 벌써 해결한 셈이다."(게오르그 짐멜, 김덕영·윤미애 옮김, 「레오나르도 다빈치의 '최후의 만찬'」, 『짐멜의 모더니티 읽기』, 새물결 2005, 91~98쪽, 여기서는 92~95쪽).

41 이것은 시스티나 예배당의 태피스트리(tapestry; 색색의 실로 그림을 짜 넣은 직물)를 위해 1515년 캔버스에 종이를 대고 그린 345×535cm 크기의 템페라 밑그림이다. 완성된 태피스트리는 영국 국왕 찰스 1세(1600~49)가 매입하여 현재 런던의 빅토리아 & 앨버트 미술관(Victoria and Albert Museum)에 소장되어 있다.

42 이것은 독일어 Gelegenheitsursache를 우리말로 옮긴 것으로서 달리 기회인(機會因) 또는 우인(偶因)이라고도 한다. 이는 능동적인 원인이 아니라 능동적인 원인이 작용할 때 부수적으로 작용하는 우연적인 원인을 가리킨다.

종교화에서의 통일성 유형

렘브란트도 이와 같은 군상(群像)들을 그렸는데, 이에 대한 사회학은 미묘한 문제이다. 다수의 사람들이 하나의 틀 안에서 —— 그 본래적인 의미에서든 또는 비유적인 의미에서든 —— 공동체를 구성하는 경우, 우리는 일반적으로 통일성, 즉 그것을 구성하는 요소들의 총합보다 더 높고 더 나눌 수 없는 무엇인가를 느낀다: 그리하여 국가는 여전히 시민들의 총합과 다른 무엇인가이며, 전체의지는 개별의지들을 합산한 것 이상이다; 그리고 예술에서는 심지어 오르카냐의 「천국」[43]과 티치아노의 「성모승천」(聖母昇天)[44]처럼 모든 관점에서 서로 다른 인간 집단들도 어떻게든 저마다 통일성, 그러니까 거기에 참여하는 인물들의 개인적인 본질을 넘어서는 무엇인가를 구성한다. 만약 인간 집단들로부터 유의미하게 통합된 기하학적 형식을 추상화할 수 있다면, 이 형식은 비록 요소들에 의해 구성되고 유지되지만 그것들에서 비례적으로(pro rata) 찾아낼 수 없는 전체적인 통일성의 가장 외적인 상징이 된다. 이러한 통일성은 명백하게 느낄 수 있지만, 해석하기에는 자주 어려움이 있다. 렘브란트의 그림들에서는 이 좁은 의미의 사회학적 통일성 형식을 볼 수 없다. 우리는 「야경」에 관하여 이미 다음을 확인했다: 그것의 통일성은 다른 어떤 것에 의해 매개되지 않고 전적으로 행위하는 개인들의 삶의 영역이 함께 뒤얽힘으로써 구성되며, 따라서 자율적으로 이 개인들을 포괄하며 그들

---

43 이것은 1348년경 피렌체의 산타 크로체(Santa Croce) 교회에 그린 700×217cm 크기의 미완성작 프레스코 벽화 가운데 한 부분인데, 그 나머지 두 부분은 「최후의 심판: 죽음의 승리」와 「지옥」이다.

44 이것은 1516~18년 목판에 그린 690×360cm 크기의 유화로서 베네치아의 산타 마리아 글로리오사 데이 프라리(Santa Maria Gloriosa dei Frari) 교회에 소장되어 있다. 참고로 티치아노도 이곳에서 영면하고 있다.

에게 말하자면 지체(肢體)로서의 기능만을 부여하는 전체가 결코 아니다. 그런데 이것은 종교화에도 적용된다; 물론 여기서는 자칫하면 종교적 분위기의 통일성이 말하자면 인간 집단의 너머로부터 발원하며, 또한 그것을 꿰뚫고 흐르면서 응집시키는 흐름으로 보일 수도 있다. 그렇지만 이것은 사태에 대한 적절한 표현이 아닐 것이다. 오히려 이러한 분위기는 온전히 개인에게 그 기원이 있으며, 전체의 통일성은 전적으로 이 순수한 개인적 영역들의 공동작용에서 기인하는바, 이 영역들의 내용이 동일하기 때문에 마찰 없이 이루어진다.[45] 전체는 완전히 개인적이고 인격적인 요소들에 결부되어 있으며, 그것의 통일성은 이 요소들의 격하를 요구하지 않는다; 이탈리아 르네상스 그림들에서도 이와 같은 격하를 느낄 수 없는데, 이는 그림 전체의 통일적 형식이 갖는 지배적인 위치가 거기에 묘사된 인물들의 자부심 넘치는 자기강조에 의해 상쇄되기 때문이다. 그러나 렘브란트는 이 모든 양극성을 넘어선다. 그는 이러한 상쇄효과를 얻기 위하여 인물들을 격하하거나 격상할 필요가 없으니, 그 이유는 각각의 인물이 처음부터 다른 모든 인물들과 똑같은 분위기에서 살기 때문이다. 이렇게 해서 렘브란트는 묘사된 순간을 인물들의 시간적으로 흐르는 전체적인 삶의 안으로 훨씬 더 많이 끌어들일 수 있는데, 이때 자명한 일이지만 구체적인 상황과의 합치를 통해 이루어지는 세부적인 것의 강조는 사라져버린다. 그러나 이와 더불어 작품에는 비길 데 없을 정도로 고양된 종교적 성격이 주어진다. 다음의 사실은 매우 주목할 만하다. 다빈치의 「최후의 만찬」에서는 마치 연속적인 물결처럼 이 모든 사람을 가로질러 전달되는 예수의 말 한마디에 의해 모든 요소들이 응집됨에도 불구하고, 그리고 전체적인 구성의 불가사의할 정도로 완벽한

---

45 이 문장에서 "이 영역들의 내용이 동일하기 때문에"는 "이 영역들의 내용이 모두 종교적인 것으로 동일하기 때문에"라고 읽으면 좋을 듯하다.

리듬에도 불구하고, 예컨대 렘브란트의 「엠마오 집에서의 저녁식사」[46]라는 그림들에서 또는 「예수의 매장」[47]과 「예수의 설교」[48]라는 에칭에서 볼 수 있는 것과 같은 통일성이 달성되지 않았다는 사실은 매우 주목할 만하다. 거기서는 인물들이 마치 기념 조각상처럼 보일 만큼 앙양된 개체성에 힘입어 작품 전체를 능가한다. 그들은 우선 자존적인 무엇인가이며 나중에서야 비로소 **하나의** 근원에서 유래하는 예의 그 충격에 사로잡힌다. 그렇지만 이러한 정도의 개체화, 또는 보다 정확히 말해 이러한 유형의 개체화는 작품 전체 위로 쏟아지며 개인들을 자신의 그릇으로 만들어 그것으로 하여금 자신을 넘치도록 채우게 하는 종교적 분위기에 침잠하는 것과 양립하지 않는다. 물론 그렇다고 해서 마치 종교성이 자신을 담아내는 개인들의 중요함과 강력함 자체를 거부하는 것처럼 생각해서는 안 된다. 그러나 여기에서 자신의 중요함과 강력함에 대해 자부심을 갖는 르네상스 인간이 행동하는 방식(이 자부심은 인물의 의식에서 비로소 나타나는 것이 아니라 직접적으로 인물의 존재에서 나타난다), 그리고 이 르네상스 인간이 자신의 존재상태의 내적으로 완결된 형식 안에서 자신을 내맡기는 방식 — 이 모든 것은 여하튼 특별히 종교적인 것과 **다른** 무엇인가이다. 특별히 종교적인 것은 오히려 양식화(樣式化)된 자기성(自己性)에서 전개되지 않는 역동적인 **삶**에 깃든다; 삶은 흐르는 무엇인가이기 때문에 양식화의 선명한 윤곽들로부터 자유롭다. 그리고 렘브란트의 그림들에서 경건함은 개인들이 일반적으로 살아가는 방식이라

---

46 이 주제에 대해 렘브란트는 1629년에 패널에 그린 37.4×42.3cm 크기의 유화와 1648년에 캔버스에 그린 68×65cm 크기의 유화를 남겼다. 이 작품들은 부활한 예수가 엠마오의 집에서 저녁식사를 했다는 신약성서 「누가복음」 제24장 제30~32절의 내용을 소재로 한 종교화이다.

47 1654년경에 제작한 20.9×16.2cm 크기의 에칭.

48 1652년경에 제작한 20.6×15.5cm 크기의 에칭.

는 사실, 바로 이 사실에 힘입어 작품 전체의 통일성과 개인들이 한 군데로 묶이면서 서로가 서로를 조건짓게 된다. 이미 앞에서 다빈치의 「최후의 만찬」을 논하면서 개인들을 가로질러 흐르며 그들을 결합하는 물결에 대해 이야기했다면, 렘브란트에게서는 역으로 개인들이 이 물결 속으로 완전히 가라앉아버리고 그들 모두에게 공통된 하나의 삶 속으로 완전히 해체되어버린다; 왜냐하면 각자 개인의 현재 결정적인 존재는 고전예술의 내적으로 완결된 선으로 고양되는 자기성(自己性)에 있는 것이 아니라 삶의 과정의 도도한 흐름에 있기 때문이다. 이러한 흐름은 보다 무저항적으로, 또는 달리 표현하자면 보다 겸허하게 다른 흐름들과 뒤섞이지만, 다른 한편으로 자신의 종교성을 보다 확신하게 되는데, 그 이유는 종교성이란 이미 완성된 개인의 특징이 아니라 그의 삶의 방식 자체이기 때문이다.[49]

개인적 종교성, 신비주의 그리고 칼뱅주의

이러한 종교적 개인주의는 렘브란트의 주위에서 막 일어나고 있는 한 흐름의 지속으로 보인다. 17세기 네덜란드의 "콜레지안트파"[50] 공동체

---

49 이 문장은 "보다 무저항적으로" 앞과 "자신의 종교성을" 뒤에 "고전예술에서"를 첨가해서 읽으면 그 의미하는 바가 보다 확실하게 와 닿을 것이다.

50 콜레지안트파(Kollegianten; 네덜란드어로는 Collegianten)는 1619년 네덜란드에서 아르미니우스주의와 재세례파를 절충해 형성된 분파인데, 그 중심지가 린스부르크(Rynsburg; 네덜란드어로는 Rijnsburg)에 있었기 때문에 린스부르크 콜레지안트파(Rynsburger Kollegianten)라고도 부른다. 이 분파의 구성원들은 자유로운 신앙생활을 위해 매월 첫 번째 일요일에 모였는데 이 모임을 콜레지아(collegia)라고 불렀다. 바로 여기에서 콜레지안트파라는 명칭이 유래했다. 콜레지안트파는 모든 교회가 사도교회의 원리와 실천을 저버렸기 때문에 진정한 예수

들에서는 기존 교회들의 가치에 대한 강력한 불신을 볼 수 있는데, 이는 모든 유형의 교파에 대한 완전한 거부에까지 이른다. 이로부터 개인들에게 아주 큰 분화의 여지를 허용하는 종교적 주관주의가 형성된다.

이처럼 종교적 가치들의 객관적 보편성이 결여되는 것이, 종교적 인간에 대한 렘브란트의 관념이 조각에 고유한 모든 묘사 방식으로부터 그렇게 완전히 거리를 두는 보다 심층적인 근거이다. 조각은 가장 비(非)개인적인 예술이다. 그것은 ― 적어도 로댕에 이르기까지는 ― 가장 보편적인 형식의 예술이다. 이렇게 보면 이탈리아의 르네상스에서는 회화의 인물들도 자주 조각상처럼 표현된다는, 그리고 어떤 계열들에서는 심지어 전형적으로 그렇다는 사실을 이해할 수 있다. 가톨릭의 내용적 공통성에는 예술의 형식적 공통성이 부합한 반면, 보편성의 문제가 아무런 의미도 갖지 못하는 렘브란트의 지각 방식에서는 **조각**에서 그 절정에 달하는 형식화의 추구가 차지할 자리가 전혀 없다. 그의 인물들의 종교성에는 보편성이 결여되어 있는데, 이것은 보편성이 추상적인 것이기 때문만은, 그리고 종교적 **삶**이 (종교적 **내용들**과 반대로) 개인적인 담지자들에게만 결부되기 때문만은 아니다. 그 밖에도 보편성이 개인들에게 명령하고 개인들을 억압하는 것이라는 점에서도 그 이유를 찾을 수 있다. 렘브란트의 이 인물들은 보편적인 것으로서 그리고 개인들을 지배하는 것으로서 교회에 그 흔적을 남긴 "법칙"의 모든 종교성으로부터 그 어떤 화가의 작품에 등장하는 인물들보다도 멀리 떨어져 있다. 법칙이 보편적인 무엇인가일 뿐 아니라 보편적인 것이 법칙이기도 하다. 신적 존재와 성인들을 묘사한 예의 그 라벤나의 작품들[51]에서는, 그것들이 어떻게든 인

그리스도의 교회가 될 수 없다고 확신하면서 복음주의적 갱신을 주장했다. 그 구성원들은 교회건물도 목사도 갖기를 원치 않았다. 다시 말해 그들은 반(反)교회적이고 순수한 평신도 운동을 형성했던 것이다. 그리고 콜레지안트파는 교의적으로 자유롭고 개방적인 신앙 집단이었다.

간과 관계를 갖는 한 다름 아닌 종교의 **법칙**과 교회의 **위엄**이 간과할 수
없는 특징으로 나타난다. 이 작품들은 절대적 진리를 고지하는바, 이 진
리 자체는 보편성과 법칙이 통일된 것이다. 렘브란트의 인물들은 바로
이러한 통일성으로부터 완전히 거리를 두는데, 그 이유는 그들의 종교성
이 어떤 내용의 발산에 있는 것이 아니라(비록 그와 같은 내용을 거부할 수
없을지라도) 삶의 과정, 그러니까 오로지 개인의 내부에서만 수행될 수
있는 기능에 있기 때문이다. 이것은 예수를 대상으로 하는 그의 몇몇 작
품들에서 극히 진기하게 표현된다. 여러 에칭에서 예수는 소년으로 나타
난다; 초라하고 자신을 둘러싼 사람들에 의해 거의 짓눌린 모습이다.[52]
또는 베를린 소재의 사마리아 여인 그림[53]에서는 말하자면 대지에 견고

---

51 이는 구체적으로 이 책의 241~42쪽에서 설명된 바 있다.

52 이와 관련해서는 「율법학자들 사이에 있는 예수」라는 주제 하에 1630년과 1654
    년에 제작된 두 개의 에칭을 언급할 수 있다. 전자는 8.9×6.6cm 크기이고 후자
    는 9.5×14.4cm 크기이다. 그리고 이 작품들은 신약성서 「누가복음」 제2장 제46
    절에 준거한다. 이해를 돕기 위해 제41~47절을 인용한다(밑줄 친 부분이 제46절
    임). "그의 부모가 해마다 유월절이 되면 예루살렘으로 가더니/예수께서 열두 살
    되었을 때에 그들이 이 절기의 관례를 따라 올라갔다가/그 날들을 마치고 돌아갈
    때에 아이 예수는 예루살렘에 머무셨더라. 그 부모는 이를 알지 못하고/동행 중
    에 있는 줄로 생각하고 하룻길을 간 후 친족과 아는 자 중에서 찾되/만나지 못하
    매 찾으면서 예루살렘에 돌아갔더니/<u>사흘 후에 성전에서 만난즉 그가 율법학자
    들 사이에 앉으사 그들에게 듣기도 하시며 묻기도 하시니/듣는 자가 다 그 지혜
    와 대답을 놀랍게 여기더라."

53 이것은 1659년에 패널에 그려 현재 베를린 국립미술관 회화관에 소장되어 있는
    48×40.5cm 크기의 유화를 가리킨다. 그리고 이 작품은 신약성서 「요한복음」 제
    4장 제1~42절에 준거한다. 그 내용을 요약하면 다음과 같다. 예수가 사마리아 지
    방의 수가라는 마을의 우물가에서 물 길러 온 여인에게 물을 달라고 청한다. 그러
    자 그녀가 어찌하여 유대인이 사마리아인에게 물을 달라고 하느냐고 반문한다.
    그러자 예수가 대답하기를, 그녀가 자신에게 물 좀 달라 하는 이가 누구인지 알
    면 도리어 그에게 청하였을 것이고 그가 그녀에게 영원한 생명수를 줄 것이라고
    한다. 그녀는 자신이 다섯 번이나 이혼하고 지금도 딴 남자와 산다는 사실을 예수
    가 알고 있는 것을 보고 그가 메시아라고 생각한다. 그리하여 물동이를 버려두고

하게 뿌리를 박고 있는 풍채가 당당한 여인의 맞은편에 아무런 실체도 없이 거의 그림자에 지나지 않는 모습으로 서 있다. 그렇지만 단 한 순간만 더 오래 들여다보면, 이 나약하고 동요하는 존재야말로 진정으로 견고한 유일한 존재이며 다른 모든 강력하고 실체적인 인물들은 그에 비하면 불확실하며, 또한 마치 그들이 아니고 오로지 그만이 두 발 아래 인간이 진정으로 밟고 설 수 있는 지반을 갖고 있기라도 하듯이, 뿌리가 뽑힌 것으로 보인다. 그리고 이것은 초월적인 것으로부터 분출되는 빛줄기에 의해 달성되거나, 어떤 암시를 통해 구세주가 객관적-형이상학적 의미를 갖는 다른 질서에 속하는 것으로 보임으로써 달성되는 것이 아니다. 단지 예수가 보다 강력한, 가장 강력한 **종교성**을, 그리고 방금 언급한 절대적인 확실성을 그의 인간적 존재의 한 특징으로 소유하고 있을 뿐인데, 이 특징이 인간들에게는 오로지 그들의 종교성의 한 결과 또는 한 측면으로만 주어진다.

이것은 렘브란트의 예술적 감각이 아직 이러한 종교성에 이르지 못하던 아주 초기의 그림들에서는 예수가 정반대로 강대한 인격체로 보인다는 점을 감안하면 더욱더 인상적으로 다가온다: 그는 자신의 주위 사람들을 외적으로 지배하는 강력하고 아름다우며 마력적인 인간으로 보인다. 그런데 이러한 노선이 방금 앞에서 논한 다른 노선으로 바뀐 것은 처음부터 그의 가장 고유한 본질에 부합할 수밖에 없었는데, 이는 전자의 방향도 궁극적인 종교적 깊이로 발전할 수 있었다는 사실에 의해 증명된다.[54] 이것은 조금 다르기는 하지만 어떤 의미에서 그뤼네발트에 의해

마을로 달려가 사람들에게 자신이 우물가에서 겪은 일을 말하자 사마리아인들이 예수에게로 와서 그들과 함께 유할 것을 청한다. 예수가 거기에서 이틀 동안 묵으면서 말씀을 선포함으로써 믿는 자가 더욱 많아졌다고 한다.

54 이 문장의 후반부에 나오는 구절 "발전할 수 있었다"는 "발전할 가능성이 있었지만 실제로는 발전하지 않았다"는 의미이다.

예증되었다. 「예수의 십자가형」에서 — 콜마르 소재의 작품과 칼스루에 소재의 작품에서[55] — 그리고 프레델라[56]에서 그리스도는 인간의 크기를 넘어서는 거인으로서 그 장대함으로 인해 주위에 있는 모든 사람이 건드릴 수 없어 보인다 — 그럼에도 불구하고 인간들의 힘에 의해 쓰러지니, 이야말로 완전히 모순이며 가장 이해할 수 없는 운명이다. 여기서는 더 이상 영혼이나 개별적인 영혼의 정서가 문제 되지 않는다. 여기서는 존재 그 자체의 장엄함이 묘사되고 있다. 그리고 이러한 존재가 패배해서 쓰러진다는 불가사의한 또는 부조리한 사실은 분명히 종교적이지만, 사실상 이 사건의 모호성을 헤아릴 수 없으며 바로 그렇기 때문에 그 사건이 궁극적인 세계근저에 도달하는 것처럼 보이는 한에서만 그렇다. 그와 같은 외적인 크기에 의해 상징되는 이 존재와 그것의 운명은 상호 모순적인 관계에 있기 때문에 내부로부터의 해결은 완전히 불가능하며,

---

55 이 책의 제1장 각주 70번에서 언급한 바와 같이, 콜마르 소재의 「예수의 십자가형」은 원래 '이젠하임 제단화'로서 콜마르의 운터린덴 미술관에 소장되어 있는 작품을 가리킨다. 그리고 칼스루에(Karlsruhe) 소재의 「예수의 십자가형」은 타우버비숍스하임 제단(Tauberbischofsheimer Altar)을 장식하기 위해 1523~25년에 목판에 그린 195.5×142.5cm 크기의 유화이다. 타우버비숍스하임 제단은 칼스루에에서 멀지 않은 작은 도시 타우버비숍스하임에 소재하는 성(聖) 마틴 시(市) 교회'(Stadtkirche St. Martin)의 제단이다. 현재 이 작품은 칼스루에 주립 미술관(Staatliche Kunsthalle Karlsruhe)에 소장되어 있다.

56 이것은 바로 앞의 각주 55번에서 언급한 콜마르 소재 「예수의 십자가형」의 프레델라(predella)인 「예수의 매장」을 가리키는데, 이 작품은 1515년경에 패널에 그린 76×341cm 크기의 유화이다. 프레델라는 기독교 예술에서 세 칸 이상의 제단화의 맨 아랫부분을 띠 모양으로 장식하는 한 칸짜리 소화면(小畫面)이다. 우리말로 '제단대각화'(祭壇臺脚畵)라고 옮길 수 있을 것이다. 이렇게 보면 프레델라(76×341cm)가 제단화(269×307cm)보다 약간 더 긴 것이 설명된다. 콜마르 소재의 '이젠하임 제단화'는 세 칸짜리 제단화로서 프레델라는 그 중심부에 해당하는 「예수의 십자가형」 바로 아래에 위치하면서 전체를 받치고 있다. 참고로 제단화의 양쪽 날개에 해당하는 부분에는 각각 성 안토니오(Hl. Antonius, 1195?~1231)와 성 세바스티안(Hl. Sebastian, ?~288)이 그려져 있다.

272

오로지 형이상학적 이념, 그러니까 신적 의지만이 이 어마어마한 긴장을 극복할 수 있다. 그러나 렘브란트에게는 그와 같은 것이 전혀 없다. 그의 가장 심오한 종교화들에서 예수의 모습은 영혼이 완전히 그 안에 스며들 수 있으며 그 생명력과 운명이 전적으로 영혼에 의해 규정될 수 있도록 만드는 크기로 그려지고 있다. 내가 이미 앞에서 직간접적으로 언급한 그림들의 유형에서 예수는 단지, 전적으로 그들의 개인적인 내면성에 의해서 비종교적 인물들과 구별되는 렘브란트의 종교적 인물들 가운데에서 가장 두드러진 인물일 뿐이다. 이러한 내면성은 은총, 그러니까 초인간적인 것으로부터 흘러나오는 어떤 힘에 의해 지탱될 수 있다; 그렇지만 렘브란트는 이에 대하여 묻지 않고 자신의 문제를 인간의 영혼적 존재에 국한하는데, 이 존재는 아마도 피안의 세계에 의해 규정되지만 그렇게 규정된 것을 피안의 세계에 그대로 두지 않고 완전히 자신의 삶으로 체화함으로써 이것을 더 이상 그 자체로서 특별히 알아볼 수 없도록 만든다.

렘브란트에 의해 표현되는 종교성의 주관주의는 그 안에서 볼 수 있는 바로 이 **확실한 삶의 토대**에 힘입어 단순한 우연성으로부터 벗어나게 된다. 여기에서 종교성이 단순히 우연적이라 함은, 그것이 아무런 객관적인 의미도 없이 이리저리 왔다 갔다 하기 때문에 주체가 내적으로 결정해야 하는 "분위기"처럼 되는 것을 뜻한다. 그런데 내가 보기에는 오히려 다음과 같은 점이 아주 위대하고 유일한 것이다: 여기에서 순수하게 개인 안에 머무는 종교적 행동이 영원한 가치로 느껴질 수 있게 되었다. 이러한 종교 관념을 이해하기 위해서는 종교적 가치들이 더 이상 인간 밖의 어떤 곳에 "그 위치가 설정됨으로써" 객관성을 획득해서는 절대로 안 된다. 실로 주체의 종교적 상태나 특성은 그 자체로서 객관적인 무엇인가이며 자체적으로 형이상학적 의미를 갖는 존재이다. "주체"가 부정적이고 격이 떨어지는 의미를 갖는 것은 단지 주체의 전체적인 의미가 대립을 통해서 결정되는, 다시 말해 보다 감각과 결부된 우리의 사고습관으로 인해 주체가 분리, 대치 또는 대소 관계의 관점에서 표현되는 경우뿐이다. 다른 화가들이 그린 그림에서 인간들이 피안의 세계의 계시, 현현(顯現) 또는 메시지를 마주하면서 사로잡히는 충격과 엑스터시는, 이것들이 일시적이라는 의미에서 보면 주관적일 수 있고 주체의 관점에서 보면 우연적일 수 있다. 그러나 종교적 사실성이 주체의 존재에 또는 보다 정확히 말하자면 주체의 존재로서 닻을 내리고 있는 경우에 이 주체의 종교성은 바로 그 자체로서 객관적인 무엇인가이다. 다시 말해 일단 정립되고 나면 세계의 현존재를 일반적이고 무시간적인 것으로 만들며 또한 그런 만큼 더욱더 가치 있게 만드는 가치이다.[57]

이러한 종교적 가치와, 내가 방금 앞에서 렘브란트의 인물들에게서는 찾아볼 수 없다고 주장한 신비주의적 가치의 차이점을 이해하는 것은 그렇게 쉽지 않을 것이다. 이를 위해서는 가치에 대하여 처음부터 상세하게 검토할 필요가 있다. 우리의 가치의식은 전체적으로 보아 우리가 보통 생각하는 것보다 훨씬 더 상대주의적으로 결정된다; 이와 더불어 내가 뜻하는 바는, 우리가 일정한 궁극적이고 절대적인 가치들을 말하자면 순진하게 그것들보다 더 높고 포괄적인 존재를 통해 설정하고 정당화한다는 것이다.[58] 윤리적 행위의 가치는 확실히, 특히 더 심층적으로 그리고 더 순수하게 파악되면 될수록, 완전히 자신에게 근거하며 윤리적으로 의지(意志)하는 영혼의 외부로부터 자신에게 부과되는 모든 조건을 거부하는 것으로 보인다. 그럼에도 불구하고 도덕적인 것의 자율성을 그야말로 절대적으로 옹호한 사상가들은 그것의 존엄성을 궁극적으로 "이

---

57 이 문장에서 "무시간적인"은 "시간을 초월한"으로 읽으면 좋을 듯하다.
58 이 문장에서 "이와 더불어"의 "이"는 그 앞에 나오는 "우리가 보통 생각하는 것"을 가리킨다.

성"으로부터, 다시 말해 개인들의 행위가 규범들과 원리적 관계들로 구성되는 보편적이고 이념적인 영역에 속한다는 명제로부터 도출했다. 우리가 이 영역에 위치하고 이 영역의 법칙들에 순종한다는 사실이 우리의 "진정한 자아"의 확증이라고, 그리고 바로 도덕적 자율성의 의미라고 여전히 찬양될 수 있을 것이다 — 그러나 그렇게 되면 도덕적 가치의 뿌리는 그것의 가장 고유한 자기존재 밖의 다른 곳에 위치하게 된다. 그 결과 행위는 그것이 가치 있는 한 완전히 순수하게 오로지 그것 자체인 것이 아니라 자신의 고유한 경계를 넘어서 확장되며, 또한 이념적으로 선재(先在)하는, 말하자면 보다 절대적인 전체로부터 자신에게 부과되는 의미를 받아들여야 한다. 진리의 경우에도 매한가지이다. 어느 한 인식은 그 경계들이 하나하나 정확하게 입증할 수 있을 정도로 그 대상의 경계들과 정확히 일치하는 경우에 가장 엄밀하고 확실해 보인다. 그렇지만 인식에 대한 보다 심층적인 이론들에 따르면 그와 더불어서 인식의 본질과 요구가 남김없이 규명되는 것은 아니다. 이러한 이론들에서 그와 같이 단독으로 밝혀진 진실은 모든 참된 것들의 전체성과 통일성에 — 원칙적인 전체성과 통일성에 — 편입되어야 비로소 진리가 된다. 이러한 전체성과 통일성은 자체적으로 증명된 특수한 진리에 덧붙여지는 것이 아니다. 오히려 후자는 정확한 의미에서 보면 그 자체로 존재하는 것이 결코 아니다; 그것은 오로지 그와 같은 전체적인 콘텍스트에 속함으로써만 진리로서의 가치를 획득하게 된다. 개별적인 고찰의 엄밀성은 실천적인 절차를 위해서는 충분할 수 있다. 그러나 이러한 절차 자체는 그렇게 확정된 경계들 내에서 정당화되는 것이 아니라, 말하자면 처음부터 예의 그 진리의 총체성이 바로 이 자리에서 이 개별적인 경우를 위하여 걸쳐 입은 외피일 뿐이다. 신비주의적 종교성은 바로 이러한 형식에 편입된다. 그것은 확실히 종교적 삶을 전적으로 내부를 향하여 집중하고 무엇보다도 자기 자신에게 속하는 영혼의 궁극적인 지점에 위치시킨다. 그럼에도 불구하고 영혼은 말하자면 영혼 자체 그 이상이라는 사실을 통해서만, 다시 말해 신적 삶의 장소이기도 하다는 사실을 통해서만 가장 높은 종교적 가치를 받아들일 수 있다. 영혼적인 것과 신적인 것은 서로 구별되지 않는 하나이기는 하지만 이 하나의 가치는 그것의 영혼적 존재가 아니라 그것의 신적 존재로부터 온다. 이 둘의 모든 실재적인 또는 형이상학적인 비분리성에도 불구하고 이념적인 의미에서 보면 영혼적 존재의 종교적 위계는 그것이 신적 존재와 갖는 관계에 의해 결정된다. 이러한 신비주의적 종교성과 렘브란트 인물들의 종교적 분위기는 섬세하고 명료한 대조를 이룬다. 그들의 특유한 종교적 가치는 그들의 영혼의 상태와 특성으로 흡수되어서 거기에 동화되는데, 이 경우 그들이 그밖에도 객관적인 신성에 대하여 신앙의 관계를 갖든 갖지 않든 전혀 상관이 없다. 우리는 그들의 종교적 본질에서 모든 신비주의와 모든 유신론으로부터 벗어난(물론 그렇다고 해서 추상적으로 고립된 상태에 이르지는 않은) 요소를 다음과 같이 어느 정도 역설적으로 특징지을 수 있다. 설사 신이 존재하지 않거나 사람들이 신을 믿지 않는다고 할지라도 그들은 이러한 경건함 속에서 살아갈 것이라고 역설적으로 말할 수 있다. 경건함은 다른 현상들에서 볼 수 있는 관계의 성격을 벗어버렸다. 이러한 경건함은 영혼의 외부를 향하여 확장될 필요가 없는 것과 마찬가지로, 또한 자신의 종교적 **가치**를 영혼의 외부로부터 빌려오지 않는다. 비록 신비주의에서 영혼이 완전한 종교적 가치를 내포할지라도, 이는 영혼이 하나의 절대적이고 초(超)영혼적인 신성의 측면 아래에 있기 때문이다; 그러나 렘브란트의 인간들에서는 이 가치가 그들의 영혼의 순수하고 자율적인 삶과 온전히 자기 자신 안에 깃드는 그들의 경건함에 의해서가 아니고는 절대로 표현될 수 없다. 그런데 이러한 경건은 너무 오만한 것이 아니라 오히려 너무 겸손하기 때문에 현존재 일반의 신적 절대성으로부터 자신의 정당성을 획득하지 않는다.

이러한 종교성을 칼뱅주의적 종교성으로부터 분리하는 측면들을 개념에 의해 가시적으로 만드는 것이 아마도 더 어려울 것이다; 그럼에도 불구하고 그렇게 되도록 하는 시도가 필요한데, 왜냐하면 칼뱅주의에서 전반적으로 개인주의적 요소들을 강조하는 것, 즉 개인 영혼의 책임을 강조하고, 완전히 개인적인 구원이나 저주를 강조하고, 오로지 영혼의 고독감에서만 느낄 수 있고 이 영혼을 개인적 행위로 분발시키는 은총의 역사(役事)를 강조하는 것[59] — 이 모든 것이 렘브란트가 종교적 인

59　여기에서 잠시 막스 베버를 언급하면 짐멜의 이 짤막한 논의를 이해하는 데에 도움이 될 것이다. 잘 알려져 있듯이 베버의 저 유명한 『프로테스탄티즘의 윤리와 자본주의 정신』은 칼뱅주의라는 금욕주의적 프로테스탄티즘의 윤리가 근대 자본주의 정신의 형성·발전에 대해 갖는 문화의의를 추적한 연구이다.

　　베버에 따르면 칼뱅의 예정론은 프로테스탄트들에게 구원과 저주 또는 선택과 유기는 이미 영원으로부터 예정된 것이고 따라서 신(神) 자신도 이를 변경할 수 없는 것이라고 가르쳤는데, 이를 단순히 논리적으로 본다면, 칼뱅주의자들은 일종의 절망감에서 아예 구원 자체를 포기하고 비합리적이고 무절제한 사치와 쾌락에 탐닉할 수 있다는 추론도 가능하다. 그러나 프로테스탄티즘 연구에서 베버가 진정으로 관심을 가진 것은 예정론이 칼뱅주의자들에게 어떠한 심리학적 영향을 끼쳤는가라는 문제와 또한 이로부터 어떠한 인간 유형과 행위 유형이 형성되고 발전하게 되었는가 하는 사회학적 문제이다. 칼뱅의 예정론이 초래한 심리학적 결과는 개인들이 처음으로 체험해보는 엄청난 내적 고독감이었다. 그리고 개인의 심대한 내적 고독감이라는 심리학적 결과는 우선 다음과 같은 사회학적 결과를 초래했다. 칼뱅주의자들은 신으로부터 소명받은 자본주의적 직업과 노동에 헌신하고 이로부터 발생하는 이윤을 쾌락이나 향락 또는 경제외적 목적을 위해서 낭비하지 않고 지속적인 사업에 투자함으로써 신의 영광을 증대시키고자 노력하게 되었다. 왜냐하면 그들은 바로 이러한 행위를 통해서만 자신의 구원 상태, 즉 자신이 구원되기로 예정된 자들에 속한다는 것을 내적·외적으로 확증할 수 있었기 때문이다. 이러한 확증은 물론 어디까지나 신의 은총에 대한 인식근거이지 결코 실재근거가 아니다. 다시 말해 그것은 어디까지나 주관적 근거이지 객관적 근거가 아니다. 왜냐하면 칼뱅주의의 예정론에 따르면 신이 이미 영원으로부터 특정한 인간을 구원 또는 선택하기로 그리고 나머지 인간을 저주 또는 유기하기로 예정했으며, 이는 신 자신도 변경할 수 없기 때문이다. 그럼에도 불구하고 행위에 주관적으로 구원의 의미를 부여하는 것을 행위구원주의 또는 행위구

간을 느끼는 방식과 유사해 보일 수 있으며, 또한 어쩌면 심지어 그것에 영감을 준 것으로 보일 수 있기 때문이다. 내가 칼뱅의 기본입장을(후기의 칼뱅주의에서는 이것이 부분적으로 변형되었다) 올바로 이해한 것이라면, 그 정반대의 논리가 성립한다. 칼뱅의 종교적 관념은 다음의 두 가지 요소를 고려하면서 구성된다: 한편으로는 거룩하고 무한한 신의 의지 그리고 다른 한편으로는 경험적 인간세계의 객관적 질서. 후자는 개인의 직업과 경제적으로 유용한 활동을 포함하는 것처럼 공동체의 삶도 포함한다. 이제 칼뱅은 다음과 같이 그 둘의 원대한 종합을 제시한다. 삶의 상태들이 다름 아닌 이 삶 자신의 내재적인 그리고 순수하게 객관적인 규범과 필요에 의해 미리 설정된 유형의 완성으로 이어져야 한다─ 그리고 바로 그렇게 됨으로써 신의 의지가 가장 잘 실현되고 우리 행위에 대한 신의 축복이 가장 명료하게 상징된다. 이렇게 해서 삶에 대한 완전히 새로운 가치평가 방식이 나타나는데, 이 방식은 서로 대립되는 측

원사상이라고 하며, 행위구원주의에 입각해, 즉 행위를 통해서 자신의 구원 상태를 확증하는 것을 확증사상이라고 한다. 이렇듯 칼뱅주의에서는 예정론과 행위구원주의 그리고 확증사상이 긴밀하고도 유기적으로 연결되어 있다. 그리고 예정론에 의해 초래된 개인의 심대한 내적 고독감이라는 심리학적 효과는 한 걸음 더 나아가 다음과 같은 사회학적 결과를 초래했다. 칼뱅주의자들은 교회, 성직자, 성례전 그리고 궁극적으로는 신 자체로부터도 분리되어 독립적이고 자율적인 개인으로서 궁극적으로 자기 자신에게만 의존하게 되었으며, 직업윤리를 바탕으로 금욕적이고 합목적적으로 행위하고 직업외적인 일상생활 역시 금욕적이고 조직적으로 구조화하고 영위하게 되었다. 그 결과 종교개혁 이전까지 '수도원의 골방'에 한정되어 있던 금욕주의, 그러니까 수도승들의 탈세속적이고 초세속적인 금욕주의가 수도원의 높은 담장을 넘어 신에 의해 구원받기로 예정된 자들의 세속적 금욕주의로 확산되었다. 그것은 탈세속적이고 초세속적인 종교적 귀족주의가 세속적인 종교적 귀족주의로 전환된 것이었다. 김덕영, 「해제: 종교·경제·인간·근대─통합과학적 모더니티 담론을 위하여」, 막스 베버, 김덕영 옮김, 『프로테스탄티즘의 윤리와 자본주의 정신 ─ 보론: 『프로테스탄티즘의 분파들과 자본주의 정신』, 도서출판 길 2010, 513~669쪽, 여기서는 618~22쪽을 요약·정리했음.

면들에서 본원적인 기독교의 평가 방식으로부터 벗어난다. 본원적인 기독교가 현세적인 삶의 상황들에 대하여 원칙적으로 무관심했던 반면, 칼뱅은 이 상황들이 한편으로 인간을 죄악의 상태에 빠지게 하는 곳이며 따라서 저주받아야 마땅하다고 보았다. 물론 이 상황들에 대하여 숭고한 무관심을 보인 본원적인 기독교에는 그것들을 저주할 여지가 전혀 없었다. 그러나 다른 한편으로 비록 온갖 종류의 사변적인 매개항을 통해서이기는 하지만 칼뱅주의가 발전시킨 구체적이며 현세적 의무에 충실하고 물질적 성공을 지향하는 삶의 질서가 본원적인 기독교에서는 가치 있는 것으로 독특하게 평가될 여지가 전혀 없었다.[60] 물론 이러한 객관

---

60 이 문장에서 "독특하게"는 "기억할 만한", "눈에 띄는", "주목할 만한", "이목을 끄는", "진기한", "기묘한", "현저한", "이상한" 등의 의미를 갖는 독일어의 merkwürdig를 의역한 것이다. 여기에서 짐멜이 말하고자 하는 바는 다음과 같다. 칼뱅주의는 구체적이며 현세적 의무에 충실하고 물질적 성공을 지향하는 삶의 질서를 이상하리만큼 가치 있는 것으로 평가하는데, 이는 주목할 만한(이목을 끄는) 또는 진기한 일이다. 그리고 본원적 기독교에서는 전혀 찾아볼 수 없는 일이다. 실제로 이러한 삶의 질서에 가치를 부여한 것은 칼뱅주의가 유일무이하며, 따라서 그러한 가치평가는 짐멜이 말하는 대로 주목할 만한(이목을 끄는) 또는 진기한 것이다. 예컨대 경건주의의 일파인 '헤른후트 형제단'에서도 부분적으로 이런 모습을 볼 수 있지만 칼뱅주의에서처럼 그렇게 철저하지 못했다(헤른후트(Herrnhut) 형제단은 '주님의 보호' 또는 '주님의 가호'라는 의미를 갖는 신앙 집단으로서 1727년 독일에서 결성되었다). 다시 한 번 베버의 『프로테스탄티즘의 윤리와 자본주의 정신』을 인용하기로 한다. 베버에 따르면 "(헤른후트) 형제단의 결정적인 가치는 다른 교회들과 달리 기독교적 삶의 적극성, 선교 그리고 — 그와 연관된 — 직업노동에 존재한다는 사상은 그(친첸도르프 백작, Graf Nikolaus von Zinzendorf, 1700~60; 헤른루트 형제단의 창립자)에게도 생생하게 살아 있었다. 그뿐 아니라 **효용**의 관점에서 삶을 실천적으로 합리화하는 것은 친첸도르프의 인생관에 있어서도 매우 본질적인 구성요소였다. 이러한 실천적 합리화는 그에게서 — 경건주의의 다른 대표자들에게서와 마찬가지로 — 한편으로 신앙에 위험한 철학적 사변에 대한 깊은 혐오와 그에 상응하는 경험적 개별 지식에 대한 선호에서 도출됐으며, 다른 한편으로 직업적 선교사의 세련된 처세 감각에서 도출됐다. 선교의 중심체인 형제단은 동시에 사업 경영조직이었으므로 그 구성원들

적 질서들의 가치는 그 존재근거(ratio essendi)에 따르면 신의 의지에 의해 정립된다; 그러나 적어도 그것의 인식근거(ratio cognoscendi)는 실천적 성공의 정도에 따라서, 그리고 현세적 현존재를 그것의 내적으로 완결된 규범적 논리에 근거하여 낱낱이 규제하는, 또한 만약 ─ 어느 정도 극단적으로 표현하자면 ─ 신이 존재하지 않는다면 경험적인 측면에서도 그 현존재를 낱낱이 규제하게 될 요구들에 따라서 발전한다. 이렇게 해서 칼뱅주의는 신과 자연법칙적 현존재 사이의 관계에 대한 드물지 않은 종교철학적 해석을 윤리적이고 사회적인 문제로 번역했다. 이 관계는 다음과 같이 묘사되어왔다. 신은 일단 세계에 그 운동법칙들을 부여하고 난 다음 말하자면 세계로부터 물러났으며 이후 세계를 그것에 고유한 그리고 전혀 예외가 없는 이 법칙들에 맡겼다는 것이다; 그 결과 이 법칙들은 그 본래의 창조자에게 의거하지 않고 순수하게 지상적인 차원에서 확인되고 이해될 수 있다는 것이다. 이렇게 해서 어떻게 세계가 세계로서 존재해야 하는가에 대한 규범들은 비록 신으로부터 나오지만 언젠가 자신의 지상적 토대에 뿌리를 내리며, 따라서 자신의 고유한 사실들과 관계들로부터 도출될 수 있고 말하자면 신이 씨를 뿌린 토양 자체의 산물인 척도들에 의해 효력을 부여받는 것처럼 보인다. 확실히 칼뱅

을 세속적 금욕주의의 길로 이끌었으며, 그 결과 그들은 이 세상의 삶에서도 어디서나 자신이 수행해야 할 '임무'를 찾았고 바로 그 관점에서 삶을 냉철하고 계획적으로 형성해나갔다. 그러나 여기에 또 다른 장애가 있었으니, 그것은 신의 '예정'에 의해 선택된 '제자들'이 사도들의 전도 생활을 모범으로 삼아 사도적 **무소유**의 카리스마를 찬미하는 데서 생겨났다. 이는 결과적으로 '복음의 권면'(consilia evangelica)이 부분적으로 재연되는 것을 의미했다. 이로써 칼뱅주의적 방식에 따른 합리적 직업윤리의 창출은, 비록 〔…〕 완전히 배제된 것이 아니라 **오로지** '직업을 위해서만' 노동한다는 관념을 통해 오히려 내적으로 그 강한 발판이 구축된 것이 사실이지만, 결국 저지되고 말았던 것이다." 막스 베버, 김덕영 옮김, 『프로테스탄티즘의 윤리와 자본주의 정신 ─ 보론: 『프로테스탄티즘의 분파들과 자본주의 정신』, 도서출판 길 2010, 228~29쪽.

주의에서 객관적인 지상적 질서와 의무에 부합하고 성공을 지향하는 행위가 전적으로 신적인 것에 해당하는 절대적인 가치에 속하지는 않는다. 그렇지만 그것들은 — 나는 여기에서 단지 표면상 모순적인 표현만을 사용할 수 있다 — 상대적인 것 안에서 절대적인 가치를 갖는다; 이것은 전적으로 그와 같은 활동과 성공을 통해서 이러한 질서들의 객관적인 현존재와 결합할 수 있고 객관적인 세계상의 결정에 관여할 수 있는 가치이다. 칼뱅주의에서는 신의 나라가 절대적인 목적이다; 그러나 거기에 도달하기 위하여 지상적인 것이 **마치** 그 자체가 목적인 것**처럼** 취급된다. 칼뱅에게는 이 두 절대성 사이에서 모든 형이상학적 의미가 펼쳐진다. 개인 자체는 이 의미로부터 배제된다. 개인은 말하자면 그 두 절대성이 교통할 수 있도록 이어주는 다리에 지나지 않거나 또는 그것들의 교통이 일어나는 데에 없어서는 안 될 소재에 지나지 않는다. 또한 개인은 가치를 대변하는 삶을 살 뿐 절대로 그 자체적인 동인에 의한 삶을 살 수 없다. 그리고 개인은 자신에게 할당된 상대성의 차원 내에서 절대적인 의미를 갖지 않는바, 이 의미는 그 상대성의 차원에서 오히려 실질적인 가치에만, 그러니까 개인적인 것의 그리고 특히 공동체적 삶의 초(超)인격적 구조에만 귀속된다. 다음은 확실히 삶에 대한 근본적으로 다른 두 개의 관념이다: 우리가 행위와 관계의 의미와 의의를 말하자면 개인적 실체의 심층적 차원으로부터 끄집어내는가, 그리고 행위와 관계를 주관적으로 실천하는 것이 현존재에게 진정한 가치를 부여하고 현존재가 갖는 관심의 근원이자 중심이 되는가 — 아니면 이 모든 강조점, 다시 말해 가치들의 이 궁극적인 출발점과 귀결점이 개인의 고유한 삶 속으로 깊숙이 내려가지 않고 객관적인 상태들에, 다시 말해 초(超)인격적인 것에 결부되는가.[61] 그런데 칼뱅주의는 그 결정적인 기본 동기에 따라 후

---

61 이 문장에서 "이 모든 강조점"은 그 앞에 나오는 "행위와 관계의 의미와 의의"를

자의 입장을 취하기 때문에 렘브란트의 인물들의 종교성과 극단적으로 상반된다. 이미 앞에서 그토록 자주 논한 대비, 즉 인간적 가치들에 대한 렘브란트의 입장과 고전적-라틴적 입장 사이의 대비가 여기에서 다시 한 번 반복된다. 전자는 개인들의 자율성과 말하자면 자기 자신을 위해 전개되는 그들의 운명을 지향하는 반면 —— 후자는 보편적인 것, 다시 말해 개념적으로 파악할 수 있는 형식을 중요시한다; 이것은 궁극적인 형이상학적 동기들이 적절하게 변화하면서 반복되는 것이지만, 그럼에도 불구하고 고전적-라틴적 정신이 다음과 같이 칼뱅주의적 정신과 다르다는 점에서 독특하다. 후자는 초월성의 측면과 현세적 실천의 측면을 유일무이한 방식으로 긴장시키면서 통일함으로써 두 측면 모두에서 전자를 능가한다. 전자의 경우에는 형이상학적 기조가 외부를 향하여(물리적 외부만을 말하는 것이 아니다) 그 효과를 나타내며 보편적인 법칙성으로 발전한 형식에 있다면, 후자의 경우에는 신적 의지의 객관적인 권능과 조직적이고 성공 지향적인 현세적 질서 및 행동양식에 있다. 그러나 양자가 공통적으로 대립하는 것이 있으니, 그것은 순수하게 내부로부터, 다시 말해 형식의 궁극적인 형이상학적 원천과 가치의 궁극적인 형이상학적 심급으로서의 개체성 지점으로부터 규정되는 삶의 고유가치이다.

영혼성

나는 렘브란트의 예술에서 생생하게 표현된 종교적 태도를 이 모든 것에 그리고 신비주의에 상반되게 다음과 같이 해석했다: 이 태도는 그에게서 삶의 한 요소로도 한 특별한 절정으로도 보이지 않고 오히려 이 인

가리킨다.

간들이 살아가는 방식 그 자체로 보인다; 그럼에도 불구하고 이 주관적인 종교적 존재의 의미는 그것의 심리학적 현실에서 소진되지 않으며, 오히려 그 존재 자체가 **형이상학적인 것**, 다시 말해 전적으로 이 시간적인 개인들의 내면성에 의해 담지되는 초시간적인 가치이다 — 이러한 해석은 아직 몇몇 측면들에서 좀 더 명백하게 밝혀져야 한다.

첫 번째 측면. 종교적 영혼의 그와 같은 의미는 영혼 일반의 의미에 기초한다. 렘브란트는 예로부터 "영혼의 화가"로 지칭되어왔는데, 이 다소 간 감상적인 표현은 확실히 그의 작품들이 주는 한 가지 인상으로부터 유래하는 정당한 것이지만 그럼에도 불구하고 그것과 상반되는 것을 제시해야 비로소 그것의 전체적인 의미가 명백히 밝혀질 것이다. 총체적 세계상에 그리고 이 세계상의 통일성을 체계적으로 파악하는 것에 온통 마음을 쓰는 철학자들이 심리학에 대하여 거의 예외 없이 무관심을 보이며 심지어 혹 혐오감을 보이기도 한다는 것은 특이한 사실이다. 비록 다음과 같은 모티프, 즉 우리가 우리 영혼의 궁극적이고 가장 깊은 근저에 잠기는 바로 그 순간에 현존재 자체의 토대 또는 신과 접촉할 수 있고 신에게 접근할 수 있는 지점에 도달한다는 모티프가 다양한 방식으로 나타나지만, 이것은 영혼이 형이상학적인 것에 이식된 것에 다름 아니다. 다시 말해 전적으로 영혼 자체에 내재하는 독특하게 영혼적인 것을 넘어서는 것에 다름 아니다. 그리고 우리는 얼마든지 영혼을 세계에 흡수되도록 하고 세계 발전의 절정으로 이해하거나 또는 역으로 세계를 영혼의 표상과 산물로서 그 안에 위치시킬 수 있다 — 그러나 영혼이 순수하게 영혼으로서 살아가고 느껴지는 바로 그 경우에 영혼과 세계 사이에는 상호배제의 관계가 성립하는데, 방금 언급한 모든 중재가 이 관계를 부정하는 것은 아니다. 오히려 이 중재들은 그와 같은 관계가 먼저 극복돼야 하는 것에 다름 아님을 보여준다.

비단 철학에서뿐만 아니라 종교와 예술에서도 다음과 같은 논리가 적

용된다: 현존재의 총체성이 그 전체적인 폭에서 또는 객관적으로 자신에게 속하는 중심에서 파악되고 상징되고 지배되어야 하는 경우, **영혼**은 세계의 사물들 가운데에서 오로지 자신만의 것이 될 수 있는 특별한 색조를 놓치고 만다; 다른 한편 영혼이 그러한 색조를 발견하는 경우, 영혼으로 하여금 우주의 지배나 표상을 느끼도록 이끌 길이 없다. 렘브란트가 "영혼의 화가"라는 바로 그 이유 때문에, 그의 인물들에게는 — 이것은 이미 앞에서 다른 하나의 대립에 의해 논증되었다 — 예컨대 호들러의 많은 인물들에게는 존재하는, 정의하기 어려운 **우주적인 것**의 특징이 결여되어 있다. 호들러의 인물들은 말하자면 — 심리학적으로 — 자기 자신을 표현하는 것이 아니라 자신이 다른 모든 사람들과 마찬가지로 그 일부분이 되는 우주적인 것을 어떻게든 표현하는 것이다; 물론 이 예술이든 저 예술이든 그 예술적 또는 심리학적 **가치**에 대한 결정은 이러한 범주화에 의해 조금도 영향을 받지 않는다. 심지어 무(無)우주론적 특성을 지니고 있으며 세계에 대해 아무런 열정도 없기 때문에 세계를 열정적으로 거부하는 부처상들도, 바로 그렇게 함으로써 이 세계 자체의 가장 심오한 개념과 비록 부정적이지만 아주 결정적인 관계를 갖고 있으며, 또한 그런 까닭에 심리학적 의미에서 쉽게 "영혼이 없는" 것으로 보인다. 이에 반해 렘브란트는 모든 관심을 영혼에 집중하기 때문에 대상의 측면에서도 이 대상을 표현하는 방식에서도 그와 같은 관계를 보이지 않는다. 렘브란트의 그림들 가운데 이 모든 것이 긍정적으로 표현된 것이 하나 있다: 뮌헨 소재의 「그리스도의 부활」[62]이 그것이다. 전면에서는 관 뚜껑이 들어 올려지면서 무덤을 지키던 병사들이 굴러떨어진다:[63] 그것은 지상적인 것의 완전히 무의미한 혼돈을 표현하는 것으로서

---

62 이것은 1635~39년 캔버스에 그린 67×92cm 크기의 유화이다. 현재 뮌헨의 고(古)미술관에 소장되어 있다.

부분적으로는 난폭하고 부분적으로는 우스꽝스러운 모습이다. 그 위에는 천사가 있다: 마치 그가 자신의 뒤로 열어둔 하늘 문으로부터 그에게 후광이 쏟아져 내리기라도 하듯이 비(非)지상적인 광채가 흘러넘치는 모습이다. 그리고 이제, 완전히 구석진 곳에서 예수의 얼굴이 올라오는데, 마치 멀리 보이는 듯 그림자 같고 그 표정을 식별하기 어려운 모습이다; 이리 되면 우리는 단번에 알 수 있다: 여기에 **영혼**이 있다는 것을, 그리고 창백하고 고통받으며 아직도 사후경직에 의해 마비가 덜 풀린 이 영혼의 삶 앞에서 그 지상과 그 하늘은 빛이 바래고 아무것도 아닌 것이 된다는 것을. 이 얼굴에는 그 어떤 종류의 감각적-회화적 또는 신비주의적-종교적 강조도 없고 아주 단순한 것이 있을 뿐이다: 그것은 영혼인바, 이것은 영혼으로서 이 세상으로부터 온 것이 아니다 — 그렇다고 해서 저 세상으로부터 온 것도 아니다; 그것은 다른 모든 현존재 가능성을 포괄하는 이곳 지상과 하늘의 어마어마한 대립을 넘어선다. 렘브란트가 30대에 그린 이 그림은 노년에 최고 수준에 도달하는 그의 예술의 상징과 프로그램과도 같은 것이다; 그것은 어떻게 영혼과 더불어 그 무엇과도 비교할 수 없는 것이 주어지는가를 명백하게 보여준다. 이것은 다른 모든 현존재와 가치에 대하여 주권적이고 말하자면 건드릴 수 없는 현존재와 가치이며, 또한 그 자체로서 가치를 갖는 주체의 영역으로서 확실히 지상적인 세계를 포함하지도 않고 거기에 포함되지도 않으며 어쩌면 천상적인 세계에 대해서도 그와 같은 관계가 성립한다. 그러나 오로지 영혼의 원리의 이 절대성만이, 사실로서 주어진 구원이 아니라 영혼 자체의 종교적 삶을 그 형이상학적 내용으로 갖는 종교성을 담아낼 수 있다.

---

63 여기에서 관 뚜껑을 들어 올린 주체는 천사이다. 그러므로 이 문장은 다음과 같이 읽으면 그 의미하는 바가 보다 확실하게 와 닿을 것이다. "전면에서는 무덤을 지키는 병사들이 천사가 들어 올린 관 뚜껑에 부딪혀 굴러떨어진다."

종교적-예술적 창조성

두 번째 측면. 렘브란트의 작품들에 묘사되는 종교성은 주체의 삶 자체가 주체에 결부되는 것과 똑같이 주체에 결부되는데, 그 이유는 종교성이 결국 주체가 사는 방식에 다름 아니기 때문이라는 사실, 그리고 그럼에도 불구하고 이 작품들에는 객관성이 —비록 예컨대 칼뱅주의에서 객관성의 근거가 되는 질서 및 행위결과와 다른 의미에서이지만—, 다시 말해 우연성을 넘어서고 이념적으로 확고한 것이 드러난다는 사실—이러한 사실을 이해하기 위해서는 어쩌면 다른 방향의 토대에 기반하는 논의가 필요할 것이다.

비록 많은 작품들에서 **종교적인 것의 묘사**와 **종교적인 묘사**가 일치하는 것으로 보일지라도, 예술을 보다 깊이 고찰해보면 양자 사이는 정확하게 구별된다. 그와 같은 구별은 모든 가능한 예술내용들에 대하여 필요한 것인데, 원칙적으로 인정되는 만큼 그렇게 자주 실제적인 고찰에서 이루어지지는 않는다. 매우 감각적인 장면의 시적 또는 회화적 묘사는 감각적 묘사일 필요가 없고 그 본질상 순수한 예술적 형식이 될 수 있다; 역으로 이 관점에서 완전히 무색무취한 내용의 묘사가 감각적으로 지극히 자극적인 무엇인가를 보일 수 있다[64] — 예컨대 오브리 비어즐리[65]의 어

---

64 이 문장에서 "이 관점에서 완전히 무색무취한 내용"은 "감각적인 것과 무관한 내용"이라는 뜻이다.

65 오브리 비어즐리(Aubrey Beardsley, 1872~98)는 영국의 삽화가, 시인, 그래픽커이자 풍자화가이다. 26세에 요절한 비어즐리는 영국 심미주의 운동의 절정을 이루었다. 아름다움을 절대적인 이상으로 추구하고 그 밖의 모든 가치, 특히 도덕적 가치를 배격한 비어즐리는 병적이고 퇴폐적인 분위기로 가득 찬 아름다운 환상의 세계를 창조했다. 비어즐리의 심미주의는 아르누보 등의 예술 운동에 많은 영향을 주었다. 주요 작품으로는 토머스 맬러리(Thomas Malory, 1405?~71)의 서사시 『아서 왕의 죽음』에 그린 삽화, 오스카 와일드(Oscar Wilde, 1854~1900)의

떤 장식들이 그렇다; 그것은 이 관점에서 음악과 같은 효과를 준다. 왜냐하면 음악은 그 어떤 내용도 묘사하지 않지만 극단적으로 감각적인 자극을 표현할 수 있고 불러일으킬 수 있기 때문이다.[66] 이러한 사태는 다음과 같이 일반적인 공식으로 나타낼 수 있다. 현실로서 또는 경험적인 세계에서 체험되는 특정한 현존재의 내용들은 예술의 형식으로 넘어가자마자 자신에게 더 이상 자명하게 와 닿지 않는 일정한 특징과 색채를 갖게 된다. 그러나 예술로 말할 것 같으면 그 개별적인 실행이 이러한 특성을 가질 수도 있고 갖지 않을 수도 있다; 그리고 그러한 특성은 예술이 담아내는 것과 똑같은 내용을 담아내는 현실 형식에서 보이든 보이지 않든 상관없이 예술 형식 자체에는 스며들 수 있다. 요컨대 여기에서 중요한 것 단 하나는 다음과 같은 원칙을 인식하는 것이다. 그 대상이 전혀 종교적일 필요가 없는 종교적인 예술작품들이 존재하며, 또한 마찬가지로, 이 경우 훨씬 더 널리 인정되는 바와 같이, 그 대상이 종교적이지만 완전히 비종교적인 예술작품들이 존재한다.

아마도 바로 이런 연유로, 첫눈에는 그저 소시민적 일상을 그린 장면이나 제공하는 것으로 보이는 렘브란트의 성서 묘사가 감동을 준다는 사실을 다음과 같이 표현할 수 있을 것이다: 그림의 예술적 기능인 묘사 자체, 말하자면 에칭 침(針), 펜, 붓을 다루는 손은 종교적 정신으로 충만해 있다; 창작의 역동성 자체가 우리가 종교적이라고 부르고 역사적인 경건함과 초월성의 영역에서 진정한 종교의 "대상"으로 결정화되는 특유한 색조를 갖는다. 바로 이런 까닭에 이 그림들에서는 개별적인 부분

희곡 『살로메』에 그린 삽화, 에드거 앨런 포(Edgar Allan Poe, 1809~49)의 작품들에 그린 삽화 등이 있으며, 저널 『옐로우 북』(*The Yellow Book*)과 『사보이』(*The Savoy*)에서 활약했다.

66 이 문장에서 말하는 음악은 텍스트가 없이 순수하게 음으로만 이루어진 음악을 가리킨다.

들이 종교적일 필요가 전혀 없는 것이다; 전체가 종교적인바, 왜냐하면 그것을 창출한 선험적 에너지가 종교적이기 때문이다. 이렇게 해서 그의 창조물들이 보여준 것이 창조자에 그 근거를 두게 된다: 그의 인물들은 종교적인 내용을 갖는 어떤 것도 행할 필요가 없는데, 그 이유는 그들의 삶의 과정으로부터 그 각각의 내용들에 종교적 특성이 분출되기 때문이다; 이렇게 해야 이 관계가 자신을 창출하는 가장 깊은 지층에 기초하게 된다.[67] 이 그림들의 주제가 성서적이라는 사실은, 단지 화가로 하여금 이러한 기능을 수행하도록 자극하고 도와주며 관람자로 하여금 그 기능을 느끼도록 자극하고 도와주는 것일 뿐이다. 그런데 여기에서 회화적 가능성들이 제시되는 방식은 성악의 역사에서 보이는 일정한 사실들에 비견될 수 있다. 가곡이나 오페라의 여러 작곡가들에게서는 텍스트와 음악이 내적으로 그 어떤 상호관계도 갖지 않는다. 모차르트는 심지어 가장 빈약한 가사를 위해서도 작곡을 하는데, 이는 그가 음악이 갖는 독립적인 아름다움이 그와 같은 가사를 덮어 감춘다는 것을 확신하기 때문이다; 그에게서 그리고 다른 작곡가들에게서 말과 음은 비록 하나의 진정한 통일성을 이루지만 서로 완전히 다른 의미계열에 위치한다. 그러나 예컨대 바흐에게서 그리고 나중에 특히 슈만에게서는 사정이 다르다. 이들의 경우에는 텍스트에 침잠하기 때문에 그것이 완전히 이미지들로 구성된 것이라는 인상을 받는다; 그것이 줄 수 있는 가장 깊은 것, 즉 텍스트가 일반적인 분위기에 부여할 수 있는 것이 예술작품 전체가 자라나는 뿌리가 된다; 음악 자체는 텍스트의 이 지배적 분위기에 의해 결정되기 때문에, 이 분위기를 텍스트로 피드백한다: 텍스트의 고유한 본질

---

67 이 문장에서 "이 관계"는 그림의 개별적인 부분들과 그림 전체의 관계를, 그리고 "자신을 창출하는 가장 깊은 지층"은 그림의 창조자, 즉 예술가, 보다 구체적으로 말하자면 렘브란트를 가리킨다.

은 그것이 음악에서 얻는 형식에 의해 순화되고 강화됨으로써 텍스트를 새로이 수용하고 텍스트에 새로운 형식을 부여한다. 이 두 음악적 사실을 종교적 대상과 그것의 회화적 묘사에 옮겨놓으면 그 첫 번째는 예컨대 르네상스 전성기와 루벤스에게서 전형적으로 볼 수 있다. 성모 마리아에게 어떤 내적 의미가 있는가는 라파엘로에게 중요하지 않으며, 예수를 십자가에서 내리는 것에 어떤 내적 의미가 있는가를 루벤스는 묻지 않는다. 이 둘에게서는 회화작품이 말하자면 자기 자신에게 의존하며, 따라서 회화작품이 자신의 고유한 의미를 갖는 대상을 단지 이물질처럼 포함한다고 해도 그것이 주는 인상은 영향을 받지 않는다. 이에 반해 렘브란트에게서는 회화작품 자체가 묘사된 사건의 일반적이고 근본적인 계기, 즉 종교성에 의해 흠뻑 적셔지며, 그 사건으로 말할 것 같으면 이렇게 결정된 예술적 과정을 매개로 종교성으로 통합된다. 그의 경우에는 대상이 예술화 과정에서 완전히 이 과정의 특성으로 흡수되도록 주조되고 영혼이 깃들게 되는 반면, 예술적 기능의 이 특성은 대상의 가장 일반적인 의미에 의해 자양분을 얻으며, 따라서 대상의 세목을 멀리 넘어선다.

이러한 해석은 자칫 빠지기 쉬운 주관주의적 오류를 피해야 한다. 지금까지 논한 모든 것은 렘브란트가 말하자면 사인(私人)으로서 종교적 인간이었으며 자신의 개인적 삶의 이 분위기를 그 삶의 예술적 창작물들에 투사했다는 식의 주장을 담고 있는 것이 아니다; 이 점에서 그가 내적으로 어떤 태도를 취했는지 알지 못하는데, 내가 보기에 그가 매우 적극적인 종교성에 호의적이었다기보다 적대적이었음을 상황증거들이 말해준다. 우리는 고작해야 다음과 같이 생각할 수 있을 것이다. 그의 내적 발전과 외적 운명이 그를 일반적인, 말하자면 미분화된 삶의 심층으로 이끌었으며, 이 삶의 심층이 그가 **화가**로서 ─ 기능적으로 이 그림들의 창조자로서 ─ 종교적이 되는 데 주관적이고 인격적인 토대가 되었다고 생각할 수 있을 것이다. 여기에서 다시 한 번 그와 다른 경건함의 화가 사이의 차이가 존재한다. 프라 안젤리코는 인격적으로 경건하고 어린 아이 같은 심성을 가졌음이 아주 명백하다. 그는 객체의 관점에서는 아니지만 확실히 주체의 관점에서는 자연주의라고 부를 수 있는 직접적인 방식으로 자신의 실재적인 삶의 분위기를 자신의 작품 속으로 이어갔다. 이에 반해 우리가 아는 한 렘브란트에게서는 작품의 구석구석에 종교적 특징이 스며들도록 한 것이 인격적 실존이 아니라 예술적 과정, 그러니까 구상하고 창작하는 방식이었다. 바로 이런 연유로 단순히 경건한 인간들에 대한 사실주의적 관찰에 힘입어 작품 구석구석에 종교적 특징이 스며드는 것이 아니다. 이미 앞에서 상술한 바와 같이, 그의 인간들은 확실히 그들의 내면적 삶으로 인해 종교적 영역에 속한다는 인상을 준다; 그렇지만 이 직접적인 현상 아래에 기능적 선험성으로서 —종교적인 것의 그림 그리기와 상이한— 종교적인 그림 그리기라고 부를 수밖에 없는 것이 있다. 이러한 종교적 특징짓기는 진정으로 오직 그림 그리기라는 행위에만 결부된다. 전자는 후자의 내재적 법칙이지, 전자가 고유한 실재적인 삶이고 후자는 단지 그것을 표현하는 수단에 불과한 것이 아니다. 게다가 이러한 예술적 선험성은 단순히 인물들 저마다에게서만 나타나는 것이 아니라 그림 전체에서도 나타난다: 빛과 분위기, 구성과 전체적인 환경은 특수한 부분들에서는 때때로 전혀 입증할 수 없는 이러한 종교적 분위기를 갖는다. 그런데 전체의 이와 같은 특징은 오로지 전체로부터만 올 수 있다. 다시 말해 오로지 생산의 보편적인 양식적(樣式的) 행위로부터만 올 수 있는데, 이 행위가 단지 이 생산의 한 특정한 문제영역에서만 표현된다는 사실에 상관없이 그렇다. 회화적 또는 소묘적 작품은 내적 양식, 운동성, 장엄함, 어둠과 밝음의 혼합, 말로 표현할 수 없는 것과 자명한 것의 혼합을 내포한다 —이 모든 것은 종교성이라고 불러야 한다; 요컨대 회화적 또는 소묘적 작품 자체가 종교적**이다**. 그것은 단순히 종교를 **갖는** 것이 아닌바, 구체적으로 말해 한 실재적인 개인적 신앙의 고백으로서의 종교도 관찰된 종교성의 재현으로서의 종교도 자체적으로 종교적인 내용들의 표현으로서의 종교도 갖지 않는다 (비록 이 모든 것이 존재할 수 있을지라도 그렇다).[68] 나는 렘브란트 말고는 종교적 요소를 이처럼 단순히 주어진 모든 것으로부터 자유로운 지층에 위치시키는 다른 어떤 종교적 예술작품의 창조자도 알지 못한다. 이러한 지층은 창작의 형식적 법칙 그 자체이며, 따라서 창작된 것에서 "보편적이고 필연적으로" 직관할 수 있다.

빛, 빛에 의한 개체성의 표현 그리고 빛의 내재성

세 번째 측면. 요컨대 다음은 인물들의 관점과 예술적 형상화의 측면 모두에서 렘브란트의 종교적 묘사가 보여주는 유일무이한 것이다: 여기서는 종교가 그것이 영혼에 대해 갖는 기능의 의미에서 **종교성**으로 파악되며, 따라서 모든 교회적 전통과 그것의 내세적 의미를 배제한다 ─ 그리고 이 근본적인 주관주의는 완전히 객관적인 가치로 보이는데, 왜냐하면 한편으로 그것이 인물들에게서 그 자체가 형이상학적인 것, 즉 종교적 영혼의 절대적인 중요성을 표현하며, 다른 한편으로 예술 자체에서 그것이 예술형식의 완전한 객관성을 소유하며 객관적 창작의 조건들에 내재하는 선험성이 되었기 때문이다. 렘브란트는 이러한 관계를 인간적 개체성을 넘어서 실현할 수단을 갖고 있다: 다름 아닌 **빛**이다. 이 빛은 렘브란트 인물들이 종교적 존재를 표현하듯이 그렇게 종교적 존재를 표현한다.

---

68 이 문장에 나오는 구절 "그것은 단순히 종교를 **갖는** 것이 아닌바"(er *hat* nicht einfach Religion)와 그 바로 앞 문장에 나오는 구절 "자체가 종교적**이다**"(er selbst *ist* religiös)는 소유(haben)와 존재(sein)를 대비하고 있는 것이다.

이 인물들은 그렇게 지칭된 의미를 그들에게서 어떤 초월적인 것, 즉 어떤 교의적 내용이 가시적으로 드러난다는 사실에 의거해서 담아내는 것이 아니라 직접적으로 그들 자신 안에 담아낸다.[69] 그러한 인간들이 영혼적 현실로서 종교적이듯이, 이 빛은 말하자면 자연적 현실로서 종교적이다. 그들이 조야하고, 편협하며, 철저히 현세적일지라도 그들의 종교성은 내적으로 형이상학적 신성함을 지니거나 또는 그 자체로서 형이상학적 사실이듯이, 렘브란트의 빛은 그의 종교적 에칭들이나 그림들에서 완전히 감각적이고 현세적이며 자신을 넘어서 아무것도 가리키지 못하는 무엇인가일지라도 그 자체로서 초(超)경험적인 무엇인가이다. 그것은 가시적 존재의 형이상학적 변용(變容)인데, 이 변용은 이 존재를 보다 높은 질서로 고양하지 않고 오히려 그 존재를 종교적인 눈으로 바라보자마자 그것이 그 자체로서 그리고 즉각적으로 보다 높은 질서임을 느낄 수 있도록 만든다.

이렇게 말함으로써 내가 의미하는 바는 범신론이 아니다. 비록 예술가들의 기질 자체가 어떻게든 범신론적 전제조건들에 뿌리를 내리고 있을지라도 — 조형예술에서 범신론은 어떠한 경우에도 어렴풋이 상징되는 희미한 분위기로 표현될 뿐이다. 종교적 범신론은 이원론의 화해로서, 그렇게 얻어진 통일성을 계속해서 알아볼 수 있도록 그 흔적들은 완전히 지워지지 않고 또한 완전히 지워져서도 안 된다; 또는 절대적인 것이 유일한 현실이 되도록 보다 공공연하게 또는 보다 은밀하게 감각적 현실을 부정하는 것이다. 렘브란트의 태도는 양자로부터 완전히 거리가 멀다. 그의 독특한 빛은 확실히 태양으로부터 유래하는 것도 아니고 어떤 인위적인 원천으로부터 유래하는 것도 아니며 예술적 상상력에서 유

---

69 이 문장의 맨 앞부분에 나오는 구절 "이 인물들은 그렇게 지칭된 의미를"은 "이 인물들은 종교적 존재라고 지칭된 의미를"이라는 뜻이다.

래하는 것이다. 그러나 그것은 바로 이 상상력에 근거하여 완전히 영혼적-감각적 직관의 특성을 가지며, 또한 그것의 신성함과 그것이 이 세계로부터 온 것이 아니라는 사실은 그것이 전적으로 이 세계의 현상으로서, 말하자면 예술적 경험으로서 소유하는 특징이다. 우리는 여기에서 역사적 현실과의 유사점을 인식할 수 있다. 우리는 농부를 그린 그림들이나 시민을 그린 그림들에서 네덜란드 민족의 모습이 다음과 같이 묘사된 것을 본다: 그들은 감각적인 것을 즐기고, 대지에 견고하게 뿌리를 내리고 있으며, 잘 먹고 마시는 것에 진심으로 몰두한다. 그렇다면 바로 이러한 사람들이 이상적 가치들을 위해서, 그들의 정치적 자유와 그들의 종교적 구원을 위해서 죽음과 죽음보다 더 고통스러운 것을 조금도 주저하지 않고 감수했다는 사실은 매우 감동적인 광경이다. 그리고 우리는 렘브란트의 많은 종교적 그림과 에칭이 대략 이런 것을 상징한다는 인상을 받는다: 그 어떤 주관적 환상도 없고 현세적인 소박함을 지닌 단순한 인물들 ── 그리고 이들이 이미 자체적으로 내재적 종교성에 참여하면서 이제 다시 한 번 빛에 의해 포괄됨으로써 총체성을 지니게 되는데, 이것은 순수하게 내적으로 변용된 것들, 그러니까 자기 자신을 넘어서지 않으면서 초(超)현세적인 것이 되는 현세적인 것들이 똑같은 특징을 갖는다는 사실을 드러낸다. 헤이그 미술관에 소장되어 있는 「이집트에로의 도피 중 휴식」[70]이나 베를린 소재의 「선한 사마리아인」[71] 그리자이유[72] 스케치 같은 그림들은 회화적 표현의 역사에서 그야말로 유일한 현

---

70 이것은 1647년에 목판 캔버스에 그린 47×34cm 크기의 유화이다. 그런데 이 그림은 단 한 번도 헤이그에 소재한 적이 없다. 현재 더블린의 아일랜드 국립 화랑(National Galery of Ireland)에 소장되어 있다.

71 이것은 1633년에 제작된 에칭의 스케치로서 1632년에 그린 것으로 추정되며 베를린 국립미술관 회화관에 소장되어 있다. 1633년의 에칭에 대해서는 이 장의 각주 23번을 참고할 것.

72 그리자이유(grisaille)는 회색만 가지고 농담과 명암을 나타내는 화법으로서 '회색

상이다. 위대한 작곡가의 음악이 가곡 텍스트의 모든 개별적이고 개념적인 내용을 넘어서며, 또한 바로 그렇게 함으로써 그 텍스트의 궁극적인 의미를 절대적인 통일성과 순수성 속에서 표현하듯이 ─ 여기서는 거의 알아볼 수 없는 인물들의 모든 특색과 일화의 모든 상세함이 밝음과 어둠의 드라마로 완전히 해체되며, 그 결과 사건의 가장 보편적인 해석, 즉 형이상학적이고 내적인 해석이 비전으로서 우리에게 깊은 감동을 준다. 이 빛은 종교적 신성함이자, 분위기 즉 우리를 둘러싼 공간적 세계가 신으로부터 온 것이라는 표지이며, 따라서 이 세계의 오직 내적으로만 고유한 특징이 빛에 의해서 표현된다.

우리는 이 지극히 보편적인 요소의 강조와 렘브란트 예술의 개인주의적 지향성 사이의 관계에 대해 문제를 제기하지 않을 수 없다. 내가 이미 상술한 바와 같이, 종교적 인물들은 초상화의 인물들처럼 그렇게 유일하지도 않고 고독하지도 않다. 전자들의 종교적 특징은 그들의 삶으로부터 분리되지 않고 도리어 어디까지나 삶의 양태이듯이, 종교적 특징 자체는 바로 그런 까닭에 명시할 수 있는 고유성을 가지며 그 자체로서 많은 사람들에게 똑같이 결부되는 보다 보편적인 무엇인가임을 부정할 수 없다; 초상화 인물들의 유일성은 그들의 개별적인 특징을 명시할 수 없다는 바로 그 점에 근거한다 ─ 왜냐하면 그 어떤 인물의 개별적인 특징을 지칭할 수 있게 되자마자, 그것은 관념적으로 자신의 담지자 밖에 존재하게 되며 따라서 이 담지자가 독점적으로 소유할 수 없게 되기 때문이다. 이처럼 개체성의 원칙이 이완되는 것은 ─ 그것은 이완 이상이 아니다 ─ 빛의 의미와 강조에서 계속된다. 개체성은 빛에 의해 보편적이고 세계적인 무엇인가로 해체되는 것으로 보이기는 하지만 이 빛의 세계는 무엇보다도 **영혼**의 세계이다. 그러니까 영혼성이 개체성의 형식을 떠나

단색화법'으로 옮길 수 있을 것이다.

서 빛과 그림자의 이 깊고 역동적인 물결로 흡수되었다고 말할 수 있을 것이다. 그러나 이것을 마치 그것이 창조자나 관람자에 고유한 "정취"의 표현을 의미하는 것처럼 주체의 관점에서 이해해서는 안 된다; 이러한 서정적 계기와는 거리가 멀다. 게다가 이 빛의 영혼적 의미는 "상징적인 것"이 아니다. 풍경을 주제로 하는 그의 그림과 에칭 가운데 몇몇에 대해서는 그렇게 말할 수 있을 것이다; 거기서는 빛이 일정한 정서들이나 관념들을 서로 감별되도록 표현해야 하며, 그 때문에 빛은 본래 상징적, 아니 보다 정확하게 말하면 비유적이다. 그러나 방금 앞에서 언급한 작품들에서는 빛이 직접적으로 종교적 분위기이고 세계의 종교적 채색이다. 그것은 아무것도 상징하지 않는다. 이에 반해 다른 그림들에서 예컨대 열린 하늘로부터 쏟아져 내리는 광선이나 아기예수로부터 발산되는 광휘는 상징이다. 예술적 사실을 제대로 포착하기 어려운 **말들**만이 상징적이 될 수밖에 없다. 아무튼 우리는 빛이 그 자체로서 살아 있다고, 그리고 투쟁과 평화, 대립과 유사, 열정과 부드러움이 빛과 어둠의 배후에 존재하다가 그 둘의 힘겨루기에서 비로소 표현되는 것이 아니라 오히려 이 힘겨루기를 직접적으로 담아낸다고 말할 수 있을 것이다. 이는 우리가 우리의 다양한 관념과 정서의 정태성과 역동성에서 영혼적 삶 일반의 보다 깊은 리듬을 인지할 수 있다고 생각하는 것에 비견될 수 있다; 그런데 이 리듬은 그 현상들의 막후 조종자 또는 "물자체"가 아니라 그것들의 힘, 생동성 자체인데 단지 성찰적 표현에서만 그것들로부터 분리된다. 언제나 눈길을 끄는 렘브란트 빛의 "따뜻함"은 이 생동성과 동일한 것이다; 이에 반해 예컨대 코레지오의 「거룩한 밤」[73]에서의 빛은 무언가 기계적이다. 그것은 빛에 대한 뉴턴의 표상에 부합한다. 이에 반해 렘브란트의 빛은 괴테의 표상에 부합한다.[74] 여기서는 빛이 집약적인 깊

---

73 이것은 1522년과 1530년 사이에 백양목판에 그린 188×265.5cm 크기의 유화이다.

이, 대립의 리듬 그리고 우리가 다른 경우에는 영혼적 삶의 근본적인 형식들로만 알고 있는 흐름과 진동을 갖는다. 그런데 빛은 비록 다른 경우에는 보편적인 세계요소일지라도 이렇게 해서 어느 정도 개인주의적인 색채를 띠게 된다. 나는 우리가 우주적인 차원이라고 부르는 지각, 직관, 구성의 특유한 차원은 렘브란트 예술의 소재지가 아니라고 자주 강조했으며, 또한 렘브란트가 빛을 다루는 방식에서 바로 이것을 찾고자 하는 것은 잘못된 해석이라고 생각한다. 우주적인 것의 본질은 그 가장 넓은 의미에서 보면 영혼의 원리까지도 넘어서는 것이다. 그리고 그것의 진정하고도 완전한 의미는 거기에서 더 나아가 이름을 붙일 수 있는 모든 세계요소들 가운데에서 가장 넓고도 깊은 요소인 영혼의 무한성을 넘어서야 비로소 주어진다. 내가 보기에 렘브란트의 빛은 예컨대 파르마 대

---

74 뉴턴 이전에는 빛이 무색이며 여러 가지 색채는 이 빛의 산란으로 생기는 현상이라고 보았다. 색채는 빛이 변화된 것이라는 의미이다. 뉴턴은 프리즘을 이용해 빛의 굴절에 관한 실험을 함으로써 이러한 학설을 전복했다. 그는 방의 덧문에 작은 둥근 구멍을 낸 후 그리로 들어오는 광선을 여러 프리즘으로 반복해서 굴절시키는 실험을 한 결과, 빛에는 고유한 굴절률을 갖는 여러 가지 색채가 존재하며, 빛이 무색으로 보이는 것은 이 색채들이 서로 섞여 있기 때문이라는 결론에 도달했다. 뉴턴의 광학 이론은 1704년에 출간된 『광학』(Optics)에 집대성되어 있다.
괴테는 자연과학에도 조예가 깊어 광학, 생물학, 해부학, 지질학, 광물학 등 다양한 분야에서 탁월한 업적을 남겼다. 1810년 괴테는 『색채론』을 펴내어 뉴턴의 광학 이론을 비판했다. 색채를 관찰자의 주관적인 시각과는 아무런 관계가 없는 객관적인 실체로 간주하는 뉴턴에 반하여 괴테는 색채를 객체와 주체의 상호작용의 결과로 파악했다. 괴테에 따르면 색채란 빛과 눈 사이의 상호작용으로 생겨난 것이다. 그것은 외부의 빛과 내부의 빛이 감응한 결과라는 것이다. 괴테는 이 색채론을 자신의 가장 독창적인 작업으로 보았다. 물론 괴테의 색채론은 과학적 근거를 결여하고 있기 때문에 철저하게 배격되었다. 그러나 중요한 것은 이것이 그의 세계관을 반영하고 있다는 사실이다. 괴테는 통일성의 원칙과 관점 아래 자신의 예술 및 정신세계를 발전시켰다. 그에 따르면 신적인 것과 자연적인 것, 자연적인 것과 인간적인 것, 전체와 부분, 내면과 외부, 감성과 오성, 인식과 행위 등은 하나로 통합되며, 따라서 이 세계는 통일성의 원칙에 지배된다.

성당의 반구(半球) 천장에 그린 코레지오의 그림[75]이나 트레첸토의 여러 그림들의 금(金)광택에서 나타나는 다른 형식이 그러는 것과 달리 이 절대적으로 우주적인 것을 증언하지 않는다. 심지어 그 자체로서 모든 인간적인 개체성을 훨씬 넘어서는 빛을 사용하는 경우에도 렘브란트는 언제나 영혼적 의미와 영혼적 역동성의 한계 안에 머문다. 그가 그린 초상화 인물들의 영혼이 그런 것과 마찬가지로 그에게는 빛도 자신에게 그리고 자신의 내적인 고유의미에 그 중심이 있는 존재이다. 그것은 자신과 끊임없이 연결되거나 또는 자신에 의해 대표되는 빛의 세계를 찾아서 외부를 지향하지 않는데, 우리는 이러한 빛의 세계가 반 고흐[76]의 그림들에서 그리고 그보다 덜 한 정도로 근대 프랑스 인상주의[77] 그림들에

75 이것은 1526~30년에 그린 1,093×1,195cm 크기의 프레스코화 「성모승천」을 가리킨다.
76 빈센트 반 고흐(Vincent van Gogh, 1853~90)는 네덜란드의 후기 인상주의 화가이다. 살아서는 빈번한 정신질환으로 고통을 받고 거의 알려지지도 않았지만 사후에 인정을 받은 그는 현대 미술의 발전에 절대적인 영향을 끼쳤다. 풍경화와 초상화를 주로 그렸으며 40점이 넘는 자화상 이외에도 「감자 먹는 사람들」, 「해바라기」, 「별이 빛나는 밤」, 「아를의 침실」 등의 주요 작품이 있다.
77 잘 알려져 있듯이 인상주의 미술은 빛과 색채를 이용하여 시시각각으로 변화하는 자연의 순간적인 인상을 포착하고자 한다. 인상주의 화가들에게 자연은 영원하고 고정불변하는 것이 아니라 유동적이고 변화무쌍한 것이다. 그들은 옥외의 밝은 빛 아래에서 풍경화 그리기를 선호했는데, 이 풍경화는 순간성과 무상성을 그 특징으로 한다. 인상주의 화가들은 자연의 순간적인 인상을 포착하기 위하여 여러 가지 새로운 예술적 표현기법을 발전시켰다. 그런데 인상주의에 대한 전형적인 오해가 한 가지 있으니, 그것은 이 미술사조가 외적 대상으로부터 주어지는 '인상'을 수동적으로 받아들여서 객관적이고도 사실적으로 재현하고자 했다고 생각하는 것이다. 이와 정반대로 인상주의는 예술창작 주체의 주관적인 직관과 감각을 중시했다. 그것은 근대적 감성의 해방운동이었다. 그러니까 인상주의의 '인상'은 단순한 객관적 인상이 아니라 주체에 의해서 가공되고 형성된 주관적 인상인 셈이다. 바로 이런 연유로 인상주의는 사실주의 미술의 최종단계이자 극치인 동시에 20세기 예술의 출발점으로 평가된다. 그것은 예술이 객관주의에서 주관주의로 이행하는 가교였다.

서 반짝이는 것을 볼 수 있다. 대상적 형식을 거의 포기하고 전적으로 빛과 그림자 그리고 그 관계로 구성되는 그림들과 에칭들, 바로 이런 작품들이 주는 인상을 나는 다음과 같이 서술하고자 한다: 우리는 빛을 빛의 세계 일반의 한 부분으로 느끼지 않고 전적으로 이 사건의 빛으로서, 그러니까 바로 이 자리에서만 살아 있는 유일한 빛으로 느낀다. 이것은 확실히 조금 전에 강조한 사실, 즉 특별히 렘브란트적인 빛은 태양이나 어떤 인위적인 원천으로부터 사실주의적으로 유래한 것이 아니라 그의 개인적인 예술적 상상력의 산물이라는 사실과 관계가 있다.[78] 바로 이런 연유로 그것은 말하자면 자신과 외부세계를 연결해주는 다리를 갖고 있지 않으며 완전히 자신의 틀 안에 국한된다. 그리고 빛의 부정의 경우에도 매한가지이다. 그의 몇몇 에칭에서 어둠은 세계의 밤에 속하지 않으며, 그렇기 때문에 우리는 작품의 장면을 둘러싼 밤과 이 장면을 어둡다고 느끼지 않는다.[79] 밤을 묘사한 작품들에서는 일반적으로, 어떤 현상이 그 자체로서는 어둠에 존재할 수 있는 것과 마찬가지로 밝음에도 존재할 수 있지만 정확히 바로 이 순간이 밤이기 때문에 어둡게 되는 반면, 밤을 묘사한 렘브란트의 작품들에서는 어둠이 그림 내용 자체의 내재적인 특징이다; 그것은 오로지 이 내용 안에서만 그리고 이 내용을 통해서만 창출될 수 있기 때문에, 절대로 이 내용의 경계를 넘어서 어둡게 **될 수** 없다. 이와 마찬가지로 렘브란트의 빛도 그림 안에서 그리고 그림과 더불어 태어나기 때문에, 그 밖으로 분출되어 ─ 마네[80]와 리버만[81]의 그

---

78 이것은 구체적으로 이 장의 295쪽에서 다루어졌다.

79 이 문장의 후반부에 나오는 구절 "그렇기 때문에"는 "그의 몇몇 에칭에서 어둠이 세계의 밤에 속하지 않기 때문에"라는 뜻이다.

80 에두아르 마네(Édouard Manet, 1832~83)는 프랑스 화가로서 인상주의의 아버지로 불린다. 시각의 자율성을 강조함으로써 현대 회화의 근본적인 원리를 제시했다. 세련된 도시적 감각을 소유한 마네는 파리의 시민생활을 즐겨 빛과 색채의 화폭에 담았다. 주요 작품으로 「풀밭 위의 점심식사」, 「피리 부는 소년」, 「올랭피

림들에서처럼 — 말하자면 일종의 역투사로서 주위를 둘러싼 빛의 세계로부터 잉태된 것처럼 보일 수 없다. 확실히 그림에 사용되는, 그리하여 대상들의 윤곽선을 대체하는 빛은 보편적인 무엇인가이다; 그러나 이 그림이 다른 그림들이나 사물들과 공유하는 보편성이 아니라 그것 자체의 보편성이다. 그것은 그림의 의미를 가장 단순하고 순수하게 표현할 수 있는 가능성을 통해 세세한 것들을 지양하는 것이다. 그렇다고 해서 그림의 고유성과 내적으로 완결된 자존성(自存性)을 지양하는 것은 아니다. 바로크 양식은 선상적(線狀的) 양식과 대조적으로 특별히 "회화적"인 것으로 그 성격이 규정되어왔는데, 이에 대해서는 선상적 양식이 사물들의 경계에 가치의 중점을 두는 데 반해 바로크 양식에서는 현상이 무제한적인 것에 다다른다는 것이 그 부분적인 근거로 제시되어왔다. 렘브란트의 경우에도 바로크 양식과 마찬가지인 것으로 보인다. 그도 경계를 정하는 선을 해체하고 그것의 특유한 방향을 모든 방향으로 떨리고 흔들리는 삶의 고동으로 대체한다. 그러나 다음과 같은 점에서 그는 누구와도 비교할 수 없다. 그렇게 스케치된 무한성은 그림에 내재적인 것이며, 또한 자기 자신의 동인으로 모든 견고함을 해체하는 이 무한성을 그림의 내면으로 되돌려 그것과 다시 연결한다. 그것은 그림의 요소들에 결부된 직접적인 견고성을 대체하는 새로운 견고성이다: 이 견고성은 분리된 요소들에 대한 절대적인 정신적 지배이거나 또는 그것을 통해서 획득된다. 고전주의 이후 미술의 여러 화가들에게서는 그림의 현상들

아」, 「막시밀리안 황제의 처형」 등이 있다.

81 막스 리버만(Max Liebermann, 1847~1935)은 독일의 화가이자 그래픽커로서 독일 인상주의의 중요한 대표자들 가운데 한 사람으로 간주된다. 1870년대에는 프랑스 바르비종파 화가인 귀스타브 쿠르베와 장 프랑수아 밀레의 영향으로 자연주의적 경향을 띠었으나 1880년부터 프랑스 인상주의자들과 접하면서 빛의 다채로움을 추구했다. 주요 작품으로 「거위 털을 뽑는 여인들」, 「잔디밭에서 표백(漂白)하기」, 「농부」, 「시골길의 소년과 소녀」 등이 있다.

을 희미하게 만들고 그 경계를 지워버리며 또한 만질 수 없도록 하는 효과가 비록 공간 밖으로 나간다는 말 그대로의 의미에서는 아니지만 어떻게든 그림 밖으로 이어진다; 그러나 렘브란트는 빛이 다른 어떤 지점으로부터 끌어들인 것이 아니라 어디까지나 그림 안에서 분출하는 것으로 보이도록 함으로써 빛을 그림 안에서 붙들어놓고 빛의 무한성을 전적으로 그림의 내면성을 위해서 이용하는 것처럼, 그렇게 또한 흘러가서 사라지는 모든 것, 다시 말해 자신의 대상들의 윤곽을 뛰어넘는 모든 것을 엄격하게 그림의 영역 안에 잡아두며, 이 모든 것이 그 각각의 방향과 의미로부터 이 영역의 완결된 개체성으로 이어지도록 한다. 요컨대 빛이 그에게서는, 형이상학적으로 말하자면, 그의 초상화들이 보여준 것과 동일한 영혼성의 형식을 획득한다. 그의 초상화들에서 영혼이라고 느낄 수 있는 것은, 고대 동아시아 예술의 인물들로부터 느낄 수 있는 것과 같은, 우주에 깃든 신비로운 영혼의 일부분이거나 파동이 아니다; 그리고 그것은, 미켈란젤로의 인물들이 보여주는 것과 같은, 인간 자체의 본질과 더불어 태어나는 아주 넓고 깊은 비극을 머금은 가장 보편적인 인간 운명의 표현이나 대변도 아니다; 그것은 오히려 이 인격과 그 운명의 경계 안에서 발원하고 실현되는 것으로 보이는 영혼이다. 이것이 의미하는 바는 단 하나, 다음과 같은 한에 있어서 이 개체성이 그것의 가장 보편적인 형식에서 묘사된다는 것이다. 그것의 가시적인 이미지가 어떤 명시할 수 있는 내용의 세세한 측면에 있지 않고 오직 영혼의 기능성에 있는 한에 있어서 그러한데, 이 기능성이라는 것은 구체적으로 영혼의 가장 순수하고 내면적인 삶, 영혼이 갖는 특성 그리고 영혼이 운명에 의해 결정되는 것을 말한다. 이렇게 해서 렘브란트의 빛은 전적으로 각각의 그림의 공간과 일화에 국한되지만, 그것은 다른 한편으로 (적어도 사실상 오직 빛과 그늘로 구성되기 때문에 세세한 것들을 거의 인식할 수 없는 작품들에서) 그림이 모든 특수성을 넘어서 **자기 자신의** 가장 높은 보편성으로, 다시 말해 자신의 순수하고 승화된 본질의 가능한 한 가장 높은 표현으로 고양되는 것을 의미한다. 그것은 말하자면 외적 보편성을 내적 보편성으로 대체한다. 그것은, 이미 앞에서 말한 바와 같이, 그림과 그 밖에 있는 어떤 것의 통일성이 아니라 그림 자체의 궁극적이고 가장 단순한 통일성을 보여준다. 바로 이것이 렘브란트의 빛에 예의 그 유일무이한 방식으로 영혼이 깃들게 되는 맥락이다.[82] 왜냐하면 경험적으로 주어진 모든 것 가운데에서 오로지 영혼만이 아주 다양한 모든 것을 자신의 가장 고유한 삶의 통일성 안에서 또는 그것으로부터 싹트도록 할 수 있는 것처럼, 그렇게 렘브란트의 빛은, 빈번하게 여러 인물이 등장하는 종교적 일화의 모든 풍부한 내용과 그것이 진동하는 폭을 자신의 생생한 기능이라는 개체적으로 완결된 통일성 안으로 집적하기 위해 다른 경우에 오로지 영혼에게만 속하는 바로 그 역량을 소유해야 하기 때문이다:[83] 그것은 실제적으로 다양한 것에 통일적인 보편성을 부여하며 개체성과 보편성의 대립을 전자에 입각하여 해결하는 역량이다.

이러한 관계들은 다음과 같은 사실, 즉 빛이 이미 앞에서 논한 바 있는 보다 추상적인 보편성을 갖는 경우에 그 빛은 각각의 그림의 전체성과 그것의 내적인 그리고 예술적인 의미에 렘브란트에게서만큼 긴밀하게 연결되지 않는다는 사실에 의해 설명된다.[84] 이것은 바로크 회화의 대부

<hr>

82 이 문장에서 "예의 그 유일무이한 방식으로 영혼이 깃들게 되는"은 제1장의 여섯 번째 주제인 "초상화에 영혼을 불어넣음"과 관련된다.

83 이 문장에서 "자신의 생생한 기능"은 독일어의 seines Lebens und Webens를 의역한 것이다. 이는 "자신의 삶과 활동" 또는 "자신이 살아가고 활동하는 것"으로 옮기면 그 의미하는 바가 보다 확실히 와 닿을 것이지만, 무생물인 '빛'이 주어라는 점을 감안하여 이렇게 옮겼음을 일러둔다.

84 이 문장에서 "빛은 이미 앞에서 논한 바 있는 보다 추상적인 보편성을 갖는 경우"는, 297쪽에 나오는 바와 같이 빛이 "자신과 끊임없이 연결되거나 또는 자신에 의해 대표되는 빛의 세계를 찾아서 외부를 지향하는 경우"를 가리킨다. 그리고

분에서 가장 결정적으로 나타난다. 여기에서는 빛이 사실상 다른 곳에서 빌어다가 이미 선재(先在)하는 그림의 전체성에 덧붙여놓은 요소에 지나지 않는바, 이 요소는 그림의 전체성에 이미 부여된 일정한 가치와 강조를, 예컨대 인물들의 윤곽을 보다 명료하게 그리고 어쩌면 보다 매력적으로 만드는 역할을 한다. 우주적 빛의 위대한 화가들에게서 이 빛이 그림을 넘어서 존재함으로써 시야와 분위기가 신비롭게 확장된다면, 평범한 바로크 화가들에게서는 빛의 이러한 외부적 존재로 인해 그림이 서로 뿌리가 다른 요소들로 말하자면 기계적으로 구성된 것이 그만큼 더 명료하게 느껴질 뿐이다. 그러나 심지어 색채의 거장들에게서도 렘브란트를 제외하고는 적어도 밝음-어둠이 실체적인 색채에 뉘앙스를 주며, 또한 그것에 힘을 주고 그것을 강조하기 위한, 말하자면 기능적 **수단**으로 작용한다. 그렇지만 밝음-어둠은 여하튼 그 수단으로서의 성격으로 말미암아 그림을 본래 구성하는 색채적 가치들과 동일한 지층에 존재하지는 않는다. 이러한 관념적 외부는 렘브란트의 빛에는 해당되지 않는다. 그것은 각각의 그림들 자체의 살아 있는 하나의 요소에 다름 아니며, 따라서 그림의 다른 요소들과 오로지 개체성의 형식에서만 존재하는 통일성을 이룬다; 이렇게 보면 어째서 색채들이 그의 밝음-어둠 안에서는 순수함과 이른바 특수한 아름다움을 획득하지 못하는가도 이해할 수 있는바, 이 순수함과 아름다움은 그림의 요소들이 개체성의 형식에 의해 지양되지 않은 채 서로 분리되어 있는 경우에 획득할 수 있는 것이다.

그림 전체의 이러한 개체성은 그림을 둘러싸고 있는 세계와의 관계를 포기해야 하듯이 그림의 부분들을 특별히 강조하는 것도 포기해야 하는데, 왜냐하면 오직 이런 방식에 의해서만 심지어 내부로부터도 깨어지지 않는 통일성이 형성되기 때문이다. 렘브란트의 빛이 이러한 통일성을 얼

아래 두 번째 문장에 나오는 "우주적 빛"과도 관련된다.

302

마나 담아내는가는 카라바조[85]와 비교해보면 특히 잘 드러난다. 후자는 빛과 어둠을 아주 강렬하게 이용하지만 이는 근본적으로 그림의 개별적인 요소들을 두드러지게 하기 위함이었으며, 따라서 밝음과 어둠의 상호 제한으로 인해 단지 칼로 자르듯이 선명한 대조만이 생겨난다. 이에 반해 렘브란트는 전체의 개체성을 위하여 부분들의 강조를 포기하기 때문에 그와 같은 분리를 초래하지 않는다. 카라바조는 그림 **내부의** 개체화 때문에 빛과 그림자를 거의 상호 적대적인 힘들로 묘사하는 것처럼 보인다. 그러나 렘브란트에게는 빛과 그림자가 상호 적대적인 힘들이 아니다. 그에게는 오로지 전체만이 개체성이기 때문에 빛과 그림자가 오히려 형제자매와도 같은바, 그 둘의 본질적 특징들과 작용 범위들은 활주하듯 부드럽게 서로에게 넘어가서 뒤섞이며 자신들의 공통적인 근원을 — 다시 말해 모든 세부적인 것을 관통하는 그림 자체의 통일성 바로 그것을 — 결코 잊지 않는다.

이러한 빛이 순수하게 내적으로 그림의 개체성과 일치하며 따라서 우주적인 것도 초월적인 것도 상징적인 것도 될 수 없다면, 그것은 더 나아가 이러한 내재성을 넘어서는 마지막 기제도 거부한다: 그것은 외적인 빛의 **실재**와의 관계, 다시 말해 모델이 된 장면의 객관성과의 관계이다. 우리는 이미 앞에서, 렘브란트의 초상화 인물들에 영혼이 깃드는 것은 그들이 관람자들에게 모델의 삶의 실재를 가리키기 때문이 아니라 오히려 내적으로 완전히 자족적인 이 예술작품들에서 묘사된 현상의 육체적

---

85 미켈란젤로 메리시 다 카라바조(Michelangelo Merisi da Caravaggio, 1573~1610)는 초기 바로크의 이탈리아 화가이다. 주로 기독교적 주제를 다루면서 성(聖)과 속(俗)을 결합함으로써 새로운 길을 갔다. 그의 가장 중요한 혁신은 명암법 또는 음영법이라고 불리는 키아로스쿠로(chiaroscuro)를 회화적 요소로 정립한 것이다. 르네상스와 바로크 과도기의 예술양식인 매너리즘을 극복하고 로마 바로크를 창시한 화가로 간주되는 카라바조의 주요 작품으로는 「바쿠스」, 「그리스도의 죽음」, 「세례자 요한의 참수」, 「나자로의 부활」 등이 있다.

측면이 그 영혼적 삶과 동일해지기 때문이라는 것을 확인했다. 이와 마찬가지로 렘브란트의 빛도 우리를 그것에 상응하는 실재적인 장면을 비추는 빛으로 이끌지 않는다. 여기에서도 순수한 예술작품에 대한 다음과 같은 요구, 즉 자신의 효과를 자기 자신으로부터 얻으라는, 그리고 심지어 세계로부터 아무리 많은 것을 끌어들였을지라도 세계를 통해 자신을 보충할 목적으로 다시 세계로 이르는 다리를 놓지 말라는 요구가 실현된다.

심지어 코레지오의 「거룩한 밤」에서처럼 그토록 환상적인 빛도 그림에 의해 묘사된 실재적인 사건 전체에 속하는 빛의 재현으로 보이며, 게다가 절대로 공간이 아니라 단지 행위자들의 표면만을 비추는 데에 한정된다. 렘브란트에게서야 비로소 빛이 오로지 그림 자체의 내부로부터만 발원하게 되었으며, 오로지 그림 안에서 볼 수 있는 것과만 관계를 맺게 되었다. 그리하여 이제 사람들은 이 그림을 말하자면 꿰뚫어 보면서 실재적인 세계에서 그에 상응하는 장면을 상상하도록 유혹받지 않게끔 되었다. 게다가 렘브란트 예술의 이러한 내재성 그리고 이것이 전적으로 그가 창조적으로 영혼을 불어넣은 영역에 머문다는 사실은, 다름 아닌 빛의 이 비실재성에서 그 원인을 찾을 수 있다. 현실적인 빛은, 정의로운 자들과 불의한 자들 위에서 똑같이 빛나고, 가장 멀리 떨어져 있는 것들을 서로 연결하고, 어디서나 그 근원적인 통일성 속에서 느껴지며, 가장 비교하기 힘든 것들에게 똑같이 밝음과 그늘을 부여하면서 — 이러한 빛은 저마다의 사건을 그 밖에서 일어나는 모든 사건들과 관련시키기에 가장 적합하며, 또한 이런 한에서 개별적인 것을 가장 높은 정도로 **실현하는** 요소로서 사물들의 내적 완결성을 가장 강력하게 부정한다. 사실상 세계의 모든 내용들은 오로지 세계의 총체성과의 관계를 통해서 또는 이러한 관계 자체로서 현실이 된다. 그것은 지상의 모든 사물이 오로지 지구 전체와의 상호작용을 통해서만 얻을 수 있는 무게처럼 일종의 관계 개념이다. 이미 앞에서 언급한 바와 같이, 이러한 관계, 다시 말해 실재를 창출하는 것이 경험적 빛의 본질적인 기능들 가운데 하나이다. 렘브란트의 빛은 이러한 기능, 다시 말해 빛이 말하자면 그림 내용의 틀 밖으로 나가서 다른 그림들을 비추게 되며, 또한 그리하여 이 내용 자체를 그림 밖에 있는 실재에 위치시키는 기능을 거부한다. 그는 이런 식으로 실재적인 모델에 준거하지 않는데, 그 이유는 그의 빛이 **오로지 이 그림 자체의 빛이기** 때문이다; 이렇게 해서 그의 그림은 다른 모든 화가들의 그림보다 실재로부터 해방되고 현실적 세계와 다른 뿌리에서 자족적으로 생겨난다. 단지 트레첸토의 빛이 없는 그림들만이 동일한 근거에서, 그러나 부정적으로 전도된 의미에서 이러한 비현실성을 갖는다.

중간 고찰: 우리는 예술작품에서 무엇을 **보는가?**[86]

자연적인 빛이라는 실재는 우리를 압도하는 힘이 있는데, 이 점을 고려하면 여기에서 다룬 예술적인 빛과 자연적인 빛의 관계에서 우리는 어쩌면 사실주의 문제의 아주 결정적인 지점에 다다를 수 있는 지극히 정당한 기회를 찾을 수 있을 것이다. 렘브란트에게서 빛에 기초하는 장면들은 빛의 관점에서 보면 자족적이라는 사실, 각각의 장면은 말하자면 빛을 먹고 사는 우주라는 사실, 바로 이러한 사실이 그 장면들로 하여금 예술작품을 현실의 한 단편의 반영으로 보는 사실주의로부터 가장 멀리 떨어지게 한다; 사실주의가 이러한 입장을 취하는 것은, 현실의 모든 단편에서는 빛이 그것의 밖에서도 도도히 흐르는 우주적 빛 일반의 한 조

---

86 이 절(節) 전체는 원문에서 이탤릭으로 처리되어 있으나, 한국어 판에서는 가독성을 위해 다른 절들과 똑같은 글자체로 조판하였다.

각 또는 한 파생물이기 때문이다. 예술은 "가상"(假象)이라는 이론이 가장 긴밀하게 연결되는 것이 바로 이러한 사실주의이다.[87]

가상은 무엇인가의 가상이며, 그것도 무엇인가를 대리하며 또한 마치 현실이 이 무엇인가의 실재에 대한 **참된** 표상을 불러일으키듯이 그 실재에 대한 **환상**을 불러일으키는 가상이다. 가상이론이 예술작품의 비실재성을 강조하는 것 자체가 가상에 지나지 않는다: 이 이론에 따르면 예술에 결정적인 것은 예술이 가상적인 묘사를 통해서 실재가 제공하는 이미지와 똑같은 이미지를 심리적으로 창출하는 것이다. 나는 이러한 견해를 이미 앞에서 초상화를 사진에 대비하면서 그리고 나서 다시 한 번 그림에서의 운동을 논하면서 반박했다. 그렇지만 이와 관련된 질문의 범위는 이 개별적인 경우들을 훨씬 넘어서는바, 그 이유는 이 질문이 다음과 같이 일반적인 공식으로 표현될 수 있기 때문이다: 어떤 것을 "묘사하는" 그림에서 우리는 도대체 무엇을 **보는가?** ─ 그리고 우리는 여기에서 진정으로 예술철학적 문제들의 중심에 서게 된다.

자신의 어머니를 묘사하는 한 유명한 에칭에서(1628년 작품으로 추정되는)[88] 렘브란트는 모피 깃으로 모델을 장식하고 있는데, 이 깃은 에칭예술에서 하나의 진정한 기적이다: 외관상 무질서하게 앉혀진 고작해야 수십 개 정도밖에 안 되는 가는 선과 더불어 모피의 아주 독특한 소재성이 완전히 설득력 있게 구현되었다. 그의 데생들 가운데 아주 작은 것 하나[89]는 수풀로 통하는 시골 길을 묘사하고 있다. 여기에서는 울타리를

---

87 이 문장에서 "가상"은 독일어의 Schein인데, 이 단어는 "비침", "빛"의 의미도 가지고 있다. 이러한 사실을 고려하면 이 문장과 빛에 대해 논하는 그 앞부분의 연결성이 보다 명백하게 드러날 것이다.

88 이것은 1628년에 제작된 6.4×6.5cm 크기의 작품을 가리킨다.

89 이것은 1645년경에 검은 초크로 그리고 찰필(擦筆)로 바림한 10.0×18.6cm 크기의 데생 「암스텔 강을 따라 난 연안 도로」이다. 참고로 암스텔 강은 네덜란드 노르트홀란트(Noord-Holland) 주 남쪽에 있는 31킬로미터 길이의 운하화된 강

두른 채 뻗어 있는 길이 저 멀리에 있는 작은 숲에 이르며 그 위에 빈 공간이 무한하게 펼쳐진 모습이 믿기지 않을 만큼 적은 수의 선에 의해 한눈에 들어올 수 있도록 표현되어 있다. 거기에서는 풍경이 아주 확고하고 명확하게 전개되고 있다. 그렇다면 이 (물론 임의적으로 선택한) 경우들에서는 무엇이 존재하는가? 나는 나의 내면의 눈으로 하나의 실재적인 모피 깃과 하나의 실재적인 풍경을 보는가, 그것도 예컨대 내가 이것들을 경험적 현실에서 관찰하고 난 다음에 다시 기억이 나서 나에게 그와 같은 이미지들이 생생하게 그려지듯이 그렇게 보는가? 만약 그렇다면 예술작품의 목표는 그것에 의해 어떻게든 현실을 내적으로 바라볼 수 있도록 하는 데에 있을 것이며, 따라서 이 목표가 달성되고 나면 예술작품 자체는 곧바로 무의미해질 것이다. 이는 다리가 건너게 해주는 기능을 수행하고 나자마자 무의미해지는 것과 마찬가지이다; 그렇게 되면 정말로 예술작품은 오로지 자신을 넘어서는 현실로부터만 의미, 가치, 실체를 받아들이는 "가상"이 되고 말 것이다. 왜냐하면 예술작품과 현실 사이에 존재하는 외적으로 동일한 형식이 전자를 후자에 연결하고 전자에게 말하자면 후자를 내적으로 재현할 수 있는 권리를 부여하기 때문이다. 그런데 나는 여기에서 — 이전에 이 주제에 대해 보다 상세하게 논의하면서 그랬던 것처럼[90] — 우리가 방금 언급한 두 작품을 바라보면서 "실재적인" 모피 깃이나 시골 길을 "상상하지" 않는다고 단언한다. 그렇다면 이 실재적인 풍경은 어떠한 모습일까? 거기에는 으레 그렇듯 적어도 녹색의 식물과 푸른 하늘이 있지 않을까? 나는 흑백의 데생을 관찰하

이다.

90 이는 짐멜이 1908년에 발표한 「예술에서의 사실주의」라는 글을 가리키는 것 같다. Georg Simmel, "Vom Realismus in der Kunst"(1908), in: *Georg Simmel Gesamtausgabe 8: Aufsätze und Abhandlungen 1901~1908, Bd. 2*, Frankfurt am Main: Suhrkamp 1993, 404~15쪽.

는 동안에 나의 의식에서 이와 같은 것을 절대로 찾을 수 없다; 나의 상상력은 감각적으로 선들을 보고 그것들을 한 군데로 묶어서 통일적으로 파악하는 데에 그칠 뿐 경험적 풍경의 확장과 다양성 그리고 색채들과 운동성이 어떠한가 하는 문제에는 미치지 못한다. 게다가 나는 경험적 풍경의 이 모든 것이 어떤 자료들로 이루어지는가를 알 길이 없다; 왜냐하면 나는 데생이 풍경의 사진으로 기능할 만큼 데생과 완전히 똑같은 풍경을 알지 못하기 때문이다. 그리고 그와 같은 풍경은 여기저기 흩어져 있는 개별적인 기억의 조각들을 짜 맞춤으로써 얻을 수 있다는 주장은 심지어 논의하는 것 자체만으로도 완전히 난센스가 되고 말 가설이다. 그러니까 객체가 영혼에 의해 창출되고 데생은 이것에 대한 단순한 "가상"이 되는 것이 결코 아니다. 만약 미학이 예술작품에서 우리에게 주어진, 우리가 소유한 현실을 넘어서는 선물을 본다면 그리고 동시에 우리가 독자적으로 그것을 보충하여 완전한 현실표상으로 만든다고 전제한다면, 그것은 기이한 자기모순에 빠지는 것이다. "데생하는 것은 생략하는 것이다"——이 슬로건은 절대로 예술적 언어를, 우리가 그 응축된 구조를 즉각적으로 정상적인 문장의 완전한 형식으로 전환할 수 있는 전보문체(電報文體)[91]의 일종으로 보이게 할 수 없다. 사실상 우리가 방금 언급한 두 작품에서 보는 것은 종이에 있는 바로 그것이며, 우리는 이것에다가, "보는 것"에 상상한다는 의미를 부여하면서, 사물들의 다른 질서로부터 부가적인 실체를 빌려다가 덧붙이지 않는다. 그리고 만약 우리가 이 두 작품을 실제로 보면서 나란히 늘어서 있는 선들을 합한 것과 다른 대상을 갖거나 구성한다면, 이 다른 것 또는 이 더 많은 것은 직접적으로 보이는 것에 내재하는 무엇인가이다. 그것은 거기에 서 있는 것을 보는 특정한 **방식**이며 그것을 구성하는 요소들 사이의 기능적 관계이

---

91 이것은 전보를 칠 때 사용하는 문체처럼 간결한 문체를 의미한다.

지 기억이 은총을 베풀어 우리에게 선물한 실체가 결코 아니다. 우리는 여기에서 모피를, 저기에서 풍경을 "본다"고 말한다—그리고 이것은 확실히 실재적인 근거가 없는 은유 그 이상이다. 물론 우리가 그 작품들에다가 이 대상들에 대한 지식을 갖다가 붙여야만 그렇게 할 수 있다는 사실에도 똑같이 의심의 여지가 없다—그런데 이 지식은, 내가 지금까지 주장한 것과 모순되어 보이지만, 다른 곳에서 경험한 현실로부터 유래할 수밖에 없다. 그러므로 "우리는 예술에서 도대체 무엇을 **보는가?**"라는 물음에 대한 대답은 표면상 서로 모순되는 이 두 조건을 충족시켜야 한다: 그것은 한편으로 예술작품을 다른 곳으로부터 빌려 온 어떤 보충도 필요로 하지 않는 자족적인 존재로 남도록 해야 하며, 다른 한편으로 그럼에도 불구하고 왜 예술작품이 오로지 예술이 아닌 현실의 영역으로부터 얻어지는 경험을 통해서만 우리가 그것에서 "본다"고 주장하는 것에 이를 수 있는가를 설명할 수 있어야 한다.

이러한 문제에 직면하여 우리는 우리가 "실재적인" 대상에서 무엇을 보는가를 명백히 해야 한다. 우리는 확실히 예컨대 우리가 모피 깃의 완전한 개념과 더불어 의미하는 것을 보지 않는다. 아무런 개념적 무장도 없이 그냥 맨 눈으로 실재적인 대상을 보면 우리는 오히려 그것의 색채를 느끼게 되는데, 이 느낌은 순수하게 시각적이며 따라서 일체의 촉각적 경험을 포기하면 3차원적이지도 않고 실체적이지도 않다. 그리고 그저 바라본다고만 해서 실재적인 대상이 내적으로 응집되고 나름대로의 특징을 갖는 무엇인가로서 자신의 주변환경으로부터 두드러지는 것도 아니다. 왜냐하면 바라보는 것으로부터는 단지 그때그때 전체적인 시야의 표면적인 이미지를 얻을 수 있을 뿐이기 때문인바, 이 이미지는 다양하게 채색되고 변화하는 기복(起伏) 속에 구축되지만 그럼에도 불구하고 동시에 내적인 연속성을 이룬다. 모피 깃, 그 자체로서 의미가 있고 하나의 통일적인 개념에 의해 응집되고 이 개념을 실현하는 실체로서의 모피 깃은 일련의 분리와 종합의 결과인데, 이 분리와 종합은 촉감, 조작, 실천적 목적, 합리적 분류, 간단히 말해 시각적 요소를 제외한 수많은 영혼의 요소들에 의해 수행된다. 우리는 이것이 모피 깃이라는 사실을 **보는 것**이 결코 아니다. 우리는 오히려 우리가 서로 아주 다른 곳에서 유래하는 다양한 기제에 근거하여 모피 깃으로 경험하거나 지칭하는 시각적 인상을 갖는다. 그리고 우리가 "실재적인" 모피 깃에서 시각적인 **그리고** 촉각적인, 소재적인, 실천적인 기제의 복합체를 전체적으로 이해하는 경우에만, 우리는 **예술적으로 묘사된** 모피 깃을 "가상"으로 규정할 수 있다. 왜냐하면 그러한 경우에 우리는 예술적으로 묘사된 모피 깃이 이 기제들 전체의 실재적인 이미지가 불러일으킨 것과 똑같은 표상을 불러일으킬 것이라고 믿을 수 있기 때문이다; 그리고 이것은 확실히 환상이라고 부를 수밖에 없을 것인바, 그 이유는 다음과 같다. 이 기제들이 어떻게든 서로 결합되어야만 예술적 이미지가 실재의 영역으로 전달되는데, 이 결합이 시작되는 것은 예술적 묘사 자체에서가 아니라 어디까지나 그 기제들에 대한 직관적인 이미지에서이다. 이 결합들과 이 영역에서 시각적 이미지는 하나의 특정한 형식을 갖는다. 그러나 이 이미지를 바라봄으로써 예술가의 생산성이 자극을 받자마자 이 생산성이 그 형식에 대한 책임을 전적으로 떠맡아야 하는 하나의 구성물이 나타난다. 이러한 관계로 인해 어떠한 경우에도 그 두 형식 사이에는 유사성이 존재하지만, 그렇다고 해서 후자의 내적 자율성과 자결적인 발전이 저해되는 것은 아니다. 이는 연시(戀時)가 실재적인 사랑의 체험에 의해 야기되며 그 내용이 자신에게만 고유한, 따라서 현실영역에서 체험되는 형식과 전혀 관계가 없는 형식으로 표현된다고 해서 반쪽만이 완전히 독립적인 예술적 역량의 생산물이 되는 것이 아님과 마찬가지이다.[92] 방금 언급한 예의 그 3차원

---

92 이 문장에서 "반쪽만이"는 독일어의 weniger를 의역한 것이다. weniger는 wenig

적이고 실천적인 기제들의 관계 속에서 "실재적인" 모피 깃이 되는 구성물에 대한 **예술적** 관찰과 형상화는 그 근원, 형식 및 의미의 관점에서 내재적으로 예술적 정신과 그것의 창조적인 범주들로부터 유래하는바, 이는 3차원적 모피 깃이 우리로 하여금 그것을 "실재적인" 것이라고 부를 수 있도록 하는 모든 유전적이고 상관적인 기제들로부터 유래하는 것과 똑같은 이치이다.[93]

내가 보기에 예술작품의 내용이나 대상이 예술작품 자체에 대해 어떤 의미를 갖는가라는 물음에 대해 근거가 있고 명료한 답변을 하려면 다음과 같은 측면을 확실히 논의해야 한다. 예술지상주의(l'art pour l'art) 이론은 대상의 모든 의미를 철저히 부정했는데 — 그리하여 그린 양배추와 그린 성모 마리아는 예술작품으로서 선험적으로 완전히 똑같은 가치를 갖는다는 것이다 — , 이는 일화적, 역사적 또는 감상적 메시지의 전달 수단이 되었거나 숭고하고 심오한 "이념들"로부터 의미와 가치를 빌려 와서 그림을 장식했던 예술에 대한 충분히 이해할 수 있는 반발이었다. 이러한 예술에 대항하여 생겨난 '양배추와 성모 마리아'라는 슬로건을 정당화한 것은 어디까지나 그것이 전자에 대해 취한 부정적인 입장이었다: 이에 따르면 예술작품한테, 그것의 토양을 경작함으로써 자체적

의 비교급으로서 "더(보다) 적은", 더(보다) 적게"라는 의미를 갖는다. 이 단어를 굳이 의역한 이유는 다음과 같다. 연시는 한편으로 "실재적인 사랑의 체험에 의해 야기되며(야기되지만)" 다른 한편으로 "그 내용이 자신에게만 고유한, 따라서 현실영역에서 체험되는 형식과 전혀 관계가 없는 형식으로 표현된다." 다시 말해 예술외적 측면과 예술내적 측면을 동시에 갖는다. 그렇다고 해서 그 절반만이 "완전히 독립적인 예술적 역량의 생산물이 되는 것"은 아니다. 그것은 전체로서 그리고 자체로서 "완전히 독립적인 예술적 역량의 생산물"이다.

93 이 문장에서 "방금 언급한 예의 그 3차원적이고 실천적인 기제들"은 그 앞 일곱 번째 문장에 나오는 구절 "시각적인 **그리고** 촉각적인, 소재적인, 실천적인 기제의 복합체"를 가리킨다.

으로 생산한 것이 아니라 단순히 다른 가치영역들로부터 넘어온 매력과 의미를 부여하는 것은 부정직하고 왜곡된 일이다. 이것은 부당획득으로서, 예컨대 열등한 극작가가 자신의 작품에 위대한 역사적 인물들을 끌어들임으로써 관객들이 이미 다른 곳에서 얻은 역사적 지식의 덕택으로 극장에 오면서 보이는 관심을 자신의 작품에 확보하는 것이다. 예술작품이 무엇을 대상으로 삼든 아무런 상관이 없다는 명제는 다음과 같은 점에서 정당한 의미를 갖는다. 대상이 다른 비예술적 질서들 안에서 소유하는 의미와 가치는 작품의 예술적 가치에 아무것도 덧붙일 수 없으며 따라서 그 가치에 대해 아무런 상관도 없다. 성모 마리아가 교회의 영역에서 숭배의 대상이 된다는 사실이 예술작품 자체와 관련이 없는 것과 마찬가지로, 양배추가 실천의 영역에서 섭취의 대상이 된다는 사실도 예술작품 자체와 관련이 없다(그렇다고 해서 종교적 감정이 심리적으로 실현되거나 교회를 통해 실현되는 것을 넘어서 순수한 예술적 형상화의 대상이 될 수 없는 것은 물론 아니다). 그런데 이처럼 대상이 무엇이라도 상관이 없다 함은 예술의 외부에 있는 대상의 의미에 해당함에도 불구하고 예술작품의 순수한 내용이 되며 예술이라는 엄격히 경계가 설정된 영역에서 내적으로 이용되는 대상에 해당하는 것으로 완전히 잘못 해석된다. 대상을 **이러한** 의미에서도 아무런 상관이 없다고 선언하는 것은 자신이 내포하고 있는 그 어떤 요소도 상관없도록 만들지 않는 예술작품의 통일성을 확실히 훼손하는 일이다. 그럼에도 불구하고 다음과 같이 아주 진기한 견해가 있을 수 있다. 예컨대 희곡이나 서사시의 소재는 적절하게 또는 부적절하게 선택될 수 있으며 원대하거나 하찮을 수 있는 반면(어디까지나 소재의 예술적 품위에 따라서 볼 때), 조형예술에서는 이런 식으로 소재의 가치를 판단하는 것 자체가 아예 불가능하다는 것이다. 이 표면상 순수한 예술적 주장은 사실상 다음과 같은 자연주의적 미분화성에서 기인하는 것이다: 사람들은 실재의 범주에서 대상이 갖는 의미를 대

312

상이 예술작품으로 형성된 다음에 수행하는 기능으로부터 명확하게 구별하지 않으며, 전자가 후자의 안으로 들어와 작용하는 것을 허용하거나 꺼리기 때문에 후자를 거부한다. 물론 성모 마리아가 숭배되는 반면 양배추는 그저 먹히기 때문에 성모 마리아가 "보다 고귀한" 예술적 묘사의 대상이 되는 것이 아니다. 그보다는 마돈나의 묘사가 **순수하게 예술적인** 특징들을 전개시킬 수 있는 보다 많은 기회를 주기 때문이다. 누군가 이 대상들의 예술적 가치에 대해 거꾸로 된 관계를 어떻게든 주장하고 증명할 수 있다면, 양배추가 보다 고귀한 예술의 내용이 될 것이다.

내가 보기에 이것은 실재와 예술이 동일한 내용에 대한 두 가지 동등한 주조 가능성이라는 기본적인 전제조건을 받아들이면 곧바로 아주 명료하게 해결된다. 이 두 가능성으로부터 결과하는 구성물들은 서로 무관하며, 한 범주 내에서의 가치 서열은 다른 범주 내에서의 가치 서열과 때로는 일치하고 때로는 불일치한다. 그러므로 실재적 내용의 의미와 형식을 그것의 예술적으로 주조된 이미지에 옮겨놓는 것과 예술적 관계와 가치를 그것의 실재적 소유물이나 기준으로 만드는 것 모두가 잘못된 일이다.

물론 실재적 구성물과 예술적 구성물 사이에 존재하는 이러한 본질적인 등가성 또는 유사성은, 전자의 관찰이 후자의 개별적인 생산에 대한 경험적-심리적 조건이 되고 그것에 선행할 수밖에 없다는 사실에 의해 해를 입지 않는다. 이는 기하학의 도형들과 사정이 비슷하다. 수학적 원(圓) 자체는 실재적 세계에서의 둥근 사물들과 전혀 관계가 없다. 그것은 근본적으로 그리고 완전히 다른 질서에 속하며 경험적-물리적 질서에서는 절대로 만들어질 수 없다. 그렇지만 만약 후자에서 어떻게든 둥근 사물들을 관찰할 수 없다면, 아마 그 누구도 수학적 원을 생각해내지 못했을 것이다. 이것은 예술작품의 창조자와 관람자에게 똑같이 적용된다. 만약 후자가 실재적인 모피 깃을 한 번도 본 적이 없다면, 그는 그것을 묘사한 선의 복합체를 이해할 수 없을 것이다─이와 마찬가지로 만약 전자가 실재적인 모피 깃을 한 번도 본 적이 없다면, 그는 그것을 묘사한 선의 복합체를 창작할 수 없을 것이다. 그렇지만 이 말하자면 기술적으로 불가결한 매개는 자신과 자신을 통해 달성된 존재의 범주를 결코 필연적으로 연결하지 않는다: 도약판이 없으면 도약할 수 없음이 물론이지만 도약판이 도약의 목표는 아니다. 여기에서 역사주의와 심리주의의 가장 결정적인 오류가 자연주의적 예술이론에서 되풀이된다. 이 모든 정신적 조류들은 아주 다양한 내용들과 관련되면서 다음과 같이 하나의 형식적인 유사성을 보인다. 그것들은 모두 달성된 결과, 생산된 존재나 작품, 실현된 범주의 고유한 특징과 본질을 이 성취물들의 조건 및 이 성취물들에 도달하도록 하는 매개의 고유한 특징과 본질에 결부시킨다. 이 이론들이 궁극적으로 논박하는 것은 다음과 같은 관념이다─객관적인 영역에는 상호간에 도출할 수 없는 내용들이나 범주들이나 세계들이 존재하고, 주관적인 영역에는 참으로 창조적인 행위가 존재한다. 이 이론들에 있어 어떤 존재나 의미, 가치나 구성물은 우리로 하여금 이것들이 생성되면서 통과한 단계들을 인식하도록 하는 것에 지나지 않아야 한다. 이 이론들은 모든 유기적이고 영혼적인 생성에는 하나의 자율적이고 중심적인 충동이 활동하고 있으며 각각의 단계를 선행하는 조건들이나 원인들은 이 충동과 말하자면 협력할 뿐이라는 사실을 인지하지 못한다; 진정으로 목표를 결정하는 것은 이러한 조건들이나 원인들이 아니라 그와 같은 충동의 내적인 발전이다. 그리고 명시할 수 있는 개별적인 조건들로부터 목표를 구성하는 것은─경제적인 상황들로부터 문화를, 경험들로부터 관념을, 자연의 인상들로부터 예술작품을 구성하는 것은─식품으로부터 완성된 몸의 형태를 연역하는 것과 마찬가지로 난센스이다. 후자의 경우 식품이 **없다면** 몸이 완성될 수 없음은 불문가지임에도 불구하고 그렇다. 우리가 비(非)물리적인 범주의 구성물들에 도달하는

길은 우리가 이 길을 통해서 달성하는 목표의 본질과 관계가 없는데, 이는 산에 오르는 길이 그 정상으로부터 전개되는 전망과 관계가 없는 것과 마찬가지이다. 렘브란트의 에칭에 묘사된 모피 깃은 사진과 달리 그의 어머니가 실제로 걸친 것의 외면적인 이미지가 아니다. 그것은 오히려 실재적인 모피 깃과 똑같이 독립적인, 말하자면 그 모피 깃과 똑같이 자신의 고유한 뿌리로부터 자라난 구성물이다. 그것은 한 실재의 "가상"이 아니라 오히려 예술적 세계와 이 세계의 고유한 힘과 법칙에 속하며 — 따라서 실재냐 가상이냐의 양자택일을 완전히 벗어난다. 그림자가 여전히 몸의 세계에 속하듯이 가상은 여전히 실재에 속하는바, 그 이유는 전자가 오로지 후자를 통해서만 존재할 수 있기 때문이다; 양자는 비록 말하자면 상반되는 부호를 갖지만 동일한 영역에 속한다.[94] 그러나 예술은 실재와 접촉하지 않는 다른 영역에서 살아간다 — 심지어 예술가가 관람자처럼 예술적 영역에 도달하기 위해 실재를 가로질러야 하는 경우에도 그렇다. 궁극적으로 독립적이고 객관적으로 존재하는 창작품에서는 그것이 창작되는 데 필요한 심리적 전(前)단계들과 조건들이 극복된다.

예술은 자신을 참으로 예술이 되도록 하는 가장 깊은 지점으로부터 실재와 아무런 관계가 없기 때문에, 따라서 예술과 실재의 관계에 대한 물음은 원칙적으로 잘못 제기된 것이기 때문에, 이 물음에 대한 대답들이 상반된다는 사실을 충분히 이해할 수 있다: 질문이 내적으로 모순되면, 그에 대한 '그렇다'라는 대답과 '아니다'라는 대답 모두 상대방을 확실히 논박할 수 있다 해도 자기 자신을 긍정적으로 증명할 수는 없다. 그러

---

94 이 문장에서 "상반되는 부호"는 플러스와 마이너스를 가리킨다. 예컨대 실재의 영역이라는 좌표에서 인간 또는 동물의 몸과 그 그림자를 각각 플러스와 마이너스로 표시할 수 있다.

나 자연주의적 예술과 양식화하는(이상화하는, 장식적인, 상상적인) 예술 사이의 구별은 여기에서 다루고 있는 구별, 즉 한편으로 실재의 가상과 실재의 차용으로서의 예술과 다른 한편으로 독립적인 구성물과 완전히 일차적인 범주로서의 예술 사이의 구별과는 처음부터 아무런 공통점도 없다. 왜냐하면 전자의 물음은 단지 예술 **내부에서의** 특별한 형식들에 해당하는 반면, 우리의 물음은 전체로서의 예술의 본질에 해당하기 때문이다; 전자는 최종적인 생산물과 그 동일한 내용을 담아내는 실재 사이의 형태적인 관계를 따지는 반면, 후자는 모든 예술적 현상들 자체의 전제 조건을 따진다.

여기에서 플라톤의 이데아론의 근본적인 주제를 상기할 수 있을 것이다: 이에 따르면 직관적인 개별 사물의 본질은 그것의 유일한 실재에서 소진되지 않으며, 실재는 말하자면 사물들의 의미를 창출하고 이 의미가 이해될 수 있도록 하기에 충분치 않다. 경험적 실재는 오히려 "이데아", 그러니까 사물들의 진정한 내용과 본질적인 의미가 입는 옷처럼 일시적인 형식에 지나지 않는다는 것이다. 이데아에 대한 플라톤의 형이상학적 사변, 즉 이데아들에는 하나의 실체적인, 그리고 더 나아가 "진정한" 실재가 결부된다는 주장, 그리고 이데아들은 내적으로 응집된 논리적 영역을 구성한다는 주장 — 이제 우리는 이 주장들을 지체 없이 거부할 수 있다. 그럼에도 불구하고 그의 형이상학적 사변은 사물들이 자신의 실재로부터 독립적인 의미나 내용을 갖는다는 점을 통찰함으로써 보다 깊은 의미를 간직하고 있다. 그런데 플라톤은 한 걸음 더 나아가 경험적 실재가 우리에게 사물들의 이와 같은 의미나 내용을 제시하는 유일한 형식이 아니며 오히려 예술의 형식에도 그와 같은 의미가 존재한다는 사실을 인식할 수 있었을 것이다. 실재적인 모피 깃과 식각(蝕刻)된 모피 깃은 동일한 본질이 서로 근본적으로 다르고 독립적인 두 가지 방식으로 표현된 것이다. 만약 말(言)의 형이상학적 짐으로부터 해방될 수 있다면,

실재와 예술은 모피 깃의 이데아를 마치 두 언어처럼 표현한다고 말하는 것이 아주 정당하다. 그런데 실재가 말하자면 우리의 모국어라는 사실, 우리가 존재의 내용들이나 이데아들을 처음으로 만나는 이 언어에서 예술로 번역해야 한다는 사실 ― 이러한 영혼적-시간적 필연성은 두 언어 각각이 갖는 독립성과 근본성을 조금도 바꿀 수 없다; 각자가 동일한 내용을 **자신의** 어휘로 그리고 **자신의** 문법에 따라 표현하며 이 형식을 다른 것으로부터 빌려 오지 않는다는 사실을 조금도 바꿀 수 없다 ― 이 두 언어가 사실상 유사하기 때문에 그것들 사이의 심리적 배열관계는 궁극적으로 우연적임에도 불구하고 그렇다.[95] 바로 이 유사성이야말로, 예술이 자연을 모방하는 것이 아니라 역으로 자연이 예술을 모방하는 것이라는 역설적 이론이 가능하게 된 진정한 토대이다. 이 이론이 말하는 바는 다음과 같다. 모든 시대에 사람들은 그들의 예술가들이 가르쳐주는 대로 자연을 본다는 것이다. 우리는 우리의 실재적인 운명을 우리의 시인들이 우리보다 앞서 느낀 방식과 감정으로 경험한다. 이를테면 우리는 직관적인 것에서 우리의 화가들이 우리에게 암시하는 색채와 형식을 간파하며 직관의 다른 내적인 형식들에 대해서는 완전히 눈이 먼다는 것 등을 들 수 있다. 완전히 받아들일 수 있든 없든 상관없이, 자연의 관조와 예술 사이의 시간적 관계를 이렇게 뒤집는 것은, 어찌되었든 이 관계에 하나의 방향을 부여하는 것에는 그 어떤 내적인 필연성도 없다는 사실에 대한 적합한 상징이 된다. 왜냐하면 이 관계를 구성하는 요소들의 각각은 그 자체로서 하나의 관념적인 내용의 자율적인 표현이며, 우리는 확실히 이와 같은 표현의 형식에서만 그 내용에 접근할 수 있기 때문이다. 예술은 실재와 직접적인 관계를 맺지 않으며, 그것의 겉모습을 캔

---

95 이 문장에서 "그것들 사이의 심리적 배열관계"는 그 둘 가운데 심리적으로 어떤 것이 앞서고 어떤 것이 뒤따르는가라는 의미이다.

버스에 옮겨놓음으로써 생겨나지 않는다. 이 둘은 오로지 그 자체가 자연도 예술도 아닌 내용의 동일성을 통해서만 서로 연결된다. 바로 이런 연유로 예술의 본질을 규정하는 모든 표현들: 예술은 극복, 구원, 거리두기, 또는 의식적인 자기기만이다 ─ 이 모든 표현들이 예술의 내적이고 고유한 본질을 포착하지 못한다. 왜냐하면 예술의 본질이 이런 식으로 규정되면 그것은 여전히 예술이 실재적인 것과 갖는 관계로 환원될 것이기 때문인데, 설사 이것이 부정적인 관계일지라도 그렇다. 그러나 이러한 관계는 사실상 예술이 내용을 얻는 데만 기여하는데, 예술은 일단 실재의 형식으로부터 내용을 얻어내고 나면 그것을 실재가 그리하는 것과 똑같이 뿌리가 깊고 독립적인 구성물로 주조한다. 그러니 예술이 실재로부터의 구원에 **기여한다**는 사실은 예술의 심리적 생성이 실재의 관찰을 필요로 한다는 사실과 똑같이 이차적인 것이다.

이렇게 해서 우리는 마침내 다음과 같은 물음에 대답을 했다: 우리는 주어진 실재를 묘사하는 예술작품에서 도대체 무엇을 보는가? 이 전자의 어구는 예술적 행위의 본질과 결과를 전혀 표현할 수 없다는 사실, 그리고 그것은 오히려 예술의 심리적 전제조건, 다시 말해 창조자와 관람자가 내용들의 현실적 형식을 가로질러 최종적인 무엇인가에 도달하기 위한 **길**을 제시한다는 사실이 드러났다;[96] 그 결과 예술작품을 실재로부터 길어온 그리고 현실을 심리적으로 대리하는 순수한 가상으로 선언하는 길만이 남아 있다. 만약 예술적 관조가 파생된 것이라면, 그것의 객관적인 내용으로 인해 그런 것이 아니라 단지 그것이 의식의 심리적 연속이기 때문에 그런 것이다. 그리고 예술적 관조는 자신이 생성되는 데에 필요한 이러한 조건을 벗어나기 위해 생산의 관점과 수용의 관점 모두

---

96 이 문장의 맨 앞에 나오는 "이 전자의 어구"는 그 바로 앞 문장의 "주어진 실재"를 가리킨다. 이것에 상응하는 "후자의 어구"는 "묘사하는 예술작품"이다.

에서 성공적인 관조가 되어야 한다. 경험적-실재적 관조를 주조하는 정신적인 에너지 이외에도 그것으로부터 독립적이고 그것과 동등한 가치를 가지면서 예술적 이미지를 창작하는 에너지가 존재한다 — 이 두 에너지가 공통으로 보다 깊은 영혼적 또는 형이상학적 지층에 토대를 두고 있는가의 여부는 여기서 논하지 않기로 한다. 그것들의 내용은 같은 개념으로 표현하면 동일한 것이 되며, 그런 까닭에 하나의 에너지에서는 "실재적인 것"이 다른 에너지에서는 반영된 것에 불과한 것이 아니며, 또한 플라톤의 이데아들이 천계 너머의 자리(ὑπερουράνιον τόπον)[97]에 존재하듯이 그렇게 독립적인 초월적 영역에 존재할 필요가 없다. 우리가 실재라고 부르는 것은 어디까지나 내용을 주조하는, 따라서 완전히 통일적인 구성물을 창출하는 하나의 범주이다. 예술도 다르지 않다. 우리가 렘브란트의 모피 깃을 보는 경우, 우리는 사실상 선들만을 보는데, 이것들은 어떤 다른 곳에 존재하지만 연상작용을 통해 가시적인 형태로 모습을 드러내는 모피 깃을 "묘사"하는 것이 아니다. 그것들은 오히려 모피 깃이 "되는데", 이는 렘브란트의 어머니가 입고 있는 것의 털 하나하나의 합이 모피 깃이 "되는" 것과 똑같다.[98] 다만 우리는 이 "존재"에 곧바로 그 실제적-실재적 의미를 결부해서는 안 되고 그것을 그 순수한 의미에서 파악함으로써 언어적으로 에칭에 대해서도 사용해야 한다: "이것은 모피 깃이다" 또는 "이것은 풍경이다." 일단 창작과 수용의 전제조

---

97 이는 플라톤이 이데아의 절대적 초월성을 강조하기 위해 사용한 개념으로서 다음에 나온다. 플라톤, 조대호 역해, 『파이드로스』, 문예출판사 2008, 63쪽(247c).

98 이 문장에서 짐멜이 의도하는 바는 '존재'(sein)의 강조에 있다. 그리하여 sein 동사의 복수 3격인 sind를 인용부호로 처리하고 있다. 이 바로 다음 문장에서 존재에 대한 논의가 전개된다. 그럼에도 불구하고 원어대로 — 예컨대 "모피 깃'인데'"와 "모피 깃'인' 것과" 식으로 — 하지 않고 군이 "모피 깃이 '되는데'"와 "모피 깃이 '되는' 것과" 식으로 한 이유는 직역을 하면 우리말 표현이 너무 어색해질 수 있기 때문이다.

건들 및 중간단계들과 창작과 수용의 객관적이고 최종적인 의미 및 내용을 혼동하지 않게 되면, 우리가 예술작품에서 실재에서와 절대적으로 다른 것과 절대적으로 같은 것을 본다는 사실이 더 이상 역설이 아니게 된다. 예술작품은 실재를 결코 흡수할 **수 없는바**, 그 이유는 그것이 이미, "실재"로서 더 자족적이지도 않고 덜 자족적이지도 않은 관조가 된 바로 그 내용의 완전히 폐쇄적이고 자신의 고유한 법칙에 의거하여 완전히 자족적인, 따라서 다른 모든 관조를 원칙적으로 배제하는 관조이기 때문이다.

교의적 내용들

우리는 앞에서 렘브란트의 빛에 대한 전체적인 해석을 했는데, 이제 이 해석과 더불어 빛이 종교화 자체에서 갖는 의미를 검토하기로 한다. 그러면 거기에서 모든 교의적 내용이 가장 단호하게 거부되고 있음을 볼 수 있다. 바로 이런 연유로 나는 예술 전체에서, 적어도 가장 근대적인 예술의 문턱에 이르기까지, 의례에 그토록 들어맞지 않고 교회화(敎會畵)에 그토록 어울리지 않는 그림을 알지 못한다. 성서적 일화가 어쨌든 여전히 진정한 묘사의 대상이 되는 한, 그 일화의 인물들은 그들의 전통적인 교회적 의미를 주관적인 종교성의 자율적인 의미로 완전히 흡수할 수 있다 — 반면 전체, 그러니까 장면 일반은 여전히 객관적으로 거룩한 전통의 안에서 주어진 것으로 남아 있다. 그러나 빛이 더 이상 그 장면을 비추기 위해 있지 않고 역으로 오로지 빛만이 그 자족적인 역동성, 깊이, 대비 속에서 묘사의 대상이 되며 성서의 인간적 일화는 말하자면 이 대상의 기회원인(機會原因)[99]이 되는 경우에는 이것마저도 없어진다. 개인들에게서 모든 교의적 주제들을 넘어서는 또는 그것들의 근거가 되기도

하는 **경건함** 자체, 그러니까 영혼적 존재가 갖는 종교적 의미 자체가 표현되듯이 — 전체로서의 일화, 그것의 역사성과 교회에 의해 고정된 그것의 형식은 이제 가장 보편적인 것인 빛으로 환원되며, 그 결과 말하자면 초(超)개인적인 영혼의 전체적인 분위기가 드러나며 바로 이 영혼의 종교성이 이 단편의 세계를 꿰뚫고 흐른다.[100] 이것은 그 비상(飛翔)과 몰입, 전율과 지복이 다른 모든 신앙적 내용과 마찬가지로 이 신앙적 내용을 덮는 종교성임이 명백하다.[101] 왜냐하면 모든 신앙적 내용이 자신의 가장 보편적인 본질인 비상과 몰입, 전율과 지복에 근거하기 때문이다.

이 모든 것을 마치 렘브란트가 진정하고 유일한 종교회화를 창조했다는 식으로 이해해서는 안 된다; 그와 반대로 이 예술만이 갖는 전적으로 유일한 특징은 그것이 대립하고 또한 이 대립이 정당화되는 것을 고려해야 비로소 드러난다: 그것은 종교적 사실과 가치가 개인적 영혼의 밖에 존재한다고 전제하는 **객관종교의 예술**이다. 나는 이미 앞에서 이러한 대립을 소묘했으며, 따라서 이제 개인적 영혼의 종교성과 그것의 표현이 다음과 같은 사실로 인해 맞닥뜨리게 되는 몇몇 경계들을 지적하는 일만이 남았다. 개인적 영혼은 자기 자신에게 국한되며, 그 영혼의 종교적 삶은 자신을 초월하는 것에 준거하지 않은 채 순수하게 내적으로 진행된다. 그러한 경계들을 지적하는 일은 객관종교의 예술이 거룩한 존재들과 사건들을 그것들의 우연적인 영혼적 반사작용으로부터 자유롭게 풀려나 자체적으로 의미를 갖는 현존재에서 묘사한다는 사실에 관한 문제만이 아니다; 그와 더불어 그리고 특히 초현세적 세계와 객관적인 구원의 사실들을 강조함으로써 신앙을 가진 영혼 안에서 일어나는 주관적인

---

99 이에 대해서는 이 장의 각주 42번을 참고할 것.

100 이 문장에서 "이 단편의 세계"는 자명한 일이지만 렘브란트의 종교화를 가리킨다.

101 이 문장에서 "이 신앙적 내용"은 자명한 일이지만 — 예컨대 「예수의 부활」과 같이 — 렘브란트의 한 종교화에 표현된 성서의 내용이다.

과정들에 관한 문제이기도 하다. 물론 렘브란트의 종교적 인간들도 초현세적인 예감, 확실성 및 전율로 가득 차 있다; 그렇지만 그들을 마주하고 있는 초월적 존재는 그들에게 일차적인 요소가 아니다. 그것은 말하자면 그들의 종교적 행동에서 실체적인 것이 아니다. 결정적인 것은 언제나 영혼 자체로부터 솟구쳐 올라와서 흐르는 것, 다시 말해 그들의 내적으로 고유한 존재가 그들의 종교적 운명이 된다는 사실이다. 그러나 바로 이런 연유로 렘브란트의 종교적 묘사에서 영혼이 체험하는 영역들 역시 아주 명백한 결함을 보인다.

우선 기독교의 본질적인 동기 중 하나인 희망이 결여되어 있다 — 이것은 확실히 영혼에서 피안의 세계, 그러니까 영혼을 초월하는 세계와의 긍정적인 관계로서만 솟아오르는 감정이다. 트레첸토의 모든 인물들 위에는 단테의 천국이 떠 있는 반면, 그리고 바로크의 원심적인 운동성에서는 인간이 참으로 땅으로부터 잡아 찢겨 하늘로 끌어올려지는 반면, 렘브란트에게서는 희망도 없고 절망도 없다. 그의 인물들은 이러한 범주를 넘어서며, 영혼은 천국과 지옥의 가득 차고 넘침으로부터 이것들보다 직접적인 의미에서 자신이 소유한 것으로 물러났다. 이 인물들에게는 심지어 구원에 대한 욕구와 은총이라는 종교적 경험도 주어지지 않는다. 이런 용어들로 표현된 영혼의 상태는 설사 영혼내적인 힘들로부터 창출될 수 있을지라도, 영혼의 밖에 있으면서 영혼이 거기에 전체적으로 의존한다고 하는 무엇인가를 의식적으로 바라봄으로써 비로소 자신의 특유한 본질을 얻는다. 여기에서 자신의 경계 밖 아주 멀리까지 미치는 인간 행동의 한 가지 형식이 드러난다. 우리는 심리학적으로 우리에게는 단지 내재적 의식만이 존재한다고 확신할 수 있고 우리 삶의 내용들은 자의식의 변형에 지나지 않는다고 확신할 수 있다; 그리고 우리는 형이상학적으로 우리의 모든 경험과 가치 획득이 오로지 영혼이 자기 자신에게로 이르는 길에만 있다고 확신할 수 있고 우리의 영혼은 처음부터 자신의 소유였던 것 이외에는 아무것도 찾을 수 없다고 확신할 수 있다; 그럼에도 불구하고 이러한 내적인 발전은 외적인 것을 통해서 이루어지는 경우가 허다하며, 자신의 목표와 최고 가치를 — 심지어 이 목표와 가치가 전적으로 그 발전 자체에 있다고 인정하는 경우에조차도 — 결코 직접적으로 실현할 수 없으며 오로지 그 발전이 자신의 외부에 있는 것으로 받아들이는 것으로 우회해서만 달성할 수 있다. 이것은 말하자면 자기 자신을 넘어서고 매 순간 자기 자신의 너머로 손을 뻗치는 것이 삶 일반의 본질이라는 사실과 관계가 있다 — 삶은 자기유지 충동에서, 생식에서, 표상에서, 의지에서 그리한다. 이처럼 자기 자신을 넘어서고 자기 자신의 밖으로 나오는 운동은 말하자면 재귀적이다; 삶은 외적이고 관념적인 객관성의 길을 통과한 다음에 자기 자신에게로 되돌아오는데, 그것도 오로지 자신에게만 유효하지만 이처럼 오로지 다른 것을 통과함으로써만 획득할 수 있었거나 창출할 수 있었던 다양한 소유물 및 반응 방식과 더불어 되돌아온다. 심지어 영혼이 어쨌든 자기 자신의 안에서만 선회한다고 가정한다 할지라도, 자기 자신을 넘어서야 하며 영혼이 마주하고 반응할 수 있는 타자를 창출해야 할 것이다[102] — 그리고 이것은 영혼이 내적으로 살아가는 방식에 다름 아닐 것이다. 그런데 확실히 영혼이 전적으로 자신의 경계, 즉 존재, 감정, 자기발전, 투쟁의 가치들 안에 격리된 채 폐쇄적으로 완성되는 경우가 있다; 그리고 렘브란트가 표현하는 종교성은 바로 그와 같은 가치들의 분위기와 의도이다. 그러나 심지어 다음과 같이 가정한다 할지라도, 즉 모든 종교에서 사실상 중요한 것은 어디까지나 이 내적인 것, 그러니까 영혼의 자기 삶의 방식이라고 가정하며, 또한 모든 영혼외적 객관성은 단지 신화, 반영, 실체화 또는 그 밖의 무엇에 지나지 않는다고 가정한다고 할지라도[103] — 그렇다

---

102 이 문장에서 "선회한다"는 "운동한다" 또는 "움직인다"로 읽으면 좋을 듯하다.

할지라도 다음을 부정할 수 없다. 어떤 순수하게 내적인 체험들은, 그와 같은 내면성의 분위기가 깨어지며 또한 영혼이 원심력과 더불어 객관적인 구성물들을 지향하고 그것들을 통해 우회로를 거치면서 살아가는 경우에만 실현될 수 있다는 사실을 부정할 수 없다. 오로지 이런 방식으로만 "신앙"이 존재한다 — 비록 "신앙심"은 순수하게 영혼내적인 태도임에도 불구하고 그러하다.[104] 오로지 이런 방식으로만 희망과 정죄(定罪), 구원과 은총이 그때그때 종교적 표현을 지배할 수 있는데, 설사 이 모든 것의 조건이 되는 영혼의 대립적 존재가 종교적 관점과 다른 관점, 예컨대 지적인 관점에서 볼 때 영혼 자체의 구성물로 보일지라도 그러하다. 바로 그런 까닭에 이 종교성에는 위험의 기제가 결여되어 있다.[105] 구원에 대한 온갖 끔찍한 회의, 신으로부터 버림받은 느낌, 어둠 속을 더듬기가 여기에는 없다. 미켈란젤로의 삶을 갈기갈기 찢어놓았으며 수많은 변화를 겪으면서 그의 인물들의 삶으로도 이어졌던, 내세로부터 오는 절대적인 요구에 의해 위태로워지는 일이 여기에는 없다. 그렇다고 해서 렘브란트의 인물들에게는 속물적인 확신의 감정이 있다고 생각해서는 안 된다. 오히려 그들은 위태롭게 됨과 구원받음의 양자택일을 완전히 넘어선다. 왜냐하면 이 둘은 그것들에 의해 확립된 계열의 모든 현상들과 더

---

103 이 문장에서 "또한 모든 영혼외적 객관성은 단지 신화, 반영, 실체화 또는 그 밖의 무엇에 지나지 않는다고 가정한다고 할지라도"라는 구절은, "또한 모든 영혼외적 객관성은 단지 가공의 이야기 또는 영혼이 반영되거나 실체화된 것 또는 그 밖의 무엇에 지나지 않는다고 가정한다고 할지라도"라는 식으로 읽으면 좋을 듯하다.

104 여기에서 짐멜이 신앙(Glaube)과 신앙심(Gläubigkeit)을 구분하는 것은 그가 종교(Religion)와 종교성(Religiosität)을 구분하는 것과 연결해서 생각하면 그 의미하는 바가 보다 명백하게 와 닿을 것이다. 짐멜의 종교와 종교성에 대해서는 이 장의 각주 1번을 참고할 것.

105 이 문장에서 "이 종교성"은 자명한 일이지만 렘브란트가 표현하는 종교성을 가리킨다.

불어 종교적 삶의 강조가 객관적인 종교적 내용으로 옮아감으로써 비로소 나타나기 때문이다. 만약 이러한 강조가 주관적인 종교적 과정에 있다면, 이 과정 자체는 여전히 그만큼 형이상학적이고 영원한 가치를 가질 수 있다;[106] 그러나 종교성이 그 가장 깊은 의미에서 주체와 객체의 대립의 형식으로부터 벗어나자마자 방금 언급한 감정들의 전제조건이 사라진다.[107] 그러므로 렘브란트의 예술에 이러한 감정들이 부재한다는 사실은 단순한 결함이 아니라 오히려 객관종교의 예술 유형들에 정면으로 그리고 비할 데 없이 단호하고 광범위하게 대립하는 그의 예술의 본질에서 필연적으로 결과하면서 이 본질을 증명하는 것이다.

106 이 문장에서 "그만큼"은 바로 그 앞 문장에 관련된다. 다시 말해 "종교적 삶의 강조가 객관적인 종교적 내용으로 옮아갈 때만큼"이라는 의미가 된다.
107 이 문장에서 "방금 언급한 감정들"은 이 문단에 나오는 다양한 종교적 감정 — 예컨대 희망, 구원에 대한 온갖 끔찍한 회의, 신으로부터 버림받은 느낌, 어둠 속을 더듬기 등 — 을 가리킨다.

결론을 대신하여

창조자의 기질과 형성자의 기질

정신사가 이룩한 모든 업적에는 창조자의 기질과 형성자의 기질 사이의 대립이라고 표현할 수 있는 하나의 대립이 스며들어 있다. 이 두 개념을 어느 정도 확장하면, 순수한 모방을 넘어서는 인간 작품들 가운데 형성적인 동시에 창조적이지 않은 것이 없다. 우리는 육체적 실체를 창조할 수 없고, 오히려 우리의 모든 외적인 행위는 주어진 물리적 요소들을 전위(轉位)하고 변형한다. 이와 마찬가지로 그 어떤 정신적인 재료들의 주어짐을 전제로 하지 않는 정신적인 행위나 작용도 없다. 그러나 다른 한편 아직까지 존재하지 않은 것이 출현하도록 하는 것, 또는 달리 말해 주어진 것을 그 무엇으로부터 연역할 수 없는 개인의 고유한 힘에 의해 변형하거나 발전시키는 것은 어떠한 경우에도 창조성 바로 그것이다. 이런 유형의 모든 행위에는 모든 주어진 것과 전해 내려오는 것을 일정한 정도로 확장하며 자신이 발전시킨 이 주어진 것 및 전해 내려오는 것과 함께 작품의 통일성을 구성하는 요소가 있다. 이 독특한 조합으로 인해 인간은 역사적 존재가 된다. 동물은 자신의 종(種)이 예로부터 해온 것을 그저 반복할 뿐이다; 바로 이런 연유로 모든 개체는 그의 조상들이 시작했던 지점에서 처음부터 시작한다. 인간은 단순히 반복하지 않고 새로운 것을 창작한다는 바로 그 이유 때문에 매번 다시 시작할 수 없고, 주어진 재료를 필요로 한다. 다시 말해 인간에게는 그것들을 수단으로 하여 또는 그것들에 근거하여 새로운 것을 주조할 수 있는 선행조건들이 주어져야 한다. 그러나 만약 우리가 절대적으로 창조적이어서 우리의 행위가 완전히 새로운 것을 창조한다면 — 그렇다면 우리는 말하자면 초(超)역사적이 될 것이다 —, 우리는 역사적 존재가 아닐 것이다. 마찬가지로 만약 우리가 창조자의 기질이 없이 주어진 것에 그리고 예컨대 그것의 단순한 기계적 전환에, 그러니까 가장 좁은 의미에서의 그것의 변형에 절대적으로 집착한다면, 우리는 역사적 존재가 아닐 것이다. 아무튼 우리가 역사적이라고 부르는 존재는, 새로운 것을 그리고 무엇보다도 **자신의** 고유한 것을 창작하지만 이미 현존하는 것이나 전해 내려오는 것에 근거하며 이것을 발전시키고 거기에 새로운 형식을 부여하는 존재이다 — 이는 우리가 체험하는바 창조자의 기질과 형성자의 기질의 유기적 종합이다.

이러한 보편적이고 통일적인 원리를 인정하면, 이제 우리는 개인들의 생산성 내에서 본질적으로 형성적인 생산성과 본질적으로 창조적인 생산성을 구별할 수 있게 된다 — 이 구별을 객관적인 기준들에 따라 하는 것이 아무리 어렵다 하더라도 그렇다. 어쩌면 그와 같은 기준들은 결코 찾아낼 수 없고 단지 개별적인 실례들을 지적함으로써 형성적인 생산성과 창조적인 생산성의 특징을 명백히 할 수 있을 뿐이다. 이러한 관점에 따라 민족들의 개체성을 검토해보면, 고대 그리스인들의 개체성은 형성적인 것으로 간주되어야 함에 전혀 의심의 여지가 없다 — 물론 이렇게 말함으로써 그들의 정신이 보여주는 그 어디에도 비길 데 없는 창조적인 천재성을 건드려서는 안 되고 단지 이 천재성의 고유한 표현 방식이 지닌 특징을 묘사해야 한다. 인도와 그 이후 서유럽의 많은 사변적인 정신으로부터 우리는, 그들이 사물들의 근저로 뚫고 들어가 거기에서 하나의 새로운 세계가 자라나게 하려고 한다는 인상을 받는다. 물론 그렇게 자라난 세계는 기존의 세계와 조화를 이루어야 한다. 그러나 그리스인들에게 주어진 세계는 잃어버릴 수 없는 소재로서 그들은 이것을 철학적으로 또는 예술적으로 주조하는 데에 정신적 노력을 다한다. 이와 동시에 그들은 경험주의자도 자연주의자도 될 필요가 없는바, 그 이유는 그들이 주어진 세계에 결코 만족하지 않기 때문이다. 이 세계는 그들에게 질료이다. 그것은 명료한 완결성과 내적으로 조화로운 이성에 대한 그들의 아주 강력한 욕구에 부합하도록 철학적으로 또는 예술적으로 주조하는 힐레(ὕλη)[1]이다. 그러나 동아시아와 이집트의 성직자 예술은 주어진 것에 대하여 주권을 행사하는 동시에 경멸적이고 부정적인 냉담함을 보이면서 환상적인 이미지를 창출하는데, 이 두 가지 태도와 상반되게 그리스인들은 언제나 대지의 후예로 남는다; 그리고 이에 대한 이유는 비단 주어진 것이 그들의 주조 활동의 소재로 쓰이고 난 다음 완전히 버려지는 것이 결코 아니라는 점에서만 찾을 수 있는 것이 아니라, 또한 주조된 것 자체가 주어진 것 안으로 배치되거나 그 자체가 주어진 것의 특징을 지녀야 한다는 점에서도 찾을 수 있다. 플라톤의 이데아들은 현세의 논리적 의미와 규범적 요구를 표현하지만 그럼에도 불구하고 하늘 너머의 **세계**를 구성하는바, 이 세계를 영혼은 자신의 전세적(前世的) 존재에서

---

1 힐레(ὕλη; hyle)는 특히 아리스토텔레스의 형이상학적 및 형이하학적(자연학적 또는 물리학적) 논의의 맥락에 등장하는 고대 그리스의 철학적 개념으로서 질료, 재료 또는 밑감을 가리키며 그 반대개념은 형상 또는 형태이다. 예컨대 아리스토텔레스의 『형이상학』 제7권(Z) 1032a에는 다음과 같은 구절이 나온다. "[…] 생겨나는 것들은, 자연에 의해서 생겨나든 기술에 의해서 생겨나든 모두 밑감을 갖는다. 왜냐하면 그것들은 저마다 어떤 것일 수도 있고, 아닐 수도 있으며, 이런 잠재성(가능성)은 각 사물 안에 든 밑감이기 때문이다." 아리스토텔레스, 김진성 역주, 『형이상학』, 이제이북스 2007, 306쪽.

하나의 주어진 세계로 바라보고 그에 근거하여 현세적인 것을 사유적으로 그리고 실천적으로 형성한다. 심지어 사랑의 감정도 플라톤에게는 영혼의 진정한 자발성이 아니라 현세적으로 주어진 것이 이데아의 세계에 주어진 아름다움의 원형을 회상함으로써 생겨나는 것이다.[2] 고대 그리스 사상가들의 갈망 또는 차라리 그들의 흔들리지 않는 교의적 중심은 존재, 즉 확고하고 자족적인 실체에 있다. 이러한 전제 하에서 그들의 창조적인 활동이 형식의 부여에 국한된다는 사실을 이해할 수 있다. 그리고 심지어 그들의 극시(劇詩)도 항상 똑같은 전승 설화의 소재들을 항상 새롭게 구상하고 변형하는 일을 과제로 삼음으로써 이러한 특징을 드러낸다. 바로 이런 연유로 그들의 연극은 진정한 죄를 모른다. 그들에게 비극적인 것은 주어진 것이다: 인간은 이러하거나 저러하며 이것이나 저것을 하거나 이것이나 저것으로부터 고통을 받는다. 문제는 어디까지나 그의 힘과 에토스가 어떻게 이 주어진 것을 주조하고 어떻게 시인이 그것을 작품으로 만드는가에 있다. 죄는 한번도 "주어진" 적 없는 자유의 무한하고 무정형적인 근저로부터 직접적으로 생겨나는데, 그들은 이 근저로 내려가지 않는다. 요컨대 그들에게 자유의 문제는 결코 깊이 있게 제기되지 않는바, 그 이유는 그들이 어디에서나 존재의 토대 위에 그리고 정신적 주조에 의해 결정되는 주어진 세계의 토대 위에 서 있기 때문이다.

비록 이러한 정신적 주조가 아주 많은 그리고 아주 높은 창조력을 전제한다고 할지라도, 우리는 다른 하나의 인격 유형을 특별한 의미에서 창조적이라고 부를 수 있다. 구체적으로 말해 그의 생산적인 힘이 그의 창작물을 구성하는 소재와 형식을 보다 엄격한 통일성 속에서 제시하는 인격 유형이 그것이다. 다소간 역설적으로 말하자면, 무(無)로부터 만들

---

2 이 부분은 이 책의 제2장 195쪽 및 각주 52번과 같이 볼 것.

어낸다고 말할 수 있다 ─ 왜냐하면 우리는 여기에서 고전적인 창작물들에서와 완전히 달리, 무언가 주어진 것이 먼저 존재하고 나중에 가서야 창작의 형식이 그 주어진 것을 담아내게 된다는 사실을 느낄 수 없기 때문이다. 물론 어떠한 경우에도 주어진 현존재의 단편들을 받아들이는 것이 배제되지 않는바, 이는 예술작품에서 자연에의 충실이 배제되지 않는 것과 매한가지이다:[3] 그렇다고 해서 정신적 의지와 지향이 서로 다르다는 사실이 영향을 받지는 않는다.[4] 이와 마찬가지로 다음도 자명한 일이다. 그 어떤 역사적 존재도 이 두 경향 가운데 하나를 절대적이고 개념적으로 순수하게 구현할 수 없다는 사실, 그리고 만약 구체적인 사물들을 둘 중 하나의 경향에 귀속시킨다 해도 중간적인 상태와 혼합된 상태뿐만 아니라 불확실한 상태와 애매한 상태가 있을 수 있으며, 그 결과로 이 구체적인 사물들은 그 두 경향 가운데 어디에 속하는지 결정되지 않거나 또는 그 둘을 화해시킨 모습을 자주 보인다는 사실은 자명하다. 물론 원리로서의 그 두 경향은 이러한 미결정이나 화해를 전혀 알지 못한다. 그런데 그 두 경향은 ─ 이것이 특히 함의하는 바가 크다 ─ 개별적인 인간들에게서도 서로 부딪혀서 장애와 갈등을 일으킨다. 미켈란젤로는 확실히 가장 완벽한 창조자 유형이다: 그의 인물들이 살아가는 세계는 전적으로 그의 정신에서 생겨난 것이다. 그렇지만 그는 이 세계를 고전적 전통의 규범들에 따라 주조했으며, 그의 격렬한 창조력은 이 규범들이 가하는 강제로 인하여 끊임없이 꺾였고 그는 자신의 격렬한 창조

---

3 이 문장에 나오는 구절 "예술작품에서 자연에의 충실이 배제되지 않는 것"은, 예술은 단순히 자연을 모방하지는 않지만 자연을 중요한 소재로 한다는 뜻이다. 이에 대해서는 제3장의 "중간 고찰: 우리는 예술작품에서 무엇을 **보는가?**"를 참고할 것.

4 이 문장에서 "정신적 의지와 지향"의 "정신적"은 "의지"에만 걸리고 "지향"에는 걸리지 않는다. 그리고 서로 다름의 주체는 바로 앞 단락에서 논한 고대 그리스인들과 이 단락에서 논하고 있는 또 다른 창조적인 인격 유형이다.

력이 이 강제 안에 갇힌 것으로 느꼈으며 이러한 느낌은 결국 비극적인 갈등으로까지 이어졌다: 고전적 형식은 그에게 내면 깊숙이 낯선 법칙을 부과했는바, 이 이유는 그가 고딕의 영혼을 가졌기 때문만이 아니다. 그 밖에도 원칙적인 측면에서 보면, 일반적으로 이러한 형식들은 창조자의 기질을 가진 사람의 자유와 모순되는 선재적(先在的) 법칙성의 색조를 현저하게 띠기 때문이다. 그럼에도 불구하고 그는 자신의 천재적인 능력에 힘입어 작품들의 통일성을 쟁취했다. 왜냐하면 평화가 이질적인 요소들의 형식적 통일성이라면, 투쟁도 마찬가지이기 때문이다. 사람들은 예로부터 미켈란젤로의 인물들에게서 다음을 느껴왔다: 내부로부터 솟아오르는 강렬한 열정이 엄격한 형식에 맞서 싸우고, 그 자체로 무형식적인 활력이 윤곽이라는 고전적 법칙성에 의해 속박되어 있으며, 또한 적대적인 이 두 요소의 힘의 균형이 전체의 통일성으로 파악된다 ─ 이것은 주체의 관점에서 보면 적대적인 쌍의 동시적인 지배에 다름 아니다: 그 쌍은 창조자의 기질과 형성자의 기질이다. 이에 반해 라파엘로에게서는 그와 같은 이원성을 전혀 느낄 수 없다. 처음부터 그의 문제는 주어진 것을 아름다움의 세계로 변형하는 데에 있는데, 자명하며 따라서 깨어지지 않는 법칙들에 의해 보증되기 때문에 이 세계는 교란되지 않는다; 그의 개별적인 인물들은 마치 보편적인 형식원리들로부터 발전한 것처럼 보이는바, 이는 논리적 추론에서 두 개의 보편적인 전제로부터 보다 한정적인 결론이 도출되는 것과 매한가지이다.

그런데 창조자의 기질은, 우리가 서술한 보다 좁은 의미에서, 형성자의 기질보다 분석적 기술(記述)을 더 많이 벗어난다. 왜냐하면 그것의 생산물은 명시할 수 있는 요소들로부터 생겨나지 않고 직접적인 통일성으로서 인격의 가장 깊은 생성적 근저에서 솟아오르기 때문이다. 여기에는 주어진 세계를 담아낼 그 어떤 선재적(先在的) 형식들의 법칙도 존재하지 않으며(비록 이 형식들 자체가 나중에 정신에 의해 창출될 수 있기는 하지만), 또한 고대의 고전예술과 르네상스가 그리고 괴테도 그리한 것처럼 형성 작업을 통해 명료성과 합리성을 부여해야 할 사물들의 실체적이고 보편적인 근저도 존재하지 않는다. 여기서는 오히려 삶이 절대적인 의미에서 말을 한다. 다시 말해 삶은 더 이상 형식과 어떤 대립적 관계에 있지 않고 오로지 존재에만 결부된 그리고 존재로부터 분리할 수 없는 형식과 더불어 존재 자체로서 솟아오른다. 이러한 유형의 가장 위대한 대표자들에게서, 즉 셰익스피어와 렘브란트에게서(후기의 베토벤도 여기에 속하지만, 음악은 특수한 경우이기 때문에 그를 지금 논하고 있는 경향으로 분류하는 것은 몹시 복잡할 것이다) 우리는 그들의 작품들에 하나의 의미 또는 이 작품들의 개체적인 실현을 넘어서 표현되는 하나의 형식이 관통하는 것을 볼 수 없다. 오셀로를 질투의 화신으로 보거나 맥베스를 야심의 화신으로 보는 것은 슈트라스부르크 대성당의 탑이 추상적인 기하학적 삼각형을 구현하기 위해 있다고 생각하는 것만큼이나 난센스일 것이다. 셰익스피어와 렘브란트는 형성자와 대비되는 창조자로 특징지어져야 하는데, 이는 그들의 인격 때문도 아니고 그들의 가치 크기를 표현하기 위함도 아니라 그들의 작품들이 가진 내재적인 **본성** 때문이다. 우리는 여기에서, 어디까지나 우리의 논의를 명료하게 하는 상징으로서, 신적 권능에 대한 다양한 관념을 끌어들일 수 있다. 사람들은 한편으로 신적 권능을 진정한 창조적 힘으로 생각한다: 이에 따르면 현존재의 실체는 그 형식 및 운명과 더불어 신의 창조적 역사(役事)를 통해 무(無)로부터 발원한 것이다. 그러나 이 무로부터의 생성이라는 관념으로 인해 인간의 사고는 거의 극복할 수 없는 어려움에 직면하게 되기 때문에, 사람들은 다른 한편으로 실체적 존재를 영원으로부터 존속하는 무엇인가로 설정하고는 거기에 신의 권능이 주어진 세계의 형식을 부여한 것이라고 생각한다. 전자의 경우에는 소재와 형식이 절대로 분리될 수 없는 현존재 전체의 비매개성이 신적인 창조자 기질에 대한 증명이 되는데, 왜냐하면 이러한 현존재는 하나의 절대적인 원인을 필요로 하기 때문이다 — 후자의 경우에 세계라는 건축물의 법칙성과 합목적성, 아름다움과 조화는, 가공되지 않은 채 단순히 거기에 있는 소재에 그토록 의미심장한 형식을 부여했을 건축가의 존재를 시사한다. 이 두 경우는 확실히 여기에서 예술 영역과 관련하여 논의되고 있는 대립이 종교적으로 절대화된 것이다.

그런데 창조자의 기질을 이 특정한 의미에서 파악한다면 — 물론 이미 말한 바와 같이 넓은 의미에서 보면 형성자의 기질도 창조적이다 — 렘브란트는 대립의 이쪽에 위치하게 되며, 이 사실은 결국 지금까지 논한 모든 것의 요약에 다름 아니다.[5] 여기에서 부여된 의미에서의 삶의 원리와 개체성의 원리는 형식을 존재의 총체성으로부터 분리하는 것에 저항하는데, 심지어 이 형식이 전해 내려오는 것이 아니라 고유한, 즉 완전히 독창적인 산물인 경우에도 그렇다; 형식은 작품 안에서 강조됨으로써 비록 단지 이념적이기는 하지만 그래도 보편적인 것이 되며 그 결과 이 개별적인 작품들 전체의 현존재로부터 분리될 수 있게 된다. 이것이 들어맞는 경우에는 언제나 형식이 다소간 유순한 주어진 소재를 담아내며, 또한 그럼으로써 비로소 개체적인 작품이 창출될 수 있는 것으로 보인다.[6] 이에 반해 창조자의 기질의 경우에는 이것이 직접적인 통일성 속에서 생겨난다. 역사적으로 보면, 후자는 게르만 정신에 보다 더 고유한 것처럼 보인다. 물론 이 정신이 다른 경향의 사고방식에게 때때로 형식이 없는 무엇인가로, 게다가 양식이 없는 무엇인가로 보인다는 사실은

---

5 이 문장에서 "렘브란트는 대립의 이쪽에 위치하게" 된다는 것은, 렘브란트가 형성자 쪽이 아니라 창조자 쪽에 위치하게 된다는 의미이다.

6 이 문장에서 — "개별적인 작품"이라고 하지 않고 — "개체적인 작품"이라고 한 이유는, 짐멜이 단순히 하나하나의 또는 개개의(einzeln) 작품이 아니라 나름대로의 특성을 갖고 있는(individuell) 작품을 일컫고 있기 때문인 듯하다.

이해할 수 있다. 왜냐하면 양식은 언제나 형식적으로 보편적인 것으로서 실재적인 개별사물에 그 현상의 법칙을 부여하기 때문이다. 그리고 바로 이런 까닭에 우리는 동시에 국외자들이 게르만인들의 본질에 접근할 수 없는 이유들 가운데 하나를 이해할 수 있다. 왜냐하면 확실히 행위와 창작의 보편적인 형식은 그 생산물들의 안으로 들어가는 것을 쉽게 해주기 때문이다. 렘브란트와 게르만인들은 개체성에 의미를 부여하고 창조자의 기질을 갖는데, 이 두 측면은 보편타당한 — 또는 같은 말이지만 그 자체로서 타당한 — 형식을 거부하는 지점에서 심층적으로 결합된다. 셰익스피어와 렘브란트는 고전주의적으로 지향된 시대들에는 자주 야만인으로 보이는데, 이는 그들이 근본적으로 게르만적인 특징의 예술적 변형이며 — 또한 그와 같은 변형으로서 근본적인 대립을 부각하면서 동시에 완화하고 화해시키는 변형이기 때문이다. 이 특징을 국외자들은 부정할 수 없이 일종의 서투름과 무형식성으로 느낀다; 다른 문화세계와의 관계를 통하여 끊임없이 입증되는 게르만 정신의 고독함과 접근곤란성은, 말하자면 개별적인 실재에 이르는 다리로 기능할 수 있는 보편적 형식의 결여에 근거한다.

예술에서의 대립성

　고전 양식과 렘브란트 양식 사이의 대립은 객관종교의 예술과 주관종교의 예술 사이의 대립과 마찬가지로 대항, 내적인 적의, 긍정적인 상호배제의 이미지를 수반하는 것으로 보인다; 두 입장은 마치 모든 인간에게 하나 또는 다른 하나를 택하는 것 이외의 다른 선택을 허용치 않기라도 하듯이 인간적 가능성의 매우 상반되는 양극에 위치한다. 그런데 여기에서 중요한 정신적 영역들 사이의 매우 함의가 큰 차이를 볼 수 있다.

이론에서는 그때그때 **단 하나의** 진리만이 인정된다; 진리에 이르는 데에
는 똑같은 정당성을 갖는 다양한 길이 있을 수 있지만, 진리에 대한 모든
최종적인 결정은 제기된 문제에 대한 다른 모든 답변을 무조건적으로
배제함으로써 이루어진다. 감정이나 의지에 의해 결정되는 실천적 행동
은 때때로 그와 똑같은 형식을 취한다. 다시 말해 우리가 하나의 가능한
결정을 했으면 다른 하나의 가능성은 철저히 거부된다; 그러나 우리는
때때로 서로 모순되는 두 개의 길을 동시에 가려고 시도하거나, 또는 그
둘을 혼합하거나 절충하려고 시도하거나, 또는 더 나아가 하나의 결단을
내리면서 적어도 다른 것도 똑같이 가능하고 똑같이 정당하다고 인정한
다. 그러나 예술의 대립성은 훨씬 더 독특한 해석을 요구한다. 예술의 창
조자에게 이 문제는 논할 가치가 없는바, 왜냐하면 그는 두 대립적인 경
향의 한쪽을 창조한 당사자이기 때문이다. 그러나 가치는 단순히 관람자
의 주관적이고 무책임한 취향에 의해서 결정되지 않는 것으로 보인다.
그보다 우리는 결정하는 것에, 비록 일면적인 강조로부터 자유롭지 못하
지만 그래도 그 의도에서 보면 객관적인 판단을 내리는 것도 포함된다
고 생각한다. 그렇지만 예술작품의 체험 방식과 양식에 있어서 가장 결
정적인 일면성에는 방금 언급한 다른 인간적 표현들에 고유한 당파적이
고 대립성을 강조하며 다소간 공격적인 것이 포함되지 않는다.[7] 한 위대
한 예술은 가능한 한 근본적으로 하나의 신념, 하나의 양식을 대변할 수
있다 — 그것은 자신과 대립적인 것을 거부하면서도 필요로 하는 배타
적인 것은 결코 아니다. 오히려 모든 대립성을 덮는 삶의 전체성이 어떻
게든 그 양식에 들어 있다. 다음은 논리적으로 결코 이해할 수 없지만 그
럼에도 불구하고 부정할 수 없는 예술의 가능성이다: 예술은 인격의 가

---

7 이 문장에서 "방금 언급한 다른 인간적 표현들"은 그 앞에서 논한 이론과 실천적
   행동을 가리킨다.

장 깊은, 게다가 가장 독특한 유일성의 지점에서, 그것도 이 지점의 표현으로서 솟아오르지만, 그럼에도 불구하고 이러한 특수성을 전적으로 보편적인 것과 모든 것을 통일하는 것을 담아내는 그릇으로 느끼도록 한다; 방금 언급한 일면성은 하나의 삶의 흐름을 드러내는데, 이 일면성은 같은 지층에 속하는 다른 모든 일면성처럼 그 흐름을 구성하는 하나의 물결이다.[8] 확실히 이것과 유사한 것은 많지 않다: 예컨대 모든 국민성은 세계사적 의미를 갖는 한 자신의 특수성 안에 전적으로 초(超)국민적인 인류를 담아내며, 바로 이것이 세계사적 의미를 갖기 위한 조건이 된다. 우리는 또한 종교들과 각각의 종교를 역사적으로 독특하게 규정하는 절대적인 것도 생각할 수 있을 것이다. 그렇지만 이 점에서 종교는 예술에 비해 보다 불리한 형식을 갖는다. 하나의 구성물로서의 종교의 본질과 생성을 진정으로 근거짓는 것은 절대적인 것이다. 다시 말해 종교는 전적으로 초개별적인 것으로부터 솟아오르고 그것으로 흘러든다. 그리고 종교는 특수한 것으로 행동하고 상대적인 삶의 상황들에서 어떤 편을 드는 경우에는 언제나, 그리고 하나의 방향으로 작용하고 하나의 특성을 보이면서 다른 방향의 작용과 특성을 배제하는 경우에는 언제나 어떻게든 자신의 궁극적인 의미를 잃어버린다; 초개별성과 개별성을 결합하는 것은 종교에서 협소화를 의미하는바, 왜냐하면 그것의 토대는 전자에 있기 때문이다. 이에 반해 예술은 후자에 뿌리를 내리고 있으며, 따라서 그와 같은 결합이 예술에서는 확대를 의미한다; 아무튼 이것은 종교에서는 최종적인 의미로부터의 일종의 전향을 의미하는 반면 예술에서는 일종의 지향을 의미한다. 우리는 다른 영역들의 각각이 갖는 전체적인 가치를 예술적 영역에 비하여 높게 평가할 수 있다: 아무리 그렇다 하더라

---

8 이 문장에서 "방금 앞에서 언급한 일면성"은 그 앞 다섯 번째 문장에 나오는 "예술 작품의 체험 방식과 양식에 있어서 가장 결정적인 일면성"을 가리킨다.

도 양식, 예술가의 인격, 개별적인 작품의 절대적인 고유성 속에서 의미 있는 현존재의 전체성을 모순 없이 그리고 마치 그 어떤 이원성도 존재하지 않는 것처럼 표현할 수 있는 가능성은 모든 중요한 정신적 영역들 가운데에서 오로지 예술적 영역에만 주어진 것으로 보인다. 아마도 여기에서 예술이 삶의 구조 일반을 상징하는 가장 심오한 방식 가운데 하나를 볼 수 있다. 나는 이 책을 시작하면서 숙고한 것을 상기하고자 한다. 각각의 인간이 그 담지자가 되는 삶의 경우에는 그 전체성이 개별적인 순간들의 총합으로 이루어지지 않는다(그뿐만 아니라 우리는 이 순간들을 어떻게 더하는지 알 수도 없다); 오히려 매 순간이 삶 전체인데, 이 삶의 본질은 때로는 보다 약해지고 때로는 보다 강해지며, 이렇게 또는 저렇게 채색되며, 이런 또는 저런 내용을 실현하는 데에 있다. 그러나 이 모든 각각의 형성 과정에는 언제나 전체로서의 삶이 쏟아져 들어간다. 자신의 개별적인 순간들을 넘어서는 삶은 없고 언제나 하나이자 전체로서의 삶만이 있을 뿐이다. 비록 이 삶의 끊임없이 변화하는 형식들이 그것들의 개념적으로 표현할 수 있는 의의와 독립적이고 객관적인 의미에 따라서 보면 서로 모순되거나 또는 아무런 연관성도 없이 서로 나란히 존재할 수 있을지라도 그렇다. 그리고 우리는 바로 이것이 삶의 예술적 표현에서 재현되는 것을 본다(이는 물론 그와 같은 삶의 관념이 개별적인 예술양식들에 의해 **독특하게** 긍정되거나 부정되는 대립도 포괄하는 가장 보편적인 지층에만 적용된다). 다만, 예술작품에서는 삶의 한 부분영역과 삶의 과정으로부터 결정화된 대상성이 문제가 되기 때문에, 삶을 개별적인 예술작품으로 주조하는 것이 보다 더 완전하거나 보다 덜 완전할 수 있는데, 이는 "삶"이 여기에서 보다 넓고 초개인적인 의미를 지니기 때문에 그만큼 더욱더 분명하게 나타난다. 만약 삶의 계기들의 내용적 또는 기능적 차이가 그 계기들이 자신들의 담지자의 매 순간 전체로서의 삶을 표현하는 것을 방해하지 않는다면, 각각의 예술양식은 명시할 수 있는 모든 특징들에서 다른 모든 예술양식들로부터 구별될 수 있다. 그럼에도 불구하고 그 특별한 형식이 삶의 전체성을 담아내는 그릇이 될 수 있다. 이러한 관점을 암시하는 것으로 여기에서 시도한 예술양식들의 대비가 말하자면 상호 적대적인 가치 등급화라는 의혹을 벗어나기에 충분할 것이다. 각각의 예술양식이 비록 개념적-수적 의미에서 보면 동일한 삶은 아닐지라도 전체로서의 삶을 포함한다는 사실이 논리적으로 애매한 관계임을 나는 인정하는 바이다. 그러나 이러한 관계가 존재하는 경우, 이 예술양식들을 구별하는 것은 필요하지만 그것들 사이에서 결정을 내리는 것은 필요하지 않다.[9]

9　이 문장의 마지막 부분은 "그것들 사이에서"와 "결정을 내리는" 사이에 "어떤 것이 바람직하고 선택할 만한 가치가 있는가"와 같은 구절을 첨가해서 읽으면 짐멜이 전하고자 하는 메시지가 보다 명료해질 것이다.

삶과 예술 그리고 철학:
렘브란트와 예술철학적 모더니티 담론[1]

머리말

미학과 예술철학은 게오르그 짐멜의 지적 세계에서 매우 중요한 위치를 차지한다. 짐멜은 이미 1890년대 이후, 그러니까 그의 지적 생산의 초창기부터, 그리고 특히 1900~10년대에 집중적으로 미학, 그중에서도 예술철학의 문제를 다루었다. 그가 예술철학에 어느 정도 의미를 두었는가는 1905년 5월 8일 신칸트학파 철학자인 하인리히 리케르트(Heinrich Rickert, 1863~1936)에게 보낸 편지의 다음과 같은 구절에 잘 나타나 있다.

> 나는 지금 사회학에 깊이 몰두하고 있는데, 빨리 이것을 끝내고 ─ 물론 몇 해 더 걸릴 것입니다 ─ 예술철학으로 넘어가고자 조바심을 치고 있습니다. 나는 예술철학의 주제로 나의 남은 생을 보내게 될 것입니다.[2]

---

1 이 해제는 다음을 수정·보완한 것이다. 김덕영, 『게오르그 짐멜의 모더니티 풍경 11가지』, 도서출판 길 2007, 472~73쪽, 490~500쪽, 514~16쪽.

2 Georg Simmel, "Brief an Heinrich Rickert vom 08. Mai 1905", in: *Georg Simmel Gesamtausgabe 22. Briefe 1880~1911*, Frankfurt am Main: Suhrkamp 2005, 510쪽.

짐멜은 미학과 예술철학의 매우 다양한 측면과 문제를 다루고 있기 때문에 이를 통일적으로 파악하는 것 자체가 불가능해 보인다. 그렇지만 그의 관심 영역을 다음과 같이 몇 개의 범주로 분류하고, 이것들 사이의 연관 관계를 살펴보며, 또한 미학적-예술철학적 차원이 그의 전체 저술에서 어떠한 위치와 의미를 차지하는가를 따져볼 수 있을 것이다.[3]

첫째, 미켈란젤로, 레오나르도 다빈치, 렘브란트, 로댕, 그리고 뵈클린 같은 위대한 예술가들에 대한 예술철학적 접근을 거론할 수 있다. 둘째, 예술작품의 미학적 분석을 거론할 수 있다. 예컨대 양식(樣式)의 문제, 예술에서의 양적 차원과 질적 차원, 예술작품에서의 법칙성, 액자·풍경화·초상화 예술의 미학, 그리고 무게(중력)의 미학 등이 그것이다. 셋째, 예술세계 밖에 존재하는 다양한 대상들에 대한 미학적 관찰을 거론할 수 있다. 예컨대 얼굴, 폐허, 손잡이, 캐리커처의 미학적 의미 등이 그것이다. 넷째, 로마, 피렌체, 베네치아 같은 도시의 미학적 관조를 거론할 수 있다. 다섯째, 현대의 문화적 삶에 대한 미학적 관점에서의 고찰을 거론할 수 있다. 공예품, 유행, 장신구, 식사, 대도시의 삶, 친교, 연애유희 등이 그것이다. 여섯째, 예술이 한편으로 과학과 철학에 대해 지니는 관계, 그리고 다른 한편 친교, 종교, 사랑 및 삶에 대해 지니는 관계의 논구를 거론할 수 있다.

이렇게 보면 미학적-예술철학적 차원은 짐멜에게 일종의 '패러다임'이라고 규정해도 결코 지나친 말이 아닐 것이다. 이 미학적-예술철학적 패러다임은 짐멜의 광범위한 모더니티 담론의 한 부분을 구성한다.

---

3 이 부분은 다음을 참고한 것임. Klaus Lichtblau, "Ästhetische Konzeptionen im Werk Georg Simmels", in: *Simmel Newsletter* 1/1991, 22~35쪽.

『렘브란트: 예술철학적 시론』의 형성사

짐멜의 미학적-예술철학적 모더니티 담론, 보다 정확히 말하자면 예술철학적 모더니티 담론에서 렘브란트(Rembrandt Harmensz van Rijn, 1606~69)의 예술세계는 핵심적인 위치를 차지한다. 렘브란트가 짐멜에게 "예술적 계시"가 되었다고 주장하는 경우도 있는데,[4] 이를 그저 근거없는 과장이라고 치부할 수는 없다. 짐멜은 특히 생애 마지막에 해당하는 1910년대에 렘브란트를 집중적으로 다룬다. 렘브란트에 대한 짐멜의 글로는 다음과 같은 것이 있다.

1. 「교육자로서의 렘브란트」(Rembrandt als Erzieher, 1890)

2. 「렘브란트의 종교예술」(Rembrandts religiöse Kunst, 1914)

3. 「렘브란트와 아름다움」(Rembrandt und Schönheit, 1914)

4. 「렘브란트 연구」(Rembrandtstudie, 1914~15)

5. 「예술철학, 특히 렘브란트 예술철학 연구」(Studien zur Philosophie der Kunst, besonders der Rembrandtschen, 1914~15)

6. 『렘브란트: 예술철학적 시론』(Rembrandt. Ein kunstphilosophischer Versuch, 1916)

그리고 "예술철학"(Philosophie der Kunst)이라는 강의를 추가할 수 있다. 이 강의는 짐멜이 1913/14년도 겨울학기에 — 독일의 대학은 일반

---

4 Annette Wauschkuhn, *Georg Simmels Rembrandt-Bild. Ein lebensphilosophischer Beitrag zur Rembrandtrezeption im 20. Jahrhundert*, Worms: Wernersche Verlagsgesellschaft 2002, 74쪽. 렘브란트 다음으로 짐멜에게 큰 의미를 갖는 예술가로는 미켈란젤로와 로댕을 꼽을 수 있는데, 여기서는 지면 관계상 생략하기로 한다. 이 두 거장에 대해서는 다음을 참고할 것. 김덕영, 앞의 책(2007), 476쪽 이하.

적으로 겨울학기를 10월 중순에 시작해 이듬해 2월 중순에 마치며, 여름학기는 4월 중순부터 7월 중순까지이다 — 베를린 대학에서 행한 것인데, 여기에서 짐멜은 렘브란트의 예술을 비중 있게 다루었다. 그러니까 1890년에 「교육자로서의 렘브란트」가 나온 후 근 25년이라는 긴 시간이 지난 후에야 다시 렘브란트를 심도 있게 다루기 시작한 셈인데, 그사이에 짐멜이 어느 정도로 렘브란트와 씨름했는가는 알 길이 없다. 그의 유품이 1939년 이후에 사라진 것으로 보이기 때문이다.[5]

아무튼 짐멜은 1914년에 일반 독자를 위해 신문에 렘브란트에 대한 글을 두 편이나 기고한다. 그해 6월 30일자 『프랑크푸르터 차이퉁』 (*Frankfurter Zeitung*)에 「렘브란트의 종교예술」이라는 글이, 그리고 베를린에서 발행되는 일간지 『포시셰 차이퉁』(*Vossische Zeitung*) 12월 25일자에는 「렘브란트와 아름다움」이라는 글이 게재된다. 또한 1914~15년에 발행된 문화철학 저널 『로고스』 제5권에 렘브란트 예술철학에 대한 두 개의 논문이 실리는바, 「렘브란트 연구」와 「예술철학, 특히 렘브란트 예술철학 연구」가 그것이다. 그리고 이러한 준비과정을 거쳐 1916년에 짐멜의 예술철학적 주저인 『렘브란트: 예술철학적 시론』이라는 단행본 연구서가 출간된다.

그런데 비록 제목에는 '렘브란트'가 들어가 있지 않지만 『렘브란트』의 예비연구로서 어떠한 방식으로든 이 책에 통합된 여러 편의 글이 있다.

「무게의 미학」(Ästhetik der Schwere, 1901)

「초상화의 미학」(Ästhetik des Porträts, 1905)

「예술에서의 제3차원에 대하여」(Über die dritte Dimension in der Kunst, 1906)

---

5 Annette Wauschkuhn, 앞의 책(2002), 74~75쪽.

「기독교와 예술」(Das Christentum und die Kunst, 1907)

「예술에서의 사실주의에 대하여」(Vom Realismus in der Kunst, 1908)

「예술지상주의」(L'art pour l'art, 1914)

「예술에서의 죽음에 대하여: 강연에 기초하는 글」(Vom Tode in der Kunst.
　　Nach einem Vortrag, 1915)

「예술철학의 한 단편」(Bruchstücke aus einer Philosophie der Kunst, 1916)

「형성자와 창조자」(Gestalter und Schöpfer, 1916)

　　그리고 더 나아가 『렘브란트』에는 렘브란트뿐만 아니라 미켈란젤로
와 로댕 그리고 레오나르도 다빈치를 위시해 서양 예술사를 장식한 무
수한 예술가들과 그들의 작품이 광범위하고 입체적으로 렘브란트의 예
술과 비교되고 있다. 사실 한 특정한 예술가를 주제로 하는 연구서에서
이토록 많은 예술가들과 작품들이 등장하는 경우는 다시 보기 어려울
것이다. 그러므로 미켈란젤로와 로댕 그리고 레오나르도 다빈치에 대한
짐멜의 연구도 넓은 의미에서 『렘브란트』의 예비연구라고 할 수 있다(물
론 그렇다고 해서 짐멜이 이 세 거장을 단순히 렘브란트 연구의 소재나 수단으
로 취급한다는 뜻은 결코 아니다).[6] 이렇게 보면 『렘브란트』는 짐멜 예술철
학의 종합판이자 결정판이라고 해도 지나친 말은 아닐 것이다. 짐멜은
이 책을 자신의 예술철학적 연구의 정수로 간주한다.[7]

6　레오나르도 다빈치에 대한 짐멜의 논의는 다음을 참고할 것. 김덕영, 앞의 책
　　(2007), 501쪽 이하.
7　Annette Wauschkuhn, 앞의 책(2002), 80쪽.

교육자로서의 렘브란트?

방금 언급한 바와 같이, 렘브란트에 대한 짐멜의 글은 1914년 이후에 집중적으로 발표되었고, 첫 번째 글인 「교육자로서의 렘브란트」와 다른 글들 사이에는 무려 25년 정도의 시차가 있다. 내용면에서도 근본적으로 다르다. 「교육자로서의 렘브란트」에서는 제목과 달리 렘브란트가 논의의 주제가 아니다. 그리고 개인주의 미학과 생철학의 관점에서 렘브란트 예술에 접근을 시도하는 1910년대의 글들과는 달리 1890년의 글에서는 실증주의적-자연과학적 세계관과 그와 밀접하게 연관된 사회학적 관점 및 사회주의 미학이 논의를 주도한다. 개인주의 미학이 개인들이나 사물들의 차이와 고유성을 지향하는 반면, 사회주의 미학은 개인들이나 사물들의 동등함과 평등함을 지향한다.[8]

「교육자로서의 렘브란트」는 같은 해에 작가이자 문화비평가이며 철학자인 아우구스트 율리우스 랑벤(August Julius Langbehn, 1851~1907)이 익명으로(그는 그냥 "어느 독일인이 씀"이라고 표기했음) 출간한 책 『교육자로서의 렘브란트』에 대한 비판적 서평으로서, 『포시셰 차이퉁』의 1890년 6월 1일판 부록 ― 일요일판 부록 ― 에 게재되었다. 랑벤의 저서는 보수주의적-민족주의적인 성향을 띠었는데, 문화 비판론적이고 반유대주의적인 당시의 '시대정신'에 부합하면서 광범위한 대중적 호응을 얻고 예술 분야의 전문학자들로부터 인정을 받았다. 바로 이러한 상황에서 짐멜의 서평이 나온 것이다.[9] 짐멜의 서평이 추구한 일차적인 관

---

8 개인주의 미학과 사회주의 미학에 관해서는 다음을 참고할 것. 김덕영, 앞의 책 (2007), 518쪽 이하.

9 Annette Wauschkuhn, 앞의 책(2002), 75쪽. 1890년은 통일의 주역인 비스마르크가 퇴진한 해이다. 당시 독일은 엄청난 역동성에 휩싸이면서 정치적으로나 문화적으로나 일대 전환기를 맞이한다. 정치적으로는 사회주의적, 민족주의적, 개

심사는 랑벤이 제시한 문화 비관론도 반유대주의도 아니다. 그는 오히려 문화비평과 사회 변동 그리고 미래에 대한 조망에 관심을 기울인다.[10]

랑벤은 당시 독일의 정신적 삶이 "평등화하는 민주주의와 전문주의적 과학"에 의해 지배되고 있다고 진단한다. 이러한 상황에 직면해 그는 "개인주의를 통한 그리고 개인주의에로의 구원"과 "예술을 통한 그리고 예술에로의 구원"을 고대한다. 랑벤에 따르면 "예술적 관심사, 예술적 세계관이 이제 그 역할이 끝나버린 과학적 관심사와 세계관을 대체해야 한다." 그리고 "평등화하는 지성은 개체화하는 감정에 자리를 내주어야 하며 또한 내줄 것이다."[11] 요약하자면, 랑벤은 개인주의를 독일 민족의 정신적 삶이 지향해야 하는 목표로 설정하고 있다. 이에 상응해 그는 렘브란트와 같은 최고도의 개인정신에서 독일 민족교육의 전형을 발견한다. 랑벤이 표현하듯이 "그토록 자유롭고 숭고하며 결코 수공업자답지 않은 인격체"인 렘브란트는 "모든 예술가들 가운데 가장 비(非)아류적"이며,

---

인주의적 조류가, 그리고 문화적으로는 오늘날 양식예술의 개념으로 요약하는 조류들이 공존한다. 데카당스와 새로운 행위의 촉박(促迫) 사이에, 삶의 세련화에 대한 갈망과 원천성으로의 회귀에 대한 갈망 사이에 그리고 문화적 실존과 자연과의 친화에 대한 요구 사이에 커다란 모순이 존재한다. Sabine Knüppel, "Rembrandt und kein Ende. Georg Simmels kunstphilosophische Untersuchung 'Rembrandt' im Kontext der Kunst-Debatte der Jahrhundertwende", in: *Simmel Newsletter* 6/1996, 121~34쪽, 여기서는 122~23쪽. 다음은 당시 독일에서 랑벤이 어떻게 수용되었는가를 잘 정리하고 있다. Johannes Stückelberger, *Rembrandt und die Moderne. Der Dialog mit Rembrandt in der deutschen Kunst um 1900*, München: Wilhelm Fink 1996, 47쪽 이하. 짐멜의 랑벤 비판은 같은 책, 51쪽 이하를 볼 것.

10 Sabine Knüppel, 앞의 글(1996), 124~125쪽.

11 Georg Simmel, "Rembrtandt als Erzieher"(1890), in: *Georg Simmel Gesamtausgabe 1. Das Wesen der Materie nach Kant's Physischer Monadologie. Abhandlungen 1882~1884. Rezensionen 1883~1901*, Frankfurt am Main: Suhrkamp 1990, 232~43쪽, 여기서는 232~33쪽.

따라서 "독일인들을 정신적 아류성으로부터 해방할 수 있다."[12] 렘브란트는 랑벤이 보기에 한마디로 독일 민족의 교육자인 것이다.

짐멜이 「교육자로서의 렘브란트」라는 서평을 쓴 이유는 렘브란트의 인격이나 예술에 대한 논의를 전개하는 데 있는 것이 아니라, 이처럼 렘브란트를 독일 정신의 교육자로 설정하는 랑벤의 동기와 논리를 비판하는 데 있다. 그러므로 렘브란트는 직접적 대상이 아니라 간접적 대상이다. "만약에" — 짐멜은 이렇게 반론을 제기한다 — "그와 같이 상징적인 의미에서만 그리고 어떠한 경우에도 아주 좁은 영역에서만 적용되는 지극히 보편적인 특성들이 아주 멀리 떨어지고 광범위한 영역들에 대한 이상이 될 수 있다면, 어느 정도 재치 있는 해석을 통해 민족 전체의 교육자로 만들 수 없는 위대한 정신은 없다." 예컨대 루터, 뒤러, 레싱 또는 베토벤도 렘브란트와 동일하게 독일의 정신적 삶의 지향점을 제시하는 교육자가 될 수 있다. 이러한 방식으로 모든 것을 입증할 수 있고 아무것도 입증할 수 없다.[13] 짐멜이 보기에 랑벤의 저서는 논리적 설득력을 결여하고 있다.

그리고 짐멜이 보기에 랑벤의 시대진단은 잘못된 것이다. 그가 추구하는 개인주의는 개인을 "내적으로 완결되고 자체적으로 이해할 수 있으

---

12 같은 글, 240~41쪽.
13 같은 글, 241쪽. 여기에 인용된 구절에서 "그와 같이 상징적인 의미에서만 그리고 어떠한 경우에도 아주 좁은 영역에서만 적용되는 지극히 보편적인 특성들이"는 모순적으로 보인다. 왜냐하면 "아주 좁은"과 "지극히 보편적인"은 상반되기 때문이다. 이 부분은 그 앞 구절과의 연관 속에서 보아야 제대로 이해할 수 있다. 렘브란트가 아류성을 극복한 것은 예술의 영역, 즉 "아주 좁은 영역에서만"이다. 그러나 그는 이를 통해 "독일인들을 정신적 아류성으로부터 해방할 수 있다"고, 즉 그의 예술적 행위는 "지극히 보편적인 특성들"을 갖는다고 간주된다. 다시 말해 렘브란트가 실제로 독일인들의 정신적 아류성을 극복할 수 있는 것이 아니라 극복할 수 있다고 상징적으로 해석되는 것이다.

며 스스로에게 완전히 책임을 지는 존재"로 간주한다.[14] 이에 반해 짐멜은 사회학적 관점에 입각해 다음과 같이 주장한다.

역사적으로 새로운 사회학적 직관은 이러한 표상을 완전히 전복해버렸다. 사회학은 개인을 인간 종족의 역사적 발전의 산물로, 사회적 관계의 단순한 교차점으로 이해한다. 사회학은 개인의 허위적인 통일성과 독립성을 발가벗기고 개인을 인간 종족이 역사적으로 겪는 숙명과 현(現)사회적 구성원들의 공간적 병존으로부터 이해할 수 있는 특성과 세력의 총합으로 해체한다. 인식을 위해서도 도덕을 위해서도 개별 인간 자체는 점점 더 아무런 상관이 없어 보이고 점점 더 사회 유기체의 단순한 부분으로 그리고 사회적 발전의 통과점으로 보인다. 이렇게 변화한 현실의 직관은 이것이 예술에 반영되는 방식 또한 변화시켜야 함은 자명하다. 왜냐하면 그와 더불어 무엇보다도 현실세계 자체에 존재하는 미학적 요소들이 변하기 때문이다. 조급히 돈과 쾌락을 추구하고 협소한 전문주의에 제한되며 이기주의에 사로잡힌 개인은 범속적으로 보이고 불쾌해 보인다. 그와 마찬가지로 사람들은 전화와 산지철도, 공장굴뚝과 대도시의 무한히 단조로운 거리의 모습을 세상에서 미학에 가장 적대적인 것으로 간주한다. 그러나 이러한 감정은 단지 개인주의적 세계관에 머무는 한에만 존속한다. 이 개별 현상들이 유래하는 보편적인 관계로 — 다른 한편 전자는 후자가 지속적으로 발전하는 데 일조를 한다 — 시선을 돌리면 측량키 어려운 문화 과정이 보이는바, 이 과정은 그 내부에 개별 현상들을 포함하고 그 내부에서는 그것 자체로는 혐오스럽고 비천한 모든 개별적인 것이 유의미한 지위를 획득한다. 개별적인 단어 자체는 무의미하고 무취향적이지만 시(詩)에서는 예술작품을 창조하는 것을 돕고 이 전체를 통해 다시금 문학적 광휘와 보다 심오한 의미로 가득 찬다. 이와 마찬가지

---

14 같은 글, 236쪽.

로 일견 상실된 미학적 세계관의 의미와 가능성을 되찾기 위해서는 우리 문화의 모든 개인과 모든 전문성을 보다 큰 전체의 부분으로 볼 필요가 있다.[15]

이러한 사회학적 관점은 자연과학적 세계관과 밀접한 관계가 있다. 또한「교육자로서의 렘브란트」에서 제시된 사회학적 예술관은 훗날「게르하르트 하우프트만의 직조공」(Gerhart Hauptmanns "Weber", 1893)을 거쳐서「사회학적 미학」(Soziologische Ästhetik, 1896)에 이르러 사회주의 미학으로 정립되며, 이는 개인주의 미학과 더불어 짐멜 미학이론의 양축을 구성한다. 그리고 짐멜은 니체 등을 통해 1900년을 전후로 개인과 개인주의의 중요성을 발견하게 되는데, 이는 그의 지적 세계의 출발점이자 소실점이 된다.[16]

아무튼 1890년에 발표한「교육자로서의 렘브란트」에서 짐멜이 직접적으로 렘브란트를 다루지는 않았지만, 이 글은 적어도 1910년대에 본격화되는 렘브란트 연구의 출발점으로 간주될 수 있을 것이다.[17] 1890년과 달리 1910년대에는 사회주의적 미학의 관점이 아니라 개인주의적 미학의 관점이 전면에 나타난다.

『돈의 철학』과 『렘브란트』의 관계: 짐멜의 철학적 접근 방법

짐멜의 『렘브란트』는 그 부제 "예술철학적 시론"을 보면 금방 알 수

---

15 같은 글, 236~37쪽.
16 개인과 개인주의에 대한 짐멜의 논의는 다음을 볼 것. 김덕영, 앞의 책(2007), 222쪽 이하.
17 Annette Wauschkuhn, 앞의 책(2002), 79쪽.

있듯이 예술철학적 연구서이다. 이 책은 — 짐멜이 서문에서 그 성격을 규정하듯이 — "예술작품을 역사적으로, 기술적으로 또는 미학적으로 해명하지 않고 철학적으로 예술작품의 의미라고 부를 수 있는 것을 추구하는 연구"이다.[18] 그런데 짐멜은 자신이 이 책에서 구사하는 철학적 접근이 거기에서 새로이 제시된 것이 아니라 이미 전에 제시된 것이라고 말하고 있다.

이전부터 나에게 철학의 본질적인 과제로 보인 것, 즉 직접적이고 개별적인 것, 단순하게 주어진 것에서 궁극적인 정신적 의미의 지층으로 측연을 던지는 것 — 이것을 이제 렘브란트 현상을 가지고 시도할 것이다. 철학적 개념들은 언제나 자신들의 고유한 영역에만 머물러서는 안 되고, 현존재의 외면에도 주어야 하는 것을 주어야 한다. 물론 그렇다고 해서, 헤겔이 그리한 것처럼, 이 현존재가 이미 직접적인 것으로서 철학적 귀족의 지위로 고양된다는 조건을 거기에 결부시켜서는 안 된다. 그것은 오히려 유유자적하게 자신의 순박한 사실성 안에 그리고 이 사실성의 직접적인 법칙들의 지배하에 머물러야 하며, 또한 그렇게 함으로써 자신을 이념의 영역과 결합시키는 철학적 노선들의 네트워크에 포착되어야 한다. 이 단순한 사실성이 여기서는 예술작품의 체험인바, 나는 이 체험을 영원히 일차적인 것으로 받아들이고자 한다. — 이 영원히 일차적인 것에서 출발하는 철학적 원칙들은 전적으로 가장 외적인 **단 하나의** 지점에서 교차해야 한다고, 따라서 하나의 철학적 체

18 Georg Simmel, *Rembrandt. Ein kunstphilosophischer Versuch*, in: *Georg Simmel Gesamtausgabe 15*, Frankfurt am Main: Suhrkamp 2003, 305~515쪽, 여기서는 309쪽(이 책 24쪽). 이 해제에서는『렘브란트』를 인용할 때『게오르그 짐멜 전집』 제15권의 쪽수와 더불어 괄호 안에 한국어 판 본문의 쪽수를 같이 표시하도록 한다. 이는 앞으로 짐멜에 대한 논의와 연구가 오래전에 절판된 옛 판본이 아니라 주로 전집에 의거할 것이라는 점을 감안한 것이다.

계로 통합되어야 한다고 생각하는 것, 이것은 일원론적 선입견으로서 철학의 ─ 실체적이지 않고 기능적인 ─ 본질과 모순된다.[19]

그렇다면 짐멜이 말하는 "이전부터"는 도대체 언제부터란 말인가? 그것은 1900년에 출간된, 그의 철학적 주저 『돈의 철학』에서부터이다. 거기에서 짐멜은 자신에게 "철학의 본질적인 과제로 보인 것, 즉 직접적이고 개별적인 것, 단순하게 주어진 것에서 궁극적인 정신적 의미의 지층으로 측연을 던지는 것" ─ 이것을 돈을 가지고 시도하고 있다.

이러한 『돈의 철학』이 자신의 지적 세계에서 갖는 의미를 짐멜은 1904년 2월 27일 리케르트에게 이렇게 말하고 있다. "나는 『돈의 철학』 이전에 쓴 모든 것에 관심을 잃어버렸습니다. 이것이야말로 비로소 진정한 **나의** 책이며 다른 것들은 아무런 특색도 없어 보이고 누구라도 쓸 수 있었을 것입니다."[20] 이 "비로소 진정한 자신의 책이" 된 『돈의 철학』에서 짐멜이 추구하는 전체적인 목표는 단 한 가지, 즉 "경제적 현상의 외면적 차원으로부터 심층적 차원으로 뚫고 들어가 모든 인간적인 것의 궁극적 가치와 의미에 도달하는 것"이다.[21] 이것이 가능한 이유는 "삶의 모든 개별적인 것이 삶의 전체적인 의미를 담지하고 이 의미에 의해 담지되며", 따라서 "아무런 경중도 없고 가장 비이상적인 삶의 외면의 모든 지점에서 삶의 궁극적인 심층에 측연을 던질 수 있기" 때문이다.[22] 요컨대 짐멜은 『돈의 철학』에서 돈이라는 삶의 한 외면적 차원에서 삶의 심층적인 차원에 철학적 측연을 던지고 있는 것이다. 이러한 접근 방식은 현대 세

---

19 같은 책, 309쪽(24~25쪽).

20 Georg Simmel, 앞의 책(2005), 472쪽.

21 게오르그 짐멜, 김덕영 옮김, 『돈의 철학』, 도서출판 길 2013, 21쪽.

22 Georg Simmel, "Selbstanzeige 1901", in: *Georg Simmel Gesamtausgabe 6*, Frankfurt am Main: Suhrkamp 1989, 719~23쪽, 여기서는 719쪽.

계의 특유한 현실 체험에 대한 그의 통찰을 반영하는 것이다. 오늘날의 세계에서는 화폐경제와 과학적 세계관 등에 의해 전 영역에 걸쳐 사물과 인간의 삶이 분화되고 객관화됨으로써 사물들 사이의 거리 및 주체와 객체의 거리가 점점 더 벌어지게 되었다. 그러므로 총체적이고 본질적인 의미 및 가치에 직접적으로 도달할 수 있는 길이 폐쇄되고 말았다. 그 대안이 바로 표면에서 심층으로 측연을 던지는 방법이다. 아무리 깊은 바다라도 수면 위에서 측연을 던지면 그 깊이를 잴 수 있듯이 말이다![23]

짐멜은 이 새로운 철학을 다양한 삶의 영역과 체험에 적용한다. 그 가운데에서도 특히 『철학적 문화: 에세이집』(*Philosophische Kultur. Gesammelte Essais*)이라는 저서를 언급할 만하다. 1911년에 초판이 나오고 1918년에 개정 증보판이 나온 이 책에서 짐멜은 문화의 개념과 비극 및 여성문화 이외에도 모험, 유행, 남녀관계, 교태, (도자기 등의) 손잡이, 폐허, 알프스 산맥, 미켈란젤로, 로댕, 신의 인격, 종교적 상황의 문제 등에 철학적 접근을 시도하고 있다. 이런 점에서 『철학적 문화』는 『돈의 철학』의 후속작이라고 할 수 있을 것이다. 이처럼 인간 삶의 다양한 현상을 철학적으로 규명하기 위해 짐멜은 그 서문에서 "도그마로서의 형이상학으로부터 삶과 기능으로서의 형이상학으로의 근본적인 전환"을 요구한다.[24] 이러

---

23 이러한 철학적 측연에 대한 방법론적 대안으로 대두되는 것이 다름 아닌 미학인데, 그 이유는 철학에 대해 미학이 갖는 커다란 장점 때문이다. 짐멜에 따르면 철학에 대해 예술이 갖는 일대 장점은, "예술이 한 인간, 하나의 풍경, 하나의 분위기와 같이 언제나 좁게 한정된 개별적인 문제를 설정하며 ─ 다른 한편으로 예술이 이 개별적인 것을 보편적인 것으로 확장하거나 이 개별적인 것에 우리가 감지하는 이 세계의 근본적인 특징들을 첨가하면 그 보편적인 것이 무엇이고 그 특징들이 무엇이든 간에 우리 삶을 풍요롭게 하고 우리 삶에 주어진 선물, 말하자면 우리에게 과분한 행복으로 느끼도록 만드는 데 있다." 게오르그 짐멜, 앞의 책 (2013), 22쪽.

24 Georg Simmel, *Philosophische Kultur. Gesammelte Essais*, in: *Georg Simmel Gesamtausgabe 14*, Frankfurt am Main: Suhrkamp 1996, 159~459쪽, 여기서는

한 전환에 의해 비로소 가능해지는 "넓은 의미의 그리고 현대적 의미의 '철학적 문화'", 그러니까 기존의 철학과 근본적으로 구분되는 새로운 유형의 문화철학의 본질은 "형이상학적 체계들에 대한 지식이나 개별적인 이론들에 대한 고백에 있는 것이 아니다. 그 본질은 오히려 모든 현존재에 대한 일관된 정신적 태도, 즉 모든 가능한 철학의 분야가 아주 다양한 정도의 깊이를 갖고 아주 다양하게 주어진 것들과 관련되어 인식을 진행하는 층에 지향된 지적 운동에 있다 — 예컨대 종교적 문화의 본질은 도그마의 인정에 있는 것이 아니라 부단히 영혼의 영원한 운명이라는 관점을 갖고 그에 따라서 삶을 이해하고 형성하는 데 있으며, 또한 예술적 문화의 본질은 개별적인 예술작품들의 합에 있는 것이 아니라 예술적 가치라는 규범에 따라 현존재의 내용들이 체험되고 형성되는 데 있다."[25]

1916년에 출간된 『렘브란트』도 바로 이러한 철학의 범주에 속한다. 그것은 예술사나 예술사회학이 아니고 렘브란트의 전기는 더더욱 아니다. '예술철학적 시론'이라는 부제가 말해주듯이, 그것은 어디까지나 예술의 철학이다. 마치 『돈의 철학』이 돈의 경제학이나 돈의 사회학 등과 같은 경험과학이 아니라 어디까지나 돈의 철학이듯이! 『돈의 철학』에서 돈이라는 현상을 가지고 궁극적인 정신적 의미의 지층으로 측연을 던지듯이 『렘브란트』에서는 렘브란트라는 현상을 가지고 궁극적인 정신적 의미의 지층으로 측연을 던지고 있다. 이런 점에서 『렘브란트』는 『철학적 문화』와 마찬가지로 『돈의 철학』의 후속작이라고 할 수 있을 것이다.

165쪽.
25 같은 책, 165~66쪽.

삶과 예술: 생철학적 렘브란트 해석

1916년의 『렘브란트』에서 짐멜은 1890년의 「교육자로서의 렘브란트」에서와 근본적으로 달리 생철학적 관점에서 렘브란트의 예술세계에 접근을 시도한다. 그에 따르면 이 바로크 예술의 거장은 삶의 운동(성)을 예술적 표현의 주제로 삼았다. 그런데 이러한 예술의 내용은 새로운 것이 아니다. 왜냐하면 렘브란트뿐만 아니라 바로크 예술이 일반적으로 삶의 역동적인 모멘트를 대상, 곧 내용으로 삼았기 때문이다. 예컨대 팽창과 수축, 그리고 물결과 진동을 예술적으로 형상화하고자 시도했다. 그러나 내용이 새로웠음에도 불구하고 바로크 예술은 아직도 합리주의적이고 기계론적인 성격을 지니고 있었다. 이런 사실은 당시가 바로 기계론적 심리학이 지배한 시기라는 점을 통해 이해할 수 있을 것이다. 기계론적 심리학의 인식 목표는 인간 영혼의 운동을 "떠다니는 것과 떨어지는 것, 누르는 것과 찢어지는 것, 도는 것과 흔들리는 것"과 같은 개념을 통해 기술하고 설명하는 데 있었다.[26]

렘브란트 예술의 새로운 점은 예술의 형식에 있었다. 그는 삶을 개인의 전체 역사로서 연속적인 운동과 과정으로 묘사했다. 그의 예술작품에 형상화된 순간적인 요소는 개인적 삶의 과거와 현재, 그리고 미래라는 유기적-시간적 통일체를 상징한다. 짐멜에 의하면 삶은 "조합할 조각들이나 부분들을 내포하지 않는 절대적인 연속성"[27]이다. 그리고 이러한 연속성은

> 내적으로 통일성을 이루는데, 그것도 모든 순간에 전체로서 다른 형식

---

26 Georg Simmel, 앞의 책(2003), 358쪽(97쪽).
27 같은 책, 314쪽(33쪽).

에 표현되는 통일성을 이룬다. 이러한 논리는 더 이상 연역할 수 없는데, 그 이유는 이렇게 해서 어떻게든 공식화하려고 하는 그 삶이란 구성 불가능한 근본적인 사실이기 때문이다. 삶의 모든 순간이 삶 전체인데, 이 삶의 끊임없는 흐름 — 이것이야말로 삶의 비할 데 없는 형식이다 — 은 그것이 그때그때 도달하는 파고(波高)를 통해서만 현실성을 갖는다; 모든 현재의 순간은 그 이전에 경과된 삶 전체에 의해 규정되고 모든 선행하는 순간들의 결과이며, 따라서 이미 그러한 이유만으로도 모든 현재적 삶은 그 안에서 주체의 전체적 삶이 현실이 되는 형식이다.[28]

렘브란트 예술의 배경에는 그 시대의 특유한 체험과 정신이 확고히 자리 잡고 있다. 16세기 종교개혁 이후 발전하고 관철된 개인주의적 삶의 형식이 바로 그것이다. 이제 주관적-개인적 삶의 근거와 원천을 어떠한 성격의 것이든 초월적-초개체적인 형이상학적 심급에서 찾는 일은 없게 되었다. 오히려 삶은 직관적인 현실성의 형식에서 진행되고 발전하는 인간의 영혼으로 파악되기 시작했다. 인간의 영혼은 형식이 없기 때문에 비가시적인, 그렇지만 개인의 심층적인 내적 중심에 존재하고 그곳에서 흘러나오는 정신적인 에너지와 역량을 가리키는 개념이다.[29]

---

28 같은 곳.
29 짐멜은 17세기의 정신사적 의미를 다음과 같은 사실에서 찾고 있다. 이 시대는 이전에 발견된 인간의 영혼을 나름대로의 방식으로 새롭게 발견했다. 그것도 이전에 데카르트가 주창한 '나는 생각한다. 고로 존재한다'(Cogito, ergo sum)라는 명제보다 훨씬 더 의식적으로 말이다. 그러나 짐멜은 17세기의 지성사적 한계도 역시 보고 있다. 이 시대는 인간의 영혼과 그것의 표현인 개인적 삶을 데카르트처럼 합리주의적-기계론적 방식으로 묘사하고자 했다. 다시 말해 영혼과 삶은, 현실세계에서 추상된, 그리고 이른바 무시간적으로 타당하게 구성된 범주와 개념으로 외부로부터 이해되고 설명되었다. 말하자면 바로크 시대에는 아직도 '데카르트적 명료성'이 추구되었던 것이다. 같은 책, 326쪽(52~53쪽).

356

짐멜의 분석에 의하면, 렘브란트는 전래적인 고전주의적 형식에 반기를 들었다. 고전주의에 의하면 형식은 완성된 내적 폐쇄성을 가지며, 또한 이를 통해 예술적으로 표현해야 할 실재적인 삶에 보편적이고 이상적인 타당성을 요구한다. 바로 이에 대항하면서 렘브란트는 형식에 대한 삶의 절대적인 우위를 부여했다. 렘브란트에게 형식이란 "어디까지나 그때그때 삶의 순간일 따름이다. 바로 이 순간에 절대 물러나지 않으면서 형식을 통일적으로 규정하는 지점이 존재한다. 형식이란 (…) 그저 삶의 본질, 다시 말해 삶의 생성이 외부로 향하는 우연적인 방식일 따름이다. 모든 위대한 예술에서처럼 고전예술과 렘브란트에서 궁극적으로 문제가 되는 것은 삶과 형식의 통일성, 그러니까 순수한 사유에서는 획득할 수 없어 보이는 것을 예술적으로 획득하는 것이다. 하지만 고전예술은 형식으로부터 삶을 찾고, 렘브란트는 삶으로부터 형식을 찾는다."[30] 짐멜은 생철학에 비추어 이렇게 파악된 형식과 삶의 관계를 근거가 있는 것으로 판단한다. 생철학에 의하면 연속적으로 흐르는 삶은 불가피하게 끊임없이 형식을 바꾼다. 또는 달리 말해 삶은 "변화하는 내용들과 더불어 진행되는 과정의 형식"을 갖는다.[31]

렘브란트의 예술세계에는 형식이 결여되었다는 비난이 자주 제기되는데, 이렇게 보면 그것은 결코 우연적인 것만은 아니다. 짐멜은 이러한 비난에 맞서 렘브란트의 형식 개념을 옹호하고 정당화한다. 그는 이를 예술적 영역에서 개인법칙이 표현되고 구현된 것으로 해석한다.

렘브란트는 "형식의 결여"를 이유로 비난받아왔는데, 그 까닭은 형식이

---

30 같은 책, 381쪽[130쪽]. 렘브란트가 어떻게 고전양식을 극복했는가에 대해서는 다음을 참고할 것. Joseph Gantner, *Rembrandt und die Verwandlung klassischer Formen*, Bern et al.: Francke 1964.
31 Georg Simmel, 앞의 책(2003), 313쪽[31쪽].

아주 자연스럽게 보편적 형식과 동일시되어왔기 때문이다 — 이는 개인적 현실이 어쩌면 개인법칙에도 부합할 수 있다는 사실을 생각하지 못한 채 도덕의 영역에서 법칙을 보편법칙과 동일시하는 것과 똑같은 오류이다. 개인법칙이란 오로지 이 전체적이고 특별한 존재에 대해서만 타당성을 갖는 이상을 가리킨다. 렘브란트가 만들어내는 형식은 오로지 이 개인의 삶에만 부합하며, 이 삶과 일종의 연대를 이루어 그것과 더불어 살고 죽는다. 이러한 연대는 형식에 대해 그것을 넘어서 다른 특수화를 용인하는 그 어떠한 보편적인 타당성도 허용하지 않는다.[32]

결론적으로 렘브란트는 형식 자체를 해체한 것이 아니라 고전주의적 의미에서의 보편적 형식을 개체적 형식으로 대체했다는 사실을 알 수 있다. 그렇다면 이 맥락에서 불가피하게 근본적인 질문이 제기될 수밖에 없다. 렘브란트는 보편성의 의미와 가치를 포기하고 그의 예술작품을 그저 우연성에 맡겨버린 것은 아닌가? 짐멜에 따르면 이와 정반대로 렘브란트가 제시한 개체성에서 다음과 같이 보편성을 확인할 수 있다. 그 자체가 보편적-법칙적 통일성을 구성하는 개인의 심층적인 영혼의 중심이 개별 인간의 삶을 떠받치며, 또한 그럼으로써 이 삶이 단순히 주관적이고 우연적이기만 한 특징을 극복하고 객관적인 보편성을 획득하도록 한다.[33]

---

32 같은 책, 373~74쪽(119~20쪽).

33 바로 이런 의미에서 짐멜은 다음과 같이 주장한다. "렘브란트에게서 개인적 인간의 보편성이란 일정한 정도 자신들의 역사적 질서를 보존하는 순간들, 바로 이 순간들의 **축적**을 의미한다."(같은 책, 329쪽(43쪽)). 짐멜은 칸트의 보편성 개념을 비판적으로 검토한다. 보편적이라 함은 칸트가 보기에 개별적인 현상들 사이에 그것들을 넘어서는 공통성과 반복 가능성이 존재한다는 것을 의미한다. 짐멜에 따르면 이러한 개념은 이론적 진술에서는 전적으로 타당하다. 그러나 이것을 일면적인 방식으로 윤리적인 것, 그리고 훨씬 더 일면적인 방식으로 미학적인 것에

짐멜은 렘브란트에게 특유한 색채예술을 개인주의적 형식원리와의 밀접한 연관 속에서 고찰하고 있다. 렘브란트가 색채를 수단으로 자신의 그림들에 여러 단계의 명암, 전경과 배경, 그리고 개별적인 구성요소의 비균일성을 부여했다는 사실은 짐멜의 해석에 의하면 삶의 본질에서 유래한다. "삶이란 등급을 매기는 일이요, 중요한 것을 강조하고 중요하지 않은 것을 무시하는 일이요, 또한 중심부를 설정하고 점차로 내려가 주변부에까지 이르는 일이기 때문이다." 물론 그렇다고 해서 삶이 그저 외적-자연적 또는 사회적-역사적 관계와 힘에 의해 조건지어지고 결정되는 것처럼 생각해서는 안 된다. 그와 정반대로 "균일하지 않고 우연적이며, 비연속적이고 부당한" 삶의 근저에는 영혼, 즉 "하나의 통일적인 맹아의 연속적이고 필연적이며 적합한 발전"이 확고히 자리하고 있다. 이러한 해석에 근거하여 짐멜은 렘브란트의 예술작품이 "외부에서 보면 균일하지 않지만 내부에서 보면 통일적"이라는 결론에 도달한다.[34]

또한 렘브란트의 예술세계는 일방적으로 이상적이고 고귀한 인간만을 예술적 형상화의 대상으로 보는 고전주의와 달리 소시민이나 프롤레타리아트, 그리고 유대인 같은 평범한 사람들의 실제적인 삶의 역사를 포용하는데, 이 사실 역시 그가 색채를 다양한 삶의 순간과 운동을 예술적으로 표현하는 수단으로 삼고 있다는 사실을 염두에 두면 좀 더 쉽게 이해할 수 있을 것이다.

짐멜은 렘브란트의 종교화를 레오나르도 다빈치의 웅대한 종교화 「최후의 만찬」과 비교한다. 「최후의 만찬」에서는 하나의 외적 사건에 불과한 예수의 말이 — "너희들 가운데 하나가 나를 배신할지어다"라는 말

전용한 점에서는 지극히 부당하다. 이에 대해서는 같은 책, 394쪽[148쪽]을 볼 것. 그리고 칸트에 대한 짐멜의 비판은 이 해제의 361~65쪽을 참고할 것.
34 같은 책, 372쪽[116~18쪽].

이 — "동시에 완전히 다른 종류의 여러 사람들에게 다가오며, 또한 이를 통해 발산된 정서가 각자의 개인적, 성격학적 특성을 최고조로 그리고 지극히 명백하게 드러낸다." 거기서는 "마치 이 사람들의 차이점에도 불구하고 영혼적-육체적 요소들이 마치 그들 안에서 이 단 하나의 충격이 말하자면 아무런 저항도 없이 그들을 꿰뚫어 가로지르면서 그들의 차이점을 표면으로 밀어 올리도록 배열된 것처럼 보인다." 요컨대 「최후의 만찬」에서는 렘브란트의 종교화들에서보다 개체성이 "훨씬 더 결정적이고 분화된 모습으로" 나타난다.[35]

그러나 다른 한편 레오나르도 다빈치가 이처럼 "개인들을 고립시키면서 그들의 특징을 극단적으로 그려"낼 수 있었던 것은 짐멜에 따르면 "바로 이 순간을 절정에 올려놓거나 또는 그 순간에 조각상 같은 무시간성을 부여했기 때문이다." 이에 반해 렘브란트는 "묘사된 순간을 인물들의 시간적으로 흐르는 전체적인 삶의 안으로 훨씬 더 많이 끌어들일 수 있는데, 이때 자명한 일이지만 구체적인 상황과의 합치를 통해 이루어지는 세부적인 것의 강조는 사라져버린다. 그러나 이와 더불어 작품에는 비길 데 없을 정도로 고양된 종교적 성격이 주어진다." 다빈치의 「최후의 만찬」에서는 "마치 연속적인 물결처럼 이 모든 사람을 가로질러 전달되는 예수의 말 한마디에 의해 모든 요소들이 응집됨에도 불구하고, 그리고 전체적인 구성의 불가사의할 정도로 완벽한 리듬에도 불구하고, 예컨대 렘브란트의 「엠마오 집에서의 저녁식사」라는 그림들에서 또는 「예수의 매장」과 「예수의 설교」라는 에칭에서 볼 수 있는 것과 같은 통일성이 달성되지 않았다." 다빈치의 종교화에 등장하는 인물들은 "마치 기념조각상처럼 보일 만큼 앙양된 개체성에 힘입어 작품 전체를 능가한다. 그들은 우선 자존적인 무엇인가이며 나중에서야 비로소 **하나의** 근원에

---

35 Georg Simmel, 앞의 책(2003), 465쪽(262~64쪽).

서 유래하는 예의 그 충격에 사로잡힌다."[36]

짐멜은 렘브란트의 종교화와 레오나르도 다빈치의 종교화 사이에 존재하는 이와 같은 차이점의 근거를 삶과 개체성에서 찾는다. 후자가 "양식화(樣式化)된 자기성(自己性)"을 형상화한다면, 전자는 운동하는, 따라서 "양식화의 선명한 윤곽에서 자유로운" 삶을 형상화한다. 다빈치의 「최후의 만찬」에서는 "개인들을 가로질러 흐르며 그들을 결합하는 물결"을 관찰할 수 있는 반면, 렘브란트에게서는 "역으로 개인들이 이 물결 속으로 완전히 가라앉아버리고 그들 모두에게 공통된 하나의 삶 속으로 완전히 해체되어버린다." 왜냐하면 "각자 개인의 현재 결정적인 존재는 고전예술의 내적으로 완결된 선으로 고양되는 자기성에 있는 것이 아니라 삶의 과정의 도도한 흐름에 있기 때문이다. 이러한 흐름은 보다 무저항적으로, 또는 달리 표현하자면 보다 겸허하게 다른 흐름들과 뒤섞이지만, 다른 한편으로 자신의 종교성을 보다 확신하게 되는데, 그 이유는 종교성이란 이미 완성된 개인의 특징이 아니라 그의 삶의 방식 자체이기 때문이다."[37]

렘브란트와 칸트 그리고 개인법칙

짐멜은 렘브란트를 합리주의적 미학이론, 특히 칸트의 미학이론과 대비한다. 예술작품의 균일성, 명확성 및 조망성을 강조하는 칸트의 미학은 추상적이고 이상적인 형식을 강조하며, 그에 따라서 색채의 기능과 의미를 부정한다. 이러한 형식의 이상은 칸트에 의하면 선(線)을 통해 실

36 Georg Simmel, 앞의 책(2003), 467쪽(266~67쪽).
37 같은 책, 467~68쪽(268쪽).

현될 수 있다. 선은 기하학적 원리에 입각해 그림에 단순하고 명쾌한 구조와 질서를 줄 수 있음이 그 근거이다. 그러나 선으로는 삶의 다양한 기제와 운동 과정을 적절히 표현할 수 없다고 짐멜은 확신한다. 왜냐하면 삶의 근저에 심리학적 원리가 깔려 있음에도 불구하고 합리주의적 사고는 논리적 원리를 바탕으로 하고 있기 때문이다. 이와 관련해 짐멜은『렘브란트』에서 다음과 같이 말하고 있다.

기하학적이고 일목요연한 단순성을 추구하는 고전적 형식이 지배하는 경우에는 바로 그러한 이유로 선(線)의 원리가 추구되는데, 심지어 베네치아 예술의 색채파조차도 이를 거부할 수 없었다. 확실히 렘브란트에게서 명료성의 차이에 진정한 장(場)을 열어준 **색채**는 본질적으로 선적(線的)이고 구상적(具象的)인 의미를 갖는 형식원리와 이미 그 자체로서 깊은 대립관계에 있다. 형식에서는 말하자면 현상의 추상적 이념이 표현되는 반면, 색채는 이 이념의 차안과 피안에 존재한다: 색채는 보다 감각적이고 보다 형이상학적이며, 그것의 효과는 한편으로 보다 직접적이고 다른 한편으로 보다 심층적이며 보다 불가사의하다. 만약 예컨대 형식을 현상의 논리라고 부를 수 있다면, 색채는 오히려 현상의 심리학적이고 형이상학적인 특징을 의미한다. [⋯] 바로 이러한 연유로 주로 논리적인 관심을 갖는 사상가는 심리학적 성향과 형이상학적 성향 모두를 똑같이 거부하는 태도를 보이며, 또한 내가 보기에 바로 이것이 칸트가 그의 미학적 가치체계에서 형식을 옹호하기 위해 완전히 색채를 거부한 보다 심층적인 맥락이기도 하다. 그런데 선과 달리 색채는—이 각각에 상응하여 논리와 달리 심리학과 형이상학이 그런 것과 똑같이—**등급**의 장소, 보다 강한 것과 보다 약한 것의 장소이자 무한한 양적 가능성을 가진 가치의 장소라는 사실을 명확히 안다면, 이와 더불어 형식과 그것의 기하학적 의도가 지배하면 그림의 모든 부분이 **균일하게** 제작된다는 사실도 명백해진다. 기하학적 구성물에서는 모든 것이 똑같이 중요하다; 거기에는 곧

이어 사라져버릴 운명의 보조선들이 있을 수도 있으나, 그것들은 구성물 자체가 아니라 수학적 증명의도와 관계가 있다. 기하학적 경향과 제시된 모든 것의 뚜렷한 명료성은 단지 동일한 합리주의적 성향에 대한 두 가지 다른 표현일 뿐이다. 그러나 보다 심층적인 의미에서 결정적인 것은 아직 이 명료성이 아니라 예술적 제작의 균일성이다. 그림을 그리는 데에는 진동하고 색이 다채로우며 경계를 넘나드는 방식과 엄격하게 선형(線形)을 띠거나 아주 세심하게 붓으로 칠하는 방식을 똑같이 사용할 수 있다. 이러한 균일성은 실재적인 시각적 체험과 상반될 뿐 아니라, 훨씬 더 넓게 보면 절대적으로 비유기적이고 기계적인 본성이다. 사물들의 이미지가 **삶**에 의해 수용되고 그것의 재현이 삶에 의해 흠뻑 젖는 경우에는 단순히 공간적 의미에서뿐 아니라 질적인 의미에서도 전경과 배경이 주어짐으로써 그림을 불균일하게 제작하는 것이 가능해진다. 왜냐하면 삶이란 등급을 매기는 일이요, 중요한 것을 강조하고 중요하지 않은 것을 무시하는 일이요, 또한 중심부를 설정하고 점차로 내려가 주변부에까지 이르는 일이기 때문이다.[38]

요컨대 짐멜은 칸트의 미학이론을 개인과 그의 삶으로부터 괴리된 지성주의적이고 합리주의적인 이론이라고, 아니 한 걸음 더 나아가 기계론적인 이론이라고까지 비판하고 있는 것이다.[39] 짐멜의 렘브란트-칸트

---

38 같은 책, 371쪽(115~16쪽).

39 짐멜은 다음에서 칸트의 미학을 다루고 있다. Georg Simmel, "Kant und die moderne Aesthetik"(1903), in: *Georg Simmel Gesamtausgabe 7*: *Aufsätze und Abhandlungen 1901~1908, Bd. 1*, Frankfurt am Main: Suhrkamp 1995, 255~72쪽; Georg Simmel, *Kant. Sechzehn Vorlesungen, gehalten an der Berliner Universität*, München/ Leipzig: Duncker & Humblot 1913(Dritte, erweiterte Auflage, zuerst: 1904), 173쪽 이하. 짐멜의 칸트 미학이론 비판에 대해서는 다음을 참고할 것. Klaus Frerichs, unter Mitwirkung von Gudrun Facklam, "Farbe gegen Form—Eine beiläufige Bemerkung Georg Simmels zum Rationalismus kantischer Ästhetik", in: *Simmel*

비교는 또 다른 하나의 중요한 측면에서 찾아볼 수 있으니, 그것은 다름 아닌 개인법칙이다. 짐멜은 현대 세계에서의 한 특수한 인격 유형으로서의 예술가에 대하여 지대한 이론적-실천적 관심을 갖고 있는데, 그 이유는 예술가야말로 개인법칙을 가장 이상적으로 구현한 인격체이기 때문이다.[40]

예술적 실천은 전적으로 전문화된 인간의 행위임에 틀림없다. 왜냐하면 예술에는 예술가의 정신적 에너지의 특정한 영역 또는 특정한 부분이 표출되기 때문이다. 그러나 다른 한편 예술가는 고도로 분화되고 합리화된, 그리하여 객관적이고 무특성적인 현대 사회질서의 전형적인 인간 유형과 근본적인 차이점을 보여준다. 왜냐하면 예술가는 주체적 창조 행위로 연결되는 "엄청난 운동의 폭과 강도를 지니는 삶 전체"를 감지할 수 있는 반면에, 여타의 현대인들은 직업적 분화와 전문화의 결과로 단편적이고 일면적으로 발달된 인격을 소유하기 때문이다. 오직 정신적 에너지의 어느 특정한 부분과 측면만이 — 이를테면 지력(知力)과 같이 — 개입되는 현대적 직업노동과 상반되게 예술적 실천은 단순히 예술적인 것이 아니라 그보다 더 큰 범주인 인격 전체에 그 토대를 둔다. 짐멜은 단언하기를, 예술가는 예술가이면서 동시에 "예술가 그 이상"이다. 그가 또한 말한바, "완전히 독립된 예술작품으로 고양되는 본질의 표현이 갖는 개인적인 강력함은 인격 전체라는 소우주와 관절처럼 결합됨으로써 자양분을 얻는다."[41]

Newsletter 4/1994, 120~26쪽.

40 이 단락과 아래의 세 단락은 다음을 요약·정리한 것임. 김덕영, 「해제: 개인의 독립과 주권을 위한 철학적 성찰」, 게오르그 짐멜, 김덕영 옮김, 『개인법칙: 새로운 윤리학 원리를 찾아서』, 도서출판 길 2014, 163~91쪽, 여기서는 184~86쪽.

41 Georg Simmel, *Zur Philosophie der Kunst: Philosophische und Kunstphilosophische Aufsätze*, Potsdam: Kiepenheuer 1922, 82~83쪽.

그러므로 예술가는 행위하고 살아가는 데 칸트적인 정언명령이나 다른 사람들과의 사회적 상호작용으로부터 도출될 수 있는 그 어떠한 보편적이고 객관적인 범주나 법칙을 필요로 하지 않는다. 그는 예술행위에서 완전히 자율적인 개인적-주관적 소우주에 거하며, 그 어떠한 가치나 이상 또는 그 어떠한 실천적 목적에도 봉사하지 않는다. 예술가야말로 개인법칙을 가장 순수하고 명확하게 구현하는 인간 유형이다.

이러한 관점에 입각하여 짐멜은 되풀이해 미켈란젤로, 렘브란트, 로댕, 슈테판 게오르게 등과 같이 위대한 예술가에 대한 논의를 전개한다. 짐멜에 따르면 렘브란트는 심층적인 인간 영혼에서 유래하는 삶과 이 삶의 운동이라는 예술적 표현의 대상을 단순히 사실주의적이거나 자연주의적인 방식으로 그대로 수용하고 모사하지 않는다. 그는 오히려 "오로지 **자신의** 영혼에만 내재하는 힘으로부터 자신에게 외적이고 낯선 이 구성물을 생명으로 가득 채우고 영혼을 불어넣는다." 이렇게 해서 렘브란트의 영혼은 육신을 건축할 수 있는데, "이 육신은 실재적인 생산물로서 그 영혼으로부터 나오지만 상태와 표현으로서는 다른 영혼의 육신이다."[42] 요컨대 짐멜은 렘브란트에게서 개인법칙의 전형적인 구현을 발견한다.

결론을 대신하여:
미켈란젤로와 로댕 그리고 렘브란트

짐멜이 미켈란젤로, 렘브란트와 로댕을 비교하는 중요한 틀 가운데 하나가 시간과의 관계이다. 여기에는 이 세 거장이 미학적으로 구현한 세계가 세 가지 보편적인 삶의 상징이자 시간과의 서로 다른 관계를 보여

---

42 Georg Simmel, 앞의 책(2003), 338쪽(68쪽).

준다는 기본 가정이 깔려 있다. 시간과의 관계는 일단 시간성과 무시간성으로 나누어지며, 무시간성은 다시금 초시간성과 비시간성으로 구분된다. 1895년에 발표된 「뵈클린의 풍경화」(Böcklins Landschaften)를 보면, 짐멜이 초시간성과 비시간성을 어떻게 파악하는가를 알 수 있다. 초시간성은 무한히 지속됨, 즉 영원성을 가리킨다. 종교적 영원성이 대표적이다. 이에 반해 비시간성은 시간적 관계의 해체를 의미하며, 따라서 과거나 미래와 아무런 관계가 없다.[43] 짐멜에 따르면 렘브란트는 시간성의 범주에, 미켈란젤로와 로댕은 무시간성의 범주에 속한다. 구체적으로 미켈란젤로는 초시간성으로 로댕은 비시간성으로 분류된다.

미켈란젤로의 예술세계와 로댕의 예술세계에서는 시간이 배제된다. 다시 말해 무시간성이 지배한다. 전자는 "삶의 과정의 내용들 또는 결과들로부터 추상화된 것으로서 이 과정의 시간적인 전개와 대립하기" 때문이다. "운동의 발전 또는 삶의 발전에 이러한 형식이 부여되고 나면 순수하게 예술적으로 주조된 이 형식에는 더 이상 이전(以前)도 없고 이후(以後)도 없다." 그러나 후자는 이와 다른 이유에서 그렇다. 로댕의 작품세계는 "절대적인 흐름의 세계"이다. 다시 말해 그것은 "보다 이름과 보다 늦음을, 그러니까 시간을 표시할 수 있는 고정성이 모두 지양된 세계"이다. "여기에는 삶의 통과하는 순간이 꼼짝없이 사로잡혀 있다. 그러나 우리가 삶이 통과하는 것을 실제로 느낄 수 있는 방식으로 그렇다. 이에 반해 이전은 이후와 마찬가지로 그 깊이를 헤아릴 수 없는 어둠 속에 가라앉아 있다. 로댕에게서 인간의 영혼과 진동하고 저항하고 전율하며 비상하는 인간의 육체를 담아내는 절대적 운동성은, 고전예술의 형식원

---

43 Georg Simmel, "Böcklins Landschaften"(1895), in: *Georg Simmel Gesamtausgabe 5: Aufsätze und Abhandlungen 1894~1900*, Frankfurt am Main: Suhrkamp 1992, 96~104쪽, 여기서는 97쪽. 시간성, 무시간성, 초시간성과 비시간성은 각각 Zeitlichkeit, Zeitlosigkeit, Überzeitlichkeit, Unzeitlichkeit를 우리말로 옮긴 것이다.

리가 운동성에서 물러남으로써 시간을 부정했던 것과 마찬가지로 시간을 부정한다. 절대적인 생성은 절대적인 비(非)생성과 똑같이 비역사적이다."[44]

그러나 렘브란트의 예술이 추구하는 개체성은 로댕의 예술이 추구하는 절대적 생성을 거부하고 삶의 순간들을 연속적으로, 즉 역사적으로 배열함으로써 획득할 수 있다. 여기에서 말하는 개체성은 통일적이고 연속적인 삶을 의미하는바, 이러한 삶에서는

> 각각의 순간이 모든 지나간 순간을 전제로 하고 미래에 올 모든 순간의 토대가 되며, 또한 각각의 순간은 제각기 그 삶의 전체성을 표현하는 형식을 의미한다. 이와 같은 개체성의 의미는 명백한 일이지만 오로지 삶의 순간들의 시간적 관계를 통해서만 실현될 수 있을 뿐, 모든 종합에 무관심한 세계의 절대적인 운동성으로 이 순간들을 원자화함으로써 실현될 수 있는 것이 아니다. 그러나 로댕으로 하여금 자신의 나체상들을 주조하도록 하는 현존재와 운명에 대한 감정은 바로 그와 같은 세계에 결부되어 있다. 그러므로 이러한 감정은 그 이념상 말하자면 개체성의 관념을 달리 표현하는 방식에 다름 아닌 것으로 드러난 시간적 종합을 전혀 알지 못한다. 시간의 질서가 개체성을 규정하지만 동시에 후자가 전자를 규정하기 때문에, 양자는 **하나의** 삶의 형식이 다만 다른 측면에서 관찰된 것임이 드러난다.[45]

바로 이 점에서 렘브란트의 시간성은 다시 한 번 미켈란젤로의 초시간성 및 로댕의 비시간성과 확연한 대조를 이룬다.

---

44 Georg Simmel, 앞의 책(2003), 445~46쪽[230쪽].
45 Georg Simmel, 앞의 책(2003), 447쪽[231~32쪽].

미켈란젤로를 통해 실현된 고전예술은 인간 운명의 영원한 비구원성을 다름 아닌 무시간적인 형식을 부여함으로써 강렬하게 표현한 반면, 렘브란트는 자신의 인물들을 이러한 초개인적인 광막함으로부터 해방해서 그들의 개인적인 운명에 귀속시켰다 ─ 그리고 렘브란트는 자신의 인물들의 개인적인 시간성이 하나의 계열을 이루면서 확고하게 진행되도록 함으로써 그들을 로댕의 인물들이 존재하면서 그리고 물론 해체되는 우주적 운명으로부터 격리했다. 바로 이런 연유로 렘브란트의 인물들은 미켈란젤로의 인물들에 비하여 자유로운, 그러나 보편적인 인간에 연결되지 않은 무엇인가를 갖고 있다. 그리고 렘브란트의 인물들은 로댕의 인물들에 비하면 절대적인 내적 안전성을 보여주는바, 이것은 현존재의 폭풍우와 절대적인 폭력에 의해 뿌리가 뽑히고 비개인적으로 되어버린 로댕의 인물들에게는 완전히 결여되어 있다.[46]

짐멜에 따르면 미켈란젤로의 초시간성, 렘브란트의 시간성, 로댕의 비시간성은 각각 르네상스 시대, 바로크 시대 및 현대라는 서로 다른 세 가지 삶의 유형과 밀접한 관계에 있다. 그것은 각각 보편적 인류의 삶, 유일무이한 개인의 삶, 익명성 속에서 자유부동하는 대도시인의 삶이다. 다시 말해 미켈란젤로, 렘브란트, 로댕은 각각 보편적 인류의 초시간적 삶, 유일무이한 개인의 시간적 삶, 익명성 속에서 자유부동하는 대도시인의 비시간적 삶을 예술적으로 구현하고 있는 것이다.[47] 바로 여기에 짐멜이 위대한 예술가들을 통한 철학적 모더니티 담론을 추구하는 근본적인 이유가 있다.

───────

46 같은 책, 448쪽(232~33쪽).
47 짐멜은 1903년에 발표한 「대도시와 정신적 삶」(Die Großstädte und das Geistesleben)이라는 글에서 대도시에서 살아가는 현대인들의 정신적 삶이 어떠한가를 묘사하고 있다. 이에 대한 자세한 논의는 다음을 참고할 것. 게오르그 짐멜, 김덕영·윤미애 옮김, 『짐멜의 모더니티 읽기』, 새물결 2005, 35~53쪽.

옮긴이의 말

이 책은 게오르그 짐멜의 저서 『렘브란트: 예술철학적 시론』(*Rembrandt. Ein kunstphilosophischer Versuch*)을 완역한 것이다. 독일어 원서는 1916년에 처음 나왔으며, 2003년에 출간된 『게오르그 짐멜 전집』(*Georg Simmel Gesamtausgabe*) 제15권 305~515쪽에 수록되었다. 번역 과정에서 후자를 대본으로 삼았다. 그리고 다음 번역본을 참조했다.

–Georg Simmel, *Rembrandt*, Traduit par Sibylle Muller, Saulxures: Circé 1994.

–Georg Simmel, *Rembrandt. An Essay in the Philosophy of Art*, Translated and Edited by Alan Scott and Helmut Staubmann, New York & London: Routledge 2005.

이 책의 번역은 『돈의 철학』 및 『역사철학의 문제들: 인식론적 연구』 (*Die Probleme der Geschichtsphilosophie. Eine erkenntnistheoretische Studie*) 번역과 함께 2007년 1월에 기획되었다. 그러나 그로부터 거의 7년이 지난 2013/14년 겨울학기에 와서야 '손을 대기' 시작했다. 당시 나는 카셀 대학 사회학과 대학원생들을 위해 '사회과학을 위한 철학'이라는 세미나를 열었는데, 이 수업에서 우리는 짐멜의 예술철학과 역사철학을 읽고 토론했다. 『렘브란트』와 『역사철학의 문제들』이 그것이었다. 이 세미나를 통해 전자는 한시바삐 번역해야겠다는 생각을 하게 된 반면, 후자는 현재 한국의 지적 수준을 감안하면 어쩌면 번역하기에 시기상조일지도 모른다는 생각을 하게 되었다. 그리하여 후자는 일단 무기한 연기하기로 했다.

이처럼 번역을 위해 어느 정도 준비를 했음에도 불구하고 본격적으로 번역에 착수한 것은 다시 그로부터 1년이나 지난 2015년 1월이었다. 그 사이 다른 저술과 번역에 신경을 써야 했기 때문이다. 그나마도 작업이 한창 궤도에 오른 3월 중순에 급작스럽게 아버지가 돌아가시는 등 이런 저런 집안일로 작업이 더디게 진행되면서 원래 계획한 시점보다 두 달 가량 늦은 6월 중순에야 번역을 끝낼 수 있었다.

그런데 예상보다 번역이 지연된 데에는 그보다 중요한 세 가지 이유가 있었다.

첫째, 독자들의 이해를 돕기 위해 각주를 다는 데 시간이 걸렸다. 이 책에 있는 총 326개의 각주 가운데 원주는 6개이고 나머지는 모두 옮긴이 주이다(원주는 각주에서 〔원주〕라고 표시했다). 이 많은 옮긴이 주 덕분에(?) 책의 분량이 1.5배로 커졌다. 이처럼 번역서에 어찌 보면 '과도할' 정도의 옮긴이 주가 따라붙은 — 아니 따라붙을 수밖에 없었던 — 것은 다음과 같은 세 가지 사정 때문이었다. 먼저 텍스트의 내용을 설명하거나 논리적인 연관성을 밝히거나 짐멜이 의미하는 바를 보다 명확하게 전달하고자 했다. 또한 짐멜이 직간접으로 언급하는 렘브란트의 작품들을 일일이 찾아서 언제 제작되었고 그 크기는 어느 정도이고 패널에 그렸느냐 아니면 캔버스에 그렸느냐 등의 기본적인 정보를 밝혔다. 거기에 더해 짐멜이 렘브란트 및 그의 예술세계와 비교하는 수많은 예술가와 작품을 간략하게 소개했다. 그리고 짐멜이 인용하거나 언급하는 사상가와 시인의 ― 스피노자, 미켈란젤로, 페트라르카, 괴테, 실러, 릴케, 베를렌, 루터, 플라톤, 아리스토텔레스 등의 ― 경우 일일이 그 출처를 밝혔다. 아니 밝히려고 했다. 지안 로렌초 베르니니가 예술에 대하여 한 말과 빌헬름 폰 훔볼트가 노년의 괴테에 대하여 한 말의 출처는 끝내 밝히지 못했다. 나의 역량이 부족했기 때문이다. 아무튼 옮긴이 주를 달면서 책, 논문, 백과사전 및 웹사이트를 포함한 수백 편의 국내외 자료를 뒤졌다. 다만 이 책은 저서가 아니라 역서라는 점을 감안해 이 자료들을 일일이 언급하지는 않았다.

둘째, 용어의 문제로 고민하면서 번역이 꽤나 지연됐다. 구체적으로 말해 individuell/Individualität/Individualisierung과 einzeln/Einzelheit/Vereinzelung의 관계였다. 사실 이 둘의 관계는 처음 짐멜에 대한 책을 쓰고 짐멜을 우리말로 옮길 때부터 줄곧 나를 괴롭힌 문제였다. 전자의 경우 사물을 가리킬 때는 개별적/개별성/개별화 또는 개체적/개체성/개체화로, 그리고 인간을 가리킬 때는 개인적/개인성/개인화로 옮길 수 있다. 그런데 einzeln/Einzelheit/Vereinzelung도 개별적/개별성/개별화 등으로 옮길 수 있다는 데에서 문제가 생긴다. 그동안 나름대로 이 문제를 해결하려고 꽤 애를 썼지만 지난 2014년 11월에 출간한 『게오르그 짐멜 선집』 제4권 『개인법칙: 새로운 윤리학 원리를 찾아서』에서도 어정쩡한 상태로 남겨둘 수밖에 없었다. 이 책은 individuell/Individualität/Individualisierung을 개별적/개별성/개별화로, 그리고 einzeln/Einzelheit/Vereinzelung은 개개의 또는 하나하나의/세목 또는 세부적인 것/개개화로 옮긴다는 방침을 세우고 번역을 시작했다. 그러나 후자의 경우에는 '개개의', '하나하나의', '개개화'는 사실상 사용하지 않는 단어이기 때문에 짐멜이 의미하는 바를 제대로 표현할 수 없다는, 그리고 '개별적'과 '개별화'가 더 적합하다는 생각이 들었다. 그리하여 한자의 뜻을 다시 새겨보고 이 주제에 대한 철학자들의 글을 검토하면서 individuell/Individualität/Individualisierung은 사물을 가리키는 경우에는 개체적/개체성/개체화로 인간을 가리키는 경우에는 개인적/개인성/개인화로, 그리고 einzeln/Einzelheit/Vereinzelung은 개별적/개별성/개별화로 옮기기로 결정했다. 이 과정에서 적지 않은 시간이 흘렀다. 앞으로는 이 틀을 밀고 나갈 것이다.

셋째, 문장부호 때문에 번역을 시작한 지 얼마 되지 않은 시점에서 손을 놓고 말았다. 구체적으로 말해 콜론(:)과 세미콜론(;) 때문이었다. 이 책에는 콜론과 세미콜론이 수없이 많이 나온다. 아니 짐멜의 저작이 대체로 그렇다. 이처럼 짐멜이 콜론과 세미콜론을 사용하는 것은 이것들이 논리 전개에 아주 중요한 기능을 수행하기 때문이다. 간단히 말하자면, 콜론의 경우에는 뒤에 오는 부분이 앞에 오는 부분을 보조하거나 부연하는 기능을 한다. 이에 반해 세미콜론은 앞에 오는 부분과 뒤에 오는 부분을 동급으로 연결하는 기능을 한다. 이러한 콜론이나 세미콜론으로 문장들이나 구절들이 연결되면 마침표나 쉼표로 연결되는 경우보다 훨씬 더 긴밀하고 유기적인 관계에 있게 된다. 자명한 일이지만 이러한 논리는 비단 짐멜뿐만 아니라 글을 쓰는 모든 사람에게 보편적으로 적용되는 언어적 또는 문법적 진리이다. 그럼에도 불구하고 우리의 어문 규정에서는 한국어에 이 두 가지 문장부호가 없다고 사용하지 말라고 한다. 아니 사용하지 못하도록 한다. 사실 첫 책을 낼 때부터 이 문제로 심하게 마음고생을 했다. 저서의 경우 이 두 문장부호를 사용하지 않으면 그만이라 하더라도(물론 사용하면 보다 치밀하고 섬세한 논리를 전개할 수 있다), 번역서의 경우는 원문을 훼손하고 저자의 의도를 부정확하게 전달하거나 심한 경우에는 왜곡할 수 있다.

아무튼 콜론과 세미콜론 문제로 번역을 시작한 지 얼마 되지 않아 손을 놓고 말았다. 『돈의 철학』을 번역할 때의 악몽이 떠올랐기 때문이다. 당시 나는 콜론과 세미콜론을 쓰지 말아야 한다는 한국어 어문 규정에 따라서 이 두 문장부호가 수행하는 기능을 접속어 등으로 대신하려고 무진 애를 썼다. 그러나 부호를 언어로 대체한다는 것은 가당치도 않은 일이다. 아니 난센스가 아닐 수 없다. 그것은 말하자면 원문을 훼손하면서, 그것도 자의적이고 불필요하게 원문을 훼손하면서 원문에 충실하려고 하는 자기모순에 다름 아니다. 이런 자기모순 속에 번역된 『돈의 철학』은 빠른 시일 안에 전면 개역을 하고 싶은 마음이 굴뚝같다.

이 책을 번역하면서는 원문에 있는 콜론과 세미콜론을 그대로 살렸고, 그제야 지금까지 번역하면서 느꼈던 끝없는 고통과 좌절을 벗어날 수 있었다. 콜론의 경우 독일어와 한국어의 차이로 인해 도저히 살릴 수가 없다고 판단된 경우에만 뺐다. 문장부호와 관련해 이 책이 원문과 다른 점은 마침표와 쉼표이다. 원문의 문장이 너무 길거나 복잡한 경우에는 가독성을 위해 문장을 나누면서 원문보다 마침표가 늘어날 수 있으며, 또한 독일어와 한국어의 차이로 인해 원문에 있는 쉼표를 빼거나 그 반대로 원문에 없는 쉼표를 넣을 수 있다. 번역의 가장 중요한 판단기준은 가독성이다. 번역은 한국어 독자들을 위한 지적 작업이기 때문이다.

그리고 여기에서 반드시 언급해야 할 사항이 한 가지 더 있으니, 그것은 Seele의 형용사형 seelisch이다. 전자는 '영혼'이라는 뜻이다. 그런데 후자는 대개 '심적', '심리적', '내적' 등으로 옮기지, '영혼적'이라고 하지 않는다. 우리말 사전에 그런 단어가 없기 때문이다. 이는 '정신'을 의미하는 Geist의 형용사형인 geistig를 '정신적'으로 옮기는 것과는 대조적이다. 물론 상황에 따라서 seelisch를 '심적', '심리적', '내적'으로 옮길 수도 있지만, 이 경우 '영혼'이라는 의미와 거리가 멀어진다. 게다가 이 책에서 영혼은 가장 중요한 키워드 가운데 하나이기 때문에, 그런 식으로 옮기면 짐멜의 논지를 제대로 담아낼 수가 없다. 또 하나의 대안으로 '영적'이라는 단어를 생각해볼 수 있지만, 이것은 종교적 색채를 띠며 따라서 짐멜의 논지를 제대로 담아낼 수 없기는 매한가지이다.

나는 seelisch를 — 적어도 이 책에서는 — '영혼적'으로 옮기는 것이 가장 적합하다는 결론에 도달했다. 언어는 생명체와 같아서 끊임없이 진화하면서 인간의 인식과 사유를 표현하고 개인들 사이의 의사소통의 도구로 기능하며 후대에 문화적 유산을 전수한다. 이에 따라 새로운 단어가 생길 수도 있고 기존의 단어가 없어질 수도 있다. 사실 seelisch를 '영혼적'으로 옮기는 것은 그리 대단한 일도 아니다. 왜냐하면 geistig를 '정신적'으로 옮기는 마당에 seelisch를 '영혼적'으로 옮기지 못할 이유가 전혀 없기 때문이다.

나는 번역가로서의 정체성을 갖고 있지 않다. 그리고 저술가로서의 정체성도 갖고 있지 않다. 나는 지식인으로서의 정체성을 갖고 있다. 번역과 저술은 지식인으로서의 나의 지적 작업을 구성하는 두 축이다. 나는 번역과 저술을 병행하는 지식인이다. 나는 번역에 기반하는 연구와 연구에 기반하는 번역을 추구하는 지식인이다. 이처럼 번역이 내 지적 작업을 구성하는 중요한 요소이기 때문에 비록 번역가는 아니지만 그래도 번역에서 나름대로 추구하는 바가 있다. 그것은 '김덕영 스타일'이라는 말을 들을 수 있는 번역의 한 모델을 제시하는 것이다. 원전에 가장 충실한 동시에 원전을 가장 멀리 벗어나면서, 달리 표현하자면 번역 그 이상의 번역을 하면서 — 전문가 중의 전문가에 의한 — 고전 중의 고전의 완벽한 한글화를 추구하는 것이다. 지난번 『돈의 철학』에서 이를 제시하고 싶었지만, 앞에서 언급한 이유 등으로 성사되지 못했다. 이 책에서 어느 정도 윤곽이 잡혔으면 하면 바람이다.

나는 이 책을 번역하면서 짐멜의 지적 세계 말고도 예술과 그 역사 및 철학에 대해 그런대로 적지 않은 공부를 했다. 보다 정확히 말하자면, 원문에 나오는 예술가와 작품을 일일이 확인하는 과정이, 비록 의도한 것은 아니지만 자연스레 예술과 그 역사 및 철학에 대한 공부로 이어졌다. 바로 여기에 큰 정신과 씨름하는 이유와 의미가 있는 것이 아니겠는가?!

앞으로 아마추어 렘브란트 연구자가 되거나 예술의 영역으로 인식관심을 넓혀야겠다. 아니면 적어도 지난 2015년 4월에 출간한『사상의 고향을 찾아서』의 후속작으로『예술의 고향을 찾아서』라는 기행기를 내서 사회학자의 눈으로 근대와 현대를 주조한 예술가들을 조명해야겠다. 사실 예술의 고향을 찾는다는 기획은 이 책을 번역하는 과정에서 꽤 구체적으로 윤곽이 잡혔다. 당연한 일이지만 이 기획에서는 암스테르담의 렘브란트가 중요한 위치를 차지한다. 그리하여 렘브란트의 작품을 감상하러 암스테르담에 가려던 애초의 계획은 기행기를 위해 후일로 미루었다. 그 대신 독일에서 가장 많은 수의 렘브란트 작품을 소장하고 있는 카셀의 빌헬름스회에 궁정(Schloss Wilhelmshöhe)의 '옛 거장 미술관'(Gemäldegalerie Alte Meister)을 찾았다. 실제로 작품을 감상함으로써 번역에 도움을 받으려고 한 발걸음은 온몸을 훑고 지나가는 감동과 전율을 선사했다. 걸작 앞에 선다는 것은 말이나 글로 형용할 수 없는—짐멜식의 표현을 빌자면—영혼의 체험이다.

자명한 일이지만 고전 번역을 통해 우리의 문화자본(피에르 부르디외)을 축적하는 데에 이 책을 번역한 동기가 있다. 그 밖에도 '명화로 보는 또는 읽는 서양 미술사' 식으로 예술을 보는 좁은 틀에서 벗어나 보다 심층적인 철학적 관점에서 예술에 접근하는 데 나의 이 작은 지적 작업이 조금이나마 기여할 수 있기를 바라 마지않는다.

이 책이 태어나기까지 나는 여러 사람에게 음으로 양으로 신세를 졌다. 나의 하빌리타치온 지도교수인 요하네스 바이스(Johannes Weiss) 선생님과 언어 문제로 많은 토론을 했다. 2013/14년 겨울학기 카셀 대학 사회학과 석사과정 세미나 '사회과학을 위한 철학'에 참석한 학생들은 짐멜의 책『렘브란트』와『역사철학의 문제들』에 대해 좋은 발표와 멋진 토론을 함으로써 나의 번역 작업에 큰 도움을 주었다. 아리스토텔레스 전공자인 전남대 사회통합지원센터의 김재홍 선생님은 헬라어 문제를 해결하는 데 도움을 주셨고 오랜 친구 데이비드 카터(David R. Carter) 박사는 이탈리아어 해석에 도움을 주었다. 영문학을 공부한 동생 찬영이는 영문학 관련 자료를 빌려주었다. 정수남 박사님과 김채연 학생은 각주 작업에 필요한 자료 수집에 도움을 주었다. 큰딸 선민이는 프랑스어 번역판을 선물해 아빠의 번역 작업을 응원했다. 도서출판 길 박우정 대표님은 여느 때처럼 완성된 원고를 꼼꼼히 점검해주셨다. 이승우 기획실장은 이 책이 한국의 지성계와 예술계에 가지는 의미를 강조하면서 어려울 때마다 격려를 아끼지 않았으며 소장한 렘브란트 화집을 빌려주었다. 천정은 편집차장은 원고를 꼼꼼히 점검하고 정리해 산뜻한 책으로 만들어주었다. 이들 모두에게 깊은 감사의 말을 전하는 바이다.

2016년 3월 15일
김덕영

게오르그 짐멜 연보

1858년   게오르그 짐멜(프리드리히 에두아르트 게오르그 짐멜)이 3월 1일 베를린에서
         아버지 에두아르트 짐멜과 어머니 플로라 짐멜(처녀 시절의 성은 보덴슈타인)
         사이에서 7남매 가운데 막내로 태어나다.

1874년   사업가인 아버지가 세상을 떠나자, 짐멜 가족의 가까운 친구이자 음악 출판업
         자 율리우스 프리트랜더가 짐멜의 후견인이 되다(프리트랜더는 나중에 짐멜
         을 입양한다).

1876년   베를린 소재의 프리드리히-베르더 김나지움을 졸업하고, 베를린 대학에 입학
         하여 역사학, 민족심리학, 철학, 예술사 및 고대 이탈리아어를 공부하다.

1879년   「칸트의 물리적 단자론에서 본 물질의 본성」이라는 논문이 베를린 대학 철학
         부에서 공모한 현상 논문에 당선되다.

1880년   12월 「음악의 기원에 관한 심리학적 · 민족지적 연구」라는 논문으로 베를린 대
         학 철학부에서 박사 학위를 취득하려는 시도가 좌절되다.

1881년   1월 현상 논문 당선작 「칸트의 물리적 단자론에서 본 물질의 본성」으로 베를린
         대학 철학부에서 박사 학위를 취득하다.

1882년   실패한 박사 학위논문 「음악의 기원에 관한 심리학직 · 민족시적 연구」가 『민
         족심리학과 언어학 저널』에 「음악에 대한 심리학적 · 민족지적 연구」라는 제목
         으로 발표되다.

1883년   10월 「칸트 연구」를 하빌리타치온(독일 대학교수 자격 취득) 논문으로 제출하다.

1884년   4월 '인식의 형이상학적 기초'라는 주제로 하빌리타치온 공개강좌를 하지만,
         불충분하다는 이유로 통과하지 못하다.
         10월 '표상 연합 이론에 대하여'라는 주제로 두 번째 하빌리타치온 공개강좌
         를 하여 통과하다.

1885년   1월 베를린 대학 철학부에서 '윤리적 이상이 논리적 이상 및 미학적 이상과 갖
         는 관계에 대하여'라는 공개 취임 강연과 더불어 사강사로 가르치기 시작하다.

1889년   후견인이자 양아버지인 프리트랜더가 1882년 세상을 떠나고 남긴 유산의 일
         부를 상속하다(짐멜은 비록 유산의 일부를 상속했지만 그 액수가 상당했기 때
         문에, 아주 오랫동안 사강사―사강사는 특별한 보수 없이 단지 수업에 참가

하는 학생들이 내는 아주 적은 강의료에 의존했다―와 무급 교수로 재직하면서도 학계에서 생존할 수 있었다).

1890년 『사회분화론』출간되다.
게르트루트 키넬과 결혼하다(키넬은 마리 루이제 엥켄도르프라는 필명으로 저술가로서 활동한다).

1891년 외아들 한스 오이겐 태어나다.

1892년 『역사철학의 문제들』출간되다.
『도덕과학 서설』제1권 출간되다.

1893년 『도덕과학 서설』제2권 출간되다.

1898년 베를린 대학 철학부에서 프로이센 왕국 교육부에 짐멜을 부교수로 승진시켜줄 것을 건의하지만, 받아들여지지 않다.

1900년 『돈의 철학』출간되다.
베를린 대학에서 무급 부교수로 승진하다.

1904년 『칸트』출간되다.

1905년 『역사철학의 문제들』제2판(개작) 출간되다.

1906년 『칸트와 괴테』출간되다.

1907년 『쇼펜하우어와 니체』출간되다.
『돈의 철학』제2판 출간되다.

1908년 『사회학』출간되다.
하이델베르크 대학으로부터의 정교수 초빙이 좌절되다.

1909/10년 막스 베버 등과 함께 독일사회학회를 창립하고 그 이사진의 구성원이 되다.

1910년 『철학의 주요 문제들』출간되다.
10월 프랑크푸르트에서 개최된 제1회 독일사회학대회에서 전야제 토론을 위한 주제 발표('친교의 사회학')를 하다.
그라이프스발트 대학으로부터의 정교수 초빙이 좌절되다.

1911년 『철학적 문화』출간되다.
10월 프라이부르크 대학에서 짐멜에게 국가과학 명예박사 학위를 수여하다.

1912년 철학 연구에 몰두하기 위해 독일사회학회 이사진에서 물러나다.

1913년 『괴테』출간되다.

1914년 슈트라스부르크 대학으로부터 정교수로 초빙되어 철학과 사회학을 가르치다.

1915년 또다시 하이델베르크 대학으로부터의 정교수 초빙이 좌절되다.

1916년 『렘브란트』출간되다.
『역사적 시간의 문제』출간되다.

1917년 『사회학의 근본 문제들』출간되다.

1918년 『역사적 이해의 본질에 대하여』출간되다.
『현대 문화의 갈등』출간되다.
『인생관』출간되다.
9월 26일 간암으로 슈트라스부르크에서 세상을 떠나 그곳에 안장되다.

찾아보기

382